野叟曝言作者夏敬渠年譜

王瓊玲 著

臺灣 學生書局 印行

野叟曝言作者夏敬渠年譜

目 次

引　言

　　魯迅在《中國小說史略》中，將一百五十四回、百萬餘言的章回小說《野叟曝言》，與《蟫史》、《燕山外史》、《鏡花緣》並稱為「以小說見才學者」。概稱為「清代四大才學小說」。

　　作者夏敬渠（1705－1787），因博學多通、際遇不凡卻功名失意，故藉著創作《野叟曝言》以：

1. 闡明崇程、朱，斥陸、王，排佛、道的「崇正闢邪」理念。
2. 庋藏「醫、兵、詩、算」四大才學，兼炫耀其他各種才藝。
3. 記錄豐富之生活閱歷，存錄未能刊刻的多種著作內容。
4. 展現其個人內聖外王之理想。
5. 批判科舉弊病、政治缺失、倫理失序，建立「理學的理想國」。
6. 彌補其人生缺憾，滿足其身心幻想。

　　《野叟曝言》主角文素臣❶，是作者夏敬渠真實寫照與虛擬幻

---

❶　《野叟曝言》第一回：「文素臣這人是崢錚鐵漢、落落奇才，吟遍江山，胸羅星斗。說他不求宦達，卻見理如漆雕；說他不會風流，卻多情如宋玉。揮毫作賦，則頡頏相如；抵掌談兵，則伯仲諸葛。力能扛鼎，退然如不勝衣；勇可屠龍，凜然若將隕谷。旁通曆數，下視一行。間涉岐黃，肩隨仲景。以朋友為性命，奉名教若神明。真是極有血性的真儒，不識炎涼的名士。他生平有一段大本領，是止崇正學，不信異端；有一副大手眼，是解人所不能解，言人所不能言。」

影的結合。換言之,小說中文素臣的際遇,部份是取材於夏敬渠真實人生的實際遭遇,部份則來自其心中所欲補償的缺憾及腦中所編織的幻想。

例如:《野叟曝言》中,文素臣學貫經史,淹通諸子百家,遊歷江南、講學京師,足跡遍及天下,結交英雄豪傑等等,即是夏敬渠真實人生的投影❷。而《野叟曝言》中,崇程、朱,斥陸、王,鏟佛、道,拒權奸等主要情節內容,正是夏敬渠藉小說創作以展現其「崇正闢邪」的理念。而大量存錄於《野叟曝言》中的醫術藥方、戰陣韜略、天文曆算、詩詞歌賦、藝文評論等等,則是夏敬渠「疾末世而名不彰」,故刻意庋藏其「醫、兵、詩、算」四項專才及各種雜學雜藝於小說中,藉以炫才耀學❸。

至於文素臣因〈白衣閣老隻手擎天〉(第一一四回回目),「功高尚父,遠出仲父之上」,故被天子尊稱為「素父」,加封三代始祖為「鎮國公」,妣為「鎮國太夫人」(第一一九回);且「太皇太后遺囑,令世世子孫與素父為婚姻,勿忘素父功德」(第一四一回);最後讓文家享有〈七十國獻壽六寶齊歸〉(第一四七回回目)的顯榮。以上內容,則是夏敬渠在科場屢躓,功名富貴絕望後,為滿足「位極人臣」幻想所編造的情節。

---

❷ 《光緒江陰縣志》卷十七〈人物·文苑〉:「夏敬渠,字懋修。諸生。英敏績學,通史、經,旁及諸子百家,禮、樂、兵、刑、天文、算數之學,靡不淹貫。壯遊京師……生平足跡幾遍海內,所交盡賢豪。……」夏敬渠少遊江南、講學京師及幕遊天涯事,詳見下文。

❸ 詳參拙作《清代四大才學小說·甲篇:野叟曝言研究·第三章野叟曝言的創作目的》臺北商務印書館,1997年初版,頁116-165。

　　而派長子文龍率軍大勝日本之後，文素臣〈舌戰朝中除二氏〉
（第一三六回目），徹底消滅中國的佛、道二教；接著出征且降服西
域諸國，毀佛滅寺，致使〈古佛今佛兩窟俱空〉（第一三七回回
目）。不久，百姓便〈毗羅袈裟，見者驚為怪物；荷包珠帕，拾即
獻入官司〉（第一四五回回目），中土已臻路不拾遺儒教昌明的太平
盛世。於是聖教恩威遠播，「一切長生、太極、白蓮、無為、燈
烙、糍糰等教，皆如燼火，不撲自滅」。進一步更「兵不血刃」讓
「歐羅巴洲大小七十二國，皆秉天朝之制……設學建儒，悉遵孔
氏。」（第一四七回）。以上天馬行空的情節，可視為夏敬渠以「崇
正闢邪」的理念，在小說中所幻建虛造的「理學理想國」。

　　至於讓文素臣之母水夫人壽逾百齡，六代同堂，子孫多達五百
一十二人，親朋俱登耄耋（第一五三回），則是夏敬渠藉此類「福壽
全歸」情節，彌補自己累遭親喪又子嗣單薄的缺憾。

　　除此之外，夏敬渠一生之思想、行為、藝文創作等，又深受其
先祖之影響。蓋夏敬渠出身江陰夏氏，夏氏宗族代出烈士、義僕、
孝子、節婦。如：明末鼎革之際，其六世祖夏嘉祚、七世祖夏維
新、夏永光抗清殉明而死；忠僕徐秀背負圖籍、護送幼主夏霈出亡
以延宗祧；四姓僕則返回江陰危城，自殺殉主以盡義。

　　高祖父夏霈、祖父夏敦仁整治斜涇河，造福鄉梓。父夏宗泗，
寒天以肉身暖父墓壙，以致罹疾而亡。祖母葉氏，於江陰「癸卯蝗
旱」時，命子孫煮粥賑災，活人無數，《江南通志·列女傳》稱揚
其為「巾幗之丈夫，閨幃之豪俠」。多位女祖守節，受朝廷旌封褒
揚；母湯氏茹苦撫孤，有「名聞天下，節冠江南」之譽……以上先
祖之人生經歷、品格操守，夏敬渠或隲括其事、或改寫其行、或受

其精神感召⋯⋯遂運用其鎔鑄剪裁、誇大鋪陳或轉接隱喻等小說技巧,創造為《野叟曝言》的重要情節。

　　據此,百萬餘言的《野叟曝言》,其風格雖受講史、人情、神魔、豪俠各類小說的影響;部份情節,也來自夏敬渠的虛構、杜撰;但是,其主要的內容,則是夏敬渠以其個人才學、真實歷練、生平理想、夢想與幻想,並融合夏氏宗族多人的多項事跡改寫而成,故參雜著濃厚的「私傳」與「家傳」色彩。因此,對夏氏先祖行誼的瞭解及對夏敬渠個人生平的掌握,由「實」知「虛」,由「虛」觀「實」,是研究《野叟曝言》的重要基石。

　　1988 年,筆者曾撰寫《野叟曝言研究》,首次探討夏敬渠其人其書❹。1995 年,根據北京‧中國社會科學研究院文學研究所藏的「光緒四年精鈔本《野叟曝言》」及相關資料,撰寫了〈《野叟曝言》光緒四年精鈔本析論——兼論《野叟曝言》版本問題〉❺,探討了《野叟曝言》傳鈔、版本及內容增刪諸問題。1996 年,又根據南京圖書館所藏夏敬渠的《浣玉軒集》及相關資料,撰寫了〈由《浣玉軒集》看夏敬渠之生平、著作及創作《野叟曝言》

---

❹　《野叟曝言研究》,臺北‧學海出版社,1988 年初版。

❺　〈《野叟曝言》光緒四年精鈔本析論——兼論《野叟曝言》版本問題〉,發表於《東吳中文學報》第一期,頁 121－150;並收錄於拙作《清代四大才學小說研究》之甲篇〈《野叟曝言》研究〉第貳章,頁 81－115(臺灣商務印書館 1997 年初版)。

之素材、動機〉❻，探討夏敬渠之生平、家庭、交遊、著作等；並觀察夏氏如何將其生活經歷、理學思想、詩賦文章等，存錄於《野叟曝言》中。1997 年，再憑以上論文為基礎，擴大完成了《清代四大才學小說──甲篇《野叟曝言》研究》❼。

　　1998 年間，再赴北京大學圖書館比對「道光手鈔本」《野叟曝言》，認為此鈔本的殘闕處與光緒辛巳（七年，1881）毗陵彙珍樓木刻活字刊本極為相似，二本的關係應該十分密切。

　　2001 至 2003 年間，筆者在蕭相愷先生的幫助之下，三度前往南京圖書館古籍部，細勘光緒十六年刊行的「源遠堂」《江陰夏氏宗譜》，發現不少夏氏先祖、夏敬渠本人及《野叟曝言》的重要資料，遂撰寫了〈由《江陰夏氏宗譜》看夏氏先人對夏敬渠與《野叟曝言》的影響──夏敬渠與《野叟曝言》補論之一〉及〈夏敬渠生平補證──夏敬渠與《野叟曝言》補論之二〉❽。更加確定《野叟曝言》是夏敬渠融合其個人思想、經歷的「私傳」及家族事跡的

---

❻　〈由《浣玉軒集》看夏敬渠之生平、著作及創作《野叟曝言》之素材、動機〉上下二篇，連續發表於《明清小說研究》1996 年 12 月，第四期；及 1997 年 1 月，第一期。江蘇省社會科學研究院文學研究所‧明清小說研究編輯部出版。並收錄於拙作《清代四大才學小說》之甲篇〈《野叟曝言》研究〉第壹章，頁 17－80。

❼　拙作《清代四大才學小說》：臺灣‧商務印書館出版，1997。

❽　拙作〈由《江陰夏氏宗譜》看夏氏先人對夏敬渠與《野叟曝言》的影響──夏敬渠與《野叟曝言》補論之一〉發表於《明清小說研究》，2003 年第 3 期（總第 69 期）。〈夏敬渠生平補證──夏敬渠與《野叟曝言》補論之二〉發表於《明清小說研究》2004 年第 3 期（總第 73 期）。江蘇省社會科學院文學研究所‧明清小說研究編輯部出版。

「家傳」作為基礎所寫成的小說。

　　諸方家研究成果已充足❾；筆者也掌握《江陰夏氏宗譜》、

---

❾　方家所著有關《野叟曝言》之重要論文，如下：

趙景深：〈野叟曝言作者夏二銘年譜〉，收錄於《小說戲曲新考》，頁
45－63，世界書局，1939 年 2 月。

孫楷第：〈夏二銘與《野叟曝言》〉，《大公報·文學附刊》第一六五
期，1931 年 3 月 9 日；後收錄於孫著：《滄州後集》卷三，北京·中華
書局，1985 年 8 月。

周越然：《書、書、書·野叟曝言》，香港·漢學圖書供應社，1966。

方驥齡：〈野叟曝言新評價〉，中央日報，1966.6.18～19。

陳香：〈野叟曝言受不起新評價〉，中央日報，1966.7.24～25。

方驥齡：〈野叟曝言新評價補述〉，中央日報，1966.8.4。

楊漢之：〈野叟曝言——一部怪書〉，中央日報，1966.7.25～26。

侯健：〈《野叟曝言》的變態心理學〉，《中外文學》2 卷 10 期，後收
錄於侯著《中國小說比較研究》，臺北·東大圖書公司，1983 年。

歐陽健：〈《野叟曝言》版本辨析〉，《明清小說研究》第六輯，中國文
聯出版公司，1988 年 2 月。

盧興基：〈讀書人做了二千年的夢——從傳統文化心理看《野叟曝
言》〉，《明清小說研究》1989 年第 4 期。

蕭相愷：〈光緒辛巳和壬午刻《野叟曝言》〉，收錄於《增本禁毀小說大
觀——稗海訪書錄》，中州古籍出版社，1992 年 2 月初版。

石昌渝：《野叟曝言·前言》，論文發表於「作家出版社」所出版的《野
叟曝言》。1992 年 9 月。

李夢生：《中國禁毀小說百話·野叟曝言》上海古籍出版社，1994 年 12
月初版。

王方宇：〈關於《野叟曝言》的兩篇文章——兼及《品花寶鑑》〉，臺北
《國立中央圖書館刊》新 27 卷第 1 期，1994 年 7 月；同文亦發表於大
陸《文獻》第 3 期，1994 年。

黃進興：〈《野叟曝言》與孔廟文化〉，臺灣《當代》雜誌第 126 期，
1998 年 2 月。

《浣玉軒集》、《野叟曝言》各鈔本、刻本，並已進行初步的研究。近日又尋獲夏敬渠晚年心血結晶《綱目舉正》；並且收集到晚清‧陸士鍔《續野叟曝言》的初刻本，及京戲、黃梅戲、潮劇、粵劇、電影、布袋戲等改編自《野叟曝言》內容的劇目、影片及報導。

　　筆者因思趙景深先生在 1939 年之前所撰的〈野叟曝言作者夏二銘年譜〉，雖已列出夏敬渠一生梗概，對後學者深具啟導之功。

朱恆夫：〈《野叟曝言》中的戲曲劇目敘考〉，發表於《藝術百家》1996年 1 月。

黃燕梅：〈文明時代新的英雄神話──《野叟曝言》神話意象及思維研究〉，發表於《文學遺產》1997 年 2 月。

楊旺生：〈論《野叟曝言》在中國小說史上的地位及影響〉，發表於《江淮論壇》1999 年第 5 期。

楊旺生：〈論《野叟曝言》的創作動機及對文本價值的影響〉，發表於《明清小說研究》1999 年 3 月。

楊旺生、周彪合著：〈論《野叟曝言》辟佛斥道思想論〉，發表於《南京理工大學學報（社會科學版）》第十二卷第六期，1999 年 12 月。

楊旺生：〈《浣玉軒集》與《野叟曝言》互見難容考述〉，發表於《文教資料》1999 年 6 月。

楊旺生：〈論《野叟曝言》“托於有明”的敘事謀略〉，發表於《東方論壇》2000 年 1 月。

湯哲聲：〈故事新編：中國現代小說的一種文體存在──兼論陸士鍔《新水滸》、《新三國》、《新野叟曝言》〉，發表於《明清小說研究》2001年 1 月。

潘建國：〈新發現《野叟曝言》同治抄本考述〉，發表於《文學遺產》2005 年第三期。

另潘建國先生著有〈晚清上海的報館與《野叟曝言》小說〉，發表於2004 年在北京香山所舉辦的「小說文獻與小說史國際研討會」。

但內容頗有疏略處，且未論及夏氏宗族對夏敬渠思想、行為及創作的影響；《野叟曝言》的素材來源也言之未詳，故亟待補闕及加強。

再思：若僅以「補闕」、「加強」趙氏舊作的方式，來撰寫夏敬渠的年譜；則研究者需費力耗時以蒐尋、翻檢不容易完全取得的夏氏舊作、相關資料及歷來方家的論著成果，恐有事倍功半之憂。

因此，筆者不揣淺陋，投注數年精力，撰寫《野叟曝言作者夏敬渠年譜》，期能將夏氏先祖事跡、夏敬渠一生及所有相關大事，逐年一一詳確地呈現，以求精確的掌握《野叟曝言》的人物原型、創作素材、寫作動機、思想內容及傳播影響等。

凡　例

一、本年譜行款：

　　1.紀年：標明朝代、年份、干支、西元及夏敬渠年齡。

　　2.年譜正文：記錄主要事跡。

　　3.引錄資料或文獻。

　　4.考證說明：概加「按」字，以資識別。

　　以上諸項，各以不同之字型呈現，以便分別。文中倘有必要，

　　仍用附註，以詳說明。

二、本年譜正文之前，以〈夏敬渠生平總述〉一章（下文簡稱〈總
　　述〉），論述：夏敬渠的身世、家庭、生平、才學、思想、著
　　作；兼及夏氏家譜世系、先祖及家人事略。

　　　　年譜正文中，康熙四十四年（1705），夏敬渠出生之前，
　　夏氏先祖暨重要人物之事跡，其年份可考，且有關聯或影響於
　　夏敬渠或《野叟曝言》者，紀為〈前譜〉。

　　　　康熙四十四年（1705），夏敬渠出生之後，夏氏宗族、夏
　　敬渠個人暨重要人物之事跡，紀為〈本譜〉；

　　　　乾隆五十二年（1787），夏敬渠死後，夏氏宗族之事跡，
　　有關於夏敬渠或《野叟曝言》者，紀為〈後譜〉；兼及《野叟

曝言》版本流傳問題，戲曲、電影之改編等等。❶

三、《野叟曝言》的創作動機、素材來源、人物原型、撰寫時間、著成年份及其他相關問題，一併在「按」語中論證之。

四、〈總述〉採紀傳式；〈前譜〉〈本譜〉〈後譜〉則編年條列大事。二者性質互異，為求敘述完整，避免論證闕謬，故所引用之重要資料，不避稍有重複。

五、夏敬渠未出仕，故本年譜於當代朝政時事，僅載與其有關者。

六、本年譜所引用之主要文獻，以源遠堂《江陰夏氏宗譜》、《浣玉軒集》、《野叟曝言》、《綱目舉正》、《光緒江陰縣志》、《江上詩鈔》等為主，茲說明其版本、內容如下：

㈠源遠堂《江陰夏氏宗譜》

源遠堂《江陰夏氏宗譜》：歷經夏氏六世宗親所編修，記錄四百六十八年之宗族事跡（1422－1890），於光緒十二年（1886）開始編修，光緒十六年（1890）完成❷。二十卷，線裝十大冊。江陰夏

---

❶　〈後譜〉所載論乃夏敬渠卒後，其重要是宗族成員大事及與夏敬渠、《宗譜》編修、《浣玉軒集》、《綱目舉正》之梓行、《野叟曝言》鈔本、刻本之流傳及戲曲、電影改編自《野叟曝言》內容之概況等等。

❷　夏敬渠曾姪孫夏子沐〈江陰夏氏宗譜跋〉記述修纂經過：「九世祖履中公（按：即夏敬渠之三叔祖夏敦禮），以舊譜燬於明季，手纂譜稿未竟。十世祖維四公、知十公、躍千公（即夏敬渠的四叔父夏宗淮、堂叔父夏宗泰及夏宗沂）踵其事；起八公（即夏敬渠五叔父夏宗瀾）復考訂規議，稿成，十一世慇咸公（即夏敬渠堂弟夏敬顏）重為編輯；十二世庚陽公（夏敬渠姪兒夏祖燿）」擇有學行者，各繫小傳嗣稿；十三世孝斾公（夏敬渠姪孫夏翼琳）。重鈔，因增補小傳……議刻，未成。……乃經始於光緒丙戌（光緒12年，1886），告成於庚寅（光緒16年，1890），採輯參訂凡五年。

氏後人、南京圖書館、上海圖書館等藏。

　　㈡《浣玉軒集》

　　夏敬渠著作極富，生前均未能付梓。嘉慶十年，夏敬渠從姪夏
祖耀蒐集整理其駢、散文，集為《浣玉軒文集》四卷；古體、近體
詩作，集為《浣玉軒詩集》二卷。但是，咸豐十年（庚申，1860）太
平天國及英法聯軍之亂後，諸書無復存者，詩文集亦無完本。光緒
十六年（1890）秋，夏敬渠之曾姪孫夏子沐，蒐羅其詩文殘篇及各
書序文，編為《浣玉軒集》四卷梓行❸。民國二十五年（1936），江
陰・謝鼎鎔復整理修補舊版，重新刊行❹。南京圖書館古籍部藏。

------

❸　《浣玉軒集・著書目》附夏子沐識語云：「右從曾祖二銘公所著書均未
　　梓。嘉慶閒，從祖庚陽公諱祖耀，復都文集為四卷，詩集為二卷。經庚申
　　兵燹（咸豐十年，1860，太平天國暨英法聯軍之役），諸書無復存者，詩
　　文集亦無完本。今搜括僅得駢散文若干篇，古近體詩若干首，編成四卷，
　　仍題曰《浣玉軒集》。將家譜鈔存各序弁諸首，其自序則隨體編入。爰付
　　手民，聊存十一。倘獲全璧而梓行之，幸甚。光緒庚寅秋，曾姪孫子沐謹
　　識。」

❹　《浣玉軒集》書末附有謝鼎鎔的〈跋〉，可知此書成書始末。其云：「吾
　　邑夏二銘先生，所著書曰《綱目舉正》、曰《全史約論》、曰《醫學發
　　蒙》、曰《唐詩臆解》、曰《浣玉軒詩文集》，書成未梓。嗣經咸豐庚申
　　（十年，1860）之亂，散佚過半；即詩文集亦無完本。其姪曾孫滌初
　　（按：即夏子沐）姑丈，引以為憾，搜輯叢殘，得詩文若干首，編為四
　　卷，旋於光緒庚寅（十六年，1890）秋刊行。即今所傳《浣玉軒集》本是
　　也。嗣後，姑丈秉鐸震澤。哲嗣挺齋表兄，持節巴西。數十年來，板藏於
　　家，未遑過問。客歲春，挺齋招予為舊京之遊。一夕偶與予談及是編，囑
　　為續印若干部，以彰先德而廣流傳。予唯唯。洎旋里後，往檢是書版片，
　　則鄴架所藏，半已剝蝕。予乃偕其從兄，厥謀茂才，為之刮蠹去蟫，力加
　　拂拭；並雇手民，整其漫漶，補其缺失。其首二、三卷中所佚各簡，更覓

(三)《野叟曝言》

《野叟曝言》在道光十八年之前,已有鈔本流傳,故江蘇按察使裕謙頒布〈憲示〉,蘇郡設局收毀淫書,《野叟曝言》已名列其所開列的〈計毀淫書目單〉中(詳〈後譜〉道光十八年條)。但此本未見。

本論文所根據《野叟曝言》鈔本及刻本主要有:

1. 道光年間(疑同治年間)鈔本。小型本,三函、二十卷、二十三冊,一百五十四回,有評註、回末總評。內容部份殘闕(如:第3至4回,78回至85回,134回至136回,正文全缺;另多數回中之正文或評註不全)。藏於北京大學圖書館,為現知最早之手鈔本❺。因無任何牌記證明其為道光年間鈔錄,故學者潘建國認為其應只是同治間鈔本❻。

2. 光緒四年(1878)精鈔本。十六開大型本,四大函、二十卷、二十冊,一百五十四回,有評註、回末總評。內容略殘

寫官寫定。乃以復於挺齋,而大加鈒青焉。……民國二十五年四月,同里姻後學謝鼎鎔識。」

❺ 北京大學圖書館鑑定此手鈔本為道光年間鈔本。而此鈔本書末附有「古澄半園客」所寫的〈附註〉,云:「此書吾鄉夏二銘先生所著,當時極為膾炙人口,然因篇幅過長,傳鈔不易,以致流傳鮮少。洪逆(道光三十年,庚戌,1850)亂後,更為稀見。此乃客臘以五金,得之姑蘇書肆。同治壬申(十一年,1872)暮春,古澄半園客註。」
按:此鈔本的殘闕處與光緒辛巳(七年,1881)毗陵彙珍樓木刻活字刊本頗相似,故二本的關係應該十分密切;甚至懷疑二者是根據相同的底本鈔寫、刊刻而成。存疑待考。

❻ 詳潘建國〈新發現《野叟曝言》同治抄本考述〉,發表於《文學遺產》2005年第三期。

闕。但為現知手鈔本中內容較完整者。現存於北京·中國社
會科學研究院文學研究所圖書館善本室。

3. 光緒辛巳（七年，1881）毗陵彙珍樓刊本。木刻活字。二十
卷，二十冊，一百五十二回（缺三、四回，故全書回數自第五回
之後，全部向前移二碼），內容部份有闕，有評註、回末總
評。附「知不足齋主人」所撰之〈序〉及〈凡例〉。「北京
大學圖書館」、「北京師範大學圖書館」、「哈佛燕京學
社」、「旅大市圖書館」、「天理圖書館」、「東京大學東
洋文化研究所雙紅堂文庫」等收藏。胡適、王方宇先生亦有
家藏本。今臺北·天一出版社有景印本刊行。

4. 光緒八年（1882）巾箱排印本。十冊，一函，一百五十四
回。刪評註。附光緒壬午（八年·1882）九月西岷山樵
〈序〉，自稱內容無闕。「中國人民大學圖書館」、「東北
大學圖書館」「北京大學圖書館」、「上海圖書館」及臺
北·中央研究院·傅斯年圖書館等藏。

5. 石印本。諸小說書目鮮有著錄。筆者所知有數種，皆自稱全
本，且皆附光緒壬午（八年，1882）九月西岷山樵所撰的
〈序〉。

其一：四冊，線裝，小字。卷數、回數、卷名、卷次、回目
同鉛印本。無夾評夾註，有總評。首冊扉頁刻「興替寶鑑」
四大隸字，次頁有「鎔經鑄史齋題，第一奇書正本」牌記。
未標年月。圖像十六幅。校讎不精，錯字極多。日本「東京
大學東洋研究所」暨筆者收藏。

其二：廣東書局刊印，未標出版時間。一函二十冊，線裝。

評註、序文，卷回、凡例、版心等，與前述石印本相同；圖像十六幅則異。筆者有藏本。

另「南京圖書館」所藏石印本，與廣東書局石印本行款相同，唯缺出版書局名。周越然所見之石印本，與此本類似，所不同者：「又繡像八葉。每回有精圖半葉，兩回合一葉，插入單回之前。」南京·蕭相愷先生所見亦類似，但無圖像 ❼。

本論文所引用之《野叟曝言》原文，以光緒四年精鈔本為主，輔以同治鈔本、毗陵彙珍樓刊本；殘闕處則斟酌於巾箱排印本及石印本。

(四)《綱目舉正》

夏敬渠著，原書四卷，存「前編」「正編」二卷。為「軥錄齋藏本」，由「陶社」校刊、出版。附民國二十三年（1934）謝鼎鎔〈跋〉可知其內容存佚及付梓始末❽，今收錄於《叢書集成·續

---

❼　詳見周越然《書、書、書·野叟曝言》（香港·漢學圖書供應社，1966年，頁 116）；及蕭相愷《增本禁毀小說大觀——稗海訪書錄》中〈光緒辛巳和壬午刊野叟曝言〉一文。（中州古籍出版社，1992 年 2 月，頁17）。

❽　由謝鼎鎔〈跋〉：「吾鄉之身於史學者，首推沙定峰、夏二銘二先生。定峰先生《讀史大略》一再附梓，幾於家有其書。二銘先生所著《綱目舉正》，當時擬進呈未果，先生沒後，此書遂不知散佚何所，識者惜之。清光緒間，其族裔孫彥保明經……一日，獲睹是書於逆旅中，狂喜。明經固素以網羅散佚自任者，況其為族尊之著作乎！遂假而鈔之。書凡四卷，竭數十日之力始竟。既竟，郵賜其族弟滌初（夏子沐）姑丈，謀繼《浣玉軒集》付之梓。事未果，書存姑丈家，此四十年前事也。今則姑丈與明經先後俱歸道山；艇齋表兄宦遊雖倦，尚滯燕平，是書迄無有過而問焉者。

編·史地類》。臺北市·新文豐書局，1989 年出版。

㈤《光緒江陰縣志》

《江陰縣志》有三本，一是陳延恩等修，李兆洛等纂的「道光版」《江陰縣志》；另一是盧思誠、馮壽鏡修，季念貽、夏煒如纂，光緒四年出版的《光緒江陰縣志》；再是民國十年，陳思修、繆荃孫修的《民國江陰縣續志》。本譜引錄之資料，以《光緒江陰縣志》為主❾，參酌其他二本，必標明之。

㈥《江上詩鈔》

清·顧心求輯。咸豐八年戊午七月，督學使者臨川·李聯琇〈序〉。詩集止嘉慶中。卷九十八輯夏敬渠詩若干，卷前引《邑志·文苑》載夏敬渠之生平。南京圖書館古籍部藏。

㈦《江南通志》

清·兩江總督趙宏恩等監修，黃之雋編纂。凡二百卷。據臺灣·商務印書館景印文淵閣《四庫全書》版，民國七十五年三月出版。第 507 冊至 510 冊。

七、《浣玉軒集》中所輯詩文得以編年者，編錄於當年之後，作為引論之資；不能確知著作年份，但知為某時期或描述某事件

余為陶社刊印先哲遺書，每憶是書，則為耿耿……及親往檢點，乃祇有上二卷，其自宋以下二卷，俱付缺如。此則令人欣然之下不能無爽然者。……使他日復能得下半部而刊之，俾如平津神物之離而復合，則尤私心之所竊禱者耳！閱者辛勿以其為殘本而少之。甲戌（1934）盛夏冶盦謝鼎鎔識。」

❾　收錄於《中國地方志集成·蘇州府縣志 25》江蘇古籍出版社、上海書店、巴蜀書社印行。本論文所引用之地方志，全引自《中國地方志集成》。

　者，編於該時期、該事件之後。二者之外，無以考證者，暫不
　編年，以俟來日。

夏敬渠生平總述

夏敬渠，字懋修，號二銘，自號浣玉生。人稱「旭台先生」。江蘇
江陰人。

源遠堂《江陰夏氏宗譜》（下文簡稱《宗譜》）卷八〈小傳紀事〉：
「敬渠，字懋修。」

《宗譜》卷四〈南街宗世錄·七世至十一世〉：「第十一世：敬
渠，宗泗次子，字懋修，號二銘。」

《宗譜》卷七〈傳誌行傳·湯孺人傳略〉：「二銘名敬渠」

《光緒江陰縣志》卷十七〈人物·文苑·夏敬渠〉：「夏敬渠，字
懋修。」

《浣玉軒集》卷四〈輝山詩序〉夏敬渠自稱「浣玉生」。云：「大
江之南，芙蓉之鄉，有浣玉生者。其人落拓不羈，食貧居賤，處人
所不堪，而翛然物表，其意若有所樂者。」

《浣玉軒集》卷三〈廣恨賦〉夏敬渠自稱「浣玉主人」與「虛無
子」對答。賦曰：「浣玉主人往過虛無子，……」

《宗譜·外集·詩詞》卷十七，楊肩吾〈題旭台先生扶桑曉日

圖）：「澄江浩淼素濤起，君山崒嵂青屏峙。江山淑氣鍾名區，中有幽人浣玉子。……」

　　按：真實人生中，夏敬渠字懋修，號二銘，自號浣玉生、浣玉主人。人稱「旭台先生」。江蘇江陰人。而《野叟曝言》中的主角「文白」，乃夏敬渠自況，是「蘇州府吳江縣人」，「字素臣」（第一回）。「文白」乃拆「夏」字為二。何以稱「素臣」？其用義在於指明文白是「素王」孔子之「臣」，其一生將有羽翼儒教，闡揚孔學之功。《孔子家語》載：

> 齊太史子與見孔子。退曰：「或者天將欲與素王之乎？夫何其盛也！」

蓋歷來以「素王」尊稱孔子，盛讚其雖無王者之位，實具王者之仁德與教化。而孔子作《春秋》，亂臣賊子懼，左丘明「懼弟子人人異端，各安其意，失其真，故因孔子史記，具論其語，成《左氏春秋》」（《史記·十二諸侯年表序》），因左丘明對於《春秋》具有襄贊、徵實、闡述、發揚之大功，一如臣下傾力輔佐君王，以求太平盛世之境。故杜預《春秋左傳·序》：「說者以仲尼自衛反魯，修春秋，立『素王』；丘明為『素臣』。」《野叟曝言》主角文白字素臣，「素臣」取其意在此。《野叟曝言》首回回目〈十觥酒賀「聖教功臣」〉可證。

貤封「登仕郎」、「保安州吏目」。

《光緒江陰縣志》卷十四〈選舉·封贈〉：「夏敬渠以子祖燁，貤

封登仕佐郎保安州吏目。」

　　按：乾隆四十二年（丁酉，1777），夏敬渠七十三歲時，因獨子夏祖焞曾經任官「直隸宣化府保安州吏目」，所以受朝廷貤封為「保安州吏目」及「登仕郎」。並且得到「稟心醇樸，飭行端方」的贈詞。（詳〈本譜〉乾隆四十二年條）

　　現實中夏敬渠一生與功名絕緣，因子為官而受朝廷貤封，雖是榮耀，但僅是虛銜；且其事已在《野叟曝言》成書之後。（按：《野叟曝言》約成書於乾隆三十七年（1772），夏氏六十八歲時）因此，朝廷的貤封，並不能安慰夏敬渠創作《野叟曝言》時期，功名無望的落寞與失落。

　　夏敬渠功名無望的落寞與失落，在《野叟曝言》中，則從文素臣身上取得補償及慰藉。因此，在第一百十九回，夏敬渠讓文素臣立下「八案首功」，皇帝頒下的「欽定賞格令」為：

> 鎮國公文，征苗、衛宮、誅藩、救劫、迎鑾、靖虜、平浙、勤倭，八案首功，曠古無匹，雖裂土封王，無以報稱。勉從謙德，略示優從：賜號素父，詔表拜贊，皆不名。食祿吳江縣，田賦歲祿如故。加封三代始祖為鎮國公，妣為鎮國太夫人，晉母水氏，號宣成鎮國太夫人；加封尚寶寺丞文麟（文麟、文鵬文素臣子）為文江伯，錦衣衛僉事文鵬為震澤伯。敕建崇功大德坊二座，官員下馬牌二扇，尚方劍一口，精忠神勇首輔元功圖書二方。

小說中，文素臣立下「雖裂土封王，無以報稱」的八案首功，既得

到位極人臣的榮耀與封賞，並追封先祖、蔭庇子孫，且不忘讓皇帝親口稱頌文素臣：「周稱尚父，魯稱尼父、齊稱仲父；先生即遜於孔子，而功高尚父，遠出仲父之上」（同上），可謂錦上添花之極至，而夏敬渠一生無望的功名利祿，在幻造虛擬的小說天地中，不只逐一獲得且擴大到無限。

康熙四十四年（1705）五月初九日出生，乾隆五十二年（1787）三月二十二日，卒。壽八十三。

《宗譜》卷四〈南街宗世錄·第十一世「敬渠」〉：「康熙四十四年乙酉（1705）五月初九日亥時生，乾隆五十二年（1787）丁未三月二十二日亥時終，壽八十三。葬留龍崗後莊後父塋昭穴，丁山癸向兼午子。」

　　按：《宗譜》卷四〈南街宗世錄·第十世「宗泗」〉載：夏敬渠母親湯氏的生日是「五月初八日」；同卷〈第十一世「敬渠」〉載：夏敬渠的生日是「五月初九日」。在《野叟曝言》中，夏敬渠故意將文素臣及其母水夫人的出生日、月顛倒，改寫為：「水夫人是八月初五日生辰，素臣是九月初五生日」（第六十四回）

　　現實中，夏敬渠的出生，據現存資料所載，並無特別的「異象」出現；但在《野叟曝言》中，為了強調文素臣天縱聖明，於是：

　　　素臣生時，（其母）有玉燕入懷之兆，故乳名「玉佳」。

相傳唐·張說之母夢玉燕入懷而有孕，生張說，後果為宰相❶。《野叟曝言》以此典故作為伏線，暗示文素臣天生不凡，且日後將為一人之下、萬人之上的宰相。不只如此，其父文繼洙也夢有佳兆：

> 其父文公，夢空中橫四大金字，曰：「長發其祥」；又夢至聖親手捧一輪赤日，賜與文公。旁有僧、道二人爭奪，赤日發出萬道烈火，將一僧一道，登時燒為灰燼。

夏敬渠藉此夢兆，暗示文素臣資稟超異，得自天授；故至聖孔子委付「毀佛滅道」的重責大任，使儒術「長發其祥」。

現實中，夏敬渠享壽八十三，可謂高齡。但人不能預測自己壽命的短長；何況夏氏完成《野叟曝言》前，已然經歷十二位至親的亡故（詳〈本譜〉乾隆二十九年條），對死亡自有無奈及悲慟。因此，夏敬渠在小說中，讓文素臣全家皆登耄耋，水夫人年踰百齡，以此寄托內心的渴望並對抗無常的命運。

夏氏先祖系出浙江會稽，姒姓。明朝宣德年間，「厚庵公」夏坤元（1422－1486），遷居江陰，遵祖制改姓夏，是為第一世。

《江陰夏氏宗譜·原序》：「我夏氏始祖厚庵公，於有明前葉，由會稽遷居江陰之布政坊……嗣後，有復遷維揚、滇南者。地遠世隔，未易稽考，姑以從略。……」

---

❶　《開元天寶遺事》：「張說母夢玉燕自東飛投懷中，已而有孕，生說，果為相。」

《江陰夏氏宗譜·凡例》：「夏氏系出會稽厚庵公，於明宣德間來遷江陰。明季鼎革時，舊譜燬於兵燹，公以前世錄無可稽考，疑者闕之，斷以始遷江陰祖為第一世。」

《江陰夏氏宗譜》卷七〈傳略行狀·始遷江陰祖厚庵公傳〉：「公諱坤元，字廣生，號厚庵。先世本姒姓，浙江紹興府會稽縣人。會稽故禹墓在焉，禹之後在咸陽者以國號姓，因議守墓居本邑則姒姓，徙他邑則夏姓，故公之改姓遵祖訓也。家牒毀於明季，生出本末及生平行誼，概用闕如。惟公生於永樂二十年（1422），由宣德間來江陰，方十餘齡耳。」

《宗譜》卷一〈先祖世系〉：「第一世坤元，永樂十年（1422）生，成化二十二年卒。壽六十五。」

直系親族為「南街宗」世系。夏敬渠屬第十一世。

夏敬渠直系及重要旁系宗譜譜表為：

《宗譜》卷一〈先祖世系〉譜表：

第一世：坤元。第二世：永清。第三世：艮。第四世：忠。第五世：時正。第六世：嘉禎、嘉祥、嘉祐、嘉祚。第七世（嘉祐子）：方明（所巷宗）、維炎（釣臺宗）、維新（南街宗）。

《宗譜》卷四〈「南街宗世系」七世至十七世〉譜表：

第七世：維新。

第八世：霈。

第九世：敦仁、敦義、敦禮、文彬。

第十世（敦仁子）：宗泗、宗漢、宗洛、宗淮、宗瀾。

第十一世（宗泗子）：敬樞、敬渠。

第十二世（敬渠子）：祖煒。

第十三世：翼陛❷。

第十四世：子鈞、子鑑。

第十五世（子鈞子）：詒潔、詒濬、詒溥。

第十六世（詒濬子）：孫本。

第十七世：緯卿。❸……

第六世高高叔祖夏嘉祚、第七世高祖父夏維新（1604－1645）、高族叔父夏永光，順治二年（乙酉，1645），守江陰，抗清殉明而死。

《明史》卷二百七十七〈侯峒曾傳〉：「明年（順治乙酉，1645）五月，南京亡，列城皆下。閏六月，諸生許用倡守城，遠近應者數萬

---

❷　《宗譜》卷四〈南街宗世錄·第十二世「祖煒」〉：「祖煒子二。翼垣，嫡氏出，殤。次，側室出，殤。以從弟祖煮（夏敬樞第三子）長子翼陛嗣。」又「第十三世『翼陛』：祖煒嗣子，字升階，乾隆二十八年癸未十月初七日子時生，道光十年庚寅閏四月已時終，壽六十八。」

❸　趙景深〈野叟曝言作者夏二銘年譜〉載：第十八世：武申。又云：「武申是民國十四年（1925）九月生的，今年（民二十六年）還只十三歲。」（收錄於《小說戲曲新考》，頁45－63，世界書局，1939年2月初版）又蕭相愷、陳慶浩先生，於1999年親往江陰訪問夏氏宗族，尋找夏敬渠直系後裔已不得。

人。典史陳明遇主兵。……明遇乃請（閻）應元入城，屬以兵事。……大清兵來益眾，四圍發大炮，城中死傷無算。猶固守。八月二十一日，大清兵從祥符寺後城入，眾猶巷戰，男婦投池井皆滿。明遇、用皆舉家自焚，應元赴水，被曳出，死之。……舉人夏維新，諸生王華、呂九韶自刎死。」

《江南通志》卷一百五十三〈人物志·忠節〉：「戚勳字伯屏，江陰人，以諸生例入國學，授中翰。奉差督閩餉歸。順治乙酉，城破，大書『闔門殉難中書戚勳』八字于壁，挈妻、妾、女婢二十一口，自焚死。同死者，癸酉舉人夏維新，字燦焉，諸生。王華、呂九韶、許用。」❹

《宗譜》卷八〈小傳紀事·第六世「嘉祚」〉：「嘉祚字文溪。順治乙酉（1645）六月，大清兵南下。江邑未降，圍之。公先令僕徐秀，挾侄孫霈避於石幢；而己偕侄維新在城捍禦，城陷死之。馮、潘、高四姓僕（按：馮姓僕有二人）從死。道光七年（1827）從祀三公祠。」

《宗譜》卷四〈南街宗世錄·第七世「維新」〉：「嘉祐四子，字

❹ 《光緒江陰縣志》卷十六〈人物·鄉賢〉亦載戚勳生平及殉難事：「戚勳，字羽明，諸生，以例入南雍，授中書舍人。乞假歸，國變，福王建號，授前官，奉命督閩餉，將行，奏請設官防江。情詞懇摯。比反，福王已被執，遂自青暘移家入城，在圍中，堅守八十餘日。城破，積薪繞屋，焚香、具朝服，北面拜，呼烈皇帝，大書於壁曰：『大明文華殿中書戚勳死節之地』。先命三妾二女一婢投環，遂縱火自焚死，一門死者二十一人。著有《留丹集》、《佩朱隨筆》。」

燦焉，號彩邦，明崇禎癸酉（六年，1633）舉人，萬歷三十二年甲辰
（1604）八月初七日生，國朝順治二年乙酉（1645）八月二十一日申
時，城破殉難。年四十二。旌表忠義⋯⋯崇祀忠義祠，載明史《侯
峒曾傳》，《一統志忠節傳》、《江南通志》。」

《宗譜》卷八〈小傳紀事·第七世「維新」〉：「維新，號彩邦，
明崇禎癸酉科九十九名舉人。順治乙酉殉節，乾隆四十一年
（1776），欽定入祀忠義祠。道光八年（1828）從祀三公。天資穎
異，抱幹濟、熟名義，宿以文章氣節推重東林。順治二年乙酉五
月，大清兵南下，留都失守，列城望風款。閏六月朔，公與江邑士
民引義為明守。未下。大清兵圍焉。八月二十一日申時，城破，死
之。」

《宗譜》卷七〈傳略行狀·彩邦公傳〉：「順治乙酉六月朔，江陰
之奉故明城守也。倡之者諸生許用，而崇禎癸酉舉人夏維新為輔。
江陰於明猶瘠邑，然薙髮令下，則維新從許用，髡髮張激，疲癃孱
弱登陴，奉閻典史（即前典史閻應元）入城，守抗嘉定。勝軍八十一
日。⋯⋯城破，許用戕，閻尉夜受磔，而維新先自刎。」

《宗譜》卷八〈小傳紀事·第七世「永光」〉：「永光字元采。乙
酉歲，江陰城破。將書作甲以衛其身，戰死于文昌巷，屍首不知何
在？⋯⋯一門十一口同殉難。事見《雨三公筆記》。道光七年從祀
三公祠。」

　　按：夏敬渠在《浣玉軒集》卷二〈擬明中書舍人戚公傳〉文

中，對同邑前賢戚勳❺、高祖父夏維新等以死殉明、江陰士子守城
抗清及百姓臨難求死之事，有詳細的記錄與補充：

> 乙酉五月，王師（即清兵）南下，弘光銜璧降。（戚）勳復歸
> 家密謀後舉。閏六月辛酉朔，舉人夏維新、諸生許用、王
> 華、呂九韶糾眾守城，迎前典史閻應元為將以抗我師。勳在
> 圍中，因病未任事。應元謀勇俱絕，設機視釁，連敗我兵。
> 維新、九韶輩亦多出奇計。許用復製樂府〈五更曲〉，月夜
> 於城上歌之，以亂我軍士心❻。軍士聞之皆思歸，不能力
> 戰。前後兩月餘，傷我將士數萬。……八月庚子日，我軍以
> 大炮攻破城北門。應元堅不肯降，誅之。維新等皆自刎死。
> 時勳病猶未癒，因力疾率妻孥，設明太祖及懷宗神位，朝服
> 叩顙。曰：「大事已去，臣無能為矣！」伏地大泣，妻孥亦
> 泣，淚盡繼之以血。勳則出坐廳，召家人輩環列，謂曰：
> 「國破君亡，義不可苟活。余從先帝地下，汝輩宜早為
> 計。」妻謂勳曰：「夫死為君，妾死為夫。夫死妾生欲何
> 為？」子女曰：「父母死忠，兒生玷父母遺體，請從死。」
> 婢僕皆進曰：「主且死，奴輩何忍偷生？」……勳於是命僕
> 舉火，闔戶俱焚死者，蓋二十有一口。……余每至（戚勳）

---

❺　《明史·侯峒曾傳》載：「（江陰城破）里居中書舍人戚勳，令妻及子
女、子婦先縊，乃舉火自焚，從死者二十人。」（卷二百七十七）

❻　《光緒江陰縣志》卷十六〈人物·忠義·許用〉亦載此事：「……遂定守
城之計，居圍中，與閻應元、陳明遇商榷機務。中秋月夕，效楚歌作〈五
更轉曲〉，教守陴者，按拍倚歌，聞者泣下。」

其塚,瞻拜感愴,輒低徊不忍去云!

贊曰:當勳自焚時,江陰訓導馮敦厚❼,入廟謁先師畢,北向跪拜呼懷宗而號,遂冠帶自縊於明倫堂。典史陳明遇巷戰,不勝,死於城北,亦勳之儔也。

許用之母,年已八十矣!據邑之大井而招曰:「盍相死於此!」男子往投輒不許,曰:「雖死不可混也!」須臾,我兵至,乃自投井,則已實矣!遂自扼其喉而絕。其他男婦之死者,蓋不勝紀也。此豈勳之闔戶俱焚,其忠烈之氣,有以感之歟!……嗚呼!勳之死與日月爭光矣!」❽

---

❼ 馮敦厚一作馮厚敦。《明史·侯峒曾傳》載:「訓導馮厚敦冠帶縊於明倫堂。」(卷二百七十七)

❽ 《光緒江陰縣志》卷十六〈人物·忠義〉詳載許用全家自焚的情況:「及城破,(許用)於所居後樓,跪抱母李氏膝,舉火自焚,死時年三十有六。從死者妻某氏、弟某、女弟二人,婢僕十一人,舉家十七口。其伯父國泰亦諸生,妻亦李氏,甥女二人,俱同焚死。……有貸門居者,將舉火,遣之去,其人曰:「主人自焚,客將焉往?亦俱死。」

按:《光緒江陰縣志》載許用於所居後樓,跪抱母李氏膝,舉火自焚而死;《明史·侯峒曾傳》亦載:「(許)用皆舉家自焚」(卷二百七十七)夏敬渠卻云許用之母,據邑之大井相招女眷投井,最後因井中屍體已滿,遂自扼己喉,絕氣而亡。所載大不相同。但因《明史》及《光緒江陰縣志》的寫作時代,距離江陰圍城事已遠,且是官修,有所顧忌,不願多寫清軍屠城的慘狀。而夏氏距離江陰圍城時間較近,況且此文是為同邑前賢作傳,成勳、許用等人的親友必知其事,眾目昭揭之下,可信度頗高。故夏敬渠的〈擬明中書舍人成公傳〉,實保存部份史事的真相。而比對《宗譜》、《浣玉軒集》及《明史》、《光緒江陰縣志》所載錄的江陰抗清事件,實互有補闕及正謬的功用。

另：《浣玉軒集》卷四〈題鵝溪先生傳後〉，贊頌江陰士子顧維寰臨難殉國：

> 先生姓顧，名維寰，字含英，用他人姓入長洲學，明懷宗凶聞至蘇，直指周一敬繡衣入明倫堂。先生與同學生張長潤叱而退之。退語人曰：「在位者如此，時事可知矣！」遂自經於祖墓。」

詩云：

> 大帥遙呼小帥降，西清東閣總滄桑。先生肯與鄉鄰鬥，一死能從社稷亡。報國豈堪因宦達？明倫原合在宮牆。繡衣不用多驚詫，曾著儒冠拜素王。

由〈擬明中書舍人戚公傳〉及〈題鵝溪先生傳後〉二篇詩文，可看出夏敬渠對江陰抗清事件的了解，對殉難的先賢的緬懷，及忠義情操之嚮往。

然而，夏敬渠生於康熙四十四年乙酉（1705），上距清世祖福臨甲申年（1644）入關，已六十餘年。大清正處盛世，文治武功皆超邁前代；對漢文化、儒家思想又極其尊崇；對知識份子的高壓兼懷柔政策亦高度奏效。故夏敬渠雖是緬懷前賢，卻已全然沒有反清復明的思想。且其深受先祖忠烈精神的感發，又終身崇奉儒家思想，並遵循程、朱學派，遂對朝廷忠心不貳。因此，盡忠報國的思想，在其所著的《浣玉軒集》詩文中，處處呈現。如《浣玉軒集》卷二〈書全史後〉：

> 事君者，百不可恃也，而有一可恃，曰：「忠」而已矣！恃

之以立功，恃之以成名，恃之以觸邪，恃之以遇主，恃之以
弭謗議，恃之以批逆鱗，恃之以屈而伸，恃之以死而生，恃
之以亂而治，恃之以亡而存，恃之以危如累卵而不墮，恃之
以微如一縷之繫千鈞而不絕其綸，恃之以動天地，恃之以孚
豚魚、格草木而泣鬼神，恃之以祿盛寵盈而不潰，恃之以殺
身成仁而爭耀乎日星……

以上「事君以忠」的言論及理想，幾乎全數具體落實在《野叟曝
言》的情節中。夏敬渠發揮其無比的想像及創造能力，極力塑造文
素臣成為忠君報國的「奮文揆武、天下無雙正士」❾，其從一介儒
士，「恃忠」欲興儒教、除邪佞而忤權奸、批逆鱗，因此幾乎被斬
首午門，旋又貶謫遼東、差點命喪邊陬。之後，再因「恃忠」，而
到得到東宮太子的絕對信任，成為「真救駕匹馬歸朝」，「隻手擎
天」的「白衣閣老」。最後終因「恃忠」，立下「八案首功」而被
天子尊為「素父」。又因「恃忠」而「祿盛寵盈而不潰」，得到
「百世推恩、侯伯子男遞衍」的皇寵，又獲致「七十國獻壽六寶齊
歸」的尊榮。故忠君報國之思想，實涵蓋整本《野叟曝言》。

**曾祖父夏霈（1629－1689），字若時，江陰圍城時，被義僕徐秀
等救出。痛父死難，不復存用世想。喜行利濟事，蔚為家風；疏浚
斜涇河，造福鄉梓。**

《宗譜》卷四〈南街宗世錄·第八世「霈」〉：「維新長子，字若

---

❾ 「奮文揆武、天下無雙正士；熔經鑄史、人間第一奇書」此二十字，乃是
夏敬渠用來分繫《野叟曝言》二十卷卷首的字。

時，邑庠生，例贈儒林郎州同知，貤贈文林郎國子監丞。明崇禎二年己巳（1629）三月二十五日戌時生，國朝康熙二十八年己巳（1689）閏三月初五日未時終，壽六十一。……旌表孝子，崇祀孝悌祠，載《一統志孝義傳》、《江陰孝悌錄》。子四：敦仁、敦義、敦禮、文彬。」

《宗譜》卷八〈小傳紀事·第七世「維新」〉：「先是圍急時，家有老僕徐秀，見主誓以身殉，恐祧嗣遂斬，乃偕同業四人，夜負幼主（夏霈）及圖籍，縋城出，至無錫石幢葉氏姻家匿焉❿。四僕仍入城隨主，而徐以護幼主獨留。城陷，四僕見主自刎死，亦俱自殺。兵定返城，覓公遺體不得，泣三晝夜，以衣冠殮柩……成葬禮云。」

《江南通志》卷一百五十八〈人物志·孝義〉：「…霈，字若時，有孝行，遇親忌辰，必素服齋居，泣涕竟日。」

《宗譜》卷十〈表章、額聯〉：「『家之藎臣』——乾隆年，兩淮鹽運使司鹽運使，德州盧公見曾題獎夏氏義僕徐秀、潘姓、馮姓、馮姓、高姓。」⓫

---

❿ 據《宗譜》卷十四〈著述·《森玉軒遺草》〉條，夏祖燿「識」曰：「高祖父若時（即夏霈）……少丁革運，高高祖彩邦公既殉節圍城中，獨以子身避跡外舅無錫之石幢梅廊先生家，年蓋十又七耳。」

⓫ 夏敬渠堂弟夏敬秀著有《正家本論》，自印刻本藏於南京圖書館古籍部，為研究夏氏宗族的重要輔助資料。其卷上〈寬待僕婢〉篇載夏氏宗族感念徐秀及四僕，故於「祠堂之側立義僕祠，歲時祭之。」

《宗譜》卷八〈小傳紀事·第八世「霈」〉:「至性孝友,品行端潔。痛父死難,不復存用世想,惟日左圖右史,以吟嘯寫其懷。詩尤造唐人三昧。喜行利濟事:康熙十七年（1678）,旱。倡捐,得穀三百餘石,募饑民浚斜涇河,寓以工代賑之意,全活無算。逾年（1679）,復大旱,合境俱荒,濱斜涇萬餘畝獨稔,至今蒙其利。十九年（1680）,大水,九裏塘路圮,行旅頗溺。出粟修築,復為坦道。同邑薛元敏《慎宦山人遺稿》稱其好義若渴。計終歲所入,給日用外,悉以應助不足及地方義舉,如浚河、修途梁類,城市猶不易觀此風者也。著有《森玉軒詩》、《救荒末義》、《訓蒙要則》諸書。以孝義載《大清一統志》、《江南通志》、《邑志》。……配葉氏,誨淑,贈孺人,無錫縣石幢,明諸生梅廊公,字爾培,諱孝基長女,工部侍郎聞適公諱茂才孫女。胚胎理學,有大家風。」

按:夏嘉祚、維新、永光三人的殉難,是知識份子臨危不懼、從容就義的節操。徐秀的保護幼主、延續宗祧,四位僕人的重返危城,殉主而死,則不愧是「家之藎臣」。武進·劉毓麟贊揚其事云:

　　慕義之殷,雖臺隸亦若此乎哉!然明自甲申（1644）國亡,大臣怵惕,俯首新朝,而其僕固未聞有慷慨蹈義者也。」

（《宗譜》卷七〈傳誌行狀·若時公傳〉文末所附）

如此,主殉國以盡忠、僕殉主以盡義,顯示夏氏宗族忠義為尚的家風,更可想見其平日待僕、教僕的風範。

　　徐秀護幼主避難、四姓僕返危城殉主之事，對夏敬渠創作小說
頗有影響，《野叟曝言》中，文素臣家僕無論男女，個個文武雙
全，忠肝義膽，文素臣能立下「八案首功」，其奴僕的犧牲奮鬥，
功不可沒。

　　小說中又不乏義僕救主或殉主的情節，例如：第三回，西湖水
災，老僕躍入驚濤駭浪中，以背駝扶老主人未澹然，載沈載浮十餘
里，終獲救。第十六回，婢女素娥為報答小姐未鶯吹平日厚待之
恩，故不顧男女之嫌，赤身臥銅屏取冷、炙炭火取暖，貼身照顧因
瘧疾而寒熱交逼的文素臣❷。第一百零六回，男僕文容（又名未容
兒），不惜假扮女尼，與景王妃雲氏偷情，進而刺探軍情，使主人
文素臣得以平定景王之亂。第一百零一回，苗僕奚勤夫婦捨身滯留
於苗峒中數年，探知攻殺毒龍之法，幫助主人文素臣降服苗疆。第
一百三十三回中，文容、奚勤二僕更為了替主人出征倭國而殉死異
域。

　　再者，夏霭「至性孝友」的個性影響子孫甚鉅，夏氏家族以孝
友為尚，且不乏苦孝之行（詳下文）。其「喜行利濟事」，亦形成
「好義若渴」的家風❸。夏氏子弟多以鄉梓福祉為要、救災濟民為

----

❷　未鶯吹因已訂親，且即將出閣，故避男女之嫌，不得親自照顧義兄文素
　　臣。而當時文素臣為了躲避仇敵追殺，暫時改名為「白又李」。（第十六
　　回）

❸　據《宗譜》卷七〈傳誌行狀·湯孺人傳略〉載：初，若時公（夏霭）有田
　　千餘畝，至調元公（子夏敦仁）只二百，至傳一公（孫夏宗泗）僅可得數
　　十畝，而好善樂施則如一轍，若時公會一歲所入，以其半為日用，其半則
　　以倡捐建橋、修道、浚河諸公事。冬則施薑水，夏則施涼茶，夜則施燈
　　燭，雨則施草屨，寒則施以棉衣，死者施以樌木，施玉柩救苦諸丹以療時

急：長子夏敦仁、媳葉氏，三子夏敦禮；孫輩夏宗泗、夏宗洛等，都因行善濟民而名聞江陰；曾孫夏敬樞、敬渠昆仲曾因救災而幾乎喪命。夏敬渠並且將其家族賑災救難的事跡，改寫為《野叟曝言》眾多情節（詳〈本譜〉）。

又：夏敬渠曾祖母名「葉淑」，為搢紳之後；父名孝基，為明諸生；祖父名茂才，為明朝工部侍郎，「東林八君子」之一，《明史》有傳**⓮**。葉氏受家學浸染「胚胎理學，有大家風」，故于歸夏家之後，其宗理學之思想，影響其子敦仁，孫輩宗泗、宗洛、宗瀾，甚至及於曾孫夏敬渠。

祖父夏敦仁（1652－1710），字調元，號識字布衣。行篤孝友，尊君崇禮，文名溢江左。重儒宗，闢二氏，先器識後文藝。與弟夏敦禮承父志，再浚斜涇河。救災賑貧，不遺餘力。丁母艱，哀毀罹疾而卒。

《宗譜》卷四〈南街宗世錄‧第九世「敦仁」〉：「霈長子，字調元，號識字布衣，邑庠廩生……順治九年（1652）年壬辰七月二十日未時生，康熙四十九年（1710）庚寅閏七月初九日卯時卒，年五

疫，施眼藥以療目疾，施回生丹以療產難，施疳積藥以療疳疾，歲費輒千餘金。若時公殁，調元、履中（夏敦禮）兩公暨傳一公繼之，率一為常。

⓮ 《明史》卷二百三十一〈葉茂才傳〉：「葉茂才，字參之，無錫人。萬曆十七年進士。……四十年，起南京太僕少卿……擢南京工部右侍郎。茂才恬淡寡嗜好。通籍四十年，家食強半。始同邑顧憲成、允成、安希范、劉元珍及（高）攀龍並建言去國，直聲震一時。茂才祇以醇德稱。及官太僕，清流盡斥，邪議益棼，遂奮身與抗，人由是服其勇。時稱東林八君子。憲成、允成、攀龍、希范、元珍、武進錢一本、薛敷教及茂才也。」

十九。⋯⋯崇祀鄉賢祠，載《一統志》、《江南通志孝義傳》、《邑志文苑傳》，楊文定公名時立鄉賢傳，翰林院編修無錫秦留仙撰墓誌。著有《十七史論要》、《亦政編》、《愛日編》、《杭遊錄》、《訓蒙要則》、《四書字解》、《鳴陰集》、同學楊文定公（即楊名時）合刻制義。⋯⋯子五：宗泗、宗漢、宗洛、宗淮、宗瀾。」

《宗譜》卷八〈小傳紀事·第九世「敦仁」〉：「敦仁，字調元，廩膳生。康熙五十九年（1720）詳送崇祀鄉賢祠。乾隆二年（1737）贈文林郎。性英敏，書過目成誦，試輒冠軍，文名溢江左。而行篤孝友，侍父臥病十餘年，服勞盡瘁。歿後，奉母益謹，督諸弟學，訓課殷切，疾痛痾庠無不關。里黨間，每時存任恤。求，輒應。嘗有廬州人貧病，啟篋資之歸。學以窮經明道為宗。善敦誘，先器識，次文詞，律身端嚴，而襟期灑脫，涵養粹然。⋯⋯載傳《大清一統志》、《江南通志》、『邑志』。」

《宗譜》卷七〈傳略行狀〉楊名時所撰之〈鄉賢夏君傳〉：「調元諱敦仁，⋯⋯性醇摯，事父母先意承，志兄弟，相師友，喪祭皆有禮法。次弟遵路，英才早世，調元哭之慟，每祭必頌楚辭以招之。

　某某歲，聖祖皇帝南巡，學使者徵江左表頌，匯為《聖武颺言集》，首錄調元文以進，令迎謁行在，獻詩文若干首。奉旨隨班侯擢用，以親老不果行。時太孺人年近七旬，調元與諸弟怡怡色養，晚則共寢寢門內，如是者歷十餘年。

　調元春秋五十有七矣！丁內艱，哀毀盡禮，遂得疾。甫服闋，病益劇，猶披覽不輟。臨歿，作歌云：「讀書略觀大意，理學經濟

未優」（詩詳〈前譜〉），意欲然也。

方調元詣行在歸，文名藉甚，來學者益眾，有齒相若。及數年，以長者折節，請為弟子。調元教人，先品詣，次經史，而後及文藝。扃關而督課之，必以身倡。於是及門，類能自好。子侄輩多以五經七藝售，江邑之習五經，自調元始。朔望，則率子弟學徒詣學宮，展拜丁祭，執事尤謹。元旦萬壽，必設香案向北闕九叩，常語人曰：「尊君、親、師，無貴賤，一也。」

然調元雖不遇，其立功施惠，未嘗不歷歷可稱道。城南有斜涇河，引江潮溉田，可千頃。沙泥淤積，遂至壅塞。調元凡一再浚之，深廣加倍，民賴之至今。某歲大祲，調元設粥廠煮賑，全活甚眾。又糾同志諸人，集貲為同善會，凡義塚義棺、夜鐙、草履、棉衣、薑湯、藥餌之施於貧病者，皆取給焉。族中之貧不能自存者，月有廩，歲有贈，至於姻戚之有志尋父者、遠商缺貲留落不歸者、故人子女無力延師及婚嫁者、鄰里鄉黨以匱乏告者，必給助之不少吝。迄於今，邑中浚渠、成梁、除道、捐賑諸善舉，猶首推夏氏。……雍正十年壬子仲春（1732），同學弟楊名時傳。」

《宗譜》卷八〈小傳紀事·第九世「敦禮」〉：「及壬寅（康熙六十一年，1722）、甲辰（雍正二年，1724）間，累疏斜涇河，胥為通邑永利。」

《江南通志》卷一百五十八〈人物志·孝義·夏敦仁〉：「夏敦仁為名諸生……城南有斜涇河，引江水溉田，可千頃。敦仁一再濬之……饑司粥，斂散有方，又糾同志，集貲為同善堂、義學、義塚，殯死瘞骸，夜鐙、草履、棉衣、薑湯、藥餌之施於貧乏者，皆

取給焉。」

《光緒江陰縣志》卷十八〈人物·鄉賢〉：「夏敦仁字調元，霈之
長子。霈，故邑所稱夏孝子若時也。敦仁以五經世其家，渾厚樸
茂，制義言有本元，滾滾不絕。自稱『識字布衣』，著《愛日篇》
等書數種。後進咸慕之。尤存心利濟，始霈以斜涇河民田資灌溉濬
之，後復就淤，敦仁大捐資以濬，身董其役。至今父老耕畔者，猶
稱述夏氏之德。」

　　按：根據《宗譜》，總計夏霈、夏敦仁、夏敦禮、夏宗漢、夏
宗洛三代，七次修濬斜涇河、二度整治九裏塘岸，夏家對江陰公益
事業的貢獻不可謂不大。

　　此外，夏敦仁「重儒宗，闢二氏」的主張，影響其子夏宗泗及
夏宗瀾甚鉅；在其孫夏敬渠所著的《野叟曝言》中，更強化並衍申
為貫穿全書的主題思想——「崇正闢邪」。

　　再者，夏敦仁雖是一介廩生，卻有迎鑾獻詩；元旦萬壽日，設
香案北向九叩等「尊君崇禮」之舉。由此可確知，雖然夏維新殉
明，夏霈絕意仕清，但傳至第三代夏敦仁，卻已全然成為守禮尊君
的大清子民。無怪乎其孫夏敬渠，在詩、文、小說中，更表現對清
廷的耿耿忠心。是故若言《野叟曝言》有反清復明思想❶，則純屬

---

❶　如方驥齡〈《野叟曝言》新評價〉：「（《野叟曝言》）以教忠勸孝為
　　本，表揚忠義大節：正氣磅薄，乃影射反清復明史實」（台灣·中央日
　　報，1966 年 6 月 18－19 日副刊）拙作《野叟曝言研究》第三章第三節
　　〈《野叟曝言》有無反清復明思想？〉已反駁其說（臺北·學海出版社，
　　1988）。

臆測，不足採信。

　　夏敦仁既「尊君崇禮」，夏敬渠則將此思想，在《野叟曝言》中大大地加以發揮。第四十回，當文素臣首次謁見明憲宗，大放崇儒教、闢佛道的言論，得罪當權者安吉、靳直等人，被遠貶遼東時，其母水夫人認為：身為人臣，「倘因直諫，觸怒朝廷，既戮其身，復連及家屬，自當投身有司，或刑或戍，順受國法，豈敢逃避山澤以求倖免乎？」故全家對朝廷非但不敢有絲毫怨懟，反而「深感皇仁解網」，鋪設紅氈、備齊香燭，由水夫人帶領「望北拜謝皇恩」。第一百三十二回，文素臣拜相，得明孝宗信任，已臻「民已殷實，亦知敦行」的治績。時機既成熟，文素臣於是上奏本，欲鏟佛滅道，貫徹「崇正闢邪」的理念。不料太上皇（明憲宗）刻意阻撓。文素臣雖已位極人臣，萬眾歸心，卻猶然不敢逾越禮制，只好佯狂裝瘋，俟太上皇駕崩後，方大展所圖（第一百三十五、六回）。因此，在小說中，明憲宗縱然昏闇至極，一無是處；文素臣也只是托罪委過於權奸、閹黨的蒙蔽聖聽，既不敢指斥君王之非；更不可能有孟子「誅一獨夫」的偉大氣魄。夏敬渠對君王，所持者既是守禮盡忠的保守態度，缺乏大是大非、以民為本的理念❶❻。《野叟曝言》毗陵彙珍樓刊本知不足齋主人所寫的〈凡例〉云此部小說「教孝勸忠，……無一不臻頂壁一層」，實為過度贊譽。

　　清帝南巡，江南士子多有「迎鑾」獻詩文之舉，夏敦仁亦參與

---

❶❻　夏敬渠守禮尊君的思想，除了受先祖家風影響之外，亦受到程、朱理學中
　　尊君思想的影響。詳參拙作《清代四大才學小說·甲篇——野叟曝言研
　　究》頁 126－128。

其事,其第五子夏宗瀾、姪兒夏宗沂亦效法之;孫子夏敬渠亦在八十高齡,欲「赴蘇迎鑾,擬躬進獻」《綱目舉正》一書(詳〈本譜〉)。

至於夏敦仁與諸弟,共寢於其母之寢門內十餘年;居母喪時又哀毀逾常,罹疾而亡。其孝行不免太過,有踰越人情之嫌。然而夏氏宗族「苦孝」為尚的家風,卻已形成,對夏敬渠亦有不小影響。

夏敦仁所持傳統儒家「先器識,後文藝」的教育理念,其媳湯氏亦承襲之,強調「士人先立品,而後文藝」,以此教養夏敬渠昆仲(事見《宗譜》卷七〈傳略行狀·湯孺人傳略〉)。此事亦被寫入《野叟曝言》中:凡是水夫人訓子、教媳、勉孫,莫不以砥礪德行為第一要務,其餘才藝則居其後。如文素臣雖早慧,四歲即通四聲之學,但水夫人以立品為先,戒其沉溺於雕文琢句;文素臣亦以此事告戒子孫:「但我至七歲始學作詩,母親猶以為戒;至屬對則不講求。」(第一一八回)即是明證。

祖母葉氏(1654－1724)出身東林理學名家。博學工算。反陋習、不佞佛道。濟困樂施,澤及鄉梓。雍正元年(1723),江陰蝗旱,葉氏設廠賑災,活人無數❿。《江南通志》譽為「巾幗之丈夫,閨帷之豪俠」。

《宗譜》卷四〈南街宗世錄·第九世「敦仁」〉:「配葉氏……順

---

❿　雍正元年,江陰蝗旱,葉氏設廠救災,孫夏敬渠已參與其事,且驟括、改寫此事入《野叟曝言》中,成為重要情節。為完整呈現事件之全貌,此處暫不引述,留置〈本譜〉中再詳論之。

治十一年甲午（1654）十一月初七日酉時生，雍正二年甲辰（1724）
四月十七日辰時終，壽七十一。……載《江南通志·列女傳》。」

《宗譜》卷八〈小傳紀事·第九世「敦仁」〉：「配葉氏，贈孺
人，無錫縣增生母舅夏侯公諱復長女。幼嫻女箴，通《孝經》、
《小學》、《毛詩》，旁及唐宋詩文，善書工算。始至，姑即以內
治委。畀次第具舉，不言自辦。上事下睦，人稱賢孝。性方嚴，督
諸子課，不許出中門及後圃，每視勤惰施夏楚。待諸媳如女，時訓
以識大體、循婦道。凡操作，必身先而教命之。濟困樂施，澤及鄉
梓。」

《宗譜》卷七〈傳略行狀·夏母葉太君傳〉：「太君姓葉氏，先世
自吳江遷無錫，居石幢……太君仁孝溫肅，尤有高識。年十七，歸
調元先生，相夫學，為時宿儒；孝養舊姑，一本其所以事父母者事
之；訓子嚴以行慈，不少姑息。先生故好施，太君佐之周恤，內外
族姻，推之道路羸瘠，一切善事，知無不為。惟不肯飯僧佞佛，
曰：『此吾所不識，亦夫子所不信，我不為也。』自先生卒後，獨
持家政者十餘年，力守遺規，內外斬斬。以禮自處，亦以禮處人。
習俗有所謂『拔親』者，莫以為非。太君弟某卒，其家適惑於此，
已成言矣。太君雖老，聞之，買舟急歸，力止之。即勸以其婚費，
以貲葬事，且為之經紀其喪，畢葬乃返。其情理周至，率類此。」

《江南通志·人物志·列女傳「夏敦仁配葉氏」》：「……至若給
捨綿一絲縷，身親紡織，助施槥木瘞埋，皆賴維持。因弟歿而撫孤
十數年，恩勤倍摯；助甥貲而尋父三千里，骨肉重圓。鐙火茶湯，

晝夜均沾利澤；藥囊草屨，顛危悉沐恩施。推解遍及於親鄰，救濟不遺乎物命。其他美懿，莫罄揄揚。誠『巾幗之丈夫，閨帷之豪俠』。」（《宗譜》卷十〈表章‧紀載〉轉錄）

《宗譜》卷十四〈著述‧夏敦仁著《愛日編》五卷〉：「……曾孫祖耀❶識：「……高祖母葉太孺人，承東林理學之傳，受梅廊詩學之教，素嫺吟誦。」

　　按：夏敬渠在《野叟曝言》中，以不小的篇幅來炫耀算學❶，是其四大才藝之一，論其源頭，或受祖母葉氏之遺傳或啟發。

　　夏敬渠的曾祖母及祖母，二人是姑姪至親，皆出身無錫石幢葉氏，「東林理學名家」之後代。曾祖母：「胚胎理學，有大家風」；祖母：「一切善事，知無不為，惟不肯皈僧佞佛」，故論及夏敬渠崇理學、闢佛、道的思想源頭，實受到曾祖母及祖父母莫大的影響。

　　因祖母葉氏的濟困樂施，賑災救荒，故朝廷名臣如鄂爾泰、楊名時等人，頒贈葉氏「義治閨閫」、「族推女宗」、「媲美丸熊」、「坤型無忝」等匾額贊詞（詳見〈本譜〉）；《江南通志》更

---

❶　按：夏祖耀（1752－1818）為夏敬渠之堂侄（父夏敬模。其祖父夏宗洛為夏敬渠之三叔父）其「晚年薈萃《宗譜》，斟酌詳盡，『小傳』成出其手，無溢美諛詞，各如其分量而止。」（《宗譜》卷八〈小傳紀事‧第十二世「祖耀」〉）且《宗譜》中所有之「識」語，大都是夏祖耀精心所下，為重要之資料。

❶　《野叟曝言》的算學，實包含天文知識及曆法、算術等。主要呈現在第七、八、一百一十一回中。拙作《清代四大才學小說》甲編〈野叟曝言研究〉有詳及。頁157－162。

稱揚其為「巾幗之丈夫，閨幃之豪俠」。

　　葉氏之德行既受時人贊頌，夏敬渠又深具孺慕之心，故執筆創作小說時，夏敬渠遂以祖母做為水夫人的原型之一。《野叟曝言》第一百三十回，水夫人憂慮旱災，罹疾病危的情節，即是改寫自祖母病篤時，命令諸子設廠救災的事實（詳見〈本譜〉）。第一百二十一回〈五子說策請五湖〉，描述文素臣率五兒憚思竭慮地設法尋找母舅；第一百四十四回〈二老來歸君臣同樂〉，則寫明孝宗與文素臣，同時尋獲失散六、七十年，隱居在洞庭湖的母舅「紀恩」與「水雲」，以上二段情節，應是夏敬渠從祖母葉氏「助甥資而尋父三千里，骨肉重圓」的事跡所得的靈感，而加以改寫誇大，順便頌揚聖君（指明孝宗）在朝、聖人（指文素臣）執政、野無遺賢的理想。

父夏宗泗（1680－1711），績學勵行，樂善好施。居父喪，哀毀逾恆，因暖墓壙，罹疾而亡。

《宗譜》卷四〈南街宗世錄·第十世「宗泗」〉：「敦仁長子，字傳一，邑庠增生。康熙十九年（1680）庚申七月二十五日未時生，康熙五十年（1711）辛卯十二月十六日卒。年三十二。子二：敬樞、敬渠。」

《宗譜》卷七〈傳略行狀·湯孺人傳略〉載：「公（夏宗泗）承先世忠孝，績學勵行，無間寒暑。孺人脫簪珥資膏火，每一燈徹旦，相與研究經史，辯論得失，雖伉儷而實有師友之助焉。……公性慷慨，喜周急，孺人奩資千餘金，公悉散於婁人而猶責其券。孺人

曰：『此竇人豈得償耶！何券為？』公曰：『不券將無以處人。』
孺人韙之。奩已盡，貸者猶踵相接也。公復貸於人以應之。及公易
簀時，謂孺人挈篋來，出諸券，皆火之。」

又：「康熙庚寅（四十九年，1710）閏七月，傳一公遭父喪，水漿不
入口者三日。既殯後，日唯食糜粥一盂。晝夜哀號，辟踊骨立。」
（同上）

《宗譜》卷八〈小傳紀事・第十世「宗泗」〉：「宗泗，字傳一，
邑庠增生。好學工文，植行潛修，專心簡策，不營外慕，亦不事家
人生產。至性過人，喪父哀毀。將葬，天大寒，不忍親靈入冷穴，
乃身先臥壙中兩日夜暖之，致疾不起。邑人以為死於孝。合祠，請
旌。終以暖壙事不經見，未予。」

　　按：《野叟曝言》首回，言文素臣的家世「忠孝傳家，高曾祖
考俱列縉紳」確實是夏敬渠祖考的寫照；而文素臣的父親：「字道
昌，名繼洙，敦倫勵行，穎識博學……年三十，卒於任所」，蓋
「宗」者「繼」也；洙、泗合流，「道」學以「昌」，故「文繼
洙」即是「夏宗泗」的影射。

　　夏敬渠父、祖二代，皆因居親喪哀毀逾常而病亡，如此「苦孝
殞命」的行為，實在不足為法。但是，夏敬渠受「天下無不是之父
母」的傳統觀念所束縛，又拳拳服膺於「百善孝為先」的固有信
條，因此對「苦孝殞命」的行為，非但缺乏反思，反而無限景仰、
推崇。《浣玉軒集》卷二有〈擬西齋徐公傳〉一文。文中描述孝子
徐崑奔父喪時：

（父喪）訃至，崑辦踴登舟，憑棺一慟，遂仆地不起。家人
輩以薑水救之，稍得甦息。而積勞積痛，已入膏肓中矣。復
以……不得扶櫬急歸，既已心裂腸斷，而風霜雨雪復自外
至，以故回署即病，病即不起。……自生及卒，才閱三十三
歲耳！

親喪固然至哀至慟，但孝子宜哀不傷生、毀不滅性，方不踰禮越
節，傷死者之心。但是，夏敬渠因父、祖「死於孝」的關係，對同
樣哀毀殞命的徐崑，遂滿懷崇敬，文末稱頌徐崑為：「古所云『翩
翩濁世之佳公子』。……痛父成疾，以至於死。崑之死，得其所
矣！」。

　　父、祖輩的苦孝行為，對夏敬渠的觀念有鉅大的影響；其本身
又事母至孝，崇敬寡母湯氏如女中聖人（參下文）。在此特殊的心
態及背景之下，夏敬渠心中所認定的「孝」，雖仍本著《論語》所
言：「孝弟也者，其為仁之本歟！」，但已漸漸趨向嚴苛，成為人
類為人處世、德行事功的一切根本，除此而無由。故倘若違背「百
行之原」❷⓿的孝弟，縱然建有曠世事功，也該受到鄙棄。故其〈左
傳論〉評論鄭莊公：

　　春秋時，惟鄭寤生最知兵；惟左丘明能傳之。如：伐許，許
　　潰，傳其能用先也。伐戴，取師，傳其能用後也。克段，傳

---

❷⓿　《浣玉軒集》卷一《讀經餘論》云：「聖門首重者學；聖學首重者仁。仁
　　道至大，而其本在孝弟……是以愛親之心愛君則忠，是以愛親之心愛子則
　　慈，推之夫婦、朋友、庶人、庶物，無不皆然。故孝為百行之原也。……
　　孝弟為仁之本，而孝又為弟之本。」

其能料敵而用奇也。繻葛，傳其能摧弱而亂強也。至祝聃衷
戎師一傳，則寥寥數行，而竊生兵法之妙，無不抉露。㉑

鄭莊公雖然最懂兵法之妙，且立有輝煌事功；但因逐弟囚母、不孝
不弟，故夏敬渠論斷《左傳》作者刻意揭露其「極惡、極忍而更極
深」的心機：

左氏之深筆，以誅其大奸用詐之心……莊公何不幸而遇左
氏，使魑魅魍魎悉獻形於禹鼎……余讀傳至此，益惡莊公極
惡、極忍而更極深，惟左氏惟能誅之也。（同上）

在《野叟曝言》中，夏敬渠也持「孝弟為百行之原」的理論。凡所
有的好人，無一不是善盡孝弟者。而成大功、立大業如明孝宗、文
素臣者，皆是從孝道之基礎推展其事功的。且強調自古以來，雖不
乏建立豐功偉業者，但若犯有不孝不弟的惡行，則不僅前功盡棄，
且遭後世唾罵。如第七十四回，假借文素臣觀看〈鑊釜〉、〈縱
姦〉、〈陷父〉、〈分羹〉四齣戲劇，痛批第一位平民皇帝劉邦，
雖有誅暴秦、布寬令，解民倒懸的曠古事功；但因口出「分我一杯
羹」不孝之言，致使「太公雖幸而不死項王之鼎，已死於其子之口
與心矣！」「推漢高之意：不殺父，則我得假行權之名；殺父，則
我得托復仇之義。總把其父看作贅疣」。再者，劉邦又「因鑊釜而
仇其嫂，至封其姪為『羹頡侯』，亦可見其宿怨蓄怒，褊窄心腸。

㉑　引文出自夏敬渠所著《讀史餘論》中的〈左傳論〉，收錄於《浣玉軒集》
　　卷一。又《綱目舉正》卷一〈前編·「周平王二十八年」〉亦收錄〈左傳
　　論〉此段內容。

而前人稱其豁達大度，誠足齒冷。」故其不孝、不弟之行「滅絕天理，尤屬禽獸不如」而以上言論，全鈔襲自夏氏所撰的《讀史餘論》，並存錄其內容於《綱目舉正》中。❷

同回又評論唐太宗李世民雖有「勘定禍亂，復開太平，武功幾於湯、武；而貞觀之時，君明臣直，政簡刑輕，致治等於成、康」❷的偉大事功，卻因有玄武門「逼父」、「滅親」的行為，故「太宗治天下，卻是賢君；若講修身齊家，便幾於禽獸之行。」

至於充斥《野叟曝言》全書的反佛、道思想，亦以人倫孝弟作為立論的根據，夏敬渠強烈批判和尚、道士等出家修行，既拋棄父母、違背手足、又拒絕生養子女，是違逆人倫、斷宗絕嗣，不可寬宥的重大惡行。

母湯氏（1683－1753）孝貞過人，博學守禮，嚴以督子。有「名聞天下、節冠江南」之譽，崇祀節孝祠。

---

❷　《浣玉軒集》卷二及《綱目舉正》卷一，並錄有《讀史餘論》：「高帝以泗上亭長，崛起在位，誅暴秦、布寬令，解民倒懸之急，功同湯武。而內行不脩，居心鷙刻。分羹則口出梟獍之言，擁篲則心善家令之語。及置酒未央，猶乙太上平日之言反脣相譏，與大臣笑以為樂，此上逆其父；封羹頡以揚巨嫂之惡，容辟陽以售呂後之奸，此中愍其兄而縱其妻；愛戚姬而謀廢立，此下薄其子……」。又：「推漢高之意：不殺父，則我得假行權之名；殺父，則我得托復仇之義。總把其父看作贅疣。」夏氏將舊作《讀史餘論》存錄於《野叟曝言》小說情節中，及晚年最後著作《綱目舉正》，此是一明證。

❷　《綱目舉正》卷二〈正編·「唐太宗貞觀十九年」〉：「按貞觀之治，繼軌成、康、媲美漢文，而以為萬乘之才，不足為過矣！」亦是對李世民贊揚備至。

《宗譜》卷四〈南街宗世錄·第十世「宗泗」〉：「配湯氏，邑城歲貢生岵瞻公諱周祚長女。康熙二十二年（1683）癸亥五月初八日子時生，乾隆十八年（1753）癸酉二月二十七日戌時終。壽七十一。旌表節孝，載《江南通志》、《邑志·列女傳》。」

《宗譜》卷八〈小傳紀事·第十世「宗泗」〉：「（湯氏）孝而貞正，通達禮義。年二十九，誓柏舟。上事嫜姑惟勤，病則日侍湯藥；下課二子惟嚴，督訓不怠。事載《邑志》。乾隆十九年聞於朝，給帑旌其門。……崇祀節孝祠。」

《宗譜》卷七〈傳略行狀·湯孺人傳略〉：「……孺人出自名門。高祖諱沐，明丙辰科進士，累官至大理寺卿，贈工部右侍郎，以清節顯於時❷❹。祖邑庠生尚卿公，父歲進士岵瞻公，為諸生祭酒。孺人幼穎悟，方五歲，岵瞻公即延名師教之，一過目成誦。年十三，始出學舍，已博通今古。而孺人外祖廷尉朱公諱廷鉉，為本朝名卿❷❺。外祖母徐夫人，又名媛也。有《史論》、《偕隱》等集行世。

---

❷❹ 《光緒江陰縣志》卷十六〈人物志·鄉賢〉：「湯沐，字新之。宏治丙辰進士，授崇德令，崇人為立生祠。擢御史按山西，舉彈無所避，遷湖廣按察司僉事。值逆瑾擅政，怒不己附，斥為武義令。瑾敗，起為廣東僉事，理鹽政。釐剔奸蠹，不畏強禦。歷官浙江、廣東步政使，貴州、四川巡撫。其在浙，毛九寇孝豐；在蜀，芒部寇松藩，皆討平之。內召大理寺卿。值欽明大獄起，上意有所主。沐昌言曰：『律令高皇帝所定，臣死不敢縱舍。』用是三奏讞，三不稱旨。免官，家居六載，廷臣交薦，不起。孝友天值，性廉介。通籍三十餘年，僅有竹莊數畝。世廟嘗書額賜之，一曰『存敬』；一曰『處之泰然』。卒贈工部侍郎，諭賜祭葬。」
❷❺ 《光緒江陰縣志》卷十六〈人物志·鄉賢〉：「朱廷鉉，……。康熙己酉

皆酷愛孺人，比鄰而居，常以經史事發問，令孺人條對。孺人尤得力焉。孺人讀書見大意，動以古列女為法，不欲以才見。與傳一公相切劇者，皆聖賢心性學。一切詩賦文詞，屏勿道也。」

按：《野叟曝言》中，夏敬渠將自己對母親湯氏滿懷的孺慕之情，加以誇大、渲染，遂塑造水夫人成為「女中大儒」、「聖母太君」，此固然是誇飾的筆法，但由《宗譜》所載，湯氏的言行操守，確實有常人所難及之處。茲再綜合論述㉖於下：

湯氏在母家時，即有「為父吮癰」的孝行：「昔孺人父岵瞻公患癰，毒不得出，楚甚。孺人為吮之，痛遂減。岵瞻公垂淚謂孺人：『願爾子孫孝爾如爾孝我！』」

于歸後，夫婿夏宗泗居父喪，「晝夜哀號，擗踊骨立」時：「孺人（湯氏）無一言諫止，而苦塊號泣，顧一如傳一公。或謂孺人宜少節哀；勸夫子不宜太過，以傷死者心。孺人泣曰：『喪致其哀，豈有當大故而可惜其軀命者乎？夫子故不能聽；予也何忍言也？』」……後孺人姑葉太君病，孺人衣不解帶，目不交睫者三月；

鄉舉，謁選上林縣教諭。壬戌成進士，授倡化令。值歲大饑，秦民流亡過半，當道檄許貧民代粟富室。廷銓慮生變，請止之，盈出倉穀千百石賑濟。會得旨發賑，得免舉劾。以才能兼攝武功、同官、鄠縣三邑篆，各著政聲。督撫挨內擢御史，風節清剛。疏請官員以卓異行取者，不入常例。銓次又請：充發烏喇人犯，免其就五城枷責，不致負判道斃一條，著為定例。又長至郊祀，有大司農等七人，未與齋宿。廷銓飛章彈劾，祀典整肅。歷陞奉天府丞大理少卿，皆恪謹盡職。以老致仕，卒於家。生平長於詩，所著有《南樓江花》等集。」

㉖ 本節之引文，倘無特別標明，皆綜合引自《宗譜》卷七〈傳誌行狀·夏節母傳〉及同卷〈湯孺人傳略〉。

每夜焚香籲天，求以身代。及歿，哀毀幾不能生。居喪寢苫塊，百日不茹蔬菜，期年不飲酒、不茹葷，盡哀盡禮。」

夏宗泗樂善好施，常貸款濟貧，以致於身歿時，尚「有債半千金」，湯氏苦節撫孤，三餐難繼，卻仍販賣所分得的祖產以償夫債，「曰：『不可使夫子有遺憾』。雖所負母家者，亦必償」。而母家憐其貧，「諸弟欲勿受，憚孺人方嚴，不敢言。而孺人於是貧甚。」湯氏雖然貧甚，但是孝養孀姑葉太君卻極豐厚：「歲時伏臘，尤羅列珍美，富厚之家勿如。而私所食，則惟脫粟麥飯耳！邁歲荒，常至不舉火，有六日不火食，止食蠶豆數粒。」

湯氏操守堅忍，在宗族中，遂被尊為孝媳、節婦，因此「族人哀其志，欲分建祠金並公田」以周濟之。但是湯氏不但「堅不受」，且認為自己若不出錢建宗祠，將愧對祖宗及先夫❷。甚至寧可因貧而死，也不接受公田的救濟❷，其苦節安貧、卻謹守禮制的

---

❷　《宗譜》卷七〈傳誌行狀・湯孺人傳略〉載：「時特有公頃可千金，若時公（夏敬渠曾祖父夏霈），遺為建祠費，諸叔祖議實大司成曹峨嵋公『漫園』為之。或念孺人孤苦，欲孺人勿與，分其金以資薪水。孺人慨然曰：『吾子將營宮室，宗廟為先，祠成實居先祖尊章，暨先夫子皆將安侑焉，是何可以不與？』」

❷　按：江陰夏氏宗族，自設一套周濟族人及里中老弱貧苦的法則，據《宗譜》卷七〈傳誌行狀・湯孺人傳略〉載：「又有老分公田八十畝，亦若時公（夏霈）所置，每歲計所入以周族里之甚貧乏者。小分公田二十畝，調元公（夏敦仁兄）所置，為掃墓祭祀之用。」當人有人提議開特例以周濟湯氏：「或謂孺人貧乏，乃更勝於族與里之貧乏者，且打掃祭祀，分年輪值，亦無須二十畝之入。八十畝內，孺人可分五畝；二十畝內，孺人亦可分五畝佐饘粥費。」湯氏嚴拒之，曰：『此祖宗法度，可自我廢乎？與其悖祖制而生，孰若遵祖制而死乎？』」故「聞者咸嘆服。」

言行，遂讓「聞者咸歎服！」

　　夏宗泗死後，其胞叔夏敦禮「重孺人節孝而憐其貧寡，歲時稍稍周之。孺人念其為傳一公胞叔，義不得辭，則推多受少。曰：『免死而已矣！敢多取以玷夫子清節？』餘則概謝弗受，寧以十指自贍，雖粥不繼，宴如也。」

　　除此之外，湯氏又嚴教子女，勉其成器：平日「督孤子慎修、二銘兩嗣君課甚嚴……教子以義，方有不率，撻之流血。或謂曰：『此孤子也，何忍如是？』孺人曰：『惟孤子乃愈不敢姑息耳！』……孺人有一女，既長，或謂孺人宜教之積蓄為奩資地。孺人曰：『是教之盜也。讀書欲其識大義耳！奈何以利導之？』」

　　《野叟曝言》中，主角文素臣之母水夫人，乃取材描摩自夏敬渠的母親湯氏（「湯」之意「水」也）。首回載：文素臣之父文繼洙「年止三十，卒於道所」之後「水夫人既寡，只此兩子（文素臣與其兄古心），愛子如寶，卻不事姑息，督之最嚴。」即是影射夏母湯氏嚴以教子之事。

　　湯氏又戒子立品為先、不忮不求：當夏敬渠「舉鴻詞復下第；當事者屢欲薦舉，輒不果，時有所感慨。」此時「孺人每戒之曰：『立品是汝曹第一事，雖不第何害！』」

　　以上夏母湯氏安貧、守節、嚴以督子等諸項美德，無不隸括、載述於《野叟曝言》文母水夫人的言行中，成為小說的重要內容。

　　又如：湯氏「性喜讀書，每不喜漢儒『行權』之論，謂最足壞人心術。」夏敬渠將此事寫入小說中。《野叟曝言》第九回，水夫人道：「我讀史書，最惱漢儒牽扯『行權』二字。子臧云：『聖達節、賢守節』。賢且不能，妄言達節耶？假權之名，行詐之實，真

乃小人之尤。」㉙

　　夏母湯氏對待僕婢，寬嚴中節㉚，恩義並重，〈湯孺人傳略〉
載：

　　　　孺人媵僕有沈順者，其妻名文琴，故儒家女也。廷尉朱公
　　　　（按：即湯氏的外祖父）任陝時所買。其祖、父皆生員。孺人于

㉙　水夫人因「最惱漢儒牽扯『行權』二字」；推衍之，又極恨「明哲保身」
　　之說，第三十八回，「水夫人怫然道：『明哲保身』四字，是聖人重道行
　　權之學，非大賢以下所能；古今來不知有多少人，誤在此四字上。」第一
　　一八回：水夫人道：「古來名臣，俱為『明哲保身』四字所誤。」
　　按：如何才能做到「聖人重道行權之學」？免為「『明哲保身』四字所誤」？
　　《野叟曝言》中沒講清楚。但是第一百三十二回〈素父忽迷羅剎國〉：當
　　明孝宗為帝、文素臣為相，天下大治之際，文素臣奏明孝宗，欲鏟除佛道
　　二氏。太上皇憲宗卻出面阻撓。文素臣立刻佯狂裝瘋，七年不問朝政。水
　　夫人對其之瘋狂舉動，了然於心，無一責備。後來憲宗賓天，文素臣
　　〈七年病遇三年艾〉，馬上痊癒，果然一舉除滅二氏（第一百三十五回）。
　　此長達四回的內容，或許即是夏敬渠心中既顧全君臣（憲宗、孝宗與文素
　　臣）大義、父子（憲宗、孝宗）之情的「重道行權之學」吧！也順便頌贊
　　文素臣的「明哲保身」、「行權」已是凡人所不可及的「聖人之學」了。
　　細勘此四回情節：夏敬渠讓化身文素臣躋於「聖人」之列，實現自己在道
　　德品性上的理想；又讓謹守禮法的文素臣，放浪形骸、縱情酒色七年，滿
　　足自己的肉慾幻想；且七年中，文家子孫掌理國政，天下太平，又補足其
　　子嗣單薄、功名無成的遺憾，夏敬渠可謂一舉而多得。至於情節是否粗
　　疏？內容有無迂腐？思想是否流於淺陋？凡相關小說創作的重要原則，夏
　　氏在此是無暇且無心去顧及的。
㉚　《宗譜》卷七〈傳誌行狀·湯孺人傳略〉載：「二銘媵婢名云雲蓮，嘗緣
　　碗架取碗，架仆，碗大小百十件盡碎。二銘叱之。孺人曰：『無叱也，彼
　　已受驚矣。』及藉米於地，則必撻之。其御下之寬嚴，必中其節，類如
　　此。」

歸後，即言於傳一公，欲放為良民。文琴愛戀孺人，泣不忍去。公歿後，孺人決意放免之。文琴夫婦乃痛哭去。

《野叟曝言》第五十八回，精通武藝的婢女木難兒「溫柔賢淑，識禮知書，兼通數學」，即是被沒入官籍的「官宦之後，搢紳之裔」，故水夫人視如女兒，且命令全家禮遇之，稱其為「木四姐」。

又：水夫人有一婢女秋香，因個性戇直，偶而會出言無狀，一向賞罰分明的水夫人卻常常寬宥之，引起家人的納悶。後來水夫人道出個中原委：原來秋香乃水夫人的婆婆「木太夫人」㉛臨終前吩咐要善待的小丫環，水夫人因思念親恩而不忍嚴責之，所幸秋香稟性忠厚，並無大過，只是嘴快而已（第六十回）。文素臣晉身宰相，家中成年女婢五人因平亂有功，皇帝降旨賜婚。消息傳來，眾女婢因為不忍離開水夫人，各自掩面悲啼（第一二三回）；秋香更做出〈癡丫鬟辭婚投水〉的傻事（第一二四回回目）。

比對〈湯孺人傳略〉所載，及上述《野叟曝言》的部份情節。可見夏敬渠是將母親湯氏敬重「故儒家女」文琴，且放其為良民之事，改寫成水夫人悲憫「搢紳之裔」的木難兒，命全家禮遇之的情節。且文琴乃湯氏外祖父所買之丫環，陪嫁於夏家，故湯氏對其恩情特隆。此事則被夏敬渠改寫為水夫人因思念婆婆而不忍嚴責秋香之事。至於文琴愛戀湯氏，寧為奴婢，不忍離去，最後被迫痛哭而別之事，則被夏氏誇大、改寫成秋香不願遠嫁而投水辭婚的情節。

㉛　夏敬渠祖母為「葉氏」，葉生於木，故小說中改稱文素臣之祖母為「木太夫人」，此如同夏母為「湯氏」，故小說中稱文素臣母為「水夫人」。

以上小說情節，既記錄現實中夏氏主僕間的深情厚義，亦展現夏敬渠對母親的孺慕之情。

再者，湯氏擇善固執「性嚴整，年雖老，足勿逾閾。非親子姪不得見。」「生平未嘗入寺觀燒香許一願、設一齋醮；不觀劇、不遊春、不看燈；不熟一尼姑、賣婆；不探看親戚；父母歿後，不歸本家。不妄出一語，不私蓄一錢。」其平日言行，不只是「嚴謹」，乃是已達自律「嚴苛」的境地了。因〈湯孺人傳略〉的作者趙元樞自言其雖然與夏敬渠兄弟有深交：「元樞與慎修、二銘交最密。二銘與自十五六歲時與文樞結交文社，朝夕過從，如影附形者垂三十年，未嘗見孺人一衣裾；聞孺人一聲咳。二銘嘗言：孺人雖盛暑不坐庭院，中夜雖鍵戶必裾不露褌，必領不露項，必膝衣不露脛，必垂袖不露臂。傳一公歿後，未嘗啟齒一笑。……諸妯娌姻姬，無敢於孺人前出一謔語；有嬉戲者，雖長於孺人，聞孺人來，必遽止。」

湯氏律己嚴苛，是故面對富貴，自然有雍容磊落、不儳不諂的氣度：「二銘之締姻於朱氏也。朱氏母謝孺人為侶桐、喬升兩公胞姊。侶桐名旻，任江西巡撫；喬升名櫺，任湖廣糧道，皆貴顯。于歸時，各遣一掌家婦來守房。婦皆金珠飾、服羅綺。而孺人荊釵布裾，坐受其跪拜無少作。滿月後，歸語謝孺人曰：『婦等閱貴人多矣！未有端嚴可敬畏如夏太太者』其嚴憚如此。」

湯氏「端嚴可敬畏」的涵養，自然得到夏家上下人心的欽服：夏宗泗胞弟宗瀾，儘管曾任文林郎及國子監丞等官職，對於寡嫂卻是畢恭畢敬：「季叔震軒（夏宗瀾之號）罷官歸，每朔望，必整衣冠向孺人揖。」母家諸弟，亦對既貧且寡的湯氏禮敬不減：「諸弟湯

惟岳、西昆❷諸君，雖年五六十，朝夕見孺人，每見必肅揖。」而
夏敬渠昆仲對母親：「遇令節生辰，必設單率妻子旅拜。每出入必
告，百裏外必叩拜。」《野叟曝言》中文素臣對水夫人的敬畏、依
戀及禮敬（如第一、九、十、五五、一二一、一三〇回……等）便是夏氏
母子情深及相處實況的描述或投射。

　　湯氏嚴教子弟禮儀，原因在其認定「禮」為人事之節文，不宜
荒廢，否則易生變亂。湯氏云：「臣弒其君、子弒其父，非一朝一
夕之故，所由來者漸矣！世人每謂至親無文，子弟漸生驕慢以馴，
至於忤逆不孝，皆無禮以預防之也。禮以生敬，敬以止逆。雖繁，
正未可棄耳！」。

　　若以舊傳統社會對婦女德行的評斷標準而言，湯氏的操守及言
行，幾乎已達到無瑕須掩、無懈可擊的地步。故「名聞天下、節冠
江南」「心堅操苦」、「苦節可風」、「金石同堅」等，是時人對
湯氏的推崇之詞❸。

　　自幼失怙的夏敬渠對寡母湯氏的德行，感恩、尊崇不已。《浣

<hr>

❷　湯惟岳、湯西昆生平皆不詳。《浣玉軒集》卷四有〈別母舅湯西昆〉詩：
　　「家貧需骨肉，舅氏最深情。憐姊心如擣，憂甥淚欲傾。丁寧不成語，太
　　息到無聲。遠別當寒夜，淒涼漏幾更。」足見其甥舅情深。

❸　《宗譜》卷七〈傳誌行狀·湯孺人傳略〉載：「孺人於康熙辛丑（六十
　　年，1721），前邑令葉公名紹芳親送『心堅操苦』額。於雍正庚戌（八
　　年，1730），前常州府知府包公名括，親書『苦節可風』額。於乾隆庚申
　　（五年，1740），前相國徐公名元夢，親書『名聞天下，節冠江南』八字
　　聯寄贈。於乾隆壬戌（七年，1742），今宮保大學士總河部院高公親書
　　『金石同堅』額寄。而雍正壬子（十年，1732），學校里鄰公舉，府縣詳
　　送，纂入《江南通志》，乾隆癸亥修邑乘復採入。」

玉軒集》中諸詩：〈有感〉、〈明歲春正，奉請家母入都。此時已
屆歲除，不知家中闔會計否？客邸懸念之甚。聊自述〉、〈浣玉軒
詩集·自序〉、〈憶母〉、〈遠行〉、〈懷人〉、〈懷八叔父滇
南〉、及憶妹、悼亡妹詩文中，皆吐露其孝母之深情。

　　夏敬渠孝母之心，不只表述於《浣玉軒集》的詩文中；亦寄託
在《野叟曝言》小說中。如：第十一回，文素臣功名未就、家計貧
乏兼遠遊思親，遂援筆撰寫「古風」一首以抒悲：

> ……孝子有心不可說，欲說不說先悲傷……我生七歲我父
> 亡，音容至今都渺茫。寡母苦塊血已枯，宵來衽績茹苦茶。
> 篝燈教字還勤劬，嗟予少小何所知，唯知逐逐為兒嬉。母怒
> 責兒兒叫哭，慈母傷心淚謰謰。二十年來教子心，淚痕日日
> 沾衣襟，最憐自幼及成人，都無一事酬吾親。埘中既乏茅容
> 雞，仲由菽水猶難支；廚頭爨火禁不起，蕭然無以供甘旨。
> 年過二十仍諸生，眼看同學多簪纓。伏雌不飛復不鳴，闃然
> 無以揚親名。……

此詩乃假借文素臣之筆，寄託了夏敬對母親湯氏守節撫孤的感恩；
並表達自己功名無成，不能顯親揚名的愧咎。

　　《野叟曝言》第十五回，文素臣在舟中思念母親水夫人而寫了
另一首「古風」：

> 遠行出門閭，舉足心自量。鄙夫念難肋，男子志四方。況值
> 陽九運，云胡守閨房？閨房詎足道，顧瞻萱草堂。仰頭發長
> 嘯，低頭重徬徨。兒行三千里，母心萬里長。萬里有時盡，

母心無時忘。母心無時忘，兒行途路旁。路旁無深谷，路旁
無高岡。高岡與深谷，乃在慈母腸。遊子動深省，淚下沾衣
裳。兒淚有時乾，母心無時忘。母心無時忘，兒行途路旁。
兒行途路旁，一步一悲傷。

小說中，此詩詩題為〈舟中憶母〉❸；但在《浣玉軒集》中，此詩
錄存於卷四，詩題為〈遠行〉。可見是夏敬渠創作小說時，將此首
昔日舊作，鈔錄、運用於《野叟曝言》中，僅有數句為配合小說情
節及潤飾辭藻而更動罷了❸。

《野叟曝言》描述文素臣一生崇程朱，斥陸王，排佛道，拒權
奸，最後終於得君行道，不只「泰運將開倭人臣服」、「舌戰朝中
除二氏」、且「絕邪念萬載常清」（第一三四、一三六、一五四回回
目），完成內聖外王，家齊、國治且天下平的偉大事功。此固然是
夏敬渠終其一生，夢寐以求的理想；也是其在科舉無望後，所編織
來聊以自慰的幻想。但夏氏在小說中一再強調文素臣得以立德、立
功、立言三並不朽，皆因水夫人平日身教、言教所致。此在心態

---

❸ 本詩在《野叟曝言》第十五回中無詩題，延至第二十一回，作者方借文素
臣指出詩題為〈舟中憶母〉。

❸ 《浣玉軒集》卷四所錄〈遠行〉詩「勿作兒女態，徘徊在閨房。」二句，
在《野叟曝言》第十五回中改為「況值陽九厄，云胡守閨房？」；原詩在
「瞻顧萱草堂」句後，有「秋風勢如雨，秋露色如霜。蕭蕭萱草堂，皇皇
遊子裝。遊子為飢驅，貿然適殊鄉」六句，《野叟曝言》刪之。又「兒行
二千里」，《野叟曝言》改「二」為「三」；「萬里有時極」句之「極」
字改為「盡」；「母心不能忘，兒行途路旁」句之「不能」改為「無
時」。由上可推知，前二項乃為配合小說情節需要而改動字句；後三項則
為修飾辭藻而更易詞語。

上，是夏氏愛戀、景仰其母的感情投射。亦即夏氏在真實人生中，深以不能立身行道，顯親揚名為憾，故只好幻設一圓滿的小說世界，以補償其一生之最大失落。且《野叟曝言》中，文素臣遠遊必思親；返家常跪捧母足嗚咽（第五十五回），此應是現實生活中夏氏對「萱堂少寡，歷盡霜寒；蔗境高椿，仍茹荼苦」（《浣玉軒集》卷三〈浣玉軒詩集·自序〉）的寡母寸草春暉之真情。

由《浣玉軒集》之詩文，可知自幼失怙的夏敬渠對寡母湯氏「孝而貞正，通達禮儀。年二十九，誓〈柏舟〉的德行，感恩、尊崇不已。再加上時議讚揚湯氏有「名聞天下、節冠江南」的美德，二者交融後，成為強烈的情感，宣洩於小說中。故夏敬渠以母親湯氏及祖母葉氏做為原型所塑造的水夫人，在《野叟曝言》首回中，是「賢慈孝惠，經學湛深，理解精透」的「女中大儒」；第一一九回，因勉子盡忠報國，使立有「八案首功」，故欽封為「宣成鎮國太夫人」，不久又晉封為「鎮國衛聖仁孝慈壽宣成文母水太君」（第一四四回）；在一百五十四最後一回的〈洩真機六世同夢〉中，水夫人因教子立有三不朽之曠世鉅功，遂升格成為「堯母慶都、舜母握登、禹母脩己、湯母扶都、文王母太任、武王周公母太姒、孔子母徵在、孟子母肌氏、程子母侯氏、朱子母祝氏」等歷來聖賢之母所「讓位推崇」的「聖母太君」了。

又按：受推崇為「巾幗之丈夫，閨帷之豪俠」的祖母葉氏，及被讚譽為「名聞天下、節冠江南」的母親湯氏，二人在夏敬渠心目中，已形成至高無上、完美無瑕的女性典範。夏敬渠心中一方面敬仰其祖母及母親的崇高典範，一方面又受傳統父系社會男尊女卑的思想所制約，其對女姓貞操的審度標準，遂逐漸趨於嚴苛。

　　再加上夏氏宗族中，每多孀居苦節，受朝廷旌表節烈的女祖。例如：夏敬渠叔祖父夏敦義，二十二歲卒，叔祖母王氏「年十八而寡，矢志霜閨，操凜冰雪。」後來遂在「道光己丑，恩旌節孝」（《宗譜》卷八〈小傳紀事·第九世「敦義」〉）。姑母夏氏嫁徐崑為妻，二十九歲夫亡，守寡五十年❸❻，與湯氏同在乾隆時旌表節婦。

　　族叔夏宗魯（屬「所巷宗」第十世），「年二十二，將請期而遘疾不起。」未婚妻周氏「聞訃驚號，誓欲從死，而念舅姑貧且老，請奔喪守貞，以代子職。父母知不可奪，聽其來歸。既歸我夏氏也，事舅姑、操酒漿、織紉及浣滌廁牏之事，悉身親之。舅禹功公、姑沈孺人，相喜慰，忘其老而無子之苦也。……禹功公家固窮，孺人女紅以佐養，乃疊遭大喪，營小姑嫁，遂至無升斗之儲，一椽之覆。」，其母家「周氏又甚式微，孺人於是一無倚托矣！」周氏「年二十三守貞，後常素服，不茹葷，終其身。女工之暇，長齋繡佛，不苟言笑，待諸子姪甚慈愛。……將卒，盥沐端坐而言曰：『吾為未亡人六十餘載，前二十年，為夫代子職；後四十年，待死而已』。」死後，江陰縣令頒予「貞節可風」匾額，「乾隆九年，三院彙題請旨給帑建坊，入節孝祠崇祀。」（《宗譜》卷七〈傳略行狀·周孺人傳〉）。未嫁而入門守貞，已大不易；代未婚之亡夫盡孝於公婆，更是難上加難，周氏貞、孝兩全，其艱苦卓絕，可以想見。

---

❸❻　《光緒江陰縣志》卷十九〈列女·節婦〉載：「夏氏，增生徐崑妻，廩生夏敦仁女，二十九歲夫亡，課子蒙求遊庠，壽七十八。」乾隆年間，被朝廷旌表為「節婦」。

第八世夏震妻高氏：「來歸後二十七歲而寡，茹素終身，督孤讀書，遊庠成立」（《宗譜》卷八〈小傳紀事，第八世「震」〉）。又「複姓宗」第九世夏元敔妻王氏，守節六十二年：「十又八齡而于歸，二十三歲而矢志。葬夫葬翁，既盡哀而盡禮；為婦為母，實克順而克慈」（《宗譜》卷十〈表章·祠坊·〈王太安人貞節碑記〉〉）。

夏氏女歸于夫家，亦有艱苦守節，撫孤成立者。如《光緒江陰縣志》卷十九〈列女、節婦〉載夏敬渠的姑母夏氏：

> 夏氏，增生徐崑妻，廩生夏敦仁女，二十九歲夫亡，課子蒙求遊庠，壽七十八。

計夏敬渠姑母守寡五十年，其與夏母湯氏同在乾隆時旌表為節婦。

亦有夏氏女出嫁，夫死，回母家守節者，《光緒江陰縣志》卷十九〈列女·節婦〉載：

> 夏氏，元和邱懋祿妻。候選通判夏一駒女。懋祿歿於父廷溥雲州吏目任所，氏年二十二，扶柩歸葬，守節母家，壽七十四。

夏一駒為夏家第十世，其女與夏敬渠同輩，但其出嫁夫亡後，在母家守節五十三年，夏敬渠應知其人其行。

又：傳統習俗中，夫亡，妻有子則宜守節，妾則任憑再嫁可也。但夏氏家族，連側室都不乏艱苦守節者，如：第七世夏維炎妾曹氏，二十六歲夫亡，「無出，其兄欲契歸，奪其志。截髮自誓，堅守不渝。日勤紡織以佐嫡子」，守節六十二年卒，以節孝載入《邑志》（《宗譜》卷八〈小傳紀事，第七世「維炎」〉）。第十世夏一

駒妾徐氏，十七歲夫死，守節六十三年：「孤子五歲，乙亥歲（乾隆二十年，1755）大饑，明年二月，嫡子熊與氏分析各爨，並無勺米寸薪，獨與幼子孤苦相依，營紡織、勤鍼黹，百端拮据，以命自安。宗族皆稱其安分」（《宗譜》卷十〈表章、祠坊〉）。

夏敬渠母湯氏、叔祖母王氏、姑母夏氏，夏宗魯未婚妻周氏、夏震妻高氏、夏元敍妻王氏、夏維炎妾曹氏、夏一駒妾徐氏、女夏氏諸人，皆受朝廷旌表節孝，崇祀節孝祠，俱載於《光緒江陰縣志》卷十九〈列女·節婦〉中。

總計夏氏女祖從七世至十一世，守節三十年以上，受朝廷旌表、建貞節牌坊或崇祀節孝祠的，至少有九人。在「苦節」為尚的家風浸染下，無怪乎夏敬渠對女性貞操是採保守又嚴苛的態度，缺乏通情達理的人性關懷與包容。

夏敬渠認為守貞不貳是女性的根本大節，除此之外，縱然有其他才華，亦不足道哉！故《浣玉軒集》卷二〈節婦王蔡氏祠堂記〉，夏氏以激昂之文筆，敘述蔡氏在夫亡後，本欲從死，但念及不可「以節廢禮」，遂「立限三十六月」為期，在克盡「為夫殯且葬，行苴麻哭泣之禮」、「歲時哭泣祭祀之」後，三年服滿，即「絕粒，凡勺水不進者十二日」而死。夏敬渠稱頌古來節婦者多矣！但是「求其早計於三年，而饑餓急迫於十二日之久，以捐其軀而全其節者無有也？」且蔡氏父母、姑舅皆早亡，無人教以節烈事，故「節婦之學固足於性，而其志乃定於天。」乃古今罕有天生節烈之女子。

同卷又有〈何烈女論贊〉一文，載：「江邑陳氏有媳曰何冰姑者，幼失父母，畜於陳，事翁姑以孝。家貧，勤女工以佐食。未合

叠，夫病卒。姑截髮納棺中，絕粒送葬之。明日，遂自縊。」夏敬
渠盛贊其殉夫的行為：「從容引絕決，不類激烈者之所為。夫未
殯，不敢以死也；夫未葬，不敢以死也；夫之魂氣未復，不敢以死
也。迨既殯矣、既葬矣、夫之魂氣復矣，而後乃以死殉。若姑之
死，古往今來有幾人哉？……姑蓋巾幗而鬚眉者也，見姑之行、聞
姑之風，其不肖者有愧，而賢者更將有以自勵也！」

　　儘管清朝在康熙二十七年（1688），已下詔「永永嚴禁」夫死
妻子從殉者的節烈旌表❸❼。且同是清初文人，吳敬梓（1701-1754）
在《儒林外史》第四十八回〈徽州府烈婦殉夫〉中，也已經對婦女
殉夫的陋習，及男性世界所定義的「節烈」，提出強烈的諷刺；對
拘泥於惡毒禮教的人們，亦寄予悲憫❸❽。

　　反觀夏敬渠在以上二文中，對於殉夫的蔡節婦、何烈女，卻是
極盡歌頌之能事，對於生命的價值並未重視，對偏頗的世情禮教，
也無任何反省、批判，可見其對婦女貞操的觀念，確實是十分保
守。

---

❸❼　郭松義《倫理與生活──清代的婚姻關係・緒論》：「宋以降婦女守節受
　　旌表，一代盛一代……康熙二十七年（1688），清廷下詔對夫死妻子從殉
　　的節烈旌表作法「永永嚴禁」。」（北京・商務印書館，2000 年出版，
　　頁 2）

❸❽　《儒林外史》第四十八回〈徽州府烈婦殉夫〉：王玉輝鼓勵女兒自殺殉
　　夫。女兒絕食八日死後，王玉輝還「仰天大笑道：『死得好！死得
　　好！』」但到了大家送他女兒入「烈女祠」公祭時，他卻又「轉為心傷，
　　辭了不肯來」。後來，因為不忍「在家日日見老妻悲慟」，遂往南京一
　　遊。途經蘇州，「見船上一個少年穿白的婦人，他又想起女兒，心裏哽
　　咽，那熱淚直滾出來。」

　　此種保守的貞操觀念，衍化進小說中，則變本加厲，成為極嚴苛的道德戒律。故《野叟曝言》中，充斥「性命事小，失節事大」的思想。身為女子，不可不「固守貞節」；而「固守貞節」的終極表現，往往便是「殉夫」。如第四十回，文素臣被綁赴午門候斬，家中除了有孕在身的田氏正妻，為事媚姑及保子嗣，不敢言死之外；其餘眾妾，即使是未合巹者，也都一心求死殉夫。第三十三回：〈劉大娘三犯江兒水〉，描述石氏落難，為了怕「遇著了不良之人，強行姦辱，豈不汙了名節？到那時尋死，便是遲了。」僅僅有失節的擔憂，劉氏竟然就數度投江，以求保全名節。且小說中，節婦死後，不止朝廷下詔旌表，亦可得到天帝的封誥。如五十三回：黃鐵娘生前雖守節冤死，但死後得朝廷旌封，建坊立祠；天帝又敕封其為「香烈娘娘」，位列天神，得到萬世崇祀（八十四回）。至於淫蕩之女，則時時被醜化為鬼魅妖狐，人人可得而誅之。如六十九回：幻化人形、淫殺男子無數的玉面狐「九姨」，即被文素臣所誅滅。

　　是故《野叟曝言》中，女性的貞操絕對比性命重要，導致本書有思想迂腐之譏。且小說中正面形像的女性，其言行舉止，不是幽貞嫻靜、知書達禮者（如：文素臣正妻田氏，妹文遺珠、義妹未鶯吹）；便是崇德守份，兼具才藝者（如：文素臣四妾：璘姑、素娥、天淵、湘靈）。負面形像的女性，幾乎全是淫蕩無恥、乖張貪狠，或庸碌拙魯者（如：單二姨、李四嫂、李又全的十幾位妻妾）。如此一刀二分，既簡化人性，降低小說的深度；又使眾女子的形貌、思想，趨於平板化，讀之趣味寡淡，與《金瓶梅》、《紅樓夢》女性塑造的成就相比較，則差距甚大。

兄夏敬樞（1701－1775），字慎修。邑庠生。居貧力學，氣骨不俗，好行利濟。

《宗譜》卷四〈南街宗世錄·第十一世「敬樞」〉：「宗泗長子，字慎修，號恒齋，又號鵝江。邑庠生。康熙四十年辛巳十一月初九日辰時生，乾隆四十年乙未正月初六寅時終。壽七十五。……子三：祖勳、祖烈、祖燾。」

《宗譜》卷八〈小傳紀事·第十一世「敬樞」〉：「居貧力學，艱苦備嘗而不少貶氣骨。晚始獲衿。嘗館高司農恒家，其子兵部侍郎（高）樸，湖北撫軍紀，受業生也。力雖困，不取儻來物，而好利濟。雍正元年（1723）祲，隨諸叔分廠賑；十年（1732），沙洲潮災，復隨瘞埋❸❾。工唐律，書法蒼樸。著有《醉月集》。晚歲嘗於城隍廟題一聯云：『你可知，此身不能常存，何苦急急忙忙幹許多歹事？我卻曉，前生都已註定，落得乾乾淨淨作一個好人。』即此亦可識其概矣。」

　　按：夏敬樞、敬渠兄弟，只相差五歲。幼年喪父，縈子相依，同上學就傅，同行小善，亦同對鄰里「惡作劇」。長大後，復同時投入癸卯蝗旱、壬子潮災的救災工作。夏敬渠壯遊京師、幕遊天涯之際；夏敬樞在家侍奉寡母，代弟盡孝。而夏敬渠擔任高斌、高恆幕僚時，亦薦舉其兄擔任高恆子高樸之業師。故兄弟二人，一生緊密相繫。

---

❸❾　夏敬樞救災事；及夏家二代（敬樞、敬渠、夏祖燁）與直隸、兩江總督高斌祖孫三代（子高恆、孫高樸），淵源頗深事，詳見〈本譜〉，此處暫不贅述。

《野叟曝言》中，文素臣有一兄，名「真」字「古心」，即是夏氏影射其兄夏敬樞。夏敬樞的進退有節、喜作詩、工書法等個性，在小說中被改寫成：

> 古心道：「弟本拘迂，初無大志，惟願取科名以顯親，絕仕進以全性。彩衣侍母，青氈課子；種幾株修竹，拓一本《蘭亭》。耳聽些好鳥枝頭，眼看些落花水面。我尋我樂，吾愛吾廬而已！」（第一回）

因此，文古心成為眾友人所誇贊「進不求榮，退不遺世，養親教子，篤盡天倫，閉戶讀書，自得至樂」的「孝子、賢兄」。（同上）

至於《野叟曝言》第九回，敘述文古心體質羸弱，居家調養，奉母命不應鄉試的情節❹，則是夏敬渠刻意文飾其兄夏敬樞「居貧力學」，卻困於場屋，「晚始獲衿」的悲情真相。且文古心淡泊名利，一心事母，代弟盡孝，使奔走四方、盡忠報國的文素臣無後顧之憂。如此，既可不脫離小說「重孝道」的本旨，兼可使情節的發展更加合理化。第一百二十回，皇帝感念文素臣護國功勳，特賜文古心任官「國子司業」，則是夏敬渠再施巧筆，在幻設的小說中，補償其兄功名難就的人生遺憾。

夏敬渠最遲於乾隆十五年（庚午，1750，四十六歲）二月之前，

---

❹　《野叟曝言》第九回，水夫人對文素臣道：「你哥哥身子不好，不去亦可。你既回家，該去應考。」又對古心道：「你身子不好，不該勞動」；「你身子不好，休要久站在此」。

已擔任文淵閣大學士兼任治河大臣高斌的幕僚。乾隆十六年（辛未，1751）轉任其子戶部郎中高恆的幕僚。高氏父子二人與夏敬渠，賓主之間，情義深厚。夏母辭世，夏敬渠守制後復職，又介紹其兄敬樞擔任高恆子高樸之業師。後兄弟不知何故皆辭館職，但高、夏二家仍有往來。

夏敬渠昆仲與高斌、高恆、高樸三代關係深厚。高氏有祖蔭、任高官、高斌女又為「慧賢皇貴妃」，可謂顯貴非常。夏氏昆仲任其幕賓時，進退有節，故高恆、高樸父子因貪污被誅時，夏氏昆仲卻無纖介之禍，此亦可看出二人的操守與慧眼。以上諸事，〈本譜〉將詳及。

綜合觀之，夏敬渠與其兄夏敬樞，唇齒相依，手足情深，終其一生緊密相繫。甚至夏敬渠七十七歲時，喪其獨子祖焞，遂以夏敬樞第三子祖熹的長子翼陞，作為嗣孫，以延續香火（詳〈本譜〉）。

然而，有一事頗值得玩味，夏敬渠在《浣玉軒集》中，未有任何詩文提及其兄敬樞。推究原因，固然《浣玉軒集》中所輯錄的夏氏詩、文已不完整，故或有缺載的可能。但在，現存資料中，凡夏氏自述其生平的重要文章，如：卷三〈悼亡妹文〉、《浣玉詩集·自序》及卷四諸詩作中，每言及家中成員時，僅提母、妻、妹；未有「片言隻字」提及其兄❹。此事頗易造成誤解❷。

平心而論，夏敬渠才華、學識、能力，實高出其兄甚多，否則

---

❹　如〈懷八叔父滇南〉：「……堂上有老母，甘旨殊艱辛。下有妻與妹，煢煢守中庭，脫然萬里行，毋乃非人情。妻妹非足重，老母誠難輕。……」

❷　筆者在《清代四大才學小說》甲編第壹章〈由《浣玉軒集》看夏敬渠生平、著作及創作《野叟曝言》之素材、動機〉中即誤以為夏敬樞早死，特此訂正。

癸卯蝗旱，其祖母葉氏、叔祖夏敦禮及叔父夏宗洛等人，統攝六廠救災時，應該不會捨夏敬樞不重用，反而把水南廠交付給尚未弱冠的夏敬渠。且五叔夏宗瀾亦只薦舉夏敬渠入京，遊楊名時門下，俟時機以求晉身。其他如夏母大壽、《宗譜》編修等大事之處理，在在顯示夏敬樞的才幹不如其弟。

　　然而兄弟二人，雖才幹有高下之別，但卻手足同心，無「瑜亮情結」。且各主內外，正可互補所需。因此，寡母、弱妹、妻小，有兄敬樞在家幫忙照料；而幕遊天涯，謀衣食以供全家所需，則弟敬渠責之所在。兄弟個性一飛揚外放，一內斂沉靜，適恰如其份。

　　然而為何詩文中，夏敬渠不言其兄？蓋細勘夏氏〈悼亡妹文〉、《浣玉詩集·自序》及卷四諸詩作，大抵為自省、思鄉、懷母、戀家之作，內容多「悲情」；主述自己之懷才不遇、家計艱困、為人僚屬，櫛風沐雨之苦。因此不以其兄入詩文，正可避免談及其兄碌碌無奇的人生，及未能大力補助家計的實情，以免傷及其兄之自尊。且夏氏家人受理學之薰陶，又受傳統「父兄為上」觀念的束縛，故男性親人相處，必重理性、講禮儀；其情感往往隱藏內斂，不落言詮。因此，夏敬渠感懷、抒情、言悲的詩文著作，不出現夏敬樞是可理解的。

妹夏氏（1711－約 1747 ㊸），品格不俗，與夏敬渠相知相惜，時

㊸　夏敬渠之妹卒年不詳，因〈悼亡妹文〉指出：丁卯歲（乾隆十二年，1747）年，夏敬渠大病，其妹盡心照料之，詮癒後，妹妹卻與世長辭（詳下文）。《浣玉軒集》卷四〈哭妹詩〉又云：「我病已痊卿竟死，痛追前事欲無生。」故推測夏氏妹或卒於乾隆十二年（1747）。

慷慨助之；夏敬渠患病時，更宵旰扶持，不顧其身。早逝。得年約三十七㊹。

《宗譜》卷四〈南街宗世錄·第十世「宗泗」〉：「女一，適邢泗港胡櫆靈輝甫，奉祀生宗秩公諱淵三子。」

　　按：《浣玉軒集》中，夏敬渠有不少詩文提及胞妹，可知其一生慨況、兄妹的互動及對夏敬渠的影響。茲引述綜論於下：

　　夏氏妹，生於康熙五十年（辛卯，1711）冬，正值其父辭世之時。〈悼亡妹文〉記此事且深致憐惜之意：

> 粵至辛卯年冬，龍蛇運厄。珠胎孕腹，正先嚴易簀之時；玉
> 蕊辭芭，值家母靡笄之日。麻衣作衿，何來蜀錦吳綾？弔客
> 盈門，詎設餳湯粉餅？載置之地，誰能懷抱以三年？共寢於
> 苫，未得嬉弄於一日。……（《浣玉軒集》卷三）

然而，夏氏妹雖命運乖蹇，一出生即喪父；但其自勉自勵，家雖貧苦卻勤學喜讀：「識盡揚雄奇字，全偷月出之光」㊺。品格不俗：

㊹　《浣玉軒集》卷三〈悼亡妹文〉：「……未有此中日夕十二時，皆洗淚之辰；從無寸草風霜三十載，盡傷心之候。」似其妹得年僅三十。然辛卯年（1747），其妹猶看護夏敬渠之病，當時夏氏妹年三十七。夏敬渠病癒後，其妹方病故，時夏氏妹已近不惑之年。故「三十載盡傷心之候」之「三十」，疑是「四十」之誤。

㊺　有關夏氏妹之資料，倘無特別註明，皆引自《浣玉軒集》卷三〈悼亡妹文〉。又《浣玉軒集》卷四〈哭妹詩〉：「一鐙如豆小窗前，讀破《春秋》《列女》篇。花落花開渾忘卻，空教書卷送華年。」亦可證夏氏妹之勤學喜讀。

雖「缺乏釵鈿之飾，且安命以何尤」；故得以「浩氣淩雲，慧心朗日」；兼之博學多感：「竹搜汲塚，常致感於興亡；序讀〈蘭亭〉，每動懷於今昔。」

再由〈悼亡妹文〉，可知夏敬渠青壯時期，意氣風發的情況：

> 憶自少歲魚書，壯年獵藝；咄叱風雲之表，淋漓翰墨之場；南浮彭蠡而南，北眺太行以北。斯時也，入則周公、畢公，出則方叔、召虎。老兵則雄啼宣武，名士則慟哭伯輿。以至夾漈貴與之通儒，下逮擊竺吹簫之賤士，莫不班荊款洽，把臂激昂。

此時，常人視意氣風發的夏敬渠為癡狂之徒，唯有胞妹知其兄的才識底蘊及真性情。故夏敬渠感慨言曰：「方舉國有癡王之目，獨同校識戀汲之真。」

夏敬渠又有不少特立言行，未必能見容於他人，唯有其妹包容並贊賞之：

> 丁年未聘，屢卻富女於王孫，疇歎其清。除夕無糧，猶詠雪花過子夜，誰嘉其逸？拒饋金於鄰國，人識仲子之矯廉；而妹則曰：「此吾儒秉節之大防，其可墮乎？」參幕府於天涯，人議太真之涼德；而妹則曰：「此古人捧檄之微意」❹❻

無怪乎夏敬渠感動之際，道出：「茫茫天下，具眼何人？落落寰區，知心唯妹。」的肺腑之言。

---

❹❻ 夏敬渠「卻富女」、「拒饋金」、「參幕府」等事，詳見〈本譜〉。

夏敬渠窮困潦倒時：「僕也文詎昌黎，並落鴻詞之第；詩非太白，同鑴帖括之科。才已盡乎江淹，都無彩筆；人復歸乎江國，依舊青衫。」如此「頻年下第」時，其妹依舊禮敬不減，還多方相助：「凡阿兄之潦倒乎域中，皆弱妹之慷慨乎閨內也！」

夏氏兄妹情深，妹對兄不只患難相助，還疾病相扶持：乾隆十二年（丁卯，1747）夏敬渠罹患暈眩重疾，妹傾力守護，甚至禱祝上天，求減己壽，以延兄年：

> 歲維丁卯，神訴庚申。二豎膏肓，十旬瞑眩。妹則連衣宵旦，力疾扶持。既竭吾才，氣如絲而欲斷；莫延兄命，淚如血以長流。乃告七星，爰書八字，願減大家之算，續成班固之年。夜夜祈天朝朝祀灶。積誠既達，厥疾用瘳。妹既秘而不言，余且安而罔覺，後乃聞之吾母……。

然而，如此情深義重的才女，卻是婚姻不樂：「哀哉我妹，運必皆窮……迨及於歸之歡，猶夫在室之悲。獨處所以如疑，眾中於焉不樂也。」兼之體弱善病：「其尤有酷者，鶴容易消，瘦骨棱棱，勢侵肌而欲露；纖腰怯怯，羌約帶以如摧。促節哀桐，戁盡藥鑪之內；隙駒華歲，過殘病榻之間。」因此，夏敬渠對妹妹牽掛頗深，客居他鄉時，多有憶妹之詩：

> 花葉盈盈其一枝，無端兩地各參差。淚從別後痕乾未？人到天涯悔已遲。途路莫憐兄潦倒，晨昏全賴妹支援。汝身別有千般病，飲食風寒要適宜。（《浣玉軒集》卷四〈憶妹〉）

就在夏敬渠大病痊癒，客途謀生時，體弱多愁的夏氏妹，卻與世長

辭：「詎知聶政尚存，先枕姊嫈之股；靈均未沒，反招女嬃之魂。有不哀欲摧心，痛將嘔血者乎？」夏敬渠自責不能回報其妹侍病之恩，又不能送終盡哀：「而乃生毋相見，死毋相哭，迢迢路隔三千，脛不能走，翼不能飛。」故有椎心泣血之慟。

妹亡後，夏敬渠有多首〈哭妹詩〉，亦淒愴悱惻，感人肺腑：

> 同氣分離苦最深，為憐愁入老人心。那知掩面出門去，他日歸來無處尋。

> 望到秋來眼欲穿，哀詞寄我淚潸然。何當一向重泉下，說與西風事萬千。

> 落第頻年動汝悲，伊吾悔不作男兒。幾時折得月中桂？痛哭墳頭說與知。

> 願將妹算作兄更，夜指秋天北斗盟。我病已瘥卿竟死，痛追前事欲無生。

> 知汝平生好是書，一經歸日授吾兒。更將爾子殷勤讀，稍慰茫茫泉下思。（《浣玉軒集》卷四〈哭妹詩〉九首之五）

又按：夏敬渠與其妹深厚的手足情義，亦被驛括寫入《野叟曝言》中，小說中文遺珠、末鸞吹、及沈素娥三位角色，皆有部份情節影射其妹。首回述文遺珠乃文素臣之胞妹，落盆即死❹。但在第

---

❹　《野叟曝言》：「文公（文素臣父文繼泺）赴廣時，路產一女，落盆即死。」（第一回）

一一八回，卻又歷劫重生❹。夏氏創設此情節補償喪妹之遺憾，並隱存其妹早逝之事實❹。而文遺珠遍讀經、史，融貫義理（第一一八回），太皇太后遂聘其入宮中教授諸妃及眾公主，此即夏氏影射及妹之博學多通；並藉虛構之情節，頌揚早逝的胞妹實具有班昭一般的才德。

　　文遺珠重生之前，則由義妹未鶯吹及婢女素娥填補小說情節的空檔。文素臣浪跡天涯時，未鶯吹屢屢饋金賙濟，頗似夏敬渠〈悼亡妹文〉所言「凡阿兄之潦倒乎域中，皆弱妹之慷慨乎閨內也！」而未鶯吹代義兄盡孝於水夫人，則是夏氏〈憶妹〉詩「晨昏全賴妹支援」之寫照。第十六回中，文素臣（時改名為白又李）罹患瘤疾惡症，幾瀕於死，未鶯吹傾力照顧，素娥更是炙火盆、臥銅屏，以身相就，減輕素臣寒熱相煎之苦。此段情節雖模仿自《好逑傳》，強

---

❹　《野叟曝言》第一一八回：水夫人道：「那年，汝父放了廣東學道，我已懷有重身。出京時，在車上顛播了一日。至夜，宿於寶店。三京時，腹中大痛，忙去喚了穩婆，收下生來，絕無聲息。說是已死之女胎。汝父見我暈昏，忙著人去請醫生，一心只顧著我，便急急賞了穩婆。文媼便把我一條舊紬裙包裹血孩，託那穩婆帶去掩葬。我於五更方才蘇醒，即匆匆上車。……我前日進京，復宿寶店，那穩婆他卻認得我……因問我：『可是二十五年前，在此生產的一位文老夫人麼？』我說：『正是』。他因說起血孩之事：『那年夫人命老婦去掩葬時，卻得不死。老婦因抱轉來送還夫人，夫人卻已去了。後來有全各村的全先生見了，因愛他相貌，收回家去，取名遺珠。』」

❹　此種筆法在《野叟曝言》中迭出不窮。較明顯者如明孝宗崩於弘治十八年，夏敬渠在小說中，遂改寫為弘治十八年「天子改元厭哭」事（第一百四十一回），讓孝宗病重，改年號，去不祥，病體漸癒，藉此隱存史實之真相。

調男知禮、女守貞，雖獨處，不及於亂；但其靈感、素材仍是改寫自夏氏病危，其妹「連衣宵旦，力疾扶持」及禱求上天願減己壽以延兄命的事實。小說最後，無論是遺珠、鸞吹或素娥皆仰賴文素臣而富貴兩得、福壽全歸，此同樣是夏氏藉小說以滿足自我幻想，並補償其妹轗軻一生的缺憾。

元配朱氏（1707－1725），早亡。得年十九。無出。

《宗譜》卷四〈南街宗世錄〉第十一世「敬渠」：「配朱氏，邑庠增生禹臣公諱作霖長女。貤贈孺人。康熙四十六年（1707）丁亥正月十六日辰時生。雍正三年（1725）乙巳六月十五日酉時卒，年十九。」

《宗譜》卷七〈傳略行狀・湯孺人傳略〉：「（夏敬渠）締婚朱氏，雖宦家後，奩不滿百金，孺人且欣然也。……二銘之締姻於朱氏也。朱氏母謝孺人為侶桐、喬升兩公胞姊。侶桐名旻，任江西巡撫；喬升名櫺，任湖廣糧道，皆貴顯。」

　　按：夏敬渠對早逝又無子的元配朱氏頗是情深，《浣玉軒集》中留有不少悼亡之作。如：卷三〈浣玉軒詩集自序〉：「破鸞鏡於早年，分鳳釵於初服。月明滄海，不見遺珠；日暖藍田，無端瘞玉。絃離七柱，難留倩女香魂……」。卷四有〈悼亡〉詩二首：

　　北邙山下路茫茫，極目遙看一斷腸。小命自憐如紙薄，癡情猶擬共天長。杜鵑喚去三春雨，孤雁啼來九月霜。怕看舊時雲鬢樣，呼童焚卻鏤金箱。

漫道吾儕未識愁，書窗鎮日鎖眉頭。龍飛碧漢猶捫壁，劍沒清波尚刻舟。始信膏肓醫未得，從教瞑眩疾難瘳。斷腸斷到無腸處，擱淚汪汪不解流。

由第一首末聯「怕看舊時雲鬢樣，呼童焚卻鏤金箱」二句，可推測此詩或作於朱氏亡後不久。由第二首頸聯「始信膏肓醫未得，從教瞑眩疾難瘳。」二句，知此詩必作於乾隆十二年（1747）夏敬渠罹患暈眩重疾之後，距離朱氏辭世已超過二十三年。二十餘年間、念念難忘，可見夏敬渠對朱氏頗是情深。

夏敬渠在元配朱氏亡故三年後（雍正五年，1727，夏敬渠二十三歲）續絃。新婚合巹之夕，猶念念不忘元配亡妻，為詩悼之：

滿眼春光二月天，荒墳宿草已三年。若教有鬼應愁絕，奉倩無言自愴然。事到盡頭真是命，絲重續處豈無緣？獨憐簫鼓燈花裏，別有紅繩足下纏。（《浣玉軒集》卷四〈合巹夕悼亡〉）

元配朱氏雖早亡，夏敬渠與朱家親族仍有來往。《浣玉軒集》卷四有詩〈抵南昌，知侶桐舅氏已欽召入都。去住茫然，感賦一律〉：

紙窗竹榻夜堪憐，獨望空庭思悄然。屋瓦著霜凝冷月，衛簷傍柳繫寒煙。幾回悲感渾如夢，無數牢騷說與天。尺木已遙秋寂寞，神魚然尾是何年？

侶桐姓謝，名旻，乃是朱氏的親母舅，任職江西巡撫。此首七律未標年月，不知撰於何時。夏敬渠親往江西南昌，可能是潦倒之際，為謀衣食，拜謁亡妻母舅，冀其收用或推薦於人。故尋親未遇，遂

有「去住茫然」的傷感。

繼配黃氏（1704－1776）。

《宗譜》卷四〈南街宗世錄‧第十一世「敬渠」〉：「繼配黃氏，青暘鎮邑庠廩生於岡公長女。貤封孺人。康熙四十三年（1704）甲申十月二十五日生，乾隆四十一年（1776）丙申二月初十日巳時終，壽七十三。」

　　按：夏敬渠元配朱氏早亡，故在《野叟曝言》中並無影射的角色。繼配黃氏，則化身成文素臣的正妻田氏。「田」字乃取「黃」之部首而來。黃氏比夏敬渠年長一歲，早夏敬渠十一年去世。

　　《浣玉軒集》卷三〈浣玉軒詩集自序〉中夏敬渠自道：「命續五絲，又復新人善病。繫輕綃於臂上，日日痕消；說殘夢於床頭，時時意怯。」可見黃氏體弱多病。《野叟曝言》第九回，文素臣妻田氏自道：「奴家虛弱，常是三好兩歉，原怕誤了嗣息。」即是描述夏妻黃氏多病的真況。

　　夏敬渠「性命交」張天一（即張宏漢，詳下文），在乾隆三十八年（1773），黃氏七十歲生日時，曾撰有〈徵壽二銘先生德配黃孺人七袟詩公啟〉，文中贊美黃氏：出身江陰望族：「族著蓉江，望齊鄂渚」；才德兼俱：「敦詩習禮，幼誇季女之風；結帨施衿，長奉大家之範。」孝養媂姑、夫婦情洽又劬子辛勞：「奉匜饋食，承堂上之歡容；弋雁鳴琴，奏房中之雅韻。」「既著相夫之道，還聞劬子之勞。」；又有「寬能待下，童約無苛；儉以持家，格言可守。」的美德。

因《宗譜》及《浣玉軒集》中，夏敬渠繼配黃氏的資料存錄不多，故此篇「公啟」有其重要性。撰寫者又是夏敬渠的「性命交」張天一，二人相識相知已三十七年，故文中雖多頌贊之辭，但不宜以尋常應酬文字視之。

由〈公啟〉內容，可窺見黃氏溫婉賢淑之性格。將其對照《野叟曝言》中，以黃氏為人物原型所創造的角色「田氏」（文素臣正妻），二者之間，頗為相近。

張天一在乾隆四十一年（1776），聞黃氏死訊後，曾寫信安慰夏敬渠；也對黃氏道出出自肺腑的贊美：「嫂夫人溫恭淑慎，茶苦一生」（《宗譜》卷十六〈外集文辭·與二銘二兄書〉）。蓋夏敬渠大半輩子為謀衣食幕遊天涯，其妻在家事嫡姑、教子女，居貧持家，必然備嚐艱辛，故「溫恭淑慎，茶苦一生」應即是黃氏一生最真實的寫照。

夏敬渠基於對妻子的情意及感激；且為了顯揚湯氏母教之功，故在《野叟曝言》中，特將田氏描繪成在水夫人身教、言教薰陶下所成就的「全德」女子。且妻以夫貴，受朝廷欽封為誥命夫人。

至於《野叟曝言》主角文素臣擁有一妻五妾，魚水甚歡，且妻妾又極和穆，個個將「蜜淋漓換醋葫蘆」；共侍水夫人，享盡人間天倫至樂等等，應是夏敬渠常年奔波在外，對男女情愛、慾念，皆難以滿足；對家庭的溫暖，又滿心思念，故創設此類情節，以寄託其身心的幻想，並補償其一生的重大遺憾。

子一，祖焞（1734－1781），繼配出。授登仕郎、直隸保州吏目，履任三月，丁母艱歸。復赴都謁選，遘疾，歿於京邸，得年四

十八。

《宗譜》卷五〈南街宗世錄・第十二世「祖焞」〉：「敬渠子，字尹儒，號誠齋。敕授登仕郎、直隸保安州吏目，考充內閣方略館供事。雍正十二年（1734）甲寅三月二十七日卯時生（按：時夏敬渠年三十），乾隆四十六年（1781，時夏敬渠年七十七）辛丑十一月二十五日寅時卒，年四十八。……著有《誠齋遺集》、《聯吟草》。」

《宗譜》卷八〈小傳紀事・第十二世「祖焞」〉：「祖焞，字尹儒，少勤於學，工詩善屬文。試不售，遊京師。考充內閣供事，入方略館書局。議敘保安州吏目，授登仕郎。履任三月，幹練有為，通達政體。遽丁母艱歸。性直諒，慷爽，人咸愛之。以嚴親在堂，為祿養計，復赴都謁選。遘疾，歿於京邸。」

　　按：夏祖焞雖「試不售」，科舉不順，但因「遊京師」，乾隆四十年（乙未，1775）而得以任職「保安州吏目」❺⓿，雖僅是小官，但也讓夏敬渠七十三歲時，因有子為官，受敕封為「登仕郎」；又得到朝廷：「稟心醇樸，飭行端方」的匾額贈詞（事詳〈本譜〉）

　　《野叟曝言》中，文素臣的長子「文龍」（小說中膩稱「龍

──────────

❺⓿　夏祖焞任官保安州吏目之前，有一番波折。據《宗譜》卷十六〈外集・文辭〉張天一撰〈與二銘二兄書〉云：「前聞尹儒賢姪選受涿州吏目，吾兄隨任北來，一時欣喜若狂，自以為平生如意之事，未有過於斯者矣！無何，聞此缺已另題人，尹儒得而復失，而喜忽變為戚。未幾，又得保安之信，而戚仍轉為喜。」可見原先夏祖焞有可能任職涿州吏目，後因另有人選，遂改任直隸宣化府保安吏目。案：涿州，明清屬順天府，在今河北省。

兒」），理應影射夏祖焞，但由《宗譜》資料與小說內容兩相對
照，二者的關聯實在微乎其微。

推論其因，文龍乃是夏敬渠全然幻設的小說人物：其出生時，
「產室之上，罩有紅光，以致驚動鄰村，俱來救火」；其啼哭聲，
即被贊譽為「中正和樂，則福德兼備之聲」（第三八回）。稍長
後，英敏過人，文武兼備，八歲中狀元（第一二三回）、九歲任浙江
巡案，斷案如神（第一二七回）；後更代父出征，降服日本（第一三
三回）、掃平西域佛教諸國（第一三七回）。如此天縱英才、豐功偉
業的角色，當然不可能以現實世界中無大作為的夏祖焞作為「人物
原型」。

然而，所有文龍的「天賦」與「成就」，追本溯源，皆肇因於
文素臣的遺傳、教誨及庇蔭；文素臣即是夏敬渠的化身，文龍更是
文素臣生命與功業的延伸。夏敬渠寫文龍的一切，正是滿足自己功
業蓋世、德庇子孫的幻想，更稍稍補償父子二人，既飲恨科場又薦
舉不成的人生大恨。

女一，適虹橋太學生。

《宗譜》卷四〈南街宗世錄·第十二世「敬渠」〉：「女一，適虹
橋太學生六雲望斗南甫。歲貢生，候選訓導曉堂公諱映開次子，繼
配出。」

按：夏敬渠女兒生平、名字，在《宗譜》及《浣玉軒集》等相
關資料中，皆無任何記載；唯《浣玉軒集·浣玉軒著書目》中，有

女婿「六雲望斗南氏」**❺¹**所寫的〈浣玉軒詩集序〉，文中敘述夏敬渠與堂叔夏宗沂、母舅盛金的詩文情誼，是研究夏敬渠交遊的重要資料（詳〈本譜〉）。

　　夏敬渠僅有子、女各一，長孫及次孫又相繼夭折（詳〈本譜〉）。子嗣單薄，是其人生大恨。此大恨一到小說中，當然要予以補償。是故《野叟曝言》中文素臣生子二十四，子孫多達五百一十二人，六代同堂（一五三回），富貴頂極。

夏敬渠僅為「附生」。

《浣玉軒集》卷二〈自擬進《綱目舉正》表〉：「貤封登仕郎江蘇江陰縣附生夏敬渠恭撰。」

《宗譜》卷四〈南街宗世錄・第十一世「敬渠」〉：「邑庠生。」

《宗譜》卷八〈小傳紀事・第十一世「敬渠」〉：「邑庠生。」

《光緒江陰縣志》卷十七〈文苑・夏敬渠〉：「諸生。」

《宗譜》卷七〈傳誌行傳・湯孺人傳略〉：「督孤子慎修、二銘兩嗣君課甚嚴……先後得一衿，而皆困於諸生。」

　　按：「諸生」為生員、秀才之泛稱。明清之世，稱府、州、縣學為「邑庠」，故「附生」又稱「邑庠生」。「附生」即「附學生

---

❺¹　依傳統稱人先姓、次字、名後之的習慣，「六雲望斗南氏」應是姓六名斗南字雲望。其生平不詳。

員」，在科舉制度中，屬於最基層之科名❷。夏敬渠於乾隆四十九年（1783），撰寫〈自擬進《綱目舉正》表〉時，已高齡八十（事詳〈本譜〉），尤自稱「附生」，足見其至老仍功名偃蹇。

舉博學鴻詞科不第。

《浣玉軒集》卷四〈舉鴻詞由縣府司錄送至三院會試被放〉：「定有光芒射斗牛，客途惟解拭吳鉤。蘭陵琥珀空芬馥，虎阜笙歌自唧啁。雷怒欲抽春筍甲，濤驚將起蟄龍頭。誰憐籬落雞聲裏，獨擁星辰徹夜愁。」

《浣玉軒集》卷三〈悼七妹文〉：「僕也文詎昌黎，並落鴻詞之第；詩非太白，同鎩帖括之科。才已盡乎江淹，都無彩筆；人復歸乎江國，依舊青衫。」

《宗譜》卷七〈傳略行狀·湯孺人傳略〉：「二銘舉鴻詞復下第。」

徐再思《澄江舊話》卷一：「相傳夏二銘慕曹禾得康熙鴻博，名高

---

❷ 明初，生員有定額，其後增廣，不拘額數。宣德間，定制以初設食廩者為「廩膳生員」（簡稱「廩生」），增廣者為「增廣生員」（簡稱「增生」）皆有定額至正統時，更令於額外，附於諸生之末，謂之「附學生員」。清沿其制，凡初入學者，皆謂之附學生，簡稱「附生」。附生經由歲、科考試，可升為「增生」；「增生」可升為「廩生」。廩生或出貢為「貢生」，或入國子監為「監生」（參考齊如山《中國的科名》，頁1098。鼎文書局，1977 年出版；楊紹旦《清代考選制度》頁 51－59，臺灣考選部印行，1991 年初版）。

天下，己獨懷才不遇。」

一生功名失意。

《浣玉軒集》卷三〈悼七妹文〉：「至若頻年下第」。

《浣玉軒集》卷三〈浣玉軒詩集自序〉：「加以轗軻半生，致使老人揮淚；崎嶔廿載，幾令小子斷腸……至極狻猊之力，萬言不易，難登龍虎之科，待麒麟以何期？」

《浣玉軒集》卷三〈悼七妹文〉：「此則對月桂而流痕，何時可極？盼青雲而結黛，無日能開者矣！」。

《浣玉軒集》卷四〈哭妹詩〉：「落第頻年動汝悲」

　　按：由以上諸例，已見夏敬渠將自己功名無就的失意，具體抒發在《浣玉軒集》的詩文中。

　　然而一介文士，現實人生的失意，在詩文中只能遣悲抒憤；在虛擬的小說世界，則不只可以誇大、改造，用來解說或文飾落榜的原因；又可以另闢「功名捷徑」，以圓場屋失意的殘夢、一補生活落拓的遺恨。

　　因此，《野叟曝言》內容中，文素臣滿腹經綸、一身才學，卻在科場歃羽飲恨，原因是：權奸操弄科考，以「借觀人才」之名，行鏟除異己之實，致使「第一名士」文素臣，不只名落孫山且差點喪命：

　　　安吉至蘇州，借觀人才，以「三教同源」命題試士。素臣既

> 不信仙，尤不喜佛，作詩兩首觸之……安吉見詩大怒，欲襪
> 其衣領，羅織其罪，致之死地。訪聞是蘇州府第一名士，但
> 有孝行，並無劣跡。欲發中止，惟記其名籍，恨恨而已！
>
> （第一回）

權奸操弄科考之外，考官又無識無能：如第九回，文素臣與諸友參
加江陰鄉試：

> 試畢，寫出文章來，你我互看。大家都道：「是素臣的
> 好」……「此文局法正大，結構謹嚴，命意絕不猶人，設色
> 迥非常采，行間奕奕有光，字裏鏗鏗作響。豈特冠軍，兼可
> 名世。」

沒想到放榜之後，諸友都名列榜上，「唯有素臣，竟自入海去
了。」水夫人知文素臣落榜，本來「微有怒意」；但看過文章後，
便「回嗔作喜，道：『這是我錯怪你了！有此佳文，不能前列，乃
試官之過，非汝之罪也。』」

基於權奸操弄科考、考官又無識無能兩大原因，使得文素臣
「年過二十仍諸生，眼看同學多簪纓；伏雌不飛復不鳴，闃然無以
揚親名」（第十一回「古風」）。而小說中「文老先生，優蹇諸生，
小考必至江陰，大考必至留都」（第三十六回）的文素臣形像，正是
現實中夏敬渠真實的人生寫照。

然而，科舉挫敗、一生寥落，這種難堪又既成的事實，一到小
說的幻設天地中，夏敬渠當然可以輕而易舉地加以變造及補償：

首先是讓科舉失意，晉身無階的文素臣，另闢出一條報國淑世

的坦途：文素臣既是「奮文揆武」的「天下無雙正士」，到處行俠仗義，百姓欽服贊佩有加，英雄豪傑亦輸誠歸心，供其驅策。德行昭著於天下之際，遂得到東宮太子的信任賞識，破格拔擢，進而以白衣身份奉詔勤王，且入朝輔君、一匡天下，建立了曠世功業。

文素臣不由科舉、薦舉而得君行道、位極人臣，正是作者一生中最大的夢想。而此段小說情節的創設，無異是夏敬渠科舉絕望、薦舉不成後，其內在欲念、腦中幻想的具體投射與呈現。

而夏氏才高學博卻一再落榜的憤恨，也透過其創設的小說情節加以舒洩：第一二三回「兩抄落卷小狀元再占鼇頭」：文素臣長子文龍因門第庇蔭，「奉旨欽賜舉人」而入場應試，由於當時天下大治、既無權奸操弄科舉、考官亦慧眼識真才，故文龍默鈔其父當年被昏聵考官評為「三等文字」的文章，竟然高中「會元」；殿試時，又敷演其父落榜的策論而「八歲中魁」。

夏敬渠借此情節諷刺：「依傍門第，將來取科甲自易」、「文無定價，亦猶送花之賣時」；又大歎「古人說：『功名到手，方見文章』本朝百餘年來，不知許多元魁文字，埋沒落卷之中！」以上情節，借文素臣與水夫人口中所發出的議論；實際上正是現實人生中，夏敬渠針對科舉弊端，出自肺腑的憤懣之言。

但是，夏敬渠只顧痛快淋漓地斥責科舉弊端，卻忘了檢討、批判小狀元文龍「兩抄落卷」的行為，實違反了公平競爭的考試法則，形同「作弊」，亦是卑劣之行為。此是夏氏寫作上顧此失彼的瑕疵。

家貧。

《宗譜》卷七〈傳略行狀·夏節母傳〉:「夏氏之先好施,以是毀其家。」

《宗譜》卷七〈傳略行狀·湯孺人傳略〉:「初,若時公(夏霈)有田千餘畝;至調元公(夏敦仁)祇二百;至傳一公(夏宗泗)僅可得數十畝,而好善樂施則如一轍。」

《浣玉軒集·浣玉軒著書目·唐詩臆解序》:「二銘雖天份絕高,而年僅三十餘,為饑所驅,衣食於奔走者且垂十年。」

《浣玉軒集》卷四〈遠行〉:「遊子為飢驅,貿然適殊鄉。」

《浣玉軒集》卷三〈浣玉軒詩集自序〉:「哀我狂生,獨行塞路。捫蕭蕭之敗壁,有地皆荒;書呪呪於空齋,無天可問。……不具仲由之菽,一飽何時?……貧欲謀生,都來鬼笑;臞還賸骨,已受人憐。……」

《浣玉軒集》卷四〈感懷〉詩:「……云胡至此,厄以長貧。其室如斗,其門伊繩。取米於囷,易困以瓶。瓶既渺矣,無時而盈。匪其不盈,瓶亦空陳。有突斯冷,有甑斯塵。塵其甑矣!其人飢矣!飢且不堪,加之以寒。五月暴褌,十月質官。犢鼻不具,黃雲漫漫。嚴霜戒晨,朔風之酸。不識死苦,焉知生歡?……」

《浣玉軒集》卷四〈玉山旅舍,檢行囊中,只賸一錢,口占一絕〉詩:「吹簫吳市心空熱,乞食王孫骨已寒。輸與江南窮措大,囊中尚有一錢看。」

《浣玉軒集》卷三〈請漢留侯誅壁虱文——時寓留侯廟中〉：
「……竊某儒林弱質，文苑餓夫；體慚郭仲之肥，貧贍張儀之舌。
嘔心乃已，血早盡於詩囊；積毀難支，骨更銷於謗口。況是他鄉之
客，還為失路之人。鐙火三更，乍得眠乎？……而飢虱欲食
人，……忽爾血流及踝，嗟巨創於刻骨，慘肆毒於噬膚。登我頭、
料我鬚，略無顧忌。……

《浣玉軒集》卷四〈苦雨行〉：「……我家有屋兩三角，墙腰壁腳
俱頹唐。往年一日兩日雨，東傾西瀉難支當……」

《綱目舉正·凡例》：「呈之書，字畫必應端楷，裝訂亦須整齊。
是編因貧老無力，不能延倩工書之人，雖極敬謹繕寫而目昏手顫而
裝訂皆不克整齊云。」

　　按：現實生活中，夏敬渠父夏宗泗、祖夏敦仁、曾祖夏霈，連
續三代極度的樂善好施，竟至「毀家趨貧」的地步。夏宗泗舉債以
濟貧困，死後已「有債半千金」，湯氏只能鬻祖產以償夫債（詳前
文）。夏敬渠昆仲又功名不就，一門孤寡遂更貧困。夏敬渠為衣食
奔走於天涯時，甚至窮困到「檢行囊中，只賸一錢」的絕境。

　　此番貧窮困頓，被夏敬渠概括寫入《野叟曝言》中：文素臣屢
屢囊空如洗，多賴義妹及諸友贈禮、分田、饋銀，以供其日常用
度，並作為行俠仗義的憑藉（如第六、十八、二十三回）。

　　因夏敬渠貧困潦倒，故描畫文素臣家計艱辛、出外財用匱乏的
情況，自然生動又逼真。如第十四回〈雙折六歸，貧士翻憐財主
算〉：文素臣告貸於好友景敬亭，景無現金，只好賣田於鏗吝的財

主田有謀❸，買賣過程中，備受窩囊氣。此段小說內容，無論在情節鋪述、人物刻畫、諷刺世俗等方面，皆屬上乘之作。

雖然生活上的窮苦經驗，使得夏敬渠描寫錢財逼人及小人嘴臉能入木三分。但是，貧困一事畢竟是夏敬渠的心頭大憾，因此在《野叟曝言》中，讓上蒼賜予文素臣白銀百萬（第六十三、一三〇回），使其賑風災、救旱災，拯民瘼而得人心。此仍是夏敬渠借小說情節滿足自我幻想，並稍釋人生缺憾之一貫作法。

英敏果毅，正直不阿，權貴無所干避。

《浣玉軒集》卷三〈浣玉軒詩集自序〉：「僕也，江左小儒，蓉城末士，鋒頑似鐵，性拙如鳩。」

《浣玉軒集》卷四〈客途〉：「寒生骨裏人難暖，筆在囊中我有權。」

---

❸ 孫楷第《滄州後集》卷三〈夏二銘與《野叟曝言》〉文中指出：「《小說小話》謂其（指夏敬渠）『同邑仇家為周某，所謂吳天門』者是其人。按：十二回所記富人田有謀事，當亦有所指。《（浣玉軒）集》四詩有〈匹夫〉一首，歷數匹夫之罪有云：『匹夫有物盈阿堵，筐庫殺人不可數』；『匹夫有印粉綬組，威福殺人不可數』；結云：『新詩繪成九鼎圖，千古匹夫淚如雨』。其人蓋富貴而慳吝各險詖者，《小說小話》所云，或不謬也」（原載 1931 年 3 月 9 日《大公報·文學副刊》第一六五期；後收入《滄州後集》卷三，北京·中華書局，1985 年 8 月出版，頁 245，下引此文，不另出詳注。）

筆者按：孫氏臆測《野叟曝言》十二回所記富人田有謀事，乃夏敬渠影射仇家所作，其說在《宗譜》及《浣玉軒集》中皆無實據，故姑備一說耳。

《浣玉軒集》卷二〈《輝山詩》序〉：「大江之南，芙蓉之鄉，有浣玉生者。其人落拓不羈，食貧居賤，處人所不堪；而翛然物表，其意若有所甚樂者。」

《浣玉軒集》卷一收錄〈學古編序〉：「夏子之為人，有以異世俗之所為者。」

《宗譜》卷八〈小傳紀事·第十一世「敬渠」〉：「英敏果毅，正直不阿，權貴無所干避……壯遊京師。有某王聞而致焉。攝布衣、抗首座。王接席講論，議偶未合，直斥其非，折以正義。席貴皆縮頸。王為動容加禮。越日，扡欵密者傳意，延為館賓。引古外交戒，力卻之。」

《江上詩鈔·邑志文苑傳·夏敬渠》：「壯遊京師，名動公卿，指斥顯貴不少避」

《光緒江陰縣志》卷十七〈人物·文苑·夏敬渠〉：「壯遊京師，有貴顯聞而致焉。議偶不合指斥不稍避，致為動容，加禮欲延至賓館。敬渠謝弗往。」

　　按：除上引資料之外，夏氏在〈《李怡村詩集》序〉云：「余以草野倨侮，妄有指畫，亦與祖裼者無異。二公（按：指楊名時、孫嘉淦）顧不以為浼，傾耳而聽，容其狂瞽。」（《浣玉軒集》卷二）；在〈壽高立齋先生四十〉詩中言高恆：「獨許狂為直，還矜石是瑉」（《浣玉軒集》卷四）。同卷〈留別高立齋先生四首〉之二云：「常將皦皦推吾腹，每以汪汪恕我癲。」夏敬渠面對某王（即和碩

怡親王弘曉），亦敢直斥其非，折以正義；事後又拒絕其邀館。由以上諸事，可知夏敬渠具有知識份子不屈不卑的氣度，不管面對高官重臣或皇親國戚，都保有正直不阿的態度與尊嚴。至於平息王熙泰家難後，義辭館職，面對大權在握的高恆，取捨去留，皆得其宜，不遺後患（以上諸事詳〈本譜〉）。在在顯示夏敬渠的「英敏果毅，正直不阿」。

真實人生中，夏敬渠「英敏果毅，正直不阿，權貴無所干避」的個性及行為，投射在《野叟曝言》中，則擴大成為文素臣對抗奸宦、權臣、逆藩、昏君等情節。夏敬渠刻意讓文素臣以「褐寬博」的身份，挑戰極度的威權，用不畏生死的氣魄，呈現文素臣「天下無雙正士」的形像。

此種角色塑型的方法，在文學創作上，容易造成「用力太猛」的缺失：因為小說讀者，是在案頭閱讀，其咀嚼、品味小說內容時，很容易看出主角文素臣粗豪有餘、細膩殊乏的缺失；甚至是暴虎憑河的莽撞、固執冬烘的迂陋。

但是，若從案頭文字轉換為舞臺演出，則夏敬渠「英敏果毅，正直不阿」的抽象個性，變成了文素臣除奸宦、黜權臣、誅逆藩、違昏君的具體行動；又有坐懷不亂、斬妖除魔、匹馬救駕、拯民於水火等英雄表現，可將傳統戲曲中，特別講求的忠、孝、節、義，淋漓展現於舞臺；舞臺上的單一主角——文素臣，幾乎成為蓋世英豪，其魅力四射，燦爛耀眼，自然造成無比的轟動。

因此，民國以後，戲劇界大量採用與改編《野叟曝言》成為劇本：麒麟童（周信芳）主演京劇《文素臣》連臺本戲，造成「不看文素臣，不算上海人」諺語的流行；潮劇、越劇、漢劇、黃梅劇等

亦爭相演出《文素臣》；香港邵氏公司拍了的電影《文素臣》。
1970 年，臺灣黃俊雄的五洲掌中戲團，根據《野叟曝言》改編的
「雲州大儒俠——史豔文」，在電視演出時，收視率竟達百分之九
十七，造成「百業怠工」的盛況。**❺❹**

崇尚儒學，力辟佛、道二教及陸、王心性之說。

　　按：崇尚儒學，力辟佛、老及陸、王心性之說，是夏敬渠一生
思想的主軸，《浣玉軒集》中的〈讀經餘論〉、〈闢佛論〉、〈七
解〉、〈醫學發蒙·自序〉等，大抵在闡述此說，茲綜合引述於
下：
　　夏氏在〈讀經餘論〉中，特以「君子」、「小人」來區隔儒學
正道與佛、老二氏（按：夏敬渠所反對謂「老」，雖混同道教與老莊，但
主要指道教而言）：

> 《中庸》次章，朱子但為君子、小人反覆推究，而未明言君
> 子、小人之為何人。余特為註之曰：君子者，堯、舜、禹、
> 湯、文、武、周公也；小人者，老與佛也。堯、舜、禹、
> 湯、文、武、周公之為君子、為中庸、為時中，可知也；
> 老、佛之為小人、為反中庸、為無忌憚，未可知也。（《浣
> 玉軒集》卷一）

---

❺❹ 參〈後譜〉。
　　又：凡《野叟曝言》被改編為戲曲、電影等問題，筆者將另外撰寫專文討
　　論。

夏敬渠替朱子《中庸》次章作註，君子者是堯、舜、禹、湯、文、武、周公等儒家道統；小人者則為佛、老二氏。佛、老何以為小人，以其「反中庸、無忌憚」二大罪行故也，因「古往今來，非聖人之道，別為一端者多矣！而皆不足以當『反中庸、無忌憚』之兩言；即稍足當之，而不足盡之。為佛、老足以當之，而且盡之。」（同上）

夏敬渠進一步指出佛、老「反中庸」，即是「反五倫」；「反五倫」則是「無忌憚之至」也：

> 中庸之道，莫大於五倫，而老、佛敢於廢君臣、棄父子、絕夫婦、盡去昆弟朋友之交，而別求其昆弟朋友。其廢之、棄之、絕之而盡棄之者，反之至也。其敢廢之、棄之、絕之而盡棄之者，無忌憚之至也。
>
> 人為天地所生，宜忌憚者，莫如天地；而佛、老無一不與天地相反：天地之大德曰生，佛、老則反之使不生。天地之大數曰死，佛、老則反之使不死。天地以仁、義、禮、智賦於人為性，而佛、老則以為賊與障而盡滅以反之。天以耳目與人，而墮黜以反之。天以鬚髮與人，而髡鬀以反之。天以陰陽與人，而閉塞以反之。天命有德、天討有罪，而造因果懺悔之說以反之。無忌憚若此，至矣盡矣！蔑以加矣！試問古今異端，如楊、墨、申、商、蘇、張、荀、揚之徒，以及讖緯術數之學，有一如老、佛之毫無忌憚而盡反中庸者乎！……（《浣玉軒集》卷一〈讀經餘論〉）

佛、老反五倫，無忌憚，故敢違反天地生、死之大德，以賊、障滅

絕天地仁、義、禮、智之性；墮黜耳目、髡鬌鬚髮、閉塞男陽女陰；又造因果懺悔之說，以反天命。因此，佛、老超越所有古今異端，是反中庸、無忌憚之極至。

夏敬渠雖並斥佛、老二氏❺❺，但對於佛教還是撻伐得比較激烈，其在〈闢佛論〉中，大闢佛家「空虛」、「寂滅」之說，言：「法華、楞嚴諸經，語雖千變萬幻，要不過空虛寂滅而已。」

然而佛家的空虛、寂滅，在夏敬渠眼中有好幾個破綻：

> ……而如佛之說，必無有天地而後可，必天地不生物也而後可，天地而不生物也，則天地而不生佛也，佛不生而其說且何有哉？（《浣玉軒集》卷三）

夏敬渠認為「寂滅則喪心，空虛則絕理」❺❻。若萬般俱空虛、寂滅，則天地而不生物，不生物則亦無生佛，「佛」為空虛；「佛道」亦寂滅，則佛之說何有哉？

何況天地萬物，自有其生死循環，無佛家所謂空虛、寂滅者：

> 吁！日月星辰之照臨，山陵河海之流峙，草木禽獸、蟲魚介

---

❺❺　夏敬渠按：夏敬渠所反對謂「老」，是混同道教與老莊思想，雖主要指道教而言，但亦批判《莊子》。《浣玉軒集》卷一〈讀莊子〉：「……夫周之為人，托乎無為而真不能有為者也，我不樂是人也。其為言，誕漫荒渺之言也，我不樂是言也。……」

❺❻　《浣玉軒集》卷三〈七解〉：「……吐華大夫曰：『金人漢夢、佛骨唐迎。色即是空，天女散漫空之雨；空即是色，如來現六丈之身』言未既，虛靈君曰：『止！吾語子：夫釋氏之教也，以寂滅為心，以空虛為理。寂滅則喪心，空虛則絕理。失心與理，餘可知矣！此即摩尼更生、達摩復起，余將歷指其非而教之……』」

> 豸之蕃衍，老壯幼弱生死之循環，天地間無所謂空虛，無所
> 謂寂滅者也。佛何為哉？（同上）

再以人身之出生、處世、欲求三大項觀之，亦無所謂空虛、寂滅者
也：

> 饑欲食、寒欲衣、少欲懷、病欲養，不能外父母而生，不能
> 別天地而處。人之身無所謂空虛，無所謂寂滅者也。好佛何
> 為哉？

且佛家違反人倫，以「強離」為空、為寂；以「強合」為不空、不
寂，其理固不中立：

> 本父母兄弟也，而路人之；本路人也，而父子兄弟之。從其
> 前為強離，從其後為強合。以強離為空、為寂，則強合為不
> 空、不寂，理固不中立也。且佛不既曰空虛、不既曰寂滅
> 乎？既曰空虛、既曰寂滅，是即不空、不虛、不寂、不滅之
> 一證。（同上）

夏敬渠的反佛，雖未深入佛教教義，僅就宗教表相進行批判而已；
但由上文，已可見到其滔滔之辯才及細密的邏輯推理。

夏氏宗理學，崇程、朱，斥陸、王。程、朱重在「學」，陸、
王重在「悟」，夏敬渠將重「悟」的陸、王與佛教相類比：

> ……學、悟二字，為儒、釋分途，重學則入儒，重悟則入
> 釋，此為人、禽生死關頭。後世如陸子靜、王守仁輩，非無
> 入儒之質，而皆厭學而阻乎道；喜悟而墮於禪。……（《浣

玉軒集》卷一〈讀經餘論〉）

因此，陸象山、王陽明者，乃是「陽附孔子，陰合老釋」之小人，堪稱為「儒學之蠹」，「儒之楊、墨」：

> 是則生孔子後而言儒，宜無不宗孔子者。而有陸象山、王陽明者出，乃陽附孔子，陰合老釋，為儒學之蠹。……陸、王……儒之楊、墨也，宜明著其罪，以為天下後世戒。
>
> （《浣玉軒集》卷二〈醫學發蒙·自序〉）

其他如《浣玉軒集》所錄的〈讀歐陽子論《春秋》書後〉、〈讀《莊子》〉、〈書《全史》後〉、及〈天命說〉以及其若干序、傳、雜文，亦零星有反佛道、斥陸王的言論。

夏敬渠奉為圭臬者，乃儒家修、齊、治、平的理想。故在思想上，尊崇堯、舜、禹、湯、文、武、周公、孔子之正道。在言行上，則頌揚孟子之闢邪說、除異端，韓愈的〈原道〉；而以反佛、道，斥陸、王為終身職務。概括言之，即是「崇正闢邪」的理念與理想。此是夏敬渠在《野叟曝言》一再強調的「理念」；且最後不惜以政治力及武力所達成的「理想」。

《野叟曝言》第首回述：文素臣出生時，至聖孔子即委付「毀佛滅道」之重責大任，使儒術「長發其祥」。由開宗明義的第一回，可確定「崇正闢邪」是《野叟曝言》最重要的內容主旨之一❺。而

---

❺ 有關《野叟曝言》「崇正闢邪」的主旨、內容及方法，詳參拙作《清代四大才學小說》甲編第三章〈《野叟曝言》的創作目的〉第一節〈展現「崇正闢邪」之理念〉頁 116－135。

「崇正闢邪」即是《浣玉軒集》諸文中所言的「崇正學,斥異端」。

然則《浣玉軒集》及《野叟曝言》中的「正學」?名義上雖指孔、孟儒學,但由內容觀之,實乃專指儒學中的程、朱理學。而所謂「異端」「邪說」,則除了儒學之外,百家盡屬之;其中又以佛、道及陸、王,「為禍」最烈,須傾全力「闢之」、「斥之」。

故夏敬渠在《野叟曝言》中,不只以長篇大幅的議論文字,闡明其所謂崇程、朱,斥陸、王❸,排佛、道的「崇正闢邪」理念;亦創設許多情節,具體描述:如何「崇正」──標舉個人、家庭成員、朋友、君臣之言行份際;如何「闢邪」──對異端邪說,宜理論辨正、行為勸化,甚至政令禁止、武力滅絕;並展現「崇正」的具體成效──個人可成德立業,朋友必生死相交,家庭必雍穆和諧,國家則太平安樂;「闢邪」之具體成效──陸、王心性及佛、道教派滅絕,人民一歸正道,萬國咸歸王化等等。

故在夏敬渠心中,自有一幅經由「崇正闢邪」,以達「內聖外王」的藍圖。此藍圖在其場屋失意後,已然實現無望,是故夏氏藉

---

❸ 夏氏在學術上雖反對王守仁心性之說,但對於其德、功、言三並不朽,卻景慕不已,是故採用王守仁之事功、事蹟,作為創作《野叟曝言》的部份素材(詳參拙作《清代四大才學小說》頁 133─135)。但因《野叟曝言》以明代為背景,第一回內容情節,起始於明憲宗成化元年(1465);第六十二回,論朱、陸學說異同,約在成化四、五年。時王守仁(1472─1528)尚未出生。是故夏氏在《野叟曝言》中,闡論格致之學,雖程、朱並提共尊;但批判陸、王心性之說時,卻以陸代王,杜口不言王守仁名姓。推究其因:一者求小說時間、人物、事件的吻合;二者以避免既套用王守仁事功,卻又否定其心性之說的矛盾。

《野叟曝言》之創作，闡述理學主張，記錄反佛滅道議論，並滿足其得君行道、位極人臣、盡享榮華富貴的幻想，此乃夏氏既庋藏博學又炫才寄慨之特殊方式。

細勘夏敬渠「崇正闢邪」思想的主要成因有：

1.受傳統儒家之影響

傳統士子浸淫四書五經，鮮有不受儒家思想影響者，夏敬渠當然不例外。其在《讀經餘論》中，極力闡述《中庸》、《論語》之學說，處處以堯、舜、孔、孟、程、朱之信徒自居，以傳承聖道為終身職志；且因受孔子「攻乎異端，斯害也矣！」；孟子「正人心，息邪說，距詖行，放淫辭」；及歷來諸家反佛之影響，故時時以護儒衛道為己任。故大環境中，傳統儒家思想對夏敬渠「崇正闢邪」之理念影響至深。

2.受江陰理學風氣之啓導

江陰理學之風❺⑨，自北宋熙寧九年（1076）「平居博覽群籍，尤精性理之學」的楊孝孺，「以太子中允知江陰縣，為治寬猛相濟，安而有序」，遂使江陰治史及理學之風逐漸萌芽（光緒《江陰縣志》卷十五）。

王棠於紹興五年（1135），知江陰軍，更新修葺學堂，拔邑中子弟為學宮弟子員，以軍閒田充士廩。於是，在遊藝有庠序，衣食有官廩的之況下，江陰學術風氣遂日益興盛。其後，又有鄭澤：紹興十一年（1141），任江陰軍教授，加意引掖後進；又奉命修學，

---

❺⑨　詳參拙作〈江陰學風對夏敬渠「崇正闢邪」的影響〉（《清代四大才學小說》頁 117－122）。

使江陰學風繫之不輟。（同上）

而將江陰學風導入程朱系統的是南宋名儒尤袤⑩。尤袤為程頤之再傳弟子；生平服膺朱熹，推行其善政⑪；孝宗朝，又曾面折廷爭維護道學，故其學行宗程、朱，堅定不移。而其特立之言行，已足以左右江陰士風。此後，江陰一縣便以格物致知、居敬窮理之程、朱學派為學術主流。

有明一代，陸、王心性之說大盛，江陰程、朱學風亦因之稍優。清初，士人多責陸、王末流，空談心性，以致明亡，程、朱派遂轉盛，江陰又人才輩出了。康熙朝，楊名時師事李光地，致力於程、朱之學；又德高位隆、獎掖後進，鄉黨輩翕然從之，江陰義理學風遂大盛。如：繆宏仁潛心性理諸書；葉廷甲為楊名時編次《楊氏全書》三十六卷。夏宗瀾更終身師事楊名時。楊名時、夏宗瀾對夏敬渠一生影響更鉅（詳下文）。

3. 以歷來反佛諸家為基礎

直接影響夏氏排佛的，乃南朝的范縝。據《梁書·范縝傳》載：范縝出仕宜都太守時，即「下教斷不祀」，禁絕轄內所有廟寺之祭祀。復創「神滅論」，致使梁武帝率同名僧法雲，及六十餘位

---

⑩　光緒《江陰縣志》載：「尤袤，字延之，無錫人，從喻樗、汪應辰遊，究心程氏之學。……以宣教郎補江陰軍教授……歷官禮部尚書。方乾道、淳熙間有忌程氏學者，日為道學，將攻之，袤在掖垣昌言以破邪說。」（卷十五）

⑪　《宋史·尤袤傳》載：「袤少從喻樗、汪應辰遊。樗學於楊時。時，程頤高弟也。……朱熹之南康，講荒政，下五等戶、租五斗以下悉蠲之。袤推行於諸郡，民無流殍。」（卷三百八十九）

朝臣與之爭辯。今《弘明集》中即存有六十四篇的「反神滅論」的文章。《野叟曝言》第一百三十六回，文素臣下命全國斷滅寺廟；及獨立朝中，舌戰群臣以除佛老的情節，與范縝事跡頗類近。

范縝《神滅論》主張「形神相即」，「形消神滅」；且本於人情倫理、政治教化及民生經濟的立場，反對佛教。夏敬渠在《野叟曝言》中所持反佛的理由，亦不外乎此。故《野叟曝言》中，雖未提及范縝，但推本溯源，夏敬渠仍受其直接或間接的影響。

范縝之後，排佛最力者，則非昌黎韓愈莫屬。《野叟曝言》屢次稱引〈原道〉、〈諫迎佛骨表〉，對於韓愈的反佛推崇備至，認可上比亞聖的距楊墨、闢邪說（如第二回）。而夏敬渠排斥佛、道的用意，乃在於「將吏部這一篇亙古不磨的文章，實實見諸行事」（首回，文素臣言志）。亦即在貫徹昌黎遺志，實現〈原道〉之理想。可見夏氏反佛的動機、理由、目的，多受韓愈之影響。

兩宋理學家，為振興儒術，鮮不反佛；夏氏鑽研理學，頗受其影響。蓋佛教自釋迦以來，雖宗派義蘊殊繁，但總歸其教義，皆以人身為障累，視當世為虛妄、無明；須「脫生死海、證大涅槃」，即捨離世界以求超昇，所持乃是「否定世界」的態度。宋儒反佛，則基於「肯定世界」的立場；認為世界本有倫理綱常，萬物生滅自存生生之德；此生即可成己成物，不須空待來世；此岸即能成德成聖，無須妄尋彼岸。

是故張載指明：佛教捨離世界、否定文化，非但是不明天理，且又喪失人道❻。程頤認為：佛教教義，主要落在生死苦樂的層面

---

❻　張載云：「其（佛教）語到實際，則以人生為幻妄，有為為疣贅，以世界

上，只能算是一種精神的陷溺而已[63]。朱熹亦言：「彼（指佛教）見得心空而無理，此（指儒道）見得心雖空而萬理咸備。」（《朱子語類》卷一二六）。《野叟曝言》第一百三十一回，夏敬渠批評佛教以天理為障，以生死輪迴惑眾，淪三綱，絕四維，逆天心，幻妄虛空，與儒家精神相牴牾等，其說大致與宋儒相符合。

故自范縝以迄宋儒，衛道之士已提供夏敬渠足質足量的反佛理由及根據。至於《野叟曝言》中雷徹風行的滅佛大舉，則是受「三武滅佛」的啟導。

三武滅佛的動機雖各有不同[64]但皆以帝王之力，敕令天下禁佛。而《野叟曝言》第一百三十六回，文素臣得君專寵後，亦挾政治力量大舉滅佛，其焚佛牙、毀佛骨、逐僧尼、沒寺產，鎔像鑄錢諸舉動，不啻是三武滅佛的翻版。

4.反映明代道教禍國之史實

本於華夏的道教，因係本土的傳統信仰，歷來衛道者，率皆「寬以待之」[65]；不至如外來佛教，被衛道之士視為洪水猛獸。故

為陰濁；逐厭而不有，遺而弗存。……儒者因明致誠、因誠致明；故天人合一，致學而可成聖，得天而未始遺人。」（《正蒙・乾稱篇》）

[63] 程頤云：「佛學以生死恐動人。可怪二千年來，無一人覺此？是被他恐動也。聖賢以生死為本分事，無可懼，故不論死生；佛之學為怕死生，故只管說不休，下俗之人固多懼，易以利動。」（《程氏遺書》第一）

[64] 北魏太武帝滅佛乃為崇揚道教；北周武帝滅佛、道，則基於民生經濟及發揚儒學；唐武宗滅佛則基於道教及經濟二因素。詳參拙作《野叟曝言研究》頁 139－140「註八十」。

[65] 衛道最力的宋儒，雖每以釋、道並稱而抨擊之，但實偏重於外來的佛教，如程頤云：「今異教之害，道家之說，則更沒可闢；惟釋氏之說，衍蔓迷

夏敬渠在《野叟曝言》中的排拒道教，主要是要反映明代道教禍國之史實。蓋明代道教方士的猖獗，為歷代所鮮有。其中又以憲宗、世宗二朝為最甚。帝王的寵信道士，致使奸佞滿朝，生靈塗炭，亦是明朝亡國主因之一。以明憲宗、孝宗朝為背景的《野叟曝言》，固然需要反映道教禍國之史實，並配合其「崇正闢邪」的理想，遂嚴詆道教⓺⓺。

夏氏既排拒道教，對於道教所依附之老、莊思想，亦深表痛恨，認為「老、莊與釋氏之理為障，乃一而二、二而一；皆與聖人之學南北背馳、水火互異。」（《野叟曝言》五十九回），因此「須焚《道德》、《南華》，以永絕後患」（一三一回）

5.夏敬渠個人氣質因素所致

儒家信徒的「維護道統」、「攻乎異端」的使命感；江陰故鄉崇程、朱，拒佛、道的學術風氣；歷來反佛諸家的影響；且為了要反映明代道教禍國的史實，已使夏敬渠扛下「崇正闢邪」的大纛。

再加上夏氏一生懷才不遇，憤懣滿胸，自喻「儒林羸質、文苑

溺至深。（《河南程氏遺書》第二）又：「如道家之說，其害終小。惟佛學今則人人談之；瀰漫滔天，其害無涯。」（同上，第一）

⓺⓺　《野叟曝言》中對於憲宗的愚庸荒淫、朝臣的諂媚邀寵，及道士的符籙、服食、養生、煉嬰、房中術等姦邪異術，都極盡口誅筆伐之能事。又：《明史·佞幸傳》載憲宗朝，妖僧繼曉及西域番僧竊位弄權的史實頗詳。《野叟曝言》中繼曉及箚巴堅參、箚實巴師徒皆沿用正史原名，對於繼曉的奸黠竊權，番僧的僭用王禮、橫行霸道，甚至以人骨為念珠、髑髏為法等行徑，皆有詳述。然而正史中繼曉並未參與寧王宸濠的叛變，夏敬渠為加強僧、道的滔天罪行，遂云僧人方士，皆利用邪術幫助宸濠及靳直劫駕作亂，此雖是「莫須有」的罪名，但可見夏敬渠對僧、道憎惡之切。

餓夫」，自認「我本天上辰，落為地下塵」；「鳳皇備九苞，雌伏乎雞巢」，以及「鋒頑似鐵、性拙如鳩」的個性；「異世俗之所為」的為人作風❻❼。

以上多種內在、外在因素，互相激盪、影響，遂使夏敬渠晚年創作《野叟曝言》庋藏博學、炫才寄慨時，變本加厲地以「崇朱斥陸」、「剷佛滅道」為中心理念。

　6.受夏氏宗族「崇程朱、鬧佛道」家風的影響

　由《宗譜》所載得知，夏氏家族宗理學、反佛、道，由來已久。夏敬渠曾祖母葉氏「胚胎理學，有大家風」。祖母葉氏出身理學世家，「承東林理學之傳」❻❽，且「一切善事，知無不為；惟不肯飯僧佞佛。曰：『此吾所不識，亦夫子之所不信，我不為也！』」。張敘撰〈夏母葉太君傳〉時，盛贊此事：「自佛法入中國也，雖賢士大夫不免，其在閨閤中人為尤甚，有寧薄生人之養以養之者矣！今太君之豐於施者如彼，而吝於佛者如此，見何卓

---

❻❼　夏敬渠〈請漢留侯誅壁虱文──時寓留侯廟中〉：「竊某儒林羸質、文苑餓夫，體慚郭仲之肥，貧臢張儀之舌。嘔心乃已，血早盡於詩囊；積毀難支，骨更銷於謗口。況是他鄉之客，還為失路之人。」（《浣玉軒集》卷三）

　〈中秋感懷〉詩：「吁嗟鳳皇備九苞，得時雲雨為龍蛟。高岡阿閣不相見，胡為雌伏乎雞巢……我本天上辰，落為地下塵。」（同上，卷四）

　《浣玉軒詩集·自序》：「僕也，江左小儒，芙城末士，鋒頑似鐵、性拙如鳩。」（同上，卷三）

　方嶟如〈《學古篇》序〉：「（侯生元經）且為予道：『夏子之為人，有以異世俗之所為者。』」（《浣玉軒集》書前附錄）

❻❽　〈夏母葉太君傳〉：「曾大父茂才，明神宗乙丑進士，累官少司空，為東林理學名家。祖孝基，父復階，名諸生。」

也！……不愧東林理學家風。」而葉氏卒後，子孫經辦喪事時，亦尊奉其遺囑：「含殮喪祭必以禮，不用巫覡絕道僧」❻❾；即「及其卒也，遺命不作佛事，勿信地師，一以朱子《家禮》從事。」❼⓿

夏敬渠祖父夏敦仁「重儒宗、闢二氏」；學行以理學為依歸。么子夏宗瀾〈家忌〉一詩，言其父敦仁：「吾父有遺言，生平富經籍。既無佞佛情，豈有談真癖？他年逢子卯，須把墳典繹。」（《宗譜》卷十七〈內集詩詞〉）。可見其一生的執著，至死不變。

但是，正因為夏敦仁生前堅持自己的喪禮，不採佛教誦經、道教唸懺的形式；且每逢祭日，子孫們要做到「須把墳典繹」的祭祀原則。此事與一般民間風俗大異，故受到時議的強烈攻擊，甚至誣陷夏家「誦五經作佛經為奉邪教」。並以此項羅織的罪名，要將夏敦仁排除在「崇祀鄉賢」之外，且不列入《縣志》。夏宗瀾在〈與內祖楊聖翼書〉深言此事的始末並辯駁其非：

> 而疑先父者，則曰：「誦五經作佛經為奉邪教」。夫以五經為佛經，誠不可也。然此出於諸友之奉行不善，先父之命不爾也！先父之命不爾也！先父命諸子曰：「遇忌日不得做佛事，但就室中設我位，諸子俱朗誦五經一過。死而有知，必欣然聽之。」古人所謂思其嗜好者是。不肖輩至今奉命不敢違，此奉佛乎？不奉佛乎？唯當日親友當先父新喪，來喪，次誦五經畢，文人技癢，各經作贊一首，向柩前白之。此為多事，然未嘗如釋、道所謂跪拜而節以魚鼓者。以此為先父

---

❻❾　《宗譜》卷十七〈內集·詩詞〉所錄夏宗瀾〈五十自敍寄內〉。
❼⓿　《宗譜》卷七〈傳誌行狀·夏母葉太君傳〉。

罪，是以死後親友之過舉，文致前人也！而可乎？（《宗譜》
卷十五〈內集·文辭〉）

夏敦仁臨終遺命諸子：喪禮不採佛教儀式；且誦讀五經以慰亡靈
等，正是貫徹其一生「重儒宗、闢二氏」的信念。而諸子的「奉命
不敢違」，親友的共襄其事，不只顯現夏氏宗族的孝道傳家；也可
看出其尊儒學、反佛道的一貫家風，已頗具影響力。

在此家風薰陶之下，夏敬渠深受感召。而有心人士，誣陷夏家
信奉「邪教」，「誦五經作佛經」，欲擯斥夏敦仁於「崇祀鄉賢」
之外。此事對個性「鋒頑似鐵、性拙如鳩」的夏敬渠，必激起強烈
的反彈，更加深其一向反佛、道的信念與決心，無怪乎在可馳騁幻
想的小說中，夏敬渠變本加厲，由「反佛斥道」進一步要「鏟佛滅
道」了。

夏母湯氏也是崇正學、反佛道者，其「生平未嘗入寺觀燒香許
一願、設一齋醮」，「不熟一尼姑」，且「不佞佛，不信鬼神」。
當夏敬渠「作〈闢佛論〉、〈七解〉諸作，皆詆攘佛教。儒者或以
為過」，湯氏卻「特好之」**⓰**。律己極苛、教子甚嚴的湯氏，本身
對佛、道的排拒，對兒子反佛、道的絕對支持，對孝順的夏敬渠堅
持「崇正闢邪」思想，必是強力的奧援。

夏敬渠三叔父夏宗洛（1688－1737）亦是「學崇正誼、闢異端」
的學者（見《宗譜》卷八〈小傳紀事·第十世「宗洛」〉）；而五叔父夏
宗瀾的學行，對夏敬渠有著更深刻的影響：蓋夏宗瀾（1699－1764

⓰　《宗譜》卷七〈傳誌行狀·湯孺人傳略〉。

⑫）終身師事楊名時⑬；楊名時⑭則師事李光地，李光地精通程、朱理學，乃清初大家，極受康熙器重⑮。楊名時宗主師說，闡揚程、朱格致之學，不取陸、王心性之說⑯。夏宗瀾師事楊名時，故并宗李光地之學，終身奉行之。

夏宗瀾生於康熙三十八年（1699），僅年長夏敬渠六歲。夏宗瀾是「年甫十二失吾父」，「煢煢在疚危巢傾」（夏宗瀾〈五十自敘

---

⑫　《江陰夏氏宗譜》卷四〈南街宗世錄·第十一世「宗瀾」〉：「宗瀾，敦仁五子，字起八，號震軒，敕授文林郎，特授國子監監丞，舉經明行修，邑庠生入太學，康熙三十八年己卯十月初七日未時生，乾隆二十九年甲申九月二十七日巳時終，壽六十六，……有《易卦箚記》、《易義隨記》、《詩義記》、《講師文集》。」

⑬　《光緒江陰縣志》卷十七：「夏宗瀾……終身師事楊文定。」夏宗瀾〈五十自敘寄內〉：「道南先生關西楊，我父之友我舅舅。薪傳獨接李文貞（案即李光地），許我登龍遂入室。細嚼鼎實斟天漿……《易》《詩》兩經授受切，條記語錄尤分明。」（《宗譜》卷十七〈內集·詩詞〉）

⑭　《清史稿·楊名時傳》略云：楊名時，字賓實，江南江陰人，康熙三十年（辛未，1691）進士，改庶吉士。李光地為考官，深器之，從授經學。任檢討提督、順天學政，貴州布政使，雲貴總督，禮部尚書領國子監祭酒，兼值南書房、上書房等，諡號文定（卷二百九十）。

⑮　《清史稿·李光地傳》：「上（康熙）潛心理學，御纂《朱子全書》及《周易折中》、《性理精義》諸書，皆命光地校理，日召入便殿覃求探討。」（卷二百六十）

⑯　《四庫提要·周易箚記》載：「名時本李光地所取士，故其學多得之光地。……其詮解經傳，純以義理為宗。」（卷六）；又《四庫提要·詩經箚記》：「國朝楊名時撰。是編乃其讀詩所記，大抵以李光地詩所為宗，而斟酌於〈小序〉、朱《傳》間。」（卷十六）；《四庫提要·四書箚記》：「國朝楊名時撰。……以格物為明善，不取王守仁格庭前一竹之說。（卷三十六）

寄內〉）；夏敬渠則是「我生七歲我父亡，音容至今都渺茫」（〈孤
兒行〉）。叔、姪同命相依，情誼最是親厚。夏宗瀾十九歲（康熙五
十六年，1717）時「居家訓兩姪」，對夏敬渠的思想及才藝，必有啟
導作用。其宗師楊名時與夏家關係匪淺，對夏敬渠又有薦舉之恩
（二事詳〈本譜〉）。由於以上多重且深厚的關係，故夏宗瀾的學行
及其師承，對夏敬渠崇程、朱，斥陸、王的理念，實有推波助瀾的
效用。

夏宗瀾宗程、朱之外，亦反佛、道。其詩文中屢屢強調與諸兄
辦理父、母喪事時，遵守遺命，絕對不行佛、道儀式。〈五十自敘
寄內〉詩中又敘述其任職國子監丞時，天子視察太學時的情況：

> 天子右文躬視學……釋奠先師薦德馨……大哉王言口講解，
> 平章位育昭穆清。圜橋觀者以萬計，約束演習推東廳。喇嘛
> 教習求備數，揮斥不使玷簪纓。（《宗譜》卷十七〈內集·詩
> 詞〉）

天子視察太學，統理其事的國子監丞夏宗瀾，開放讓數以萬計的民
眾圜橋觀看皇帝風采，且聆聽皇帝講學；但卻嚴厲拒絕喇嘛列席的
請求，認為即使只是「備數」，也會「玷辱簪纓」。由此可見夏宗
瀾反佛、道的強烈信念，此信念對姪兒夏敬渠著實有不小的影響。

綜合上說，夏敬渠的家族成員，從曾祖母葉氏起，至祖父夏敦
仁，父宗泗母湯氏暨叔父宗洛、宗瀾，皆宗仰理學，推崇程、朱之
說。而反佛、道又是夏氏宗族相沿不輟的家風。此家風形成的夏敬
渠「崇正闢邪」的理念，為呈現此理念，崇程、朱，斥陸、王，鏟
佛滅道的情節，遂成為《野叟曝言》的最主要的內容。

「崇尚儒學，力辟佛道二教、陸王學說」在現實中，是夏敬渠的理想與信仰，僅能發之於言行或載之於詩文，以一介書生，要對抗勢力龐大的宗教及學派，其成效可謂微乎其微。

但在小說幻設的天地中，「崇正闢邪」的理念，在文素臣得君行道，及上皇賓天之後，便勢如破竹，橫掃宇內，得到徹底的實現。

其「毀佛滅道」的成果是：文素臣〈舌戰朝中除二氏〉（第一三六回目），徹底消滅中國的佛道二教後，接著派兵征服西域諸國，毀佛滅寺，致使〈古佛今佛兩窟俱空〉（第一三七回回目）。於是聖教恩威遠播，「一切長生、太極、白蓮、無為、燈焰、糍糰等教，皆如爝火，不撲自滅」。進一步更「兵不血刃」讓「歐羅巴洲大小七十二國，皆秉天朝之制……設學建儒，悉遵孔氏。」（第一四七回）。從此佛、道二教徹底毀滅消失；而陸九淵則被撤主黜祀，燬其著述，永世禁絕其學說，「正統」儒教、程朱理學，則昌盛於全世界。

《野叟曝言》中，文素臣所貫徹實現的崇正闢邪成果，具體回饋到文母水夫人身上，達成「立身行道，揚名於後世，以顯父母，孝之終也」的孝道極致。因此，最後一回〈洩真機六世同夢〉中，文家六代同作一夢，夢中堯母慶都、舜母握登、禹母脩己、湯母扶都、文王母太任、武王、周公母太乙、孔子母徵在、孟子母姬氏、程子母侯氏、朱子母祝氏等，十位聖賢之母，在「聖母公府」的「胎教堂」中，因「序功不席德」「母以子顯、德以功高」的原則，一致認為文素臣「闢邪崇正」，使得「老佛之教盡除，俾至聖所垂之憲，昌明於世，功業之大，千古無倫」，已然「為萬世開太

平」，故文素臣其德其功，超越所有聖賢，十位聖賢之母，全數對
水夫人推位讓座，不願僭禮越份。

甚至夏敬渠讓文素臣不只達到「崇程、朱」的理念，最後連
程、朱都要拜服文素臣的功德。因為夢中，文素臣「以自幼誦習
程、朱傳註，與師事一般，無弟子可僭先生之禮」，故居位於程、
朱之下時。「程母、朱母俱怪其子僭妄」；且對水夫人道：「妾等
之子，雖稍有傳註之勞，而闢異端、衛聖道，不過口舌之虛，較文
母之實見諸行事者，迥不侔矣！」

而夏敬渠「斥陸、王」的理念，在現實中，固然還只是學理、
宗派的辯論；但在《野叟曝言》中，則陸九淵心性之說（按：《野
叟曝言》以明憲宗、孝宗朝為背景，故全書不明提王陽明。詳參註❸），全
被罷黜禁絕，故「六世同夢」的夢中，陸九淵之母向十位聖賢之母
申冤：「陸母哭拜於地，訴其子與程、朱同為聖門之徒，被素父撤
主黜祀，燬其著述，特來聲冤」。而堯母等俱斥責陸母道：「某等
胎教，必先主敬，子年髫齡，即教以學。今汝子肆而不敬，言悟不
言學，皆汝失教之過也！素父黜汝子之祀，燬汝子之書，所以遏邪
說，衛聖道也。其功幾與闢佛、老等。尚敢溺愛文過，妄有陳說
耶？」於是，「陸母心服認罪，叩頭出血，流滿於地。」從此，陸
九淵被逐出聖門，宇內再無其心性之說了。

夏敬渠更用孔子之母親徵在對文母水夫人的一段話，將文素臣
的成就，提高到與至聖並駕齊驅的地步：

至聖之母猶愛太君（水夫人），席散後，握手而談。說：「君
子（指孔子）所著之書，惟汝子（指文素臣）能明之，亦惟汝子

能行之。吾子、汝子，如輔車之相依也，水火之相濟也，鹽
梅之相和也！吾子孫世衍聖緒，汝子孫世衛聖道，兩家復世
結朱、陳，師友姻姻，門第家風，臭味同而毛裏屬；異日相
逢，當歡若平生，勿更拘拘為也。」

夏敬渠藉由《野叟曝言》最後一回的「六世同夢」，徹底達成了他
所追求的崇正闢邪理想；完成了他功高萬世、垂憲千秋的三不朽夢
想；也做到了讓歷代聖賢之母推崇其母的「顯親揚名」幻想。集一
生的理想、夢想、幻想，在最後一回的內容中完全實現，夏敬渠現
實人生中的缺憾，在《野叟曝言》中全然得到彌補。

不過，《野叟曝言》的「六世同夢」真的只是一場失意文人的
「大夢」罷了。

才高積學。通經、史、諸子，尤精醫、詩、兵、算。

《宗譜》卷八〈小傳紀事・第十一世「敬渠」〉：「通諸經、歷代
史志，旁及諸子、詩賦、禮、樂、兵、刑、錢穀、醫、算之屬，無
不淹貫。」

《光緒江陰縣志》卷十七〈文苑傳・夏敬渠〉：「英敏積學，通
史、經，旁及諸子百家，禮、樂、刑、兵、天文、算數之學，靡不
淹貫。」

《宗譜》卷十七〈內集・詩〉夏宗沂〈寄懷二銘侄〉：「……憶君
汲古搖雙牙，長江大河共奔赴。二十一史羅心胸，腐遷、班、范作
箋注。憶君乘興揮霜毫，毫端天矯龍蛇怒。……」

《宗譜》卷十八〈外集·詩詞〉楊肩吾（大受）所撰〈題旭台先生扶桑曉日圖〉：「……賦詩即天性，名醫亦道心。六韜辨晰兵機熟，三角精研算術足。……」

　　按：夏敬渠之「英敏」，可能來自天賦；其「積學」，則應該是受家風浸染所致。蓋江陰夏氏，書香傳家，縱然獲取功名者不多，但砥礪向學、勤於著述，卻蔚成家風。

　　夏敬渠的直系先祖，其好學之勤、著作之富，前文所引述之《宗譜》資料已有詳列。至於其旁系親長，亦不遑多讓：如敬渠七世伯祖夏維炎，被尊為「耆儒碩德」：「且耕且讀，世傳家法，著有《春秋經義》」❼。敬渠二叔父夏宗漢著有《大易纂義》、《續萼齋文集》。三叔父夏宗洛為「邑庠生，幼聰穎，通五經，年十九以七藝獲雋。時同堂昆季文譽競起，有難兄難弟之目（按：意謂夏氏子弟才學雖高，卻功名難就）。幼弟宗瀾從受業，遂為異日經學胚胎。」。四叔父夏宗淮「嘗手輯《宗譜》，成世系圖表」。五叔父夏宗瀾師事楊名時，「因以得李文貞公之墜緒。恪守師訓，沉潛經義，以自信於心而傳諸人。著有《易卦劄記》、《易義隨記》、《詩義記》、《講師文集》等」。至於胞兄夏敬樞及胞妹，亦都是好學喜讀之人（詳前文）。

　　其他族親，著作亦多，難以一一羅列。《宗譜》卷十四，特編有〈著述〉一卷，記錄夏氏宗族成員的著作，舉凡書名、卷數、內

---

❼　見（《宗譜》卷八〈小傳紀事·第七世「維炎」〉），下文所引資料，若無特別標明，皆出於同卷各人條目下，或《宗譜》卷四〈南街宗世錄·「七世至十一世」。

容、傳刻、存佚等，皆有詳載；卷十五有〈內集·文辭〉，存錄夏氏宗族書信及各類文辭；卷十七有〈內集·詩詞〉，錄有各體詩詞。據此可知夏氏宗族好學之風及著述、創作之盛。

　足見在砥礪向學、勤於著作的家風薰陶下，夏敬渠自幼即博聞多覽，故能底蘊豐厚，著作良多。也因如此，在其功名無望且家貧，著作難以付梓的情況下，將其畢生才學與著作，貫注、運用於《野叟曝言》中，藉以庋藏理想、炫耀博學。毗陵彙珍樓木活字刊本「知不足齋主人」所撰〈凡例〉云《野叟曝言》包羅甚富：「敘事、說理，談經、論史……運籌、決策，藝之兵、詩、醫、算，情之喜、怒、哀、懼，講道學，闢邪說……」故以內容而言，《野叟曝言》所庋藏的學識確實豐富，誠為清代第一部才學小說。

　又按：又按：夏敬渠創作《野叟曝言》的目的之一，是為了要炫才耀學。然而，針對不同的「才學」，其「炫耀」的方法，又有不同。例如：夏氏欲展現其經學理論及崇程朱、斥陸王思想時，大多由文素臣及水夫人兩位角色，藉著正面論述的方式，開導求問者或蒙昧者（如第八十七回）。展現史識、史才時，則安排文素臣與一干賓主觀看戲劇，再藉戲文演出的內容，對著觀眾大放厥詞，評騭歷史人物及大事（如第七十四回）。至於其反佛、道的主張，則創設僧、道淫亂暴虐或癡愚的情節，文素臣先大發議論撻伐之（如第四、五、二十八、三十二、一三六回）；再頒政令禁止之（一三六回）；最後則憑借武力，徹底滅絕之（一三四、一三七回）。

　至於夏敬渠在《野叟曝言》中，極力炫耀的「醫、詩、兵、算」四大才學，則大部份是讓文素臣以「娶四慧姬，傳四絕學」的方式加以呈現。文素臣對新納精通歷算的妾璇姑道：

　　　我生平有四件事，略有所長，欲與同志切磋，學成時傳之其

　　人。如今歷算之法，得了你，要算一個傳人了。我還有詩

　　學、醫宗、兵法三項，俱有心得，未遇解人。將來再娶三位

　　慧姬，每人傳與一業，每日在閨中焚香啜茗，不是論詩，就

　　是談兵；不是講醫，就是推算。追「三百」之風雅，窮「八

　　門」之神奇，研《素問》之精華，闡《周髀》之奧妙……

　　（第八回）

後來夏敬渠果安排文素臣「娶四個慧姬，一算、一醫、一說詩、一
談兵」（第二十一回）。

　　今考《浣玉軒集》卷四錄有〈漫題扶桑曉日圖〉詩，所謂「扶
桑曉日圖」，即是《野叟曝言》情節中一再出現的「春風曉日圖」
（詳〈本譜〉）。詩云：「……靜看女史分弧角，漫聽嬌娥說扁倉；
紅線青萍方斂鍔，班姬彤管欲流香……」。詩中的「女史分弧
角」，是指《野叟曝言》中文素臣的首妾劉璇姑，善長算學；「嬌
娥說扁倉」是指精通岐黃的二妾沈素娥；「紅線青萍方斂鍔」指兵
法嫻熟、武藝超群之四妾木難兒；「班姬彤管欲流香」則是雅善詩
文的三妾任湘靈。而文素臣與四妾的姻緣及聚離分合，正是《野叟
曝言》前半部的情節主線。既炫「醫、詩、兵、算」四才學，又藉
此推衍鋪陳小說之情節，並滿足自己妻妾環侍的夢想，夏敬渠可謂
「一石三鳥」矣！

　　茲將夏敬渠在《野叟曝言》中，所展現的「醫、詩、兵、算」

四項才學，撮要言之於下❼⑧：

一、夏氏在《野叟曝言》所展現的醫術、醫理，大略可分為三種：

㈠有本有據、中規中矩的醫術、醫理。

夏敬渠在《野叟曝言》的第十七、十九、八十七、八十八、九十一、九十二、、九十三、九十四回等內容中，以大量的篇幅炫耀其醫學才識。

其中第二十一回中，推崇張機之《傷寒論》為醫學提綱挈領之論著。《素問》、《靈樞》、《難經》、《脈訣》等書，其醫理雖奧妙，但亦須「以仲景達之，其流乃沛然而莫禦也」。又主張：「知病情」後，方可「慎用藥」；用藥時須審查季節氣候、地勢環境、個人先天體質及當時健康狀況而定，宜謹慎處方以免毫釐之失；不下猛藥、不用奇術，以守正戒險；注重固本培元，忌諱過劑失調。第十九回主張：「診脈宜在清晨」，此即切合《醫宗金鑑》卷三〈四診心法要訣〉所載：「凡診病脈，平旦為準」的醫理。第十六回，診斷傷寒之脈象：「六脈亂動，浮緊弦硬」；治療之法為：先以「加減麻黃湯」令其發熱出汗，再以「大承氣湯」治其腹積，使下瀉與行氣並進。此診療之法乃綜合運用自張機《傷寒論》卷一「大陽病大青龍湯」及卷三「大承氣湯」所載之症狀及療法。再以夏敬渠對內、外、婦科所論之病症及開列之藥方，核對《醫宗金鑑》及《本草綱目》等醫書，皆無不妥處❼⑨。

---

❼⑧　按：拙著《清代四大才學小說·甲篇——野叟曝言》的第三章·第二節〈庋藏醫、兵、算、詩之才學〉頁 148－162，已對夏敬渠的四大才學詳述並評論之，本論文撮要而言，不再重述。

❼⑨　如：以桃仁、枳實、大黃以治肝經積血（第九十三回）；以生地一兩、川

　㈡根據、推衍前人醫案的偏方奇術。

　　夏敬渠雖具備豐富的醫學知識，然而《野叟曝言》終究是部小說而不是醫典，為了增加趣味性、可看性，夏氏遂蒐羅醫書所載奇方異術以入小說，達到炫耀醫才及博聞的雙重目的。如第十九回〈怪醫方，燈下撕衣驚痘出〉的情節，即是改寫自《志異續編》卷三〈痘症〉條所載名醫葉天士的醫案傳說。第九十四回〈治香以臭，別開土老之奇語〉之情節，則取材自《志異續編》卷四〈葉天士〉條所載的醫案。足見夏氏除研究《傷寒論》、《素問》、《靈樞》、《難經》、《脈訣》等正統醫書外，對於諸名醫之醫案亦頗熟稔；且運用故事性較強，趣味性較高之醫案，創為《野叟曝言》之精采情節。

　㈢偏離醫道，為增添趣味性而創設的醫方醫理。

　　夏敬渠為追求小說的趣味性，卻也設計了不少不合醫理的情節。如：七十七回，文素臣女鬼生前無夫生子，乃因其與幼兒同一溺器，溺中陽氣衝入子宮，氣血交感，凝聚成有肉無骨的怪胎，非是寡婦不守婦道、與人野合。又如第一百一十三回，云被閹者可因吃下活人腦髓而復長出陽物等，此皆是為增添小說之趣味性，而不顧醫理之情節。

　　概括而言，小說中參雜過多的醫理醫術，往往喧賓奪主、斲傷藝術的情味與美感。然而，夏敬渠卻能將枯燥的醫理，融進變幻離

斷五錢、杜仲三錢、阿膠五錢，以治妊娠胎氣動（第三十九回）；臨盆前服回生丹、益母草湯、人蔘湯以保產（第四十一回）；以三錢川連、七個核桃，煎濃灌服；另煎甘草湯，胞衣水於丹毒上擦拭，可治療幼兒丹毒（第八十八回）等等。

奇的情節中，而不失小說的精采性。換言之，夏氏以醫術為主角文素臣因緣際會的媒介之一，使其娶素娥、湘靈二妾；寵任於東宮太子；入苗峒得人和；甚至劃佛滅道、結交英豪等重要關鍵都借力於醫術。因而使《野叟曝言》情節的承衍轉化水到渠成，又頗具趣味。此是敬渠既炫耀醫學又展露文才之妙法。

二、夏敬渠在《野叟曝言》中所展現的戰陣韜略撮要如下：

《野叟曝言》論兵者極夥：第十二、二十一、四十四、八十、八十一、一百零一至一百零四回及一百一十一回等十回中，皆大篇幅的敘述謀略陣法及戰況。

夏敬渠以「《左氏》一書，為兵家提綱挈領之要」（第二十一回），並參輔《三略》、《六韜》、《孫子兵法》、《吳子兵法》等，作為兵家必讀之要籍（二十一、六十七回）。

第二十一回，文素臣論戰陣之術：「殺賊必知賊情，既知賊情後可用將」，用將須「取其長而避其短，然後殺賊而不擾良民」，講究「三審」，即審「兵家之天時、地利人和也」；「又有三宜：一宜專，如宦者監軍、十節度俱敗是也。一宜平，寧守正以紓遲，毋行險以僥倖，如孔明不用魏延子午谷之計是也。一宜慎，智術有窮，情偽難測，稍不加察，毫釐千里，所以諸葛如此神明，只認個『謹慎』二字」。

至於《野叟曝言》中戰陣謀略的描述，多處脫胎於《三國演義》、《水滸傳》。如四十五回〈倣八陣圖黃昏遁甲〉，即模擬《三國演義》諸葛孔明的八陣圖，再添加奇門遁甲、道士魔法等神怪色彩而成。第八十回，島主紅鬚客娶親殲敵之事，頗有劉備招親的影子。第十二回，嘯聚東阿山的群盜，頗似《水滸傳》梁山泊的

好漢。所不同者，一百零八條好漢乃官逼民反，而東阿強人則因僧人道士欺凌所致。

三、夏敬渠在《野叟曝言》中所展現的「算學」撮要如下：

《野叟曝言》中，夏敬渠所展現的「算學」，實包涵天文知識及曆法、算術等等。由第七、八回得知，夏敬渠之天文曆算乃宗主《九章算法》、《三角算法》、《周髀算經》等書⑧。

《野叟曝言》第八回蘊涵不少古代中國的天文常識，如：其中「七政」，乃指日、月、金、木、水、火、土等七星。其以日月及各星球間的相蝕，定其與地球距離之遠近。其說雖未精密，卻已大致無誤矣！但所言「日為外光，故不能食火、木、土及恆星」則有誤，因太陽系的任何行星皆可能與太陽、地球成一直線，造成行星被蝕，唯因行星距離地球遙遠，故被蝕現象不易見到。至於夏氏言「月蝕必於望」，及「黃道與赤道出入，而節氣生；太陽與太陰循環，而朔望盈虛生」等，皆正確無誤。

第八回中，夏氏所謂的「天行」度數，實混淆了曆法中地球遶行太陽公轉一年的時間——三百六十五又四分之一天；以及圓周弧度三百六十度而言。夏氏主張二者合而為一，「以整御零」，則是行不通的，因一年只算三百六十天，每四年便少了二十一天了。至於圓周弧度是三百六十度，自《周髀算經》以來，皆無疑義。

《野叟曝言》第一百一十一回，展現夏氏的幾何及算數知識，

---

⑧　第七回，文素臣對璇姑道：「那簽上寫著《九章算法》，頗是煩難，不想你都會了。將來再教你《三角算法》便可量天測地，推步日月五星。」又第八回，文素臣云「研《周髀》之奧妙」。

例如：其已懂得採用勾股弦定裡，亦即「直角三角形定理」以計算物之高度。其所謂的「重測法」，則應與《海島算經》有關❽；但與清初何夢瑤《算迪》卷三之「測有遠可例之高」、「測無遠可例之高」更類似❽。何夢瑤即是「何梅村」，為夏敬渠之好友（詳後文）。二人在算學方面必多所切磋。

明清之際，一般士子大都沉溺於八股制義，以求獵取功名，榮身發跡，能旁及其他學問者並不多。夏敬渠則不僅涉獵算學，且能

---

❽ 案：如果不知道目的物的遠近，要測量其高度，就必須兩次偃矩測望，三國時，魏國數學家劉徽把這種測量方法，命名為「重差數」。劉徽注《九章算法》時，特編纂了專門論述測量問題之〈重差〉一卷，放於《九章算法》之末，以彌補其不足。後來〈重差〉一卷，改為單行本，是為《海島算經》。

《野叟曝言》中提到的「重測法」所用的原理，和《海島算經》的「重差」沒有分別，都是用到相似三角形邊成比例的原理；兩者不同處在於所用之測具，因《野叟曝言》中沒有提到所用為何種類型的「測表」，故難以詳細比對。

❽ 《算迪》卷三「測有遠可例之高」：「1.如有旗杆不知其高，但知人立處距旗杆三丈，問杆高若干？法用立矩，定準墜線，以定表兩針，對旗杆戊處，看成一線，即戊處為地平。從戊處至地得四尺，以遊表兩針，對杆頂甲，看成一線，即從遊表切矩邊子數，數至橫朱線端丁處，得子丁四十分，如股，為二率。半橫朱線五十分，如句，為一率。距旗杆遠三丈，為三率，求得四率二丈四尺，為旗杆頂至戊之度，加戊至地四尺，得杆高二丈八尺。……」

「測無遠可例之高」則為：「如有山一座，欲知其高，法用『重測』甲癸如山高，先於午處立矩，以定表對山腳戊處，為地平。戊離地四尺，以遊表對山頂丙處……（文長及圖表繁複，故不徵引）」（詳見何夢瑤《算迪》卷三之上，收錄於靖玉樹編勘《中國歷代算學集成》，山東人民出版社，1994 年 3 月，總頁碼 3579－3580）。

運用綜合運用於小說情節中，實屬難能可貴。

四、夏敬渠在《野叟曝言》中所展現的「詩論及詩作」撮要如下⑧：

　　《野叟曝言》第十回中，記錄夏敬渠的詩文理論。如文素臣對法雨和尚所說的「作詩之法」，及以人體之頭、頸、腹、足，比喻律詩的八句四聯；以「絕者，截也」的音訓方式，說明絕句乃截律詩之二聯四句而成，此僅是近體詩傳統說法之一，並無特殊創見。對於古體詩，夏氏主張古詩須與古俱化，無定勢亦無定情；以法運意，法密意深，方能全局爐錘，達於化境。此段見解，雖未推陳出新。但夏氏言簡意賅、比喻鮮活，確可作為初學詩者之參考。

　　《野叟曝言》中部份詩作，實鈔錄於自己的舊作。由此，可清楚見到夏氏「以小說傳詩」之苦心。然而，《野叟曝言》中，非僅有主角文素臣所作之詩篇而已：三十九回的「花箋詩詞」、四十一回的「絕命詞」、四十七、八回的詩會「詠梅詩」、一百三十九回「百詩」、一百四十回「餘詩」等，其餘零星詩作，更難以詳計。總計《野叟曝言》中的詩作，不下五百餘首，且古風、近體、長短句、樂府歌行、俚歌俗曲……等，幾乎各類詩體皆備。

　　綜觀此五百餘首詩作，凡是文素臣憶母、寄懷、登臨、悲憤之詩，皆「為情造文」，故辭采可觀，情意真摯；詩會中的「詠梅詩」，雖工整精緻，但情味已減；及至回溯小說情節（亦即主角文素臣事跡）的「百詩」、「餘詩」等，則拖沓重複、乏善可陳。

---

⑧　夏敬渠在《浣玉軒集》留有部份的詩論及詩作，下文論及著作時再詳及，
　　此處先專論《野叟曝言》中的詩論及詩作。

推究其因，蓋前者多夏氏之真實際遇及人生感慨，故其詩情采兼備；後二者則是夏氏刻意炫才耀學，「為文造情」而已，故此類詩作味淺而意露。且在一百三十九回、一百四十回連續兩回的內容中，舖排十二首五絕、五十六首七絕、五十九首長短句、七言歌行二首、七古一首、風謠三十六首及四言詩二十四首。總計一百九十首。夏氏能一氣完成近二百首的詩詞，其精力固然令人折服；但量多未必代表質勝。試觀此近二百首詩詞，幾乎全是歌功頌德、低俗粗糙且了無詩趣的作品，除了令小說讀者厭煩外，實在別無是處。

少遊江南。

《浣玉軒集》卷三〈遊虎邱記〉：「今天下之善遊者曰：『天下之山水，莫過吳越；吳越之山水，莫過蘇杭。』人皆是之。僕髫齡時，聞諸長老曰：『虎邱天下一名勝地也』僕爾時心竊慕之，欲往眺，年尚幼，不得往。

嗣後，每逢佳辰令日，與一二親知遊覽乎春申之巔、大江之濱，……而輒有所謂『虎邱』者往來於心，故遊多不暢。壬寅春，與昆季作慧山遊。……僕之遊虎邱意愈迫，而慧山之遊雖暢而終不暢。

今年孟夏，……及抵虎邱，……乃歷遍之，僕始覺索然，蓋唯紅□綠□裝裏成文，而山水之真景則絕無矣！……第歸而遊覽乎春申之巔、大江之濱，僕則覺遊志之暢，蓋迥不若前者云！」

《浣玉軒集》卷四〈西遊辭〉：「昔人鑄劍芙蓉城……一名龍泉二太阿……我因此劍思豐城，豐城獄隔三千里。夜來繞屋不得眠，早

起扁舟發如矢。落日經過泰伯城，朝煙直入專諸市。九龍山頭望太湖，七十二峰如畫圖。虎邱山上聽吳女，清歌一曲千明珠……楓落吳江舟入越。錢塘潮水壓天來，……富陽西去桐廬江，兩岸青嵐倒入窗。獨上嚴灘弔子陵……昆陽城邊漢光武，鄱陽城中明太祖。……藤王高閣懸千秋，千秋遙對豐城獄，無復龍光射斗牛……崎嶇海岳索靈異，歸儲芙蓉百尺樓。」

　　按：由〈遊虎邱記〉可知：夏敬渠在康熙六十一年（壬寅，1722）遊慧山（今江蘇無錫縣西），時年十八。而遊慧山之前，夏氏已首度遊覽「春申之巔、大江之濱」等江南勝景。壬寅年之後，夏氏終於登虎邱（江蘇吳縣西北閭門外），大失所望之餘，其後二度遊歷江南時，便不再有「『虎邱』者往來於心」，其遊志遂大暢。

　　〈西遊辭〉古風，則記錄夏氏西遊之路線與名勝：其由家鄉江蘇江陰（又名芙蓉城）出發，走水路，經浙江入江西。途經泰伯城（即梅里，亦作梅李，在江蘇無錫東南）、專諸市（指蘇州）、虎邱，及蘇、浙交界之九龍山（即九連山）、太湖。由運河從蘇州經吳江（地名，在太湖東岸，運河線上）往杭州觀賞錢塘潮。再經富陽、桐廬，遊歷嚴灘（即嚴陵瀨，在桐廬縣南）至江西彭蠡湖（即鄱陽湖）鄱陽、滕王閣、豐城縣等等。

　　今考《野叟曝言》中，文素臣「常思遨遊名山大川，以廣見聞；且遍覽山川形勢，物色風塵，以為異日措施之地」（第一回）。且曾二度遊歷江南。首次是由江陰出發，「欲先往江西，登滕王之閣、望豐城之氣、泛彭蠡之湖，躡匡、廬之頂」（第一回）。至浙江杭州時，頗多奇遇。後因故返家。赴鄉試時，「經過

九龍、虎阜諸山，各有留題」（第九回）。鄉試失意之後，入京師卻不得薦舉，遂講學京城（按：此處情節，多以夏敬渠「壯遊京師」的經歷為素材，詳下文及〈本譜〉）。

文素臣第二次西遊（主要內容在第十四至二十一回），由水路入江西，歷遍太湖、鄱陽湖、滕王閣、豐城等處。旅途中，先後寫了三首詩：〈舟中憶母〉詩、〈滕王閣辭〉（在第十五回），及無詩題之「古風」（第十九回）。今經比對，此三首詩皆是夏敬渠舊作，現存於《浣玉軒集》卷四中。小說中的〈舟中憶母〉、〈滕王閣辭〉即是《浣玉軒集》中的〈遠行〉、〈滕王閣放歌〉；無詩題之「古風」，即是〈西遊辭〉。故《野叟曝言》中，文素臣在江南及京師的情節內容，是以夏氏少遊江南的遊歷路線、地點及「壯遊京師」的若干生活經歷，綜合作為《野叟曝言》前六十四回的部份時空及情節素材。

壯遊京師。

《浣玉軒集》書前所附「樸山‧方婺如〈《學古編》序〉」云：「二銘設帳都門，為及門講經、史、詩、賦及今古文。」

《宗譜》卷十五〈內集‧文辭〉夏敬秀〈尹儒姪入都詩冊序〉：「吾從兄（指夏敬渠）向遊學，屢至京師。」

《宗譜》卷八〈小傳紀事‧第十一世「敬渠」〉：「壯遊京師。」

《江上詩鈔‧邑志文苑傳‧夏敬渠》：「壯遊京師。」

按：乾隆元年（丙辰，1736）至乾隆四年（己未，1739），夏敬渠

三十二至三十五歲的四年之間，是其壯遊京師，意氣風發的重要時期。其間不只遊於楊名時之門，為其經理喪事；亦認識了徐蝶園、孫嘉淦、富綱及某王（「和碩怡親王——弘曉」）；並結交張天一、明直心二位「性命交」對夏敬渠一生、及《野叟曝言》的創作，都有重大影響。

此外，壯遊京師期間，夏氏也完成了《讀經餘論》、《讀史餘論》、《學古篇》、《亦吾吟》、《浣玉軒文集》、《唐詩臆解》等重要著作（詳下文）。

參幕府於天涯。

《浣玉軒集》卷三〈悼七妹文〉：「參幕府於天涯」

《野叟曝言》毗陵彙珍樓刊本知不足齋主人〈序〉：「幕遊滇、黔，足跡半天下。」

《野叟曝言》巾箱本、排印本、石印本所附西崦山樵〈序〉：「先生以名諸生貢於成均，既不得志，乃應大人先生之聘，輒祭酒帷幕中，遍歷燕、晉、秦、隴。暇則登臨山水，曠覽中原之形勢，繼而假道黔、蜀，自湘浮漢，泝江而歸。」

按：乾隆元年至四年（1736－1739），夏敬渠三十二至三十五歲的四年之間，是其壯遊京師，意氣風發的重要時期；既有重臣青睞，又得知己相挺；且設帳講學，著作不輟，故京城是夏敬渠認定的「可能裘馬翩翩地」，也自信滿滿的「自覺綈袍隱稱身」。

但是短短四年後，夏敬渠卻離京返回江蘇。推測其返鄉原因，

可能是老母在堂，妻弱子小，令其牽掛不已。故其〈憶母〉詩❽，思母情切之外，不僅有倦遊之意，且已有歸鄉之計了。乾隆五年（1740），夏氏返鄉南歸之前，必然一一拜別故友，因其母六十大壽將屆，故徐元夢題贈「名聞天下，節冠江南」之聯題，向夏母湯氏暖壽（詳〈本譜〉乾隆五年條）。

臨行，好友羅士奇撰〈題夏二銘詩卷即遙送其南歸〉詩以贈別（《宗譜》卷十八〈外集·詩詞〉），其中「五陵花月空如烟，草色春袍尚黯然」二句，可推知夏敬渠在京師期間，雖重臣青睞、意氣風發；但最後可能感受到良機已逝，「草色春袍」（指「青衿」）黯然褪色，故萌生歸鄉之意。

乾隆五年（1740）春，夏敬渠已離開京師，先後至宜興、無錫，擔任王熙泰幕賓；直至乾隆二十三年（1758），夏氏尚在和陽坐館為賓。故其「幕遊天涯」的生平，斷斷續續至少十八年以上❽。

現有資料中，可確知夏氏擔任過王熙泰、高斌、高恆父子、徐姓縣令四人的幕賓。

「幕遊天涯」時期，夏敬渠的人生，雖已無「壯遊京師」時的

---

❽　《浣玉軒集》卷四〈憶母〉：「半月山河隔起居，只餘宵夢到門閭。母心更切分辭日，兒面還如離別初？客路亂拋千點淚，家鄉難寄一行書。東流有箇歸舟便，便欲翻然返故廬。」

❽　乾隆二十四年（1759）至乾隆三十一年（1766），八年之間，《浣玉軒集》、《宗譜》及所有相關資料，都缺乏夏敬渠的確實行蹤。未知夏氏是否持續其幕遊天涯的生活。疑者闕疑，以待來日。故不將此八年列入幕遊天涯的階段。

意氣風發，但既豐富精采又滄喪多變。例如：為宜興縣令王熙泰平息「家難」後，便「義辭館職」。與幕主高斌、高恆父子情義深厚，兄夏敬樞且擔任高恆子樸之業師；然高恆、高樸權勢頂極時，夏氏昆仲卻能及時抽身，不及其貪污被「誅」之難。而任和陽徐姓縣令幕僚時，少其十歲的從叔夏宗沂猝死，夏敬渠竟在客邸中，為這位骨肉至親兼詩文知己辦理喪事。以上諸事〈本譜〉將依序詳論之。

　　縱觀夏敬渠一生，至少近二十年的時光，是斷斷續續地坐館為人幕僚。但是，《野叟曝言》中，卻無文素臣「幕遊天涯」「屈居僚屬」的情節。[86]

　　究其原委，應是：夏敬渠在《野叟曝言》中，為了補償自己一生轗軻苦辛的遭遇，發洩才高命窮的憤懣，遂編就了立功、立德、立言三並不朽的幻想，讓替身文素臣一直以施惠於人、眾生仰賴，幾近於救世主的偉大形象出現。

　　因此，昔日屈居幕僚，寄人籬下的真實生活，縱然情義昭著、多采多姿，但夏氏在小說中亦絕筆不提，以免觸及自己潦倒卑屈的舊傷，且損及文素臣「奮文搩武，天下無雙正士」的英雄形象。

生平足跡幾乎遍天下。

《浣玉軒集》卷一〈萬乘千乘百乘考〉：「余嘗歷齊、魯、燕、

---

[86]　《野叟曝言》第十一回，文素臣與好友徐雙人，滯留京師，講學為生，雖類似坐館，但是此段情節中，以夏敬渠「壯遊京師」、「設帳講學」的真實經歷作為素材，並無「屈居僚屬」的描寫。

趙、宋、魏、陳、楚、蔡、吳、越之地。」

《浣玉軒集》卷三〈悼亡妹文〉：「憶自少歲魚書，壯年獵藝。咄叱風雲之表，淋漓翰墨之場。南浮彭蠡而南，北眺太行以北。」

《宗譜》卷八〈小傳紀事・第十一世「敬渠」〉：「平生足跡幾遍宇內」

《宗譜》卷十五〈內集・文辭〉夏祖燾〈船室說〉：「吾叔二銘公，少聰慧；及壯，懷才莫試：且為養親計，出遊當代名公卿幕下：北越幽、燕，南逾閩、粵，西至川、陝，東溯淮、徐。屐履幾半天下。」

《光緒江陰縣志》卷十七〈人物・文苑・夏敬渠〉：「生平足跡，幾遍宇內」

《江上詩鈔・邑志文苑傳・夏敬渠》：「足跡遍海內」

　　按：孫楷第〈夏二銘與《野叟曝言》〉及趙景深〈《野叟曝言》作者夏二銘年譜〉文中，由《浣玉軒集》卷四之詩題，考得夏敬渠曾到過今江蘇、浙江、安徽、江西、山東、河北、陝西七省。筆者補其闕後，復增加湖南、河南，達九省之多**❽**此外，孫楷第

---

❽　孫楷第在〈夏二銘與《野叟曝言》〉文中，首先以《浣玉軒集》中的詩題探討夏敬渠曾經到過那些省份。後趙景深〈《野叟曝言》作者夏二銘年譜〉增補其說，茲引述趙氏之說，並補其闕漏於下：「從《浣玉軒集》卷四的詩題看來，可知他（夏敬渠）到過的地方有下列各處：
　　㈠江蘇：〈烏衣巷〉、〈陽羨城望遠有懷天一〉、〈夜泊奔牛，忽遇大風

〈夏二銘與《野叟曝言》〉考得夏敬渠曾到過福建⑧。再由〈《李怡村詩集》序〉：「丁（指丁巳，乾隆二年，1737）戊（戊午，乾隆三年，1738）之交，……三十年後遊淮南。」可知乾隆三十二、三十三（1767-1768）年之際，夏氏遊過淮南。

雨，舟破沉水，得漁船撈救，口占〉、〈訪杜康故址〉、〈題漫園〉。（按：後三首詩筆者補。「奔牛」在江蘇武進縣西。又〈訪杜康故址〉：杜康址在芙蓉里，芙蓉城為江陰別名。「漫園」亦在江陰，夏氏宗族曾考慮在此建宗祠。）

㈡浙江：〈釣魚臺和王臻予韻〉、〈重九日烏鎮舟中〉。（第二首詩筆者補。烏鎮在浙江吳興縣東南）

㈢安徽：〈昭關〉、〈烏江題項王廟〉。

㈣江西：〈滕王閣放歌〉、〈抵南昌，知侶桐舅氏已欲招入都，去住茫然，感賦一律〉。

㈤山東：〈闕里謁至聖廟〉、〈謁復聖廟〉、〈孟夫子祠〉、〈聖林〉、〈詩禮堂〉、〈孔子手植檜〉。（按：後五首詩筆者補。皆在山東曲阜故也。）

㈥河北：〈任邱旅邸和壁間韻〉、〈風雪中過叭嗏嶺〉、〈滹沱河次韻〉、〈都門除夕〉、〈明歲春正，奉請家母入都。此時已屆歲除，不知家中闔會計否？客邸懸念之甚，聊自述〉。（按：末首詩筆者補）

㈦陝西：〈經華山〉、〈復題華嶽〉、〈華清池坐湯〉、〈自潼關至商南道中口占七首〉、〈驪山懷古〉、〈潼關懷古四首〉、〈自商南歸潼關示署中好友〉、〈商州詠古四首〉。

㈧河南：〈比干墓〉。（按：筆者補。比干墓在河南汲縣北）

㈨湖南：〈九日登君山分韻〉（按：筆者補。君山在湖南岳陽）

又：孫楷第在文中以夏氏「詩集有《靺鞨吟》」故判斷夏敬渠去過「東三省」。因《靺鞨吟》已亡，故存疑。

⑧ 孫楷第〈夏二銘與《野叟曝言》〉云夏氏到過福建，因：「《集》〈別明直心、王靜齋……〉等詩有：『那知殘臘盡，真向八閩行』之句；又卷首著作目錄《綱目舉正》下，祖耀案有『攜入閩中』之語。」

　　今考夏敬渠著作雖富，卻因未能刊刻且遭兵燹而散佚，夏子沐僅輯得詩文四卷而已。根據此殘篇，已知夏敬渠遊歷之廣。若能復夏氏詩文原貌，相信可證明其〈萬乘千乘百乘考〉所云：「余嘗歷齊、魯、燕、趙、宋、魏、陳、楚、蔡、吳、越之地。」洵非虛言。

　　整體而言，夏敬渠氏是將其「少遊江南」、「壯遊京師」所述遊歷路線、地點及現實中若干生活經歷，綜合作為《野叟曝言》前六十四回的部份時空背景及情節素材。因前六十四回之地理背景，多是夏氏親身遊歷之地區；部份內容亦以夏氏親身經歷作為素材，故各地風物民情之描述頗為生動；人物情節亦精采可讀。

　　第六十五回以後，文素臣遠至福建、臺灣、二十六海島、遼東、甘肅、雲貴、廣西、貴州等（夏敬渠是否親履苗疆，詳參〈本譜〉乾隆二十四年條）。其中除了確知夏氏到過福建之外；因夏敬渠詩文不全，已難確考其是否親履諸地。不過，夏氏誤把臺灣與日本連為一處❽，則可推斷其從未到過此二地。

　　至於第一百三十三回之後，夏敬渠的替身──長子文龍、次子文麟等登場實現父志，至蒙古、西藏、日本、印度、緬甸、安南、錫南各地滅佛；文素臣之至交景日京，航海至毆羅巴洲，征服熱耳瑪尼亞、波爾都瓦、意大利亞、依西巴尼亞等國（第一四七回）。因夏氏未曾親履其地；征伐、滅佛等情節又憑空捏造，滿足個人幻想

---

❽　第六十五回，文素臣在臺灣救了六隻人熊；第一百三十三回，文素臣長子文龍討伐日本，六隻人雄出現以報文素臣昔日之恩。可見夏氏必未親至臺灣、日本；且其地理認知有誤。

而已，故比起前六十四回，無論情節、人物、結構各方面，均已遜
色不少。

所交多賢豪，重情講義。

《宗譜》卷八〈小傳紀事‧第十一世「敬渠」〉：「所交必賢豪，
鉅公名卿尤見推重。」

《浣玉軒集》卷三〈悼七妹文〉：「憶自少歲魚書，壯年獵藝；咄
叱風雲之表，淋漓翰墨之場……斯時也，入則周公、畢公，出則方
叔、召虎。老兵則雄啼宣武，名士則慟哭伯輿。以至夾漈貴與之通
儒，下逮擊竺吹簫之賤士，莫不班荊款洽，把臂激昂。」

《宗譜》卷十五〈內集文詞〉夏敬秀〈尹儒侄入都詩冊序〉：「吾
從兄向遊學，屢至京師。當代之達尊長者，咸慕其才，而重其有孝
德也，樂以與為布衣交；從兄亦以道相助而忘其位與富。」

《江上詩鈔‧邑志文苑傳‧夏敬渠》：「所交盡賢豪。」

《光緒江陰縣志》卷十七〈人物‧文苑‧夏敬渠〉：「所交盡賢
豪。」

　　按：據現有資料所載：夏敬渠十五六歲時，即與趙元樞等人結
交文社，朝夕過從；稍長後，與堂叔夏宗沂、表母舅盛金，成為詩
文知己，三人分別以「浣玉」、「浣花」、「浣香」為其別號、居
處名及詩文集名。

　　而立之年，夏敬渠與沈德潛、蔡芳三等江南名士，文集雅聚，

論詩文長短。「壯遊京師」期間，受到名宦楊名時、徐元夢、孫嘉淦的賞識；雖薦舉不成，但青睞有加。日後，福建巡撫富綱，成為其「故友」；和碩怡親王弘曉，以「天驕耆英」賀其七十大壽。張天一、明直心二人，則成為夏敬渠一生的「性命交」。

「幕遊天涯」時期，夏敬渠為宜興縣令王熙泰平息「家難」後，便「義辭館職」。與幕主高斌、高恆父子情義深厚，兄夏敬樞且擔任高恆子樸之業師；然高恆、高樸權勢頂極時，夏氏昆仲卻能及時抽身，不及其貪污被「誅」之難。

夏敬渠其他朋友，如：潘永季撰〈《經史餘論》序〉、方婺如撰〈《學古編》序〉、侯元經撰〈《浣玉軒文集》序〉、蔣衡撰〈《浣玉軒文集》跋〉、惠元點撰〈《唐詩臆解》跋〉等。因為有這幾篇〈序〉或〈跋〉文，夏敬渠未能刊刻且受兵燹之禍的著作，才得留下研究的線索。

夏敬渠也為李怡村《詩集》作〈序〉，以澆自己懷才不遇之塊壘。李怡村嗣孫李鞏，是張天一的及門弟子，與夏敬渠及夏祖焞父子皆有交情。夏敬渠晚年未能入京獻書，以呈御覽，李鞏致函、饋禮以安慰之。以上諸人，因《宗譜》及《浣玉軒集》詩文中，載有交往事跡與大概年月，故於〈本譜〉或下文探討夏氏著作時論述之。而為夏氏著作撰〈序〉、〈跋〉的諸友，〈總述〉探討夏敬渠著作時，再論述之。

此外，夏敬渠與以下諸人亦頗有交誼，但因其生平資料較零星，與夏氏交往的年月亦難考，無法歸入〈本譜〉中，故併於此處介紹之：

㈠徐澹庵：

《浣玉軒集》卷四〈送徐澹庵南歸詩〉：「相逢杯酒話諄諄，正好天涯共苦辛。今日事殊昨日事，他鄉人送故鄉人。晴川車馬王摩詰，落日江山戴叔倫。我作愁顏君作笑，一般孤影對風塵。」《浣玉軒集》僅存此詩記載二人的交往狀況。由詩意得知徐澹庵與夏敬渠同鄉，二人應有深厚的交情。

(二)**王靜齋**：

《浣玉軒集》卷四〈別明直心、王靜齋、何梅村、張天一〉詩中，以「王戎推簡要」稱讚王靜齋。同卷〈懷人詩〉第七首為懷念王靜齋之作：「劇憐王吏部，鶉結類原思。料得窮難送，同予賦樂飢」自註云：「文選司主事王靜齋，時罷任家居，貧而有守。」可見王靜齋官職及操守。

按：學者多認為《野叟曝言》中文素臣之好友，多影射現實中夏敬渠之朋友，如黃人《小說小話·「野叟曝言」》云夏氏「其生平至友王某、徐某」即是《野叟曝言》中「所謂匡無外、徐雙人者是也」（清光緒三十三年《小說林》第一卷）。孫楷第〈夏二銘與《野叟曝言》〉更進一步指出「王為王靜齋，徐為徐澹庵」。可備一說。

(三)**何梅村**：

《浣玉軒集》卷四〈別明直心、王靜齋、何梅村、張天一〉詩中，以「何遜擅幽清」稱讚何梅村。同卷〈懷人詩〉第六首為懷念何梅村之作：「五馬出都門，黔中萬里行。丁寧他日語，蠻貊亦吾民。」自註云：「何梅村赴思恩太守任，曾作札以愛民告之。思恩府半屬苗民故也。」可知何梅村曾經任官廣西思恩。今查《思恩縣志·人物》載：「何夢瑤，乾隆四年任」（第六編），即乾隆四年

至十二年間（1739-1747 **⑩**），思恩縣縣令是「何夢瑤」，應即是夏敬渠詩所指之何梅村。

何夢瑤，《清史稿》卷四百八十五有傳。其「雍正八年成進士」「出宰粵西，治獄明慎……性長於詩，兼通音律、算術」。著有《算迪》及其他多種著作。《野叟曝言》第一百一十一回的「重測法」與《算迪》卷三「測有遠可例之高」、「測無遠可例之高」的算法頗相類似（詳前文）。

《野叟曝言》第八十九回，述文素臣曾到過廣西思恩；且自第八十九回至一百零四回，長達十六回的主要內容，都以文素臣在雲南、廣西、貴州等一帶苗疆的活動為主。故筆者私下懷疑自乾隆二十四年（1759）至乾隆三十一年（1766），八年中，夏敬渠行蹤成謎。或許其曾經入廣西、貴州、雲南遊歷，也不是全無可能。（詳參〈本譜〉乾隆二十四年條）

㈣**明靜庵**：

《浣玉軒集》卷四〈懷人詩〉第四首為懷念明靜庵之作：「日月指諸掌，星辰羅在胸。千秋傳絕學，獨許一吳儂。」夏氏自註云：「五官明靜庵，曆學為當今第一，與余劇談，輒至半夜。屢欲以秘篋相授。時方有志經術，愧未承也。然每念其意，輒耿耿云！」可知博曉天文曆算的夏敬渠，對「曆學為當今第一」的明靜庵，極為心儀；並且以不能傳其「絕學」深以為憾。

㈤**孫用和**：

---

⑩ 何夢瑤之後，任思恩縣令的是「祁秉衡」：「乾隆十三年任」（《思恩縣志・人物》第六編）

《浣玉軒集》卷四有〈哭孫用和〉詩:「何事最傷心?生離與死別……哀哉孫用和!年少埋荒穴。哭殺堂上親,每食不下咽。哭殺房中妻,麻衣盡濡血。懷中兩歲兒,少小何所知,見母淚不乾,兒亦呱呱啼……」可知夏氏與早逝的孫用和,自有匪薄的交情,故詩中對一門老弱孤寡,深致同情之意。

㈥**張魯**:

《浣玉軒集》卷四〈聞張魯傳死信五年矣!今忽知其健在。喜占二律卻寄〉:「昔傳君已死,何日得重生?疑死久成信,聞生乍若驚。淚痕空五載,喜極到三更。達曙思驅馬,相傾別後情。」(二首之一) 可知夏氏曾錯信好友「張魯」凶耗,後知其健在,欣喜異常。

此「張魯」**⑨¹**未知為誰?在《野叟曝言》中,夏氏則以其事改編為第二十一回〈良朋驚錯信,瞎跑野路三千〉的情節,云文素臣乍聞「生平第一好友」洪長卿病已垂危,不計一切,趕往探望,後方知其健在無恙。

總體而言,由夏敬渠與友朋交,頗重情義。此性情寫入《野叟曝言》中,便衍化成文素臣「以朋友為性命」(第一回) 的個性,遂有前文所云「瞎跑野路三千」的情節。而夏氏又誇大自己「從井救人,唯笑庸夫無膽」(〈悼亡妹文〉) 的俠義性情,再仿效唐人小說中《崑崙奴》、《無雙傳》等小說的內容,用以編造文素臣〈為

---

⑨¹ 按:依詩題,名「張魯」或「張魯傳」皆可通。但以「張魯」為長,因首句「昔傳君已死」有一「傳」字故也。趙景深〈《野叟曝言》作者夏二銘年譜〉則疑「張魯傳」即夏敬渠好友張天一。(頁56)

朋友熱腸，隄上忙追比翼鳥〉的義舉，使其施計從載秀女的官船中，救出名妓鶼鶼，以成全好友水梁公之姻緣（第二十三、二十五回）。整部小說中，夏敬渠將自己交友「講情重義」的效用發揮到極致，使得文素臣既得到數位同生共死的知己；又降化了四海盜渠，供其驅策，以完成多項功業。⑨

最後，至交景日京，因覺得中國有文素臣，已然足夠，遂學虬髯客立功海外，征伏歐羅巴州二十餘國，建國號曰：「大人文國」，既而降服各附屬小國，共七十二國：「俱稟天朝正朔，除滅佛、老，獨宗孔聖，頒下衣冠禮制，用夏變夷。」「以成公相（指文素臣）之志」（第一四七回）

以上情節，大概是夏敬渠心中友情的極致理想吧！

著作極富。著有《經史餘論》、《學古篇》、《浣玉軒文集》、《全史約論》、《綱目舉正》、《醫學發蒙》、《浣玉軒詩集》、《唐詩臆解》、《野叟曝言》等。

夏敬渠之著作雖多，卻因未能刊刻及戰亂而散佚，諸文獻所載的書目又不盡相同。茲由《浣玉軒集》正文及所附諸〈序〉、〈浣玉軒著書目〉，並考其他資料，列述夏氏之著作於下：

　㈠《經史餘論》

---

⑨　又按：蔡香谷、吳子景曾鈔寫得夏氏之《唐詩臆解》（詳惠元點〈《唐詩臆解》序〉），然未知其交情如何，故略而不提。
　　《野叟曝言》第二十三回，又李（文素臣之化名）云：「崑崙、押衙非愚兄所肯為」，足證夏敬渠必讀過《崑崙奴》、《無雙傳》；且文素臣計救名妓鶼鶼的始末，實脫胎自此二篇唐人小說。

《浣玉軒集》書前附潘永季〈《經史餘論》序〉：「懿齋夫子（孫嘉淦）因二銘講君子、中庸章，謂有功於聖人者大，養以大烹，尊以南面，且設壇四拜以致敬，曰：『為後世學者拜夏君惠也！』……

觀其所著經史諸論……篇中如論《四書》、論《左傳》、論《三國志》、論《外紀》，皆發千古所未發。破群疑，釋眾難，折衷一切，而歸於至是。……

二銘設帳都門，為及門講經、史……因著有《讀經餘論》、《讀史餘論》……諸書。

……余非長於經史者，而心實好之。故獨鈔其兩《餘論》，合為一編，名為《經史餘論》。謀付之梓人，以公同好，以惠來者。而首葺寒氈，徒懷虛願。幸相國東軒高公，禮聘二銘，講論性理。高公粹於經學，與二銘必水乳，則斯編之刻，旦晚間事耳。爰歸其原稿，而跋數語於簡末，作附驥之想焉！……乾隆十五年（1750）歲次庚五二月朔口義興潘永季撰。」

祖耀按：「此方陵先生〈《經史餘論》序〉也。文內所稱《左傳》、《三國志》、《外紀》等論，已有入《綱目舉正》者，是集不重出焉。」

《浣玉軒集·浣玉軒著書目·浣玉軒文集四卷》：「……第一《讀經餘論》；第二《讀史餘論》；第三序傳雜文；第四雜著。……」

祖耀按：「《集》舊分三目：一為《經史餘論》、一為《學古編》、一為《文集》。今史論之文已入《綱目舉正》者，不贅錄。

因并三目,擇而輯之為一集,成四卷云。嘉慶十年(1805)乙丑元
夕。」

《浣玉軒集·浣玉軒著書目》所附夏敬渠女婿六雲望斗南氏所撰
〈浣玉軒詩集跋〉:「昔外舅夏二銘先生……著作等身,如《讀經
餘論》、《綱目舉正》皆堪不朽,惜不能梓以行世……今……墓已
盒矣!予以至戚,撫其遺編,汪然不知涕之何從也!」

《浣玉軒集》卷二〈醫學發蒙·自序〉:「……儒者以全人心性為
業……孔子生於周末,而直接唐虞精一之傳……贊《周易》、修
《春秋》,以垂憲萬世……儒至此而大成……是則生孔子後而言
儒,宜無不宗孔子者。而有陸象山、王陽明者出,乃陽附孔子,陰
合老釋,為儒學之蠹。……陸、王……儒之楊、墨也,宜明著其
罪,以為天下後世戒,乃振筆而為《讀經餘論》……《餘論》非專
為陸、王設,而并論陸、王……能言距楊、墨者,聖人之徒。……
牧羊者,務去敗群,亦猶《餘論》之一宗程、朱,閒取注疏;而於
陸、王二子,則必辭而闢之耳!」⑬

　　按:《經史餘論》:《宗譜·小傳紀事·第十一世「敬渠」》
卷八、《江上詩鈔·邑志文苑傳》卷九十八⑭、《光緒江陰縣志》

---

⑬　夏敬渠《醫學發蒙·自序》原文,乃合併醫、儒二家,以論《醫學發蒙》
　　及《讀經餘論》二書。今為行文方便及閱讀順暢,分別摘取引用之。
⑭　顧心求所輯《江上詩鈔》,首有咸豐八年戊午七月,督學使者臨川·李聯
　　琇〈序〉。詩集止嘉慶中。卷九十八輯夏敬渠詩若干,其中除三首外,全
　　見於《浣玉軒集》中。卷前引《邑志文苑》載夏敬渠之生平。

卷十七、民國九年（1920）《江陰縣續志》卷二十等著錄，無卷數。

　　根據前列引文，再核對《浣玉軒集》、《野叟曝言》、《綱目舉正》及相關資料，可歸納並得知下列數事：

　　1.《經史餘論》，乃是合併夏敬渠所著《讀經餘論》與《讀史餘論》之稱。

　　2.《經史餘論》是夏敬渠講學京師時所作。時為乾隆元年至五年（1736－1740，詳〈本譜〉）。

　　3.因夏敬渠女婿六雲望斗南氏在〈《浣玉軒詩集》跋〉云：「外舅著作等身，如《讀經餘論》、《綱目舉正》，皆堪不朽，惜不能梓以行世。」；曾姪孫夏子沐曰：「右從曾祖二銘公所著書，均未梓。」（《浣玉軒集》書前附〈浣玉軒著書目〉之按語）。確知夏敬渠所有著作，在其生前皆未得刊刻，故推知高斌（東軒）亦未資助夏氏刊刻《經史餘論》。

　　4.原《讀史餘論》中部份論《左傳》、《三國志》、《外紀》的文章，已被夏敬渠自己編入《綱目舉正》中❾❺。嘉慶十年（1805），夏祖耀遂將《讀史餘論》所剩，未編入《綱目舉正》的文章，聯同《讀經餘論》編入《浣玉軒文集》四卷中。

　　5.夏氏著作因兵燹而殘佚，光緒四年（1878），夏子沐始將《讀經餘論》、《讀史餘論》及若干史論殘篇，分別收入《浣玉軒集》卷一及卷二中；且將潘永季〈《經史餘論》序〉弁於《浣玉軒

---

❾❺　《綱目舉正》是夏敬渠晚年親自編纂以備迎鑾獻書之用，為夏氏一生史論之集成。下文將詳述之。

集》全書之首。

6. 今查《浣玉軒集》卷一所錄《讀經餘論》，其內容分段不分章，無標題。依序討論《中庸》、《論語》二書之若干問題。其創作主旨一如〈醫學發蒙·自序〉所云，以崇尚儒學，力辟佛、道二教及陸、王心性之說為主，並補充、發揚程朱學派的義理。

7. 《讀經餘論》深受時人之推崇：孫嘉淦聽夏氏論君子、中庸章後，尊以南面、設壇四拜以致敬；潘永季盛贊夏氏：「至『庸』字一論，為聖教築萬里長城，其功與論君子、中庸章相埒」（〈《經史餘論》序〉）。

《野叟曝言》第八十七回，文素臣對太子論《中庸》的內容，乃摘錄《讀經餘論》之論《中庸》。而整本小說中，排佛道、崇程朱、斥陸王的理論思想，多源於《讀經餘論》。尤其是第二、十、十一、五十九回中，文素臣、水夫人等所發表之言論，大抵都可在《讀經餘論》中找到基本論調。

8. 《讀史餘論》現存於《浣玉軒集》卷二，並以「附錄」之形式，置於《綱目舉正》卷一中。分段不分章，無標題，內容以褒貶《史記》為主，兼而評騭歷代若干名人及史事。例如：論述司馬遷文筆之優劣；贊揚其尊黃帝、崇儒術、貶漢高祖之識見；但深責其記「叔梁紇與顏氏野合而生孔子」事，謂之「重誣聖人」；並列舉其所認為《史記》中宜刪改之處十七條❾❻。

(二)《學古篇》

方婺如〈《學古篇》序〉：「近世之士，專工制義，童而習，老而

---

❾❻　此十七條多為歷史公案，夏氏僅言及自己的判斷，並無推論及舉證。

傳，皆是物也。聞有沈志子史者，其里之人皆笑之矣！吾門侯生元
經，遊江南，持古文一帙歸目示予，則江陰夏子二銘氏所作。予閱
而異之。且為予道：『夏子之為人，有以異世俗之所為者。』予尤
異之。今侯生將復遊江南，為夏子問序於予。予惟子固之言曰：
『知信乎古而不知合乎世；知志乎道而不知同乎俗，此予所以困於
今而不自知也。』雖然不同乎俗，乃能志乎道；不合乎世，乃能信
乎古。其里之人笑之，天下甚大，來世甚遠，必有能傳之者。予於
斯文決之矣！乃取其深合於古者分注之，而弁其篇之首，以示侯生
以為何如也。樸山方嶟如撰。

祖耀按：「此文朄先生〈序〉，為舊名之《學古篇》而作也。」

潘永季〈《經史餘論》序〉：「二銘設帳都門，為及門講經、史、
詩、賦及今古文。因著有……《學古篇》……其《學古篇》則八家
之文也。」

　　按：《學古篇》：《宗譜・小傳紀事・第十一世「敬渠」》卷
八、《江上詩鈔・邑志・文苑傳》卷九十八、《光緒江陰縣志》卷
十七、《江陰縣續志》卷二十等著錄。無卷數。

　　根據前列引文、《浣玉軒集・浣玉軒著書目・浣玉軒文集四
卷》、《浣玉軒集》內容及相關資料：可歸納並得知以下數事：

　　1.《學古篇》為「古文一帙」，風格類近唐宋八大家。乾隆元
年至五年（1736－1740）夏敬渠講學京城時所撰。

　　2.方嶟如曾選取《學古篇》中，「深合於古者」的部份內容作
注解，惜今未見之。

3.夏祖耀編輯夏敬渠舊作時，將其收入《浣玉軒文集》四卷中。兵燹後，原《學古篇》或許有部份文章倖存於夏子沐所編的《浣玉軒集》中，但因未標明出處，已難詳考。

㈢《浣玉軒文集》四卷

侯嘉繙〈《浣玉軒文集》序〉：「余嘗與秦子奕巍登天柱峰，其上有杪欏樹，蓋千百年物也。樹下可隱百人坐，樹隙中譚經，樹外雨聲颯颯然。山高多霧，則裝一小匣儲其中，歸茅蓬放之，自名曰散花，使其樂又在丹霞、赤城以上。……越十年，而余過友二銘氏，茶話間忽忽憶及此，而所著《浣玉軒》一編，則新觸手矣。于是左手持所著文，右手執茶盞，且讀且話，而此意已往來於天柱峰之樹影處。《集》中華刻古人神形，都化杪欏，乃復在人間耶！惜不令秦子知之。臨海侯嘉繙撰。」

　　祖耀按：「此元經先生〈《浣玉軒文集》序〉也。」

《浣玉軒集·浣玉軒著書目·浣玉軒文集四卷》：「第一《讀經餘論》、第二《讀史餘論》、第三序傳雜文、第四雜著」

　　祖耀按：「《集》舊分三目，一為《經史餘論》、一為《學古篇》、一為《文集》。今史論之文，已入《綱目舉正》者不贅錄。因並三目擇而輯之為一集，成四卷云。嘉慶十年乙丑元夕。」

《浣玉軒集·浣玉軒著書目·浣玉軒文集四卷》所附「金壇·蔣衡湘馬鳳氏」所撰之〈跋〉：「漆園奇肆、靈均憂愁，皆有託意，聊為寓言耳！咀其神理，去其糟粕，乃得與古人爭勝。作者天資學力俱到，其性情與古，更有投於臭味者。昌黎云：『其高出魏、晉不懈而及於古也，其他浸淫乎漢氏矣！』篇中除了六朝駢儷外，庶幾

近之。視今之餔餟糟粕而貌為古人者，其相去何如？」

潘永季〈《經史餘論》序〉：「二銘設帳都門，為及門講經、史、詩、賦及今古文。因著有……《浣玉軒文集》……《文集》則國初之文也。」

　　按：《浣玉軒文集》：《宗譜·南街宗世錄·第十一世「敬渠」》卷四、《宗譜·小傳紀事·第十一世「敬渠」》卷八著錄，無卷數。《江上詩鈔·邑志文苑傳》卷九十八，合并夏敬渠之詩、文，稱《浣玉軒詩文集》，亦無卷數。《光緒江陰縣志》卷十七僅言夏氏著有「詩文集若干卷」。《浣玉軒集·浣玉軒著書目》則著錄四卷。

　　根據前列引文，並參照《宗譜》卷十五〈內集·文辭〉、《浣玉軒集》內容及相關資料，可歸納並得知以下數事：

　　1.《浣玉軒文集》乃夏敬渠於乾隆元年至五年（1736-1740）講學京城時所撰。

　　2.侯嘉繙、蔣衡、潘永季皆贊賞夏敬渠古文具「高古」風格。

　　3.《浣玉軒文集》原包含：《讀經餘論》、《讀史餘論》、《學古編》、序傳雜文、雜著等。後夏敬渠將《讀史餘論》部份文章及其他史論，併入《綱目舉正》中。其餘則被夏祖耀在嘉慶十年（1805），輯為《浣玉軒文集》四卷。

　　4.原夏祖耀所輯的《浣玉軒文集》因戰亂已散佚，今夏子沐所編《浣玉軒集》，尚存夏敬渠若干駢散文。

　　5.《宗譜》卷十五〈內集·文辭〉載錄夏敬渠〈擬明中書舍人戚公傳〉、〈節婦王蔡氏祠堂記〉、〈何烈女論贊〉、〈維揚高氏

家譜序〉、〈闢佛論〉、〈悼亡妹文〉六篇駢、散文，均為《浣玉軒集》中所有。

細味夏氏之散文，大部份作品確實文氣充沛，風格高古。顯然夏敬渠不只思想上尊崇孟子的拒楊、墨，韓愈的闢佛教；在文氣章法上亦多摹仿孟子、韓愈的風格。

此種風格在其「論經」、「論史」及〈忘情說〉、〈盡年說〉、〈人化說〉、〈天命說〉等「論理」的文章中，已充份展現之；在〈擬明中書舍人戚公傳〉、〈節婦王菜氏詞堂記〉等「論人」的文章中亦復如此。

夏敬渠模仿辭賦體所寫的文章，如〈七解〉、〈廣恨賦〉等，多借主客間的答問，以抒情或說理，雖然形式及辭藻皆不免有斧鑿之痕，然展現其內在情性，亦有可觀之處。

但是，夏氏文章常為了求氣盛而強辭奪理（最明顯者如其闢佛諸說）；為了反複說理而拖沓夾纏（如下文所引〈書《全史》後〉）此則是其散文的弱點。

至於夏氏的駢儷文，如〈《浣花集》序〉、〈《浣玉軒詩集》自序〉、〈悼亡妹文〉等作品，文藻典麗，對偶精工，更難得的是情意真摯，堪稱「為情造文」的佳作。甚至如〈請漢留侯誅壁虱——時寓留侯廟中〉遊戲文字，亦看得見失意文人的心酸及苦中作樂的幽默。當然僻典過多是夏敬渠駢文的缺點，此又是其炫耀才學的習性所致。

（四）《全史約論》

《浣玉軒集·浣玉軒著書目·全史約論》：「祖耀按：是編因成，《綱目舉正》既將《約論》中語採入，故《約論》中，自晉迄元之

論已少；而存秦、漢、三國之論為多。」

《浣玉軒集》卷二〈書《全史》後〉：「治天下者，百不可恃也，而有一可恃。恃富者以富亡，恃強者以強亡，恃險者以險亡，恃廣且眾者以廣且眾亡，恃才與力者以才與力亡。當其未亡，鮮不恃其所恃也。庸詎所恃者之即其所亡乎！及其既亡，鮮不悔其所恃也。庸詎知一無所恃者之亦亡乎！故無恃者亡，有恃者亡。恃其無恃者亡，恃其有恃者亡，無恃其有恃者亡，無恃其無恃者愈益亡，故治天下者，百不可恃者也，而有所可恃者一而已。一者何？『德』而已。治天下者曰德可恃乎？曰可恃；曰可不亡乎？曰可不亡……

事君者，百不可恃也，而有一可恃，曰：『忠』而已矣！恃之以立功，恃之以成名，恃之以觸邪，恃之以遇主，恃之以弭謗議，恃之以批逆鱗，恃之以屈而伸，恃之以死而生，恃之以亂而治，恃之以亡而存，恃之以危如累卵而不墮，恃之以微如一縷之繫千鈞而不絕其綸，恃之以動天地，恃之以孚豚魚、格草木而泣鬼神，恃之以祿盛寵盈而不潰，恃之以殺身成仁而爭耀乎日星……」

按：本書，《宗譜·南街宗世錄·第十一世「敬渠」》卷四、光緒《江陰縣志》卷十七、《江上詩鈔·邑志文苑傳》卷九十八，《江陰縣續志》卷二十，皆著錄為《全史約編》。《宗譜·小傳紀事·第十一世「敬渠」》卷八、〈浣玉軒集著書目〉及夏祖耀按語皆稱《全史約論》。原書已佚，未詳孰是。姑暫從夏祖耀之說。以上皆未載卷數。

由夏祖耀按語得知：《全史約論》內容本錄有夏敬渠起自秦朝迄於元代的史論，後因《綱目舉正》採入自晉迄元之史論，故存

秦、漢、三國之論為多。今存者已散入《浣玉軒集》中，不可詳辨。

〈書《全史》後〉，應是夏敬渠附在《全史約論》書後的跋文。本文反覆申論君臣相處之道無他：君王必須「治民以德」，臣下必須「事君以忠」。可推知《全史約論》的主旨，在於假借評論「自秦迄元」的史事，闡揚「德治」與「忠君」的觀念。

而《全史約論》中「忠君」的言論及理想，幾乎全數具體落實在《野叟曝言》的情節中。（詳前文）

㈤《浣玉軒詩集》

《浣玉軒集》卷三〈《浣玉軒詩集》自序〉：「僕也，江左小儒，蓉城末世，鋒頑似鐵，性拙如鳩。測蠡無能，每望洋而興歎；觀天未易，恆坐井以生悲。慚積學於三商，竊寢宰予之晝；愧備材於方寸，難窺子貢之牆。刻楮葉其未成，豈能繡虎？遇蝘蜓而猶懼，何況屠龍！此即入遇中郎，偷得枕中祕笈；星逢織女，拾來河畔支機。而矮子觀場，終難了了；小兒學舌，不免期期者也。然而邅徙滄溟，鵬雖汗漫；飛搶枋榆，蜩亦逍遙。孔子刪詩，不禁勞人有淚；先王問俗，兼收童子之謳。充棟汗牛，既已人皆爾爾，續貂畫虎，何妨儂亦云云？

哀我狂生，獨行蹇路。捫蕭蕭之敗壁，有地皆荒；書咄咄於空齋，無天可問。望雲而泣，戶內無梁木之依；陟岵而悲，門下廢蓼莪之什。譬彼靈烏啼夜，慘不成聲；真如望帝傷春，咮皆流血者矣！

矧其萱堂少寡，歷盡霜寒；蔗境高椿，仍茹荼苦。被外感朱生之淚，廚頭憐巧婦之炊。并無茅子之雞，三牲暌日；不具仲由之

菽，一飽何時？加以轗軻半生，致使老人揮淚；崎嶇廿載，幾令小
子斷腸。破鸞鏡於早年，分鳳釵於初服。月明滄海，不見遺珠；日
暖藍田，無端瘞玉。絃離七柱，難留倩女香魂。命續五絲，又復新
人善病。繫輕綃於臂上，日日痕消；說殘夢於床頭，時時意怯。小
姑寂寞，亦同嫂氏多愁；弱妹伶仃，不似阿兄強飯。入耳總傷心之
語，一門俱可憐之人。

　　固已家業蒼涼，不盡眼中之淚；更值世途坎壈，難看頭上之
天。貧欲謀生，都來鬼笑；臒還臕骨，已受人憐。空胼手於石田，
詩書愉我，豈豔心於朱紱，飢餓驅人，一免何堪？至極猣猊之力，
萬言不易，難登龍虎之科，待麒麟以何期？擁牛衣而自惜。

　　爰披雲母，用染霜毫，獨自銜悲，聊塗四壁。一時寫怨，不計
千秋。縱多悅耳之音，俱是嘔心之血；即有娛情之什，翻成變徵之
聲。水百沸而未平，何知節奏？腸一號而即斷，孰諧宮商？余特自
訴其常，覆瓿亦可；人或嗤其怪，噴飯何如？」

〈《浣玉軒詩集》跋〉：「甥六雲望斗南氏跋曰：『昔外舅夏二銘
先生，偕苣濱盛氏、蘭臺夏氏，常在浣玉軒拈題分韻，輒至午夜不
輟。苣濱丰韻悠揚，絕似晚唐；蘭臺氣局稍舒，有似中唐。外舅大
氣包舉，竟似盛唐。三人兼三唐之長，誠盛事也。

　　不數年，蘭臺卒於旅邸；苣濱亦得弱疾；惟外舅矍鑠，年登太
耋。世固有以詩卜人貴賤壽夭者，大抵其聲大而遠，貌厚氣完。其
人必貴而壽，外舅之詩，其類是耶？

　　外舅著作等身，如《讀經餘論》、《綱目舉正》皆堪不朽，惜
不能梓以行世。至於詩祖漢彌魏，兄事盛唐諸公，其於齊、梁、中

晚，則自檜以下也。而尤篤於至性，《集》中如〈孤兒行〉、〈遠行〉等作，哀音宛轉，不啻風人之賦〈蓼莪〉也。今三公墓已盦矣！予以至戚，撫其遺編，汪然不知涕之何從也！」（〈浣玉軒著書目〉附錄）

潘永季〈《經史餘論》序〉：「二銘設帳都門，為及門講經、史、詩、賦及今古文，因著有……〈亦吾吟〉，……〈亦吾吟〉則唐人之詩。」

《浣玉軒集·浣玉軒集著書目》著錄「《浣玉軒詩集》二卷」。
祖耀按：「《詩集》舊分〈亦吾吟〉、〈向日吟〉、〈五都吟〉、〈鼠肝吟〉、〈吳歈吟〉、〈棘韃吟〉、〈瓠齜吟〉等篇，茲并是題而輯作兩卷，仍以〈自序〉弁之。」

　　按：《浣玉軒詩集》：《宗譜·南街宗世錄·第十一世「敬渠」》卷四著錄，無卷數。《宗譜·小傳紀事·第十一世「敬渠」》卷八，僅著錄《亦吾吟》。《江上詩鈔·邑志文苑傳》合并夏敬渠之詩、文，稱《浣玉軒詩文集》，亦無卷數。《光緒江陰縣志》卷十七，僅言夏氏著有「詩文集若干卷」。《江陰縣續志》卷二十，著錄夏敬渠有「《浣玉軒集詩鈔》二卷續四卷」及其他著作，則明顯錯誤**❾⑦**。

---

❾⑦　《江陰縣續志》卷二十，著錄夏敬渠著有「《浣玉軒集詩鈔》二卷續四卷」又著有「亦吾吟、五都吟、鼠肝集、吳歈吟、〈棘韃吟〉、〈瓠齜吟〉」等。不僅將《浣玉軒詩集》二卷、《浣玉軒文集》四卷混為一書；復將夏氏原詩集中之篇名，誤作書名。且〈鼠肝集〉之「集」字，當是「吟」字之誤。

　　根據前列引文、《浣玉軒集》卷四所錄夏氏詩作；再檢核《宗譜》卷十七〈內集·詩詞〉、《江上詩鈔·邑志文苑傳》及《野叟曝言》內容，可歸納、得知下列數事：

　　1.原夏祖耀編輯的《浣玉軒詩集》二卷，經庚申（1860）兵燹後，亦已散佚不全。夏子沐將所剩殘餘詩篇收入《浣玉軒集》第四卷中，今統計約一百五十四首。

　　2.《浣玉軒詩集》二卷中的〈亦吾吟〉，是夏敬渠於乾隆元年至五年（1736－1740）講學京城時所撰，內容以「唐詩」之體式呈現。

　　3.《宗譜》卷十七〈內集·詩詞〉載錄夏敬渠詩作：〈送楚雄太守張禹則之官〉、〈有感〉、〈古意〉、〈七月十六〉、〈孤兒行〉、〈苦雨行〉、〈憶母〉、〈別蘭臺叔〉、〈闕里謁至聖廟〉、〈都門除夕〉、〈明歲春正，奉請家母入都。此時已屆歲除，不知家中闈會計否？客邸懸念之甚，聊自述〉、〈送八叔父之廣西羅城〉、〈悼亡〉、〈合巹夕悼亡〉、〈見柳憶亡妹〉、〈哭妹〉等詩作，皆不出於《浣玉軒集》所錄範圍之外。

　　4.《江上詩鈔·邑志文苑傳》卷九十八，輯錄夏敬渠詩若干首，其詩題及內容皆與《浣玉軒集》大致相同●。僅〈偕胡修六都閫望滕王閣故址（時閣毀於火）〉一首與《浣玉軒集》中的〈秋興八首用少陵原韻〉第三首，雖然題目不同，內容卻大同小異。且由內

●　《江上詩鈔》卷九十八，輯錄夏敬渠詩若干首，其中〈秋暮喜聞陝西報捷，用少陵秋興韻〉一首，經核對即是《浣玉軒集》卷四〈秋興八首用少陵原韻〉的第七首，內容全同。

容的差異處，可推測《浣玉軒集》所收錄者，應是夏敬渠較年輕時所寫；而《江上詩鈔·邑志文苑傳》中所錄的詩題及內容，則是夏敬渠年事較高時所修定❾。

　　5.「記實重情，不拘格律」是夏敬渠創作詩的基本態度。故〈自序〉云：「水百沸而未平，何知節奏？」「腸一號而即斷，孰諧宮商？」即為了盡吐胸中塊壘，往往不斤斤計較於格律。且每首詩咸是「獨自銜悲，聊塗四壁；一時寫怨，不計千秋」的記實重情之作，故本部《詩集》中「縱多悅耳之音，俱是嘔心之血；即有娛情之什，翻成變徵之聲。」

　　再細味《浣玉軒集》中的詩作，無論是長篇古風、五七言近體，皆是夏敬渠描述、抒發其生平、家庭、交遊、心志、遭遇、感懷的實錄，內容豐富多樣，情意真摯感人；風格或淒婉、或豪放、或綿密、或激盪，皆堪稱佳作。夏氏女婿「六雲望斗南氏」，推崇其「大氣包舉，竟似盛唐」，並非全是過譽之言。

　　6.今查《浣玉軒集》卷四中，計有十一首詩，被存錄於《野叟曝言》中：〈古意〉錄進《野叟曝言》的第一回；〈都門除夕〉錄

---

❾　《浣玉軒集·秋興八首用少陵原韻》第三首原詩為：「客舍蕭然攬夕暉，闐中野馬動微微。煙橫南浦平空卷，雲落西山著地飛。簪笏百齡塵事起，晨昏萬里素心違。幽燕老將憑闌望，笑指秋原首蓿肥。」而《江上詩鈔·偕胡修六都聞望滕王閣故址（時閣毀於火）》將原詩首聯改為「徒倚高樓攬夕暉，珠簾畫閣事全非」；第三聯改為「簪笏無緣渾若夢，晨昏有淚欲沾衣」。按：據詩句推測，原詩應是夏敬渠壯年為衣食奔走天涯時所作，故有「客舍蕭然」之悲，及不得晨昏定省「素心違」之歎。而「簪笏百齡塵事起」猶有雄心；但改為「簪笏無緣渾若夢」，則顯示年華已逝，壯氣萬萊。

進第十一回；〈遠行〉、〈滕王閣放歌〉錄在第十五回；〈西遊辭〉錄在第十九回；〈昭關〉錄在第七十五回；〈秋興八首即用少陵元韻〉之第七首錄在第一百十八回；〈闕里謁至聖廟〉、〈詩禮堂〉、〈孔子手植檜〉、〈謁復聖廟〉四首詩，錄進第一百四十二回中。以上十一首詩，僅部份文辭為配合作者當時心境、小說情節需要，或加強修辭而稍作更改，絕大部份保留原詩的本貌。

蓋夏氏寫詩的目的，本即是用以抒情、言志並記錄生平經歷。而以其本人化身為主角、以其生平經歷演化為情節素材所撰寫而成的《野叟曝言》，理所當然可以運用、存錄其不少舊有詩作。但夏敬渠刻意存錄詩作於小說中，仍可明顯看見其「以小說傳詩」之苦心。假設能恢復夏祖耀所編《浣玉軒詩集》二卷之全貌，相信必可在《野叟曝言》中發現更多鈔錄、運用為題材的詩作，而不是僅有前文所述十一首詩而已。

㈥ **《唐詩臆解》**

《浣玉軒集‧浣玉軒著書目》附惠元點所撰〈《唐詩臆解》序〉：「長洲惠元點南園氏序曰：余少即學詩，自與二銘交而學廢；尤喜為人說詩，自與二銘交而說廢。非廢學也，誠知夫學之難；非廢說也，誠知夫說之難。

庚申春，余始識二銘於義興，朝夕者數閱月，未嘗知二銘之深於詩也。適同邑蔡君香谷持一帙造二銘，余時亦至二銘齋中，因就觀之，則二銘所著《唐詩臆解》，蓋香谷鈔畢而歸其原稿也。香谷曰：『此余遍歷天下六十年中，耳之所未得聞，目之所未得睹者，君其究心焉！』

余念香谷年已八十，其肆力於詩者甚深，顧猶以二銘所著為希

有，津津然歎賞之，不啻如口澆。其友吳子景，曾於暑日鈔之，恐有一二字訛誤，親自校閱，勿敢懈。此非其解之過人，有出於尋常萬萬者不能也。

第唐詩自唐迄今，解者數百，其善者亦不下數十家，雖純駁互見，不必全合參伍以盡之；詩人之意，疑亦無所遺。二銘雖天份絕高，而年僅三十餘，為饑所驅，衣食於奔走者且垂十年，宜未有以充之，寧得如香谷所言耶？乃急取而閱之。閱之而目谿然為之開，心怡然為之解，余固無論矣，然豈獨香谷未之見。即自唐以後解之者，此數百十家，亦寧得窺見其祕耶！使得早讀此解於三十年前，余於詩猶可為；今老矣！俟河之清，人壽幾何？余蓋無能為矣！

雖然，吾將誌之，以俟夫世之能為之者，因復為鈔之，鈔之而復其稿，即書於稿之末，以見余之學詩五十年而忽廢學；說詩五十年而忽廢說者，夫誠知其難也。夫誠知其難，自余之得交二銘始也。」

潘永季〈《經史餘論》序〉：「二銘設帳都門，為及門講經、史、詩、賦及今古文，因著有……〈唐詩臆解〉諸書，……〈臆解〉則空前人諸解之解也。客山李君工詩，與確士（即沈德潛）齊名，謂讀二銘解〈秋興八首〉，乃知從前箋註，直是痴人說夢。（謝）皆人心醉《臆解》，宿二銘齋中，三日不忍舍去。恨年已遲，莫不克盡棄所學而學之。」

按：《唐詩臆解》：《宗譜·南街宗世錄·第十一世「敬渠」》卷四、《宗譜·小傳紀事·第十一世「敬渠」》卷八、《江上詩鈔·邑志文苑傳》卷九十八，民國九年（1920）《江陰縣續

志》卷二十等著錄，無卷數。夏祖耀〈浣玉軒著書目〉中著錄
「《唐詩臆解》二卷」，無按語。《光緒江陰縣志》無著錄。

　　根據前列引文、相關資料及《野叟曝言》內容，可歸納、得知
下列數事：

　　1. 《唐詩臆解》是夏敬渠於乾隆元年至五年（1736－1740）講學
京城時所撰。最晚在乾隆五年（庚申，1740，夏氏年三十六歲）之前已
成書。

　　2. 《唐詩臆解》書成，即盛傳於夏氏友朋之間。如：「李
君」、蔡香谷、吳子景皆盛贊其說；菜、吳二人更親手鈔錄之；年
事已高的謝皆人、惠南園甚至願意盡棄所學以從之。

　　3. 趙景深〈《野叟曝言》作者夏二銘年譜〉云：「《唐詩臆
解》不久將由夏氏後裔『厥謀』、『挺齋』等刊印行世。」（頁
49），似《唐詩臆解》未亡且刊行有望。但至今未見是書；且夏子
沐云夏敬渠的著作，在咸豐十年（1860）太平天國及英法聯軍的
「庚申兵燹」之後，「諸書無復存者」，故趙氏之說暫存疑。

　　4. 因《唐詩臆解》不得見，故夏氏究竟如何解唐詩，仍難臆
測。不過，依夏氏引用詩文舊作以入小說的創作慣例，應該不會單
獨捨棄《唐詩臆解》，而不摘錄寫進《野叟曝言》中。故由《野叟
曝言》中人物之論唐詩，可約略推測《唐詩臆解》之大概。

　　5. 今考《野叟曝言》開卷第一回，夏敬渠首先敘述崔顥作〈黃
鶴樓〉詩後，李白為之擱筆。但是「無奈歷來解詩之人，都不得作
詩之意」，「自唐及今，無人不竭力表揚，卻愈表愈蒙」，致使
「崔顥之詩名日盛一日，其心反日晦一日」。一直到「道學先生
——文素臣」解釋此詩，方使人「撥雲見天」，「知道青蓮擱筆之

故」，崔顥之詩心，遂「如日臨正午，月到中天」。文素臣之解釋
為：

> 此詩之意，是言神仙之事，子虛烏有，全不可信也。「昔人
> 已乘白雲去」，曰：「已乘」，是已往事，人妄傳說，我未
> 見其乘也。「此地空餘黃鶴樓」，曰：「空餘」，是沒巴鼻
> 事，我只見樓，不見黃鶴也。「黃鶴」既「一去不復返」，
> 則「白雲千載空悠悠」而已！曰「空餘」，皆極言其渺茫，
> 人妄傳說，毫沒巴鼻之事，為子虛烏有，全不可信！李商隱
> 詩：「青雀西飛竟未回，君王長在集靈臺」疑即偷用此頸聯
> 二句之意。「晴川歷歷」，我知為「漢陽樹」；「芳草青
> 青」，我知為「鸚鵡洲」。至昔人之乘白雲，或乘黃鶴，則
> 渺渺茫茫，我不得而知也！癡人學仙，拋去鄉關，往往老死
> 不返；即如此地空餘黃鶴樓，而昔人竟永去無歸。我當急返
> 鄉關，一見父母妻子，無使我哀昔人，後人復哀我也！故合
> 二句曰：「日暮鄉關何處是？煙波江上使人愁！」……若上
> 句解作昔人真正仙去，則詩中連下「空餘」、「空悠悠」等
> 字，如何解說？且入仙人之境，覽仙人之跡，當脫卻俗念，
> 屏去塵緣，如何反念鄉關？且鄉關不見而至愁也？

《野叟曝言》中，夏敬渠如此解〈黃鶴樓〉詩，固然是為配合主角
文素臣「道學先生」的身份；且藉著解釋此詩，作為全書「排佛斥
道」的開場白。考《浣玉軒集》中，頗多是崇理學、斥佛道的文
章；甚至解經論史，都不忘批佛闢道。因此，推論夏敬渠在《唐詩
臆解》中解釋唐詩，應該也多是如此。近代學者金性堯在《唐詩三

百首新註》⑩中，註解崔顥〈黃鶴樓〉詩：「全詩寫望雲思仙，仙不可知；時當日暮，於是江上煙波，亦切鄉關之思。」應是受夏敬渠之影響。

另《野叟曝言》第七十七回，評論杜甫的〈詠明妃〉詩。夏敬渠詳引《漢書》所載王昭君和番與再嫁的歷史，斷定其真相是：「昭君妻前單于，生一子；妻後單于，生二女；又並無上書求歸事，有何怨恨？」用以駁斥范曄《後漢書》、杜甫〈詠明妃〉及歷來解詩者之錯謬、缺失。推測此段議論，應是夏氏取材於舊作《唐詩臆解》，以寫入小說中。所論內容頗為詳密精確，亦可見夏氏論史評詩之功力。

又：《野叟曝言》第十回，文素臣對和尚法雨、好友余雙人所「開示」的「作詩之法」，也很可能是夏敬渠以《唐詩臆解》中的詩論主張，寫錄於《野叟曝言》中（詳參前文）。

6.《唐詩臆解》之外，《浣玉軒集》卷四，載夏敬渠原撰有〈論詩絕句六首〉，可推知其論詩之主張，惜今只存其一：

> 厭聽宗分律與禪，工夫到時自超然，指從百鍊剛中繞，珠向千年蚌裏圓。

是主張創作詩時，詩律、詩法的講究，尚在次要；淬鍊、琢摩之工夫，方最要緊。作詩者必須下苦功苦練，工夫純熟後，自有佳作出現。

《浣玉軒集》卷二〈浣香詩序〉，亦存有夏氏若干論詩主張：

---

⑩　金性堯《唐詩三百首新註》香港・中華書局，1987 年 1 月出版。

……予不喜作詩而喜詩，予於詩獨嗜摩詰，予之嗜之，嗜其
靜也……蓋詩之浮者其思淺，詩之躁者其情佻，詩之恃氣者
其致突而易竭，詩之一見而可喜者，再四過之即無味，則不
靜之故也，皆不足以為予嗜也。

又可知夏敬渠喜王維詩，以其能「靜」故也。夏氏認為詩若「不
靜」，則有「思淺」、「情佻」、「致突而易竭」、「一見可喜，
再四過之即無味」等弊病，此論點頗有見地。然「予不喜作詩而喜
詩」一句，則是謙詞而已，因夏敬渠年十五、六即參與江南文士之
詩會（詳〈本譜〉）；著有《浣玉軒詩集》二卷，《野叟曝言》中，
又有五百多首詩作以炫耀詩才。由此可斷定，夏氏應是「喜作詩又
好詩」者才對。

(七)《醫學發蒙》

《浣玉軒集》卷二〈《醫學發蒙》自序〉：「儒曷昉乎？昉於伏羲
氏；醫曷昉乎？昉於神農。儒之學曷闡乎？闡於陶唐、有虞氏；
醫之學曷闡乎？闡於岐伯、軒轅氏。伏羲畫八卦，開儒之宗，而闡
精一之傳者，唐、虞也；神農嘗百草，開醫之宗，而闡《靈》、
《素》之傳者，軒、岐也。儒也醫也，同源而共其本也。儒者以全
人心性為業；醫者以全人軀命為業，兩者缺一，則形雖存而神已
亡；神欲存而形已散，均之無生也。儒與醫之重若此。……

　　孔子生於周末，而直接唐虞精一之傳；仲景生於漢末，而直接
軒、岐《靈》、《素》之傳。孔子贊《周易》、修《春秋》，以垂
憲萬世；仲景著《傷寒》、輯《要略》，以垂訓萬年，儒至此而大
成，醫亦至此而大成矣。……

生仲景後而言醫，宜無不宗仲景者⑩而有張子和、張會卿者出，乃陽附仲景，陰持梃刃，為醫學之蠹。……二張，醫之楊、墨也，宜明著其罪，以為天下後世戒，乃振筆而為《醫學發蒙》。……《發蒙》非為二張設，而并論二張。

前賢著書……論醫者，亦可汗桃林之牛。顧其自成一家者，必各立一幟，偏寒偏熱，不善用之，禍且反掌；其薈萃諸說者，皆淆列其法，不善擇之，目且如盲。此書則宜寒而寒，宜熱而熱，不同於膠柱。若症為寒，若症為熱，無異於列。眉明者，會意於言外，固可通；方庸者，索驥於圖中，亦堪療病。發蒙振落，為事至便，用力不勞，此《發蒙》之所由名也。

而子和「三法」，托於長沙（按即張機）。似是之說，明者惑焉！會卿《全書》，悖於長沙。如狂之論，庸者惑焉！惑者固蒙，信者亦蒙也，名書之意，亦將概與發之耳！……會卿著《景岳全書》，不特讒河間（按即劉完素）、東垣（李杲）、丹溪（朱震亨）⑩；

---

⑩　夏敬渠《醫學發蒙·自序》原文，乃合併醫、儒二家，以論《醫學發蒙》及《讀經餘論》二書。自本段起，為行文方便及閱讀順暢，乃單獨引用論醫術的內容。

⑩　《金史·方伎·劉完素傳》：「劉完素，字守真，河間人。……撰有《運氣要旨論》、《精要宣明論》；慮庸醫或出妄說，又著《素問玄機原病式》，特舉二百八十八字，注二萬餘言。好用涼劑，以降心火，益腎水為主。」（卷一百三十一）

《四庫提要·子部·醫家類·內外傷辨惑論》載李杲生平：「李杲，（金、元時人）。字明之，自號東垣老人。初，母杲母擺疾，為眾醫雜治而死，迄莫知為何證？杲自傷不知醫理，遂捐千金，從易州張元素學，盡得其法。而名乃出元素上，卓為醫學大宗」（卷一百四）。著有《內外傷辨惑論》三卷、《脾胃論》三卷、《蘭室秘藏》三卷等。《元史·方伎》

并譏仲景；且及岐黃矣！寧以後人之狂愚，而廢前人之繩墨乎？

……余此書於《靈》、《素》外，一宗長沙；而參以潔古❿、東垣諸子，偏於寒涼如劉、朱輩，亦皆取其長而略其短，未嘗輕置一辭，懲夫後出而譏前輩者之失也。惟於子和、會卿，雖亦略為節取，而必專論以闢之。牧羊者，務去敗群。」

　　按：《醫學發蒙》：《宗譜·南街宗世錄·第十一世「敬渠」》卷四、《宗譜·小傳紀事·第十一世「敬渠」》卷八著錄，無卷數。《浣玉軒集·浣玉軒著書目》著錄四卷，夏祖耀無按語。《光緒江陰縣志》無著錄。

　　根據上引〈《醫學發蒙》自序〉，再檢核相關醫書及《野叟曝

有傳。

《四庫提要·子部·醫家類·格致餘論》載元·朱震亨：「字彥修，金華人。受業於羅知悌，得劉守真之傳。其說謂陽易動，陰易虧，獨重滋陰降火。創為陽常有餘，陰常不足之論。張介賓等攻之不遺餘力。然震亨意主補益，故諄諄於飲食色欲為箴；所立補陰諸丸，亦多奇效。孫一奎《醫旨緒餘》云：『丹溪生當承平，見人多酗酒縱欲，精竭火熾，復用剛劑，以致於斃，因為此救時之說。』」著有《格致餘論》一卷、《局方發揮》一卷、《金匱鉤元》四卷等。

以上劉完素、李杲、朱震亨及張從正，向被中醫界尊為「金元四大家」。其醫理、醫術可參考今人陳紬藝編著之《金元四大家醫學新解》（《中國古典醫籍叢書》國立中國醫藥研究所出版，1995 年 5 月初版）。

❿　《金史·方伎·張元素傳》載：張元素，字潔古，易州人。八歲試童子舉。二十七試經義進士，犯廟諱下第，乃去學醫，無所知名。後治愈劉完素之疾，始顯名（卷一百三十一）。著有《病機氣宜保命集》三卷，於醫理精蘊，闡發極為深至。（《四庫提要·子部·醫家類·病機氣宜保命集》卷一百四）

言》內容，可歸納、得知下列數事：

1. 夏氏標舉醫、儒同源共本，強調儒、醫並重，方能全人心性，保人軀命。其目的在於抬高醫家地位，使脫離傳統「巫、醫、樂師、百工」之流，而與儒家相對等。

基於「醫、儒同源共本」的理念，《野叟曝言》中，夏敬渠用以自況兼寄託理想的主角——文素臣，一方面既是崇正道、闢邪說的「聖教功臣」，另一方面又是精通醫道、活死人、肉白骨的「再世華陀」。藉此表達了自己原有「既是良相可醫國；又是良醫可救人」的才器；滿足自我的的幻想；順勢地也炫耀了醫學才識。

2. 夏敬渠撰寫《醫學發蒙》的動機，是為了尊崇東漢·張機（仲景）《傷寒論》、《金匱要略》之醫理，而闢「醫之楊、墨」——張從正（子和）、及張介賓（會卿）的「異端邪說」。

3. 《醫學發蒙》命名之由：

(1)是此書善擇諸說「宜寒則寒、宜熱則熱」，絕不拘泥一家之言，習醫者可「發蒙振落，為事至便，用力不勞」，故為「發蒙」也。

(2)是夏敬渠認為張從正之「三法」、張介賓之《景岳全書》，令習醫者「惑焉蒙焉」，故撰此書以「發蒙解惑」也。

4. 今考夏敬渠極力辨正其非的「三法」，係指金·張從正所著《儒門事親》十五卷，所倡言的「吐法」、「汗法」、「下法」，號「張子和『汗、下、吐』三法」。《四庫提要》批評此「三法」云：

「其汗、下、吐三法，當時已多異議，故書中辨謗之處為

多。……中間負氣求勝，不免過激。欲矯庸醫恃補之失，或
至於過直。又傳其學者，不知察脈虛實，論病久暫，概已峻
利施治，遂致為世所藉口。」（〈子部·醫家類〉卷一百四十）

《金史·方伎·張從正傳》亦評曰：

「妄庸淺術，習其方劑，不知察脈原病，往往殺人，此庸醫
所以失其傳之過也。」（卷一百三十一）

可知張子和汗、下、吐三法，歷來已為醫界所爭議，而其後學流弊
更甚。夏敬渠所以視其為「醫之楊、墨」；並著《醫學發蒙》一書
力辨其非，實其來有自。

夏敬渠視為「狂愚之論」的《景岳全書》，乃明·張介賓所
撰，六十四卷。《四庫提要》評其：

其命名皆沿明末織佻之習；至以《傷寒》為典，《雜證》為
謨，既僭經名，且不符字義，尤為乖謬。……專以溫補為
宗，頗足以糾鹵莽滅裂之弊，於醫術不為無功。至於沿其說
者，不察證候之標本，不究氣血之盛衰，概補概溫，謂之王
道。不知誤施參桂，亦足戕人。」（〈子部·醫家類〉卷一百四
十）

足見《景岳全書》向來亦是毀多於譽。《四庫提要》又指出：張介
賓攻詰朱震亨「陽常有餘，陰常不足」之論，及「滋陰降火」之醫
法不遺餘力。但是，「震亨意主補益，以飲食色欲為箴，卻頗受醫
界肯定；所立補陰諸丸，亦多奇效。」（〈子部·醫家類·《格致餘

論》））。因此，夏敬渠指責張介賓悖離醫學繩墨，亦頗有見地。

6.夏敬渠醫學乃是以《黃帝內經》——《素問》、《靈樞》**⑩**
及張機之《傷寒論》為宗；兼取張元素、李杲諸家之長；又採劉完
素、朱震亨等之優點，而略其缺點；且難能可貴的是，夏氏雖「專
論以闢」張從正、張介賓之說；但對於其長處，亦「略為節取」。

7.因夏敬渠推崇《黃帝內經》、《傷寒論》之醫理，故《野叟
曝言》中每論醫理，必尊岐、黃、張機為宗。如第二十一回，文素
臣云：

> 若夫提綱挈領，則斷推仲景一書。《素問》、《靈樞》、
> 《難經》、《脈訣》**⑩**，既沉浸而含咀，則其源已深；以仲
> 景達之，其流乃沛然而莫禦也。百病皆生於感，仲景以《傷
> 寒》發之，則百病受治矣！

可見夏氏對《黃帝內經》及張機醫學之景仰、遵從。唯《野叟曝
言》論醫情節中，夏敬渠未寫入對張從正、張介賓的具體批駁。

---

⑩ 《黃帝內經》乃醫籍之最古者，分《素問》、《靈樞》二種。素問二十四
卷，記黃帝、岐伯相問達之語。唐·王冰《注》。《靈樞》十二卷，詳於
鍼刺。《素問》張機曾引之，《隋書·經籍志》始著錄；《靈樞》則《四
庫提要》斷為王冰所偽託。（詳參《四庫提要·子部·醫家類》卷一百三
十之《黃帝素問》及《靈樞經》條）

⑩ 《難經》：周秦越人撰，元·華壽《註》。「越人」傳即扁鵲。凡八十一
篇。隋、唐《志》始載。其曰《難經》者，謂經文有疑，各設問難以明
之。其文辨析精微，詞致簡遠。（詳參《四庫提要·子部·醫家類》卷一
百三十之《難經》條）

《脈訣》凡十卷，九十七篇，文約事詳，世傳王叔和撰，實王著乃《脈
經》一書，後人乃依托而偽造此書。（同上《脈訣》條）

8. 今《醫學發蒙》已亡佚，但夏氏用以庋藏博學、炫耀才藝的《野叟曝言》，以極大篇幅談論醫術醫理，若去除其浮誇部份，則尚可略見夏氏之醫學底蘊（參見前文）。

(八)《野叟曝言》

《浣玉軒集》卷四〈夜夢感賦〉：「近歸忽動遠歸情，華髮星星暗自驚。秦嶺無雲家萬里，潼關有夢月三更。《曝言》容易千金購，史論精專百日營。吾道肯因衰老廢？歸心又比一毛輕。」

《宗譜》卷十六〈外集·文辭〉所錄張天一〈與二銘二兄書〉：「……尹儒奔喪南返，弟力綿不能多為飲助，深歉余懷。而吾兄著作，尤弟所日縈於懷者：《曝言》一書，乃神工鬼斧之筆，弟雖粗得其梗概，而尚未細擷其精華，寤寐牽懷，不能自己。然卷帙繁重，攜帶維艱，自揣此生不獲再見矣。

至於《綱目舉正》及他著作，如《所見錄》等書，卷帙減於《曝言》，秋間尹儒尚擬北來，倘能攜以示我，則照乘之珠，連城之璧不足道也。思吾兄而不獲見，見吾兄之鴻文巨筆，如見吾兄焉，而況拓我心胸，益我神智，又有出於尋常萬萬者乎？

尹儒南旋之便，專此恭候起居。縷縷之情，筆不能罄，統祈為斯文，自愛以慰遠懷。」

金武祥《江陰藝文志·凡例》：「夏二銘先生之《野叟曝言》」

按：《野叟曝言》，初僅以手鈔本傳世；且因書中未題撰者姓名；《宗譜》、《江陰縣志》甚至《浣玉軒集》等，皆未著錄為夏敬渠所撰，故作者為誰，向有異說：或言江陰「謬某」；或言夏宗

瀾⑩，然皆不可信。

《野叟曝言》光緒七年毗陵彙珍樓木刻活字本「知不足齋主人」〈序〉；及光緒八年石印本、申報排印本之「西岷山樵」〈序〉，皆言《野叟曝言》乃「江陰夏氏」所撰。黃人《小說小話》、邱煒蔜《菽園贅談·續小說閒評》皆從其說。

魯迅《中國小說史略》則據「西岷山樵」〈序〉，及金武祥《江陰藝文志·凡例》，進一步推斷是夏敬渠所作。魯迅之考證雖簡略⑩，然學者莫不從之。1937 年左右，趙景深先生親訪江陰夏氏後裔⑩，撰寫〈《野叟曝言》作者夏二銘年譜〉，更確定《野叟曝言》作者為夏敬渠無誤。

今根據上列引文、《浣玉軒集》及《野叟曝言》等相關資料，可歸納並推知下列諸事：

---

⑩ 蔣瑞藻《小說考證》卷八，轉錄清·《花朝生筆記》云：「《野叟曝言》一書，相傳為康熙時江陰謬某所撰，謬某有才學，頗自負，而終身不得志，晚乃為此書以抒憤」。徐珂《清稗類鈔·著述類·野叟曝言》所載與《花朝生筆記》略同。
又：《野叟曝言》內容侈談理學，故或誤以為此書乃江陰理學家夏宗瀾所撰。魯迅《中國小說史略》云：「其（指《野叟曝言》作者）崇仰蓋承夏宗瀾之餘緒，然因此遂或誤以《野叟曝言》為宗瀾作。」

⑩ 魯迅《中國小說史略》第二十五篇〈清之以小說見才學者·《野叟曝言》〉云：「金武祥《江陰藝文志·凡例》則云夏二銘作。二銘，夏敬渠之號也」。

⑩ 趙景深先生云：「八、九年前（按：即 1937 年左右）我因事到江陰去了一趟，趁便調查清代江陰兩大小說家〔夏二銘和屠紳〕的身世……結果夏二銘的家譜、詩文，都在夏氏後裔處找到，寫了一篇〈夏二銘年譜〉。」（詳見〈關於小說家屠紳〉一文，1945 年撰，收錄於趙景深《中國小說叢考》，齊魯書社 1980 年 10 月，頁 452－453）

　　1.所有載錄夏敬渠著作的資料，雖然皆未提夏敬渠著有《野叟曝言》。但從夏敬渠《浣玉軒集·夜夢感賦》詩及《宗譜》所錄張天一的〈與二銘二兄書〉，可確知《野叟曝言》乃是夏敬渠所撰。鐵證已得，毋須再置疑。

　　2.堂姪夏祖耀編〈浣玉軒著書目〉時，不言夏敬渠著有《野叟曝言》；曾姪孫夏子沐編輯《浣玉軒集》時，亦故意避重就輕的以「他書」一詞，來取代《野叟曝言》。推究夏氏後裔隱而不談夏敬渠著有《野叟曝言》的原因，大致有：

　　⑴夏敬渠創作《野叟曝言》時，並未在書上正式署名；後人尊重祖上，故不敢擅自言及。

　　⑵歷來輕視小說之傳統觀念作祟，致使夏氏後代編錄且標舉夏敬渠談經、講史、論醫、解詩及詩文等「可登大雅之堂」的著作；卻刻意迴避其撰寫「致遠恐泥」的「小道」小說──《野叟曝言》的事實。

　　⑶小說中多色情描寫，恐不足以增作者之令名，反為後人添辱，故避而不言。

　　3.《野叟曝言》撰寫於何時？據《宗譜》卷十五〈內集文詞〉所錄夏敬渠堂弟夏敬秀〈尹儒侄入都詩冊序〉云：「丁亥初冬，予從兄二銘……今老矣！倦於行，仰屋梁而著書，泊如也。」蓋丁亥歲（乾隆三十二年，1767），夏敬渠年六十三。之前，夏敬渠「壯遊京師」時期，所完成的著作雖多，但《野叟曝言》不在其列；為衣食「幕遊天涯」之際，按理亦無暇靜心創作小說。故乾隆三十二年（1767），夏敬渠「倦於行」而歸鄉養老，「仰屋梁而著書」。所「著」之「書」，應該就是《野叟曝言》。

4.《野叟曝言》成書於何時？據〈夜夢感賦〉詩所云：「華髮星星暗自驚」、「吾道肯因衰老廢」，則《野叟曝言》之成書，必非少壯之時⑩。

又《浣玉軒集》卷四〈都門除夕〉一詩⑩，乃夏氏「壯遊京師」時所作，時夏氏年三十餘，年輕氣盛，功名可期，故有末聯「可能裘馬翩翩地，自覺糸弟袍隱稱身」之語。然而，此詩被錄進《野叟曝言》第十一回時，夏氏已改為「且愁裘馬翩翩地，何計支離著此身。」可見夏敬渠創作《野叟曝言》時，必然已時不我予，壯志消沉，遂有此強烈之悲歎。故《野叟曝言》之創作，必在夏氏晚年功名絕望、頗歷滄桑之後。

而《野叟曝言》的完成，推測應該在乾隆三十七年（1772）時。因為隔年（三十八年，1773）乾隆皇帝下詔開館修《四庫全書》，年屆六十九歲的夏敬渠，已有時間及精力加緊整理昔日「未彙成編」的舊稿，以成《綱目舉正》一書（詳下文）。因此，《野叟曝言》在此之前必已殺青完稿。

且乾隆三十八年（1773）夏敬渠繼配黃氏七十壽慶，張天一撰〈徵壽二銘先生德配黃孺人七秩詩公啟〉；按理也應該親至江陰參加壽慶。推測兩位知己見面，夏敬渠必然出示近年來的心血結晶

---

⑩　「華髮星星」指髮白年老。左思〈白髮賦〉：「星星白髮生」；《文選》謝靈運〈遊南亭詩〉：「戚戚感物歎，白髮星星垂。藥餌情所止，衰疾忽在斯。」歐陽修〈秋聲賦〉：「渥然丹者為槁木，黝然黑者為星星。」

⑩　千里壯心辭骨肉，三更殘臘對風塵。不須後日催前日，已見今人代昔人。燭淚正憐除夜影，椒花又頌別年春。可能裘馬翩翩地，自覺糸弟袍隱稱身。

《野叟曝言》，而張天一匆忙之際也粗覽一遍。因此張天一在〈與二銘二兄書〉中云：「《曝言》一書，乃神工鬼斧之筆，弟雖粗得其梗概，而尚未細擷其精華，寤寐牽懷，不能自己。」

乾隆四十一年（1776）二月，夏敬渠七十二歲時，繼配黃氏卒。子夏祖焯返鄉奔母喪時，張天一托其轉呈〈與二銘二兄書〉給夏敬渠，信中感慨《野叟曝言》「卷帙繁重，攜帶維艱，自揣此生不獲再見矣！」

故保守的推斷，《野叟曝言》創作於乾隆三十二年（1767），夏敬渠六十三歲時；乾隆三十七年（1772）時，夏敬渠六十八歲時已完稿。最遲乾隆四十一年（1776）二月，夏敬渠七十二歲前，張天一已讀過此本小說。比起趙景深先生臆測《野叟曝言》在「乾隆四十四年（1779，七十五歲）左右完成。⑪」還提前八年左右。而趙氏所言：《野叟曝言》第一百四十七回〈七十國獻壽六寶齊歸〉的情節，似乎是夏敬渠以自己七秩壽慶時，怡親王遙祝以『天騭耆英』之匾額；及七十三歲時，朝廷賜恩綸『秉心醇樸、飭行端方』「這兩件事實想像的擴大」也是錯誤的。因為夏敬渠六十八歲之前，《野叟曝言》早已完稿，不可能再以七十歲之後的人生經歷作

⑪　趙景深〈《野叟曝言》作者夏二銘年譜〉復根據《江陰夏氏宗譜》卷八所載夏敬渠「七秩稱慶」，「怡親王遙祝以額曰：『天騭耆英』」；及夏氏七十三歲時，獲頒「秉心醇樸，飭行端方」之恩綸」贈語等二事（詳〈本譜〉），推測「《野叟曝言》第一百四十七回〈七國獻壽，六寶齊歸〉似這兩件事實想像的擴大。」又「二銘寫《野叟曝言》中文素臣做壽，似即暗射七十大慶」，故「疑此書成於七十以後的數年」即「乾隆四十四年（1779，七十五歲）左右完成。」

為素材。

　　5.夏敬渠以「扶桑曉日圖」、「春風曉日圖」，作為《野叟曝言》代稱。並作〈漫題扶桑曉日圖〉詩，自道《野叟曝言》的創作意旨及主要內容。（詳參〈本譜〉乾隆三十七年條）

　　6.張天一希望夏祖焞北上帶來的《所見錄》一書，在記錄夏敬渠著作的所有資料中，包括：《宗譜》卷十四〈著述〉、《浣玉軒集·浣玉軒著書目》、《光緒江陰縣志》卷十七、《江上詩鈔·邑志文苑傳》卷九十八、民國九年《江陰縣續志》卷二十等，都未著錄。故可能是張宏渶個人聽聞之誤，存疑待考。

㈨《綱目舉正》

《浣玉軒集》卷二及《綱目舉正》書前附夏敬渠〈自擬進《綱目舉正》表〉：「臣按：司馬光作《資治通鑑》，朱熹因之，遵《春秋》編年例，作《通鑑綱目》。仁山金履祥作《通鑑前編》；……陳氏子桱節……述為《通鑑外紀》；南軒……曰《訂正通鑑前編》；……商輅等……作《續通鑑綱目》。於是行世者有《外紀》、有兩《前編》、有《正編》、有《續編》。而《正編》引……胡寅為多。其羽翼《正編》者，尹氏起莘有《發明》、劉氏友益有《書法》。羽翼《續編》者，周禮作《發明》、張時泰作《廣義》……

　　顧自《正編》而外，每存悠謬之談、循習之說；而胡氏、尹氏、劉氏以及周禮、張時泰，復多臆見，不足發明、推廣《綱目》微意，反以隔閡而蒙蔽之。

　　臣於史事，略有會心，深慨《綱目》一書，為諸說所充塞，欲一舉而擴清之。嘗以所見，質諸耆宿，旁及同志，下與門人講解，

而未彙成編。

　　恭逢　聖主右文，特命儒臣纂修《四庫全書》。伏念五經皆有御纂，而全史未賜折衷；《綱目》雖蒙御批，諸說尚仍舊本。……用是焚膏繼晷，竭蹷成書，名曰：《綱目舉正》。蓋欲舉《綱目》中不正之論而悉正之也。而家貧身老，不克匍匐入都。置篋有年，獻芹無路。

　　嗣於乾隆四十八年八月十七日，伏讀軍機處補交乾隆四十七年十一月初七日上諭。以周禮《發明》、張時泰《廣義》，於遼、金、元事，多有議論偏僻及肆行詆毀者，特命量為刪潤。

　　臣竊謂周禮、張時泰之說，流傳日久，非實指其謬而明辨之，無以豁讀史者之迷。則與其刪潤而曲存其說，不若辭而闢之，足以擴清其邪說，扶世教而正人心。

　　臣所著《舉正》一書，雖兼正諸說，不止專攻周禮《發明》、張時泰《廣義》；而於《發明》、《廣義》之偏僻而肆行詆毀者，皆已明著其謬妄而痛斥之，實足使讀者豁然心開，而燭其狂肆之罪。

　　恭遇　皇上南巡，謹呈　御覽，倘芻蕘之見，稍有一得。伏乞勒付史館，考校議覆；或刊入《綱目》，以正諸說之謬；或特命儒臣纂脩《通鑑》，準臣所論，刪去諸說，以成一完善之《綱目》。統祈皇上睿鑑訓示施行。」

《綱目舉正·凡例》：「……一、是篇名《綱目舉正》故，但舉《綱目》中諸說之訛誤者正之，古今一切史論，其未見於《綱目》者，皆置勿論云。……

一、是編舉正處，不特與先賢朱子間有異同，兼有自昔先賢先儒所未及言者。如：辨邵康節三統之疑；斥諸聖母感生之謬；據孟子以明《舜典》之偽；論交食以指卦數之非；考先天圖之非出於伏羲；定太極圖不出於老氏；誅鄭莊公絕母之惡；摘屠岸賈滅趙之誣；聲吳子胥伐楚之罪；著漢高帝忘父之心；許平勃之安劉；不信昭君之怨漢；美陳壽志三國之文；貶稽（嵇）紹死蕩陰之節；優光武而絀漢高；斥全忠以儕王莽；論周世宗之五大失；譏張魏公之五大疵；特表金世宗之賢；不沒元英宗之美，皆自昔先賢先儒所未及言者，誠以史為萬世公論，不得不明目張膽以別白之，而非敢竊附於知我罪我之說也。……」

《綱目舉正·目錄》：「第一卷〈前編·起三皇迄周敬王三十九年（BC481）〉，論凡二十七條又附論三條。第二卷〈正編·起周顯王二十八年（BC341）迄周世宗顯德六年（AD959）〉，論凡七十一條。第三卷〈續編·起宋太祖建隆元年（AD960）迄宋高宗紹興十年（AD1140）〉，論凡八十五條；第四卷〈續編·起宋高宗紹興十一年（1141）迄元順帝至正二十七年（1290）〉，論凡七十三條。」

（筆者按：：今存第一、二卷，缺三、四卷）

《浣玉軒集·浣玉軒著書目·綱目舉正四卷》：「祖耀按：是書既成，攜入閩中，祈故友福建撫軍富公綱奏呈，未果。歸。遇乾隆丙午（五十一年，1786）南巡，赴蘇迎鑾，擬躬進獻，又有所阻。獨惜以是古人今人所未及之論，不昌於時，而尚沉塵篋，為可歎也。」

按：《綱目舉正》：《宗譜·南街宗世錄·第十一世「敬

渠」》卷四、《宗譜·小傳紀事·第十一世「敬渠」》卷八、《江上詩鈔·邑志文苑傳》卷九十八、《光緒江陰縣志》卷十七等著錄，無卷數；《江陰縣續志》卷二十著錄為二卷。

根據前列引文，再核對《綱目舉正》一、二卷正文、《野叟曝言》、《浣玉軒集》內容及相關資料，可歸納並得知以下數事：

1.《綱目舉正》的開始創作的時間：夏敬渠〈自擬進《綱目舉正》表〉云「恭逢聖主右文，特命儒臣纂修《四庫全書》。伏念五經皆有御纂，而全史未賜折衷；《綱目》雖蒙御批，諸說尚仍舊本。……用是焚膏繼晷，竭蹷成書，名曰：《綱目舉正》。」因乾隆三十八年（1773）二月，下詔編定《四庫全書》，故夏敬渠以自己的史學舊著，改寫編纂成《綱目舉正》，必在此時。而二月之前，夏敬渠應已完成《野叟曝言》的創作（詳前文）。

2.《浣玉軒集》卷四，錄有夏敬渠〈夜夢感賦〉詩：

> 近歸忽動遠歸情，華髮星星暗自驚。秦嶺無雲家萬里，潼關有夢月三更。曝言容易千金購，史論精專百日營。吾道肯因衰老廢？歸心又比一毛輕。

蕭相愷先生在《江上詩鈔》卷九十八，發現此首〈夜夢感賦〉有二註：一在「《曝言》容易千金購」下，註云：「著《野叟曝言》二十卷，刻資約需千金。」另一在「《史論》精專百日營」下，註云：「史論為輦下諸公慫恿，分任刻資，而著尚未就。」蕭先生推斷：「這兩條註，從語氣看，殆為作者自註無疑。」（見蕭相愷先生讀《野叟曝言》手扎）。其推斷精確合理。

又按：詩中所指《曝言》，自然是《野叟曝言》無疑；《史

論》一書，則應指《綱目舉正》。可見《野叟曝言》之成書時間，確定早在《綱目舉正》之前；而《綱目舉正》的編纂時間，夏敬渠自言僅需「百日營」。因此，乾隆三十八年（1773）二月，下詔編定《四庫全書》時，夏敬渠開始「焚膏繼晷」編纂《綱目舉正》；而三個多月之後，已經「竭蹶成書」殺青完稿了。

「輦下諸公」必是夏敬渠昔日故友，當時雖有心「分任刻資」以刊行《綱目舉正》，但卻本書卻尚未完稿，後來完稿後，未知何故，又一直未付手民出版。至於《野叟曝言》，則因為「刻資約需千金」，故無力付梓。

《野叟曝言》及《綱目舉正》雖未付梓，卻以鈔本流傳，故道光十八年（戊戌，1838）江蘇按察使裕謙頒布「禁毀淫詞小說」令，並開列〈計毀淫書目單〉，其中已收《野叟曝言》，可見其已有流傳。光緒閒，夏敬渠之族裔孫夏明經亦從書肆中鈔錄《綱目舉正》，但遲至民國二十三年（甲戌，1934），謝鼎鎔才交付「陶社」校刊、出版。

3. 《綱目舉正》創作動機及書名來源：夏氏認為歷來有關《通鑑綱目》之著作⑫，「每存悠謬之談，循習之說」，甚至「復多臆見，不足發明推廣《綱目》微意，反以隔閡而蒙蔽之。」是故年屆六十九歲的夏敬渠，整理昔日「未彙成編」的史論舊稿，以成

---

⑫　夏氏〈自擬進《綱目舉正》文中指出有關《通鑑綱目》之著作有：「金履祥《通鑑前編》，陳桱節《通鑑外紀》，南軒《訂正通鑑前編》，商輅《續通鑑綱目》，《通鑑綱目》所引胡寅之說，尹起莘《通鑑綱目發明》，劉友益《通鑑綱目書法》，周禮《續通鑑綱目發明》，張時泰《續通鑑綱目廣義》」等。

《綱目舉正》一書。書名曰：《綱目舉正》。即是欲舉出《通鑑綱目》諸著作中所有錯謬之論，而加以辨明糾正也。

4.夏敬渠創作《綱目舉正》的目的，是想「恭呈御覽」，但因「家貧身老，不克匍匐入都」獻書，故此書「置篋有年，獻芹無路」。故自乾隆三十八年（1773），完成《綱目舉正》之後，「置篋有年，獻芹無路」，故五年後（乾隆四十一年，1778），張天一在〈與二銘二兄書〉中，云：

> 《舉正》書乃千秋特筆必傳之書也，但恐進呈之後，藏之內府，不能廣布，尚須再謀刊刻耳。

語重心長地主張將《綱目舉正》先謀刊刻，再圖獻書，以廣流傳。其中不無勸慰安撫老友之意。

5.夏祖耀按語云：「是書既成，攜入閩中，祈故友福建撫軍富公綱奏呈，未果。歸。」一事。據《清史稿·疆臣年表六》所載，富綱巡撫福建，是在乾隆四十四年五月至四十六年五月之間（1779－1781）。因此，夏敬渠入閩求富綱代呈《綱目舉正》御覽不果，必在這一年內。當時，夏敬渠已高齡七十六左右了。

6.乾隆四十八年八月十七日，夏敬渠讀到「軍機處補交乾隆四十七年十一月初七日上諭」，受到乾隆詔命刪潤周禮《續通鑑綱目發明》、張時泰《續通鑑綱目廣義》事件的鼓舞。認為自己所著的《綱目舉正》，可以擴清周禮、張時泰之說，「扶世教而正人心」，遂重燃獻書的希望。

7.夏祖耀按語云：「遇乾隆丙午（五十一年，1786）南巡，赴蘇迎鑾，擬躬進獻，又有所阻。」所載乾隆南巡，夏氏赴蘇迎鑾之日

期有誤。

　　蓋清高宗六度南巡，分別在乾隆十六、二十二、二十七、三十、四十五及四十九年。「丙午」年為乾隆五十一年（1786）乾隆未南巡；乾隆四十五，夏敬渠入閩見故友富綱；故夏氏欲赴蘇迎鑾，擬親自進獻《綱目舉正》，被阻，必在乾隆四十九年（甲辰，1784），乾隆第六次南巡時。「丙午」應是「甲辰」之誤。時夏敬渠已年高八十，真乃「老驥伏櫪，志在千里」矣！

　　8.夏敬渠自行輯結「未彙成編」的舊作有：《讀史餘論》、《全史約論》及其他史論等。根據以上舊作，加以擴充編成《綱目舉正》，作為獻書之用。

　　9.《綱目舉正》除了辨正朱熹若干學說之外，以「欲一舉而擴清」諸家對《通鑑綱目》之「錯謬」見解為主。內容起自三皇，迄於元順帝至正二十七年（1290），原分四卷，今僅見第一、二卷。存先秦迄後周世宗之史論共一百零一條。

　　10.夏敬渠擬進獻《綱目舉正》給乾隆御覽，歷經多次而不成功，可見其用世之心，至老不衰；亦可知其對自己一生史學的結晶——《綱目舉正》的自得與自重。

　　11.綜觀夏敬渠論史之文，論理未必縝密，但氣強勢盛，頗具說服力（詳參前文所引〈論左傳〉、「論漢高祖」）。當時文士對夏氏之史論，亦頗為推重。潘永季贊美夏氏「論《左傳》、論《史記》、論《外紀》，皆發千古所未發。破群疑、釋眾難，折衷一切，而歸於至是。」。又云：「顧君甯人論史，執魯子家之說，以譏陳壽先主後主之卑其故君，余心是之。及閱二銘之論《三國志》，乃不禁汗下通體。」（〈《經史餘論》序〉）

12.夏敬渠晚年先撰寫《野叟曝言》後編著《綱目舉正》,故二書部份內容同樣都有來自史論舊著者。

今將現存《浣玉軒集》中的史論、《綱目舉正》正文及《野叟曝言》內容加以比對,發現夏氏輯結存錄史論舊作的方式,主要有以下數種:

(1)將舊作完整錄進《綱目舉正》者,如《綱目舉正》卷一〈前篇〉即有「〈附錄《讀史餘論》〉」,乃將《讀史餘論》一字不差地存錄之。

(2)保持「史論原作」的理論,但存進《綱目舉正》時,文辭則分散處理,部份加以刪削或改寫,以符合《綱目舉正·凡例》所訂「是篇名《綱目舉正》故,但舉《綱目》中諸說之訛誤者正之,古今一切史論,其未見於《綱目》者,皆置勿論云。」的規則。如:由潘〈序〉確知〈左傳論〉,本應是《讀史餘論》的篇章,晚年夏敬渠整理史論舊作時,將其內容打散改寫、加工處理後,存錄於《綱目舉正》第一卷〈前編〉中。

(3)採用史論原作之觀點、理論,改寫為《野叟曝言》小說情節。例如:夏敬渠將原作〈左傳論〉中「辨『吳季札辭國而亂生』之謬」的觀點,改寫成《野叟曝言》第七十四回《壽夢》戲劇中的〈遺命〉、〈再讓〉、〈三讓〉、〈魂譏〉四齣戲,讓文素臣觀戲後大談「季札辭國,去之延陵,終身不入吳國,其知可謂至明,處之可謂至當」的理論。同樣的,《野叟曝言》中評論漢高祖及李世民的功過,亦用此法。

(4)夏氏的史論舊作「陳壽《三國志》帝蜀不帝魏」一篇,雖已完整錄進《野叟曝言》第七十八回中。但後來編著《綱目舉正》

時，仍將此篇打散處理，存錄於本書中。

　　換言之，今《浣玉軒集》卷二的「陳壽《三國志》帝蜀不帝魏」的內容（按：此文在《浣玉軒集》中僅有內容，並無題目），洋洋洒洒列舉二十四條例證，用以說明陳壽撰寫《三國志》時，「帝蜀不帝魏」的用心。此篇根據潘〈序〉可知原本是《讀史餘論》的文章。夏敬渠創作《野叟曝言》時，配合小說情節，利用角色對話的方式，將全文完整存錄於第七十八回的〈主代帝、俎代崩，暗尊昭烈；前比尹、後比旦，明頌武侯〉的情節中，全文一氣呵成。

　　夏氏晚年編著《綱目舉正》時，為了存錄舊作，又為了符合「未見於《綱目》者，皆置勿論」的原則，遂將「〈陳壽《三國志》帝蜀不帝魏〉」原文打散處理，存錄於第一卷〈前編〉中。

　　但是，清末夏子沐編輯夏氏遺著時，因找不到《綱目舉正》一書，只好從《野叟曝言》第七十八回內容中，節錄出「陳壽《三國志》帝蜀不帝魏」的內容，收錄於《浣玉軒集》卷二中。且在篇後按語云：

> 按：此篇舊載《綱目舉正》中，原稿已逸，今從他書節錄，字句異同，無由較訂，姑略存崖略云！

夏子沐所謂的「他書」，應指《野叟曝言》無疑。因為比對《野叟曝言》第七十八回及《浣玉軒集》卷二，二者論「陳壽《三國志》帝蜀不帝魏」的字句、內容，幾乎一致無別。而《綱目舉正》中，所論「帝蜀不帝魏」的內容，雖與前二者差別不大，但部份文句及內容編列，已經過夏敬渠的加工處理了。故夏子沐因遍尋不著《綱目舉正》，遂從《野叟曝言》中節錄〈陳壽《三國志》帝蜀不帝

魏〉一文，反而是「失之東隅，收之桑榆」，因為《野叟曝言》所
存錄者，應該更貼近夏敬渠原作的原貌。

13.傳說「光緒壬寅（二十八年，1902）蘇州科考，主試者李殿
林，古學題為〈陳壽《志》三國不帝蜀論〉，有某生者，即以書中
〈主代帝、歿代崩，暗尊昭烈〉一回論之，獲第一，是歲即貢成
均」⑬。

此說雖難考其真偽，不過可證明：夏敬渠的史論頗受士子推
崇；《野叟曝言》在民間也流傳度頗高且影響力不小。也因為《野
叟曝言》的流行，有人遂將夏敬渠欲迎鑾呈獻給乾隆御覽的史論專
著《綱目舉正》，誤以為是小說《野叟曝言》，且衍生出不少有趣
的傳聞（參〈本譜〉乾隆四十九年條）。

---

⑬ 據民國十六年，范煙橋《中國小說史》所載，未詳其來源（漢京文化事業
有限公司印行，1983 年 9 月初版，頁 188）。

前 譜

明·成祖永樂二十年（壬寅，1422）

始遷江陰祖第一世夏坤元出生。

《江陰夏氏宗譜·凡例》：「夏氏系出會稽厚庵公，於明宣德間來遷江陰。明季鼎革時，舊譜燬於兵燹，公以前世錄無可稽考，疑者闕之，斷以始遷江陰祖為第一世。」

《江陰夏氏宗譜》卷七〈傳略行狀·始遷江陰祖厚庵公傳〉：「公諱坤元，字廣生，號厚庵。……唯公生於永樂二十年（1422）……」

明·宣宗宣德七年至十年（壬子，1432－乙卯，1435）

夏坤元於宣德七年至十年（壬子，1432－乙卯，1435）之間，由會稽遷居江陰。

《江陰夏氏宗譜》卷七〈傳略行狀·始遷江陰祖厚庵公傳〉：「惟公生於永樂二十年（1422），由宣德間來江陰，方十餘齡耳。」

按：宣德七年之前（1432），夏坤元未滿十歲。《宗譜》既記載夏坤元「十餘齡」時遷居江陰，必在宣德七年至十年（1432－

1435）四年之間。

明·憲宗成化二十二年（丙午，1486）

始遷江陰祖夏坤元卒，壽六十五。

《宗譜》卷一〈先祖世系〉：「第一世坤元，永樂十年（1422）生，成化二十二年卒。」

明·神宗萬曆三十二年（甲辰，1604）

高祖父夏維新出生。

《宗譜》卷四〈南街宗世錄·第七世「維新」〉：「嘉祐四子，字燦焉，號彩邦，……萬曆三十二年甲辰（1604）八月初七日生。」

明·思宗崇禎二年（己巳，1629）

曾祖父夏霈出生。

《宗譜》卷四〈南街宗世錄·第八世「霈」〉：「維新長子，字若時，邑庠生。明崇禎二年己巳（1629）三月二十五日戌時生。」

　　按：夏霈之學行、事略，對夏敬渠思想、行為及創作《野叟曝言》之影響，詳參〈總述〉。

明·思宗崇禎六年（癸酉，1633）

高祖父夏維新考中癸酉科九十九名舉人。

《宗譜》卷八〈小傳紀事·第七世「維新」〉：「明崇禎癸酉科九
十九名舉人。」

明·思宗崇禎十五年（壬午，1642）

李光地出生❶。

　　按：《清史稿·李光地傳》載：「康熙五十七年，卒，年七十
七。」（卷二百六十二）據此推算，李光地應出生於本年。

　　夏敬渠一生受五叔父夏宗瀾影響甚大；夏宗瀾則師承楊名時，
楊名時又師承李光地，故四人的學行、思想之關聯性，頗值得注
意。

　　又按：李光地，《清史稿》卷二百六十二、《國朝耆獻類徵》
第十一冊卷十、《碑傳集》卷十三、《國朝先正事略》卷七、《從
政觀法錄》卷六皆有傳。略為：

> 李光地，清·安溪人。字晉卿，號厚庵。康熙九年進士。耿
> 精忠叛，光地在籍遁隱深山，密向清廷陳攻勦之策。事平，
> 累擢兵部右侍郎。直隸巡撫。終文淵閣大學士。諡文貞。

光地學宗程朱，誠明並進，為清初理學名儒。著有《周易通論》、
《尚書解義》、《洪範說》諸書。詩文有《榕村全集》；又有《孝

---

❶　夏敬渠直系血親、及妻、兄、妹等人之生平傳略，已在〈總述〉中詳表；
　　至於重要的旁系親人或對夏敬渠影響深厚者，其生平概要，則在本年譜中
　　一一述及。

經》、《參同契》、《握奇經》、《陰符經》諸書箋注。

清·世祖順治元年（明崇禎十七年，甲申，1644）

李自成攻陷京師，明思宗自縊於煤山。明亡。

高祖父夏維新作〈痛哭〉詩。

《宗譜》卷十七〈內集·詩詞〉載夏維新〈痛哭〉詩：「痛哭機先朝議洶，銅駝何處復攀龍？傾天猶有歌長恨，自古誰聞殉九重？車峽五千空枰縱，函關百二不九封。蝴蝶貽禍君親辱，淚灑江皋對夕峰。」

　　按：此詩未標日期，據詩意推論，應是作於明朝傾覆、思宗殉國之際。此詩憂國憂時，真摯深刻。「自古誰聞殉九重」一句，既痛詆貪生怕死之輩，也透露其「臨難毋苟免」的心志。隔年，夏維新果然抗清殉明。

清·世祖順治二年（乙酉，1645）

清兵圍江陰。第六世高高叔祖夏嘉祚、第七世高祖父夏維新、高族叔父夏永光，抗清殉明而死。曾祖父夏需被義僕徐秀救出，免於難。四姓僕返危城殉主。

《宗譜》卷八〈小傳紀事·第六世「嘉祚」〉：「嘉祚字文溪。順治乙酉（1645）六月，大清兵南下。江邑未降，圍之。公先令僕徐秀，掖侄孫需避於石幢；而己偕侄維新在城捍禦，城陷死之。馮、潘、高四姓僕（按：馮姓僕有二人）從死。」

《明史》卷二百七十七〈侯峒曾傳〉：「明年（順治乙酉，1645）五月，南京亡，列城皆下。閏六月，諸生許用倡守城，遠近應者數萬人。典史陳明遇主兵。……明遇乃請（閻）應元入城，屬以兵事。……大清兵來益眾，四圍發大炮，城中死傷無算。猶固守。八月二十一日，大清兵從祥符寺後城入，眾猶巷戰，男婦投池井皆滿。明遇、用皆舉家自焚，應元赴水，被曳出，死之。……舉人夏維新，諸生王華、呂九韶自刎死。」

《江南通志》卷一百五十三〈人物志·忠節〉：「戚勳字伯屏，江陰人，以諸生例入國學，授中翰。奉差督閩餉歸。順治乙酉，城破，大書『閶門殉難中書戚勳』八字于壁，挈妻、妾、女婢二十一口，自焚死。同死者，癸酉舉人夏維新，字燦焉，諸生。王華、呂九韶、許用。」

《宗譜》卷八〈小傳紀事·第七世「維新」〉：「……天資穎異，抱幹濟，熟名義。鳳以文章、氣節推重東林。順治二年乙酉五月，大清兵南下，留都失守，列城望風款。閏六月朔，公與江邑士民引義為明守。未下。大清兵圍焉。八月二十一日申時，城破，死之。」

《宗譜·傳略行狀》卷七〈若時公傳〉：「維新既死，幼子霈，先以僕徐秀圍急時縋城出，依無錫石幢葉氏❷。城陷，秀奉霈返，覓

---

❷ 《宗譜》卷十四〈著述·《森玉軒遺草》〉條，夏祖燿「識」曰：「高祖父若時（即夏霈）……少丁革運，高高祖彩邦公既殉節圍城中，獨以子身避跡外舅無錫之石幢葉梅廊先生家，年蓋十又七耳。」

屍不得。霈泣，秀亦泣。三日夜，目盡赤，僅以衣冠殮。維新故有僕五，從霈脫圍出。四人者乃緣城入，從維新守陴死。而秀以卒從霈免。」

《宗譜》卷七〈傳略行狀·彩邦公傳〉：「順治乙酉六月朔，江陰之奉故明城守也。倡之者諸生許用，而崇禎癸酉舉人夏維新為輔。江陰於明猶癬邑，然薙髮令下，則維新從許用，髭髮張激，疲癃羸弱登陴，奉閻典史（即前典史閻應元）入城，守抗嘉定。勝軍八十一日。……城破，許用戕，閻尉夜受磔，而維新先自刎。」

《宗譜》卷八〈小傳紀事·第七世「永光」〉：「永光字元采。乙酉歲，江陰城破。將書作甲以衛其身，戰死于文昌巷，屍首不知何在？……一門十一口同殉難。事見《雨三公筆記》。」

　　按：有關夏嘉祚、夏維新、夏永光抗清殉明、徐秀護主及四姓僕殉主之事詳見前文〈總述〉。又夏敬渠撰有〈擬明中書舍人戚公傳〉及〈題鵝溪先生傳後〉，對同邑前賢戚勳、顧維寰及高祖父夏維新等殉明不屈，江陰士子守城抗清及百姓臨難求死諸事，有詳細的記錄與補充，亦詳參〈總述〉。

或訾夏維新主管軍糧，吝嗇不發，江陰城以陷。劉毓麟撰〈彩邦公傳〉時辨其非。

《宗譜》卷七〈傳略行狀·彩邦公傳〉文末附評語：「武進劉毓麟曰：當許用懸明高皇帝像明倫堂，時沿江列郡多不守，而維新以舉人且拜且泣其後，夫豈不知江陽軍之必不能不燼，而顧樂而就此

也？顧訾維新者曰：維新主餉，曾不發，城以陷。嗚呼。且樂死
矣，尚區區餉乎之曾乎哉！彼固亦傳聞有異詞也。」

　　按：夏維新守江陰殉明而死，事本壯烈，卻仍有訾議者，批評
其扣發軍糧，導致城陷。實則清軍大舉壓境，江陰士子能抵抗八十
一日之久，已極其難得。推測夏維新倘真有扣發軍糧，必是為長久
守城計，應無私心可言；何況或許是「傳聞有異詞」而已，未必真
有其事。城之破，乃雙方兵力懸殊所致，以此毀謗夏維新，實有重
誣烈士之嫌。

　　夏氏宗族修仁行義，代出忠臣、烈士、義僕、節女，然而，此
「積善之家」不只功名稀有，缺乏「餘慶」、「天報」可言；尚且
時時遭受毀謗，除上述誣指夏維新扣發軍糧，導致城陷事之外；尚
有誣指夏氏子孫辦理夏敦仁喪事時，諸子「誦五經作佛經」是「奉
邪教」；且懷疑夏敦仁數次疏濬斜涇河事為假，又誣認〈鄉賢夏君
傳〉非江陰名宦楊名時所寫，據此，欲將夏敦仁排除在「崇祀鄉
賢」之外，且不列入《縣志》中。

　　以上諸事，對夏氏宗族是極大的誣蔑，亦影響夏敬渠，使其
「氣剛易動」、「性絕孤高，情偏狷介」「鋒頑似鐵、性拙如鳩」
❸的個性更趨強烈，亦造成其創作《野叟曝言》時有「用力太猛」

---

❸　「氣剛易動」一句，見《宗譜》卷十五〈諭次兒敬渠書〉後夏祖燿的「按
　　語」。
　　《浣玉軒集》卷三〈悼七妹文〉夏敬渠論及自己的個性：「性絕孤高，情
　　偏狷介」。在《浣玉軒詩集·自序》中夏敬渠亦自云：「僕也，江左小
　　儒，芙城末士，鋒頑似鐵、性拙如鳩。」（《浣玉軒集》卷三）

的缺失（詳下文）。

順治九年（壬辰，1652）

祖父夏敦仁出生。

《宗譜》卷四〈南街宗世錄·第九世「敦仁」〉：「霈長子，字調元，號識字布衣，邑庠廩生……順治九年壬辰（1652）七月二十日未時生。……子五：宗泗、宗漢、宗洛、宗淮、宗瀾。」

　　按：夏敦仁的學行、操守、事略，對夏敬渠思想、行為及創作《野叟曝言》之影響，詳參前文〈總述〉及後文〈本譜〉。

順治十一年（甲午，1654）

祖母葉氏出生。

《宗譜》卷四〈南街宗世錄·第九世「敦仁」〉：「配葉氏……順治十一年甲午（1654）十一月初七日酉時生。」

《宗譜·傳略行狀》卷七〈夏母葉太君傳〉：「太君姓葉氏，先世自吳江遷無錫，居石幢。曾大父茂才，明神宗乙丑（萬曆十七年，1589）進士，累官少司空，為東林理學名家。祖孝基、父復階，名諸生。」

《宗譜》卷八〈小傳紀事·第十世「敦仁」〉：「配葉氏，贈孺人，無錫縣增生，母舅夏侯公諱復長女。幼嫻女箴，通《孝經》、《小學》、《毛詩》，旁及唐宋詩文，善書工算。」

　　按：夏敦仁與妻葉氏為親表兄妹。葉氏生平、操守、事略，對
夏敬渠思想、行為及創作影響甚鉅。《野叟曝言》中，文素臣母親
水夫人的角色，即是以葉氏為人物原型之一。詳參前文〈總述〉及
後文〈本譜〉。

順治十二年（乙未，1655）

徐元夢出生。

　　按：《清史稿・徐元夢傳》卷二百八十九載：「乾隆六年
（1741），卒，年八十七。」據此推算，應出生於本年。

　　徐元夢：《清史稿》卷二百八十九、《國朝耆獻類徵》卷十
二、《碑傳集》卷二十二、《國朝先正事略》卷九、《從政觀法
錄》卷十三皆有傳。略為：

> 徐元夢，清滿州正白旗人，字善長，一字蝶園，姓舒穆祿
> 氏。舒與徐滿音略同，因從漢姓姓徐。康熙十二年進士，累
> 官禮部侍郎、太子少保。元夢知名早，歷事三朝，在官垂六
> 十餘年，剛介負氣，不為威悚，以直言下獄者再。中年後。
> 精研理學。撫浙時，割俸修敷文書院，置田聚書，以惠學
> 者。卒諡文定。

乾隆元年（1736），楊名時賜禮部尚書銜，兼領國子監祭酒時，欲
聯合徐元夢推薦夏敬渠纂修《八旗通志》，雖未果，其事對夏氏影
響重大。夏敬渠壯遊京師時，與徐元夢關係深厚，徐曾贈送「名聞
天下，節冠江南」的聯題慶賀夏母六十大壽，且《野叟曝言》中，

文素臣剛介負氣，以直言下獄及為太子師之情節，部份亦採自徐元夢事跡。（詳〈本譜〉）

順治十七年（庚子，1660）

楊名時約生於此年。

《宗譜》卷十五〈內集·文辭〉夏宗瀾所撰〈與內舅祖楊聖翼書〉文後所附夏祖耀按語：「嘗聞諸先人曰：文定公（楊名時）幼即負笈吾家書塾，歷多年。曾祖父（夏敦仁）暨曾叔祖父遵路公（夏敦義）皆同學。文定公（楊名時）少曾祖父八歲，長遵路公二齡。」

　　按：楊名時，《清史稿》卷二百九十、《國朝耆獻類徵初編》卷六十三、《碑傳集》卷二十四、《國朝先正事略》卷十二，皆有傳。略為：

> 楊名時，字賓實，江南江陰人，康熙三十年（辛未，1691）進士，改庶吉士。李光地為考官，深器之，從授經學。任檢討提督、順天學政，貴州布政使，雲貴總督。政聲卓著。雍正時，因事落職，仍待命雲南。高宗即位，賜禮部尚書銜，兼領國子監祭酒，後兼值南書房、上書房等。……乾隆二年（1737），卒。贈太子少傅，賜祭葬。諡號文定。（詳《清史稿·楊名時傳》卷二百九十）

名時學主誠敬，邃於《易》理，著有《周易折中》、《性理真義》、《易義隨記》、《詩義記講》諸書。門人又輯其遺著為《楊氏全書》。

又：《清史稿·楊名時傳》未載其出生年，亦未載卒年幾歲。夏祖耀「按語」言其少夏敦仁八歲，大夏敦義二歲，推算約在順治十七年（庚子，1660）左右出生。

　　楊名時少時，附讀於夏氏私塾，與夏敦仁、夏敦義兄弟為同學好友，曾與夏敦仁合刻八股制義以行於世。夏敦仁死後，楊名時又以「同學友」的身份撰寫〈鄉賢夏君傳〉，使夏敦仁得以永續重祀鄉賢祠。而夏宗瀾拜父執楊名時為師，從其貶官於雲南，歷時七年；後蒙其推薦，任官國子監監丞。夏敬渠亦因楊名時的拔識而入京，雖未及薦用，楊名時病逝時，夏敬渠亦盡心為其辦理喪事。故夏家三代四人與楊名時的關係極其深厚，下文將陸續詳及。

　　《野叟曝言》中，賞識文素臣才學，欲薦舉其入朝為官，卻因病猝逝的「時公」，即是影射楊名時。

清·聖祖康熙元年（壬寅，1662）

二叔祖父夏敦義出生。

《宗譜》卷四〈南街宗世錄·第九世「敦義」〉：「敦義，霈次子，字遵路。邑庠生增生。例贈修職郎，候選訓導。康熙元年壬寅四月二十八日亥時生，康熙二十二年癸亥二月十四日申時卒。年二十三。……載《邑志·文苑傳》……無子，以兄敦仁次子宗漢嗣。」

康熙五年（丙午，1666）

三叔祖父夏敦禮出生。

《宗譜》卷四〈南街宗世錄·第九世「敦禮」〉：「敦禮，霈三子。字履中。例授儒林郎，考授州同知，太學生。康熙五年丙午（1666）六月二十二日亥時生。雍正十一年癸丑（1733）六月二十五日未時終，壽六十八……載《一統志》、《江南通志·孝義傳》……」

《宗譜》卷八〈小傳紀事·第九世「敦禮」〉：「敦禮，字履中，太學生，考授州同授儒林郎。工文礪行，屢試棘闈。孝友型家，閨門雍睦。伯兄調兄公志建宗祠，未逮而歿，能承其志，偕弟姪輩合貲營構，規制整飭，獻享秩然。尤好為福鄉里。雍正丙午（四年，1726）修葺學宮，以金三百餘捐倡，悉心籌畫，前後一新，並築玉帶河石岸。己酉（雍正七年，1729）董建先農祠，耕田壇壝折衷古制典法咸宜，督濬城河於黃田匣捐版設役，時其啟閉，及壬寅（康熙六十一年，1722）、甲辰（雍正二年，1724）間，累疏斜涇河，胥為通邑永利。癸卯（雍正元年，1723）歲歉，捐賑設廠。壬子潮災撈溺殮埋，無不協同子姪，捐助救濟，他若義棺義塚之設，寒衣藥病之施，請嚴宰牛之禁，預備救火之具，凡關民生利弊者，皆罄心力圖之。……事行載《大清一統志》及《江南通志》，與兄調元公同傳。」

《江南通志》卷一百五十八〈人物志·孝義〉：「弟敦禮，雍正元年（1723），賑饑，輸粟百石。四年（1726），邑令祁文瀚修學，首捐二百餘金，鄉黨咸多之」

康熙六年（丁未，1667）

楊名時負笈夏家書塾，歷多年。

《宗譜》卷七〈傳略行狀〉楊名時所撰〈鄉賢夏君傳〉：「夏君調
元，余同學友也。」

《宗譜》卷十五〈內集・文辭〉夏宗瀾所撰〈與內舅祖楊聖翼書〉
文後所附夏祖燿按語：「嘗聞諸先人曰：文定公幼即負笈吾家書
塾，歷多年。曾祖父（夏敦仁）暨曾叔祖父遵路公（夏敦義）皆同學。
文定公少曾祖父八歲，長遵路公二齡，故與遵路公年鈞相得，而推
服曾祖父學業尤至。及為諸生，砥礪切磋，講論無間。通籍後，以
制藝與曾祖父制藝合刻行世。」

　　按：楊名時幼時，負笈於夏家書塾數年，其起迄時間不可考，
茲暫定始於楊名時八歲。時夏敦義六歲、夏敦仁十六歲。

康熙九年（庚戌，1670）

祖母葉氏來歸，人稱賢孝。

《宗譜》卷七〈傳略行狀・夏母葉太君傳〉：「年十七，歸調元先
生。」

《宗譜》卷八〈小傳紀事・第十世「敦仁」〉：「配葉氏，……始
至，姑即以內治委。昇次第具舉，不言自辦。上事下睦，人稱賢
孝。

李光地中進士。

《清史稿·李光地傳》：「李光地，字晉卿，福建安溪人。……力學慕古。康熙九年成進士。」

康熙十二年（1673）

徐元夢中進士。

《清史稿》卷二百八十九〈徐元夢傳〉：「康熙十二年進士。」

康熙十七年（戊午，1678）

江陰大旱，曾祖父夏霈倡以工代賑，募饑民首度疏浚斜涇河，全活無算。

《宗譜》卷八〈小傳紀事·第八世「霈」〉：「喜行利濟事：康熙十七年（戊午，1678），旱。倡捐，得穀三百餘石，募饑民浚斜涇河，寓以工代賑之意，全活無算。」

> 按：夏氏親族疏浚斜涇河共七次之多，此為首次。

康熙十八年（己未，1679）

春，曾祖父夏霈捐粟百擔，命長子夏敦仁率眾疏濬斜涇河。夏，江陰大旱，合境俱荒，濱斜涇河萬餘畝獨稔。

《宗譜》卷八〈小傳紀事·第八世「霈」〉：「康熙十七年（戊午，1678），……逾年（十八年，己未，1679）復大旱，合境俱荒，濱斜涇萬餘畝獨稔，至今蒙其利。」

《宗譜》卷十七〈內集・詩詞〉載夏敦仁所撰詩，其詩題曰：「斜
涇河在妯娌山之陽，溉田萬計，歲久就湮，己未春（康熙十八年，
1679），先君子（夏霈）捐粟百石，命仁董其役濬之，是夏大旱，瀕
河田畝俱獲有秋。……」

　　按：此是夏氏親族第二次疏濬斜涇河。

康熙十九年（庚申，1680）

江陰水災，夏霈出粟修築九裏塘道路，使復爲坦道。與子夏敦仁疏
濬斜涇河，防旱澇災二十年。

《宗譜》卷八〈小傳紀事・第八世「霈」〉：「十九年（庚申，
1680）大水，九裏塘路圮，行旅頗溺。出粟修築，復爲坦道。」

《宗譜》卷十七〈內集・詩詞〉載夏敦仁所撰詩，其詩題曰：「己
未春（康熙十八年，1679）……明年（康熙十九年，1680）復繼濬河，遂流
通，旱澇有備者二十年。」

　　按：此是夏氏親族第三次疏濬斜涇河。

父夏宗泗出生。

《宗譜》卷四〈南街宗世錄・第十世「宗泗」〉：「敦仁長子，字
傳一，邑庠增生。康熙十九年（1680）庚申七月二十五日未時
生。」

　　按：夏宗泗學行、事略，對夏敬渠思想、行為及創作《野叟曝

言》之影響,詳參〈總述〉及後文〈本譜〉。

　　《野叟曝言》中,文素臣之父名「文繼洙」字「道昌」,即是影射夏宗泗。

李光地授內閣學士。薦施琅,康熙用之,卒平臺灣。

《清史稿·李光地傳》:「十九年,光地至京師。授內閣學士。入對,言:『鄭錦已死,子克塽幼弱,部下爭權,宜急取之。』且舉內大臣施琅,習海上形勢,知兵,可重任。上用其言,卒平臺灣。」(卷二百六十二)

　　按:因《野叟曝言》六十五回至六十七回,內容述及文素臣渡海來臺灣,且在閩臺沿海結交豪傑,作為他日為國立功的準備等。於是,方驥齡〈《野叟曝言》新評價〉、〈《野叟曝言》新評價補述〉二文❹,認為:《野叟曝言》「乃影射反清復明史實」,文素臣所聯絡的「金面犵聞人傑」,即影射鄭成功,林平仲即影射林爽文;而文素臣乃集合清初抗清領袖張煌言、朱舜水、顧亭林、黃道同、夏完淳父子於一身的代表人物。拙作〈《野叟曝言》有無反清復明思想?〉已辨正其錯誤❺。前文〈總述〉亦闡述夏家自夏敦仁以降,尊君崇禮的一貫家風。而夏敬渠屢應科舉、與權貴相往來、晚年擬迎鑾獻書等舉動,更證明其不可能有反清復明思想。

---

❹　方驥齡:〈野叟曝言新評價〉,中央日報,1966.6.18－19;〈野叟曝言新評價補述〉,中央日報,1966.8.4。

❺　詳見拙作《野叟曝言研究》第三章第三節〈《野叟曝言》有無反清復明思想〉,頁126－129。

再觀清朝能敉平臺灣鄭氏，李光地的獻計及舉才，居功至偉。對夏敬渠而言，李光地是他及整個宗族景仰的「李文貞公」，是叔父夏宗瀾的師祖，亦可算是他的「太師祖」，故從《野叟曝言》中，實在看不出有任何「背叛師門」的言論及情節。更何況夏敬渠的化身文素臣，歷覽臺灣時，自忖道：「這臺灣孤懸海外，山深菁密，若中國有事，亦一盜賊之窟。」（第六十五回），絕非把臺灣看成反清復明的神聖基地。

康熙二十二年（癸亥，1683）

二叔祖父夏敦義卒。祖父夏敦仁哭之慟，每祭必誦《楚辭》以招之。

《宗譜》卷四〈南街宗世錄·第九世「敦義」〉：「敦義……康熙二十二年癸亥二月十四日申時卒……年二十三。

《宗譜》卷七〈傳略行狀〉楊名時撰〈鄉賢夏君傳〉：「調元性肫摯……喪祭皆有禮法。次弟遵路，英才早世，調元哭之慟，每祭必誦《楚辭》以招之。」

按：夏敦仁在其弟敦義喪禮及祭典中，「哭之慟」，可知手足情篤。而不誦佛經、不唸道懺，在靈前「誦《楚辭》以招」弟魂魄的行為，則是落實其「重儒宗、闢二氏」的一貫主張。

母湯氏出生。

《宗譜》卷四〈南街宗世錄·第十世「宗泗」〉：「配湯氏，邑城

歲貢生岵瞻公諱周祚長女。康熙二十二年（1683）癸亥五月初八日子時生。」

《宗譜》卷七〈傳略行狀·湯孺人傳略〉：「孺人出自名門，高祖諱沐，明丙辰科（明神宗萬曆四十四年，1616）進士，累官至大理寺卿，贈工部右侍郎，以清節顯於時❻。祖邑庠生尚卿公、父歲進士岵瞻公，為諸生祭酒。……孺人外祖廷尉朱公諱廷鋐❼，為本朝名卿。外祖母徐夫人，又名媛也。」

按：湯氏系出名門，守節撫孤、宗仰理學、操守嚴苛，對夏敬

---

❻ 《光緒江陰縣志》卷十六〈人物志·鄉賢〉：「湯沐，字新之。宏治丙辰進士，授崇德令，崇人為立生祠。擢御史按山西，舉彈無所避，遷湖廣按察司僉事。值奄瑾擅政，怒不己附，斥為武義令。瑾敗，起為廣東僉事，理鹽政。釐剔奸蠹，不畏強禦。歷官浙江、廣東步政使，貴州、四川巡撫。其在浙，毛九寇孝豐；在蜀，芒部寇松藩，皆討平之。內召大理寺卿。值欽明大獄起，上意有所主。沐昌言曰：「律令高皇帝所定，臣死不敢縱舍。」用是三奏讞，三不稱旨。免官，家居六載，廷臣交薦，不起。孝友天值，性廉介。通籍三十餘年，僅有竹莊數畝。世廟嘗書額賜之，一曰「存敬」；一曰「處之泰然」。卒贈工部侍郎，諭賜祭葬。

❼ 《光緒江陰縣志》卷十六〈人物志·鄉賢〉：「朱廷鋐，字玉汝中。康熙己酉鄉舉，謁選上林縣教諭。壬戌成進士，授倡化令。值歲大饑，秦民流亡過半，當道檄許貸民代粟富室。廷鋐慮生變，請止之，亟出倉穀千百石賑濟。會得旨發賑，得免舉劾。以才能兼攝武功、同官、鄠縣三邑篆，各著政聲。督撫薦擢內擢御史，風節清剛。疏請官員以卓異行取者，不入常例。銓次又請：充發烏喇人犯，免其就五城枷責，不致負創道斃一條，著為定例。又長至郊祀，有大司農等七人，未與齋宿。廷鋐飛章彈劾，祀典整肅。歷陞奉天府丞大理少卿，皆恪謹盡職。以老致仕，卒於家。生平長於詩，所著有《南樓江花》等集。」

渠的思想、行為及創作有鉅大的影響。《野叟曝言》中，主角文素臣之母水夫人，即是以湯氏為主要的人物原型。詳參前文〈總述〉與下文〈本譜〉。

二叔父夏宗漢出生。

《宗譜》卷四〈南街宗世錄・第十世「宗漢」〉：「宗漢，敦義嗣子，字生二。例授修職郎，候選訓導，歲貢生。康熙二十二年癸亥（1683）八月二十二日辰時生，乾隆十一年丙寅（1746）十二月十八日未時終，壽六十四，著有《大易纂義》、《綠萼齋文集》……」

高斌出生。

　　按：《清史稿》卷三百一十〈高斌傳〉未載生年及卒歲，唯載：「（乾隆）十七年（1752），年七十，賜詩。」由此推算，高斌生於康熙二十二年（1683）。

　　高斌，《清史稿》卷三百一十、《國朝耆獻類徵》卷二十、《從政觀法錄》卷二十二、《國朝詩人徵略初編》卷二十三，皆有傳，略為：

　　　高斌，姓高佳氏，字右文，號東軒，滿州鑲黃旗人。好讀
　　　書，於經史外，博通先儒諸集。雍正間，由內府漕郎，累擢
　　　江南河道總督治河十餘年，疏奏最多，大都可為依據。曾官
　　　文淵閣大學士、太子少保、吏部尚書、兩江總督等職。乾隆
　　　二十年（1755）卒。二十三年（1758），賜諡文定。

現有資料中未載夏敬渠結識高斌於何時，推測可能在乾隆元年至四年間（1736－1739）夏敬渠壯遊京師期間。因乾隆七年（1742），任職直隸總督的高斌，已題「金石同堅」匾額贈夏母湯氏。且在乾隆十四年（1749）之前，夏敬渠已擔任高斌之幕僚，後來又受聘為高斌子高恆的幕賓。其兄夏敬樞、子夏祖焞皆與高家關係深厚。下文將依次述及。

孫嘉淦出生。

《清史稿》卷三百三〈孫嘉淦傳〉略載：字懿齋，山西興縣人。康熙五十二年進士。曾任國子監祭酒、順天府府尹，工部、刑部、吏部侍郎，署河東鹽政，直隸、湖廣總督、福建巡撫、刑部尚書、工部尚書、翰林院掌院學士、吏部尚書、協辦大學士等職。乾隆十八年十二月，卒，年七十一，諡文定。

按：《清史稿》載孫嘉淦乾隆十八年（1753）卒，年七十一，故其生年在康熙二十二年（1683）。

孫嘉淦對夏宗瀾、夏敬渠叔姪兩人，都有拔擢之情。夏敬渠亦採取其面折廷爭，忤逆君上之事，作為《野叟曝言》的內容素材（詳下文）。

康熙二十六年（1687）

母湯氏五歲，外祖父聘名師教之，讀書過目成誦。

《宗譜》卷七〈傳略行狀·湯孺人傳略〉：「……孺人幼穎悟，方五歲，岵瞻公即延名師教之，一過目成誦。」

康熙二十七年（戊辰，1688）

三叔父夏宗洛出生。

《宗譜》卷四〈南街宗世錄·第十世「宗洛」〉：「敦仁三子，字參三，號凝宇。邑庠生。康熙二十七年戊辰（1688）六月十六日子時生。乾隆二年（1737）丁巳三月二十五日酉時卒，年五十。」

《宗譜》卷八〈小傳紀事·第十世「宗洛」〉：「宗洛字參三，邑庠生，幼聰穎，通五經，年十九，以七藝獲雋。時同堂昆季文譽競起，有難兄難弟之目，幼弟宗瀾從受業，遂為異日經學胚胎，試棘闈十餘次，阨於遇，立品制行，言動皆有矩矱，學崇正誼，闢異端。立功過格，紀每日所行以自檢，克己強恕，不欺暗室。嘗拒一奔女且誨以義。孝父母，友兄弟發於肫誠，內外無間。居喪悉衷《儀禮》、《家禮》，不為習俗儀節。及齋醮三年絕酒肉。為善若不及：如雍正元年（1723）賑荒，四年（1726）修理廟學，七年（1729）濬河，十年（1732）瘞埋潮災浮屍且賑給衣食，舉『同善會』，施義櫃、茶湯、鐙履。十一年（1733），掩埋四城內外曝露屍棺；停棺待舉者助之。十二年（1734），獨董邑城十方菴賑廠。十三年（1735），鑄辦學官祭樂各器。乾隆改元（1736），踵祖德，重修城南九里塘岸，罔弗捐貲，執勞倡始。而癸丑（雍正十一年，1733）、甲寅（雍正十二年，1734）間，開建育嬰堂，總其務，購基營屋，立規置具，經閱三載，尤為盡瘁。所畫事宜咸重久遠。性耐勞苦，精神心力之運，無處不到；興事就功，始終完密，無留餘憾而不自居其功。壬子（1732）潮災之役，撫軍奉旨，訪恤死賑貧者，

具題議敘列事實第一，辭焉。……」

　　按：夏宗瀾幼從三兄宗洛受業；夏敬渠幼年受教於五叔夏宗瀾。故二位叔父對夏敬渠之學行、思想有不少影響。

　　又：《野叟曝言》中：第六回〈劉璇姑降志酬恩〉、第十一回〈竦論醒病人回生起死〉（據精鈔本回目。若坊間版則回目為〈喚醒了緣回生起死〉）、第十七回〈惡藥迷心貞媛排徊理欲〉，第七十回〈深宵談正義盡洗塵心〉，以上四回內容中，女子或受親人強迫、或因愛慕男子、或受春藥迷心、或欲擺脫惡夫，都有「不顧羞恥」及「自動獻身」的激烈行為。而文素臣或婉言相勸、或嚴辭開導、或急智化解。總之，皆是秉持「發乎情止乎禮」的原則，做到「不欺暗室」的效果，使得原先已踰越男女大防「自薦枕席」的女子，復歸於守禮全節，不及於亂。此類情節，固然為一般古典小說所常有。但推測三叔父夏宗洛「嘗拒一奔女且誨以義」之事，對姪兒夏敬渠創設此類小說情節，應該也有靈感提示、精神鼓動或提供素材等作用。

康熙二十八年（己巳，1689）

曾祖父夏霈卒。

《宗譜》卷四〈南街宗世錄・第八世「霈」〉：「國朝康熙二十八年己巳（1689）閏三月初五日未時終，壽六十一。」

祖父夏敦仁行篤孝友，侍父臥病十餘年。父歿後，奉母益謹，友于諸弟。且與弟共寢母寢門內十餘年。

《宗譜》卷八〈小傳紀事·第九世「敦仁」〉：「行篤孝友，侍父臥病十餘年，服勞盡瘁。歿後，奉母益謹，督諸弟學，訓課殷切，疾痛痾庠無不關。」

《宗譜》卷七〈傳略行狀〉楊名時所撰之〈鄉賢夏君傳〉：「時太孺人年近七旬，調元與諸弟怡怡色養，晚則共寢寢門內，如是者歷十餘年。」

康熙二十九年（庚午，1690）

四叔父夏宗淮出生。

《宗譜》卷四〈南街宗世錄·第十世「宗淮」〉：「宗淮，敦仁四子。字維四，奉祀生。康熙二十九年庚午十二月十一日午時生，雍正十二年甲寅九月初五日卯時卒。年四十五」

　　按：《江陰夏氏宗譜》中完備的「世系圖表」乃成於夏宗淮之手。據《宗譜》卷八〈小傳紀事·第十世「宗淮」〉載：「宗淮，字維四。抱樸履和，怡然自樂，嘗手輯《宗譜》，成世系圖表。」又《宗譜》夏敬顏所撰〈跋〉載：「甲辰（乾隆四十九年，1784）春季，有山左之行，得先世父維四公譜稿，略草錄一通，……乃裒集南北數分，手錄一編。」故《江陰夏氏宗譜》較早之「譜稿」亦是成於夏宗淮之手。

康熙三十年（辛未，1691）

楊名時中進士，李光地為考官，深器之，從受經學。

《清史稿·楊名時傳》：「楊名時，字賓實，江南江陰人。康熙三十年（辛未，1691）進士。改庶吉士。李光地為考官，深器之，從受經學。」（卷二百九十）

康熙三十四年（乙亥，1695）

母湯氏年十三，穎悟博學。效法古列女，不欲以才見。

《宗譜》卷七〈傳略行狀·湯孺人傳略〉：「……年十三，始出學舍，已博通今古。……讀書見大意，動以古列女為法，不欲以才見。」

康熙三十八年（己卯，1699）

五叔父夏宗瀾出生。

《宗譜》卷四〈南街宗世錄·第十世「宗瀾」〉：「敦仁五子，字起八，號震軒。敕授文林郎，特授國子監監丞，舉經明行修，邑庠生入太學。康熙三十八年己卯十月初七日未時生。乾隆二十九年甲申九月二十七日巳時終，壽六十六，……有《易卦箚記》、《易義隨記》、《詩義記》、《講師文集》。」

《宗譜》卷七〈傳略行狀·監丞夏公傳〉：「公諱宗瀾，字震軒，……少孤，家貧，課徒自給。然好義勇為，遇人急難，每忘己以拯之。嘗值歲飢，奉母命糶產以賑餓者，鄉里多德之。……

　　同邑楊文定公名時，方撫滇南，於公為父執，遂徑遊其門，親

授經義，昕夕講貫，居滇七年而經學益邃。其間，文定以事閒居，公猶隨侍左右，歷數寒暑。比歸，而所學充然矣。越數載，高宗御極，道起文定於滇，授為大宗伯，領國子祭酒，九卿各舉經明行修之士任助教，文定特以公薦。詔為國子監監丞，掌繩愆廳，領六堂。……以試員誤領雙俸事落其職。迨後，聖駕南巡，始以迎鑾恩復之，而不及用矣。

蓋公性亢直，有山嶽之慨，遇事侃侃，不撓於權貴，用是多取時怨。初文定領太學未逾年卒，合河孫文定公繼之，旋移撫直，後其任者，多與公不諧，故不得久於其位也。

公有幹濟才，遇事多排難解紛，使人釋怨修德。……乾嘉以來，士大夫倡為聲音、訓詁、校讎之學，海內士子競騖，時局靡然向風，其有探索經旨，從事義理者，輒詬厲以為不足道。……公嘗游楊文定公之門，因以得李文貞公（即李光地）之墜緒，恪守師訓，沈潛經義以自信於心而傳諸人。」

《宗譜》卷十七〈內集詩詞〉夏宗瀾〈五十自敘寄內〉詩末附夏祖耀按語：「祖耀按：叔祖父幼穎多材，及遊楊文定公門，理學既深，聞見益擴，故其材極大，當時如浙西杭世駿，浙東齊召南，名高鴻博，然視之無不及，而卒不能如諸人之遇者，蓋以字體奇崛，詩文俱學昌黎、少陵，非時所好耳。」

按：五叔父夏宗瀾年長夏敬渠六歲，二人皆幼年喪父，叔姪同命相依，情誼親厚，夏敬渠十三歲時又曾受業於叔父，故夏宗瀾崇理學、斥佛道的言行，影響夏敬渠思想及創作頗深。

《野叟曝言》中，文素臣的五叔父「文雷」字「觀水」，即是

影射夏宗瀾，「觀水」乃引申「宗瀾」也。

夏母湯氏為父吮癰。

《宗譜》卷七〈傳略行狀・湯孺人傳略〉：「昔孺人父岵瞻公患癰，毒不得出，楚甚。孺人為吮之，痛遂減。岵瞻公垂淚謂孺人：『願爾子孫孝爾，如爾孝我！』」

　　按：《宗譜》未記載湯氏為父吮癰事在何年，茲暫定於其于歸之前一年。

康熙三十九年（庚辰，1700）

母湯氏最遲於此年于歸。

　　按：《宗譜》未記錄湯氏于歸之期。茲以年齡推算，其十六歲（康熙三十七年，1698）至十八歲（康熙三十九年，1700）應為適婚之期，且長子夏敬樞於明年十一月出生，故湯氏最遲於今年于歸。

夏宗泗夫婦同研經史、心性之學。伉儷情深且兼師友之助。

《宗譜》卷七〈傳略行狀・湯孺人傳略〉：「公（指夏宗泗）承先世忠孝，績學勵行，無間寒暑。孺人脫簪珥資膏火，每一燈徹旦，相與研究經史，辯論得失，雖伉儷而實有師友之助焉。孺人⋯⋯與傳一公相切劘者，皆聖賢心性學。一切詩賦文詞，屏勿道也。」

康熙四十年（辛巳，1701）

兄夏敬樞出生。

《宗譜》卷四〈南街宗世錄·第十一世「敬樞」〉：「宗泗長子。康熙四十年辛巳（1701）十一月初九日辰時生。」

　　按：《野叟曝言》中，文素臣之兄「文真」字「古心」，即是影射夏敬樞。（詳參〈總述〉）

康熙四十一年（壬午，1702）

繼配黃氏出生。

《宗譜》卷四〈南街宗世錄·第十一世「敬渠」〉：「繼配黃氏，青暘鎮邑庠廩生於岡公長女。貤封孺人。康熙四十三年（1704）甲申十月二十五日生，乾隆四十一年（1776）丙申二月初十日巳時終，壽七十三。」

　　按：《野叟曝言》中，文素臣正妻「田氏」，乃是夏敬渠以其繼配黃氏作為小說的人物原型（詳參〈總述〉）。「田」者，蓋取「黃」之部首也。

李光地薦楊名時督順天學政，尋遷太子侍讀。

《清史稿·楊名時傳》：「四十一年，督順天學政，用光地薦也。尋遷侍讀。」（卷二百九十）

本　譜

康熙四十四年（乙酉，1705）　　一歲

夏敬渠出生。

《宗譜》卷四〈南街宗世錄・第十一世「敬渠」〉：「康熙四十四
年乙酉（1705）五月初九日亥時生。」

　　按：《野叟曝言》主角「文白」字「素臣」，即是作者夏敬渠
的化身。「文白」即析「夏」姓為二；「素臣」則取義闡揚儒道，
為素王孔子的「聖教功臣」（第一回回目）。

康熙南巡，夏敦仁迎鑾，賦詩表頌，並進〈乞修二十一史策〉。降
旨隨班擢用。以養親辭。

《宗譜》卷十四〈著述〉載夏敦仁撰「《十七史論要》十卷。」

　　夏祖耀按語：「祖耀識曰：『康熙乙酉歲（四十四年，
　　1705），聖駕南巡。先生嘗獻文行在，賦詩表頌而外；復進
　　〈乞修二十一史策〉。大略謂史多繁略不一，重複不倫；或
　　體製殊而記載謬，欲請約二十一而為七：自唐虞迄周秦為
　　《古史》，合兩漢、三國為《漢史》，附十六國春秋於《晉

史》，增志表於延壽之紀傳為《南北史》。併新舊兩唐書而附以五代史，如晉書十六國例為《唐史》，趙宋為南，遼金為北，如延壽之例為《後南北史》，而增補明修元史之掛漏為《元史》。趑哉！言乎先儒未之及也。乃蒙隨班擢用之旨，卒以養親辭……竟抱遺編（指《十七史論要》）以老。……』」

《欽定四庫全書總目》卷九十〈史部四十六·史評·存目二〉：「《十七史論》九卷、年表一卷，江蘇巡撫採進本。國朝夏敦仁撰，敦仁字調元，武進人（按：誤，江陰人也）。是書論斷史事，始於漢，終於五代。大抵陳言每代各列世系於前，僭偽之國皆然。末年表一卷，以帝王與僭偽並列，而所紀，始漢終元，與十七史數不相符，未喻其故。」

《宗譜》卷七〈傳略行狀〉楊名時所撰〈鄉賢夏君傳〉：「某某歲，聖祖皇帝南巡，學使者徵江左表頌，匯為《聖武颺言集》。首錄調元（即夏敦仁）文以進。令迎謁所在，獻詩文若干首。奉旨隨班候擢用，以親老不果行。……方調元詣行在歸，文名藉甚。」

按：康熙、乾隆多次南巡，士子多有迎鑾獻詩、呈文、進表策之舉。此番夏敦仁詣康熙行在所，「賦詩表頌」並「進〈乞修二十一史策〉」的行為，對後世子孫亦有鼓勵及示範作用。其子夏宗瀾、堂姪夏宗沂、孫夏敬渠，都過有「迎鑾」之舉（三事詳下文）。

又：夏敦仁所著《十七史論要》十卷，今收於欽定四庫全書總目》卷九十〈史部四十六·史評·存目二〉中，由夏祖耀的「按

語」，可推知其內容大概。而夏敬仁將「二十一史」簡化「約為七」；其孫夏敬渠《綱目舉正》則將「三皇迄元順帝」的二百五十九條史論，繫分為四卷（詳前引文《綱目舉正·目錄》），同樣是秉持「禦繁於簡」的處理原則。而夏敬渠撰〈自擬進《綱目舉正》表〉的用意，與祖父夏敦仁寫〈乞修二十一史策〉的目的，亦相差無幾。可見夏敦仁的史觀、史論及具體行動，對夏敬渠都有不小的影響。

李光地拜文淵閣大學士。康熙御纂諸書，皆命其校理。

《清史稿·李光地傳》：「四十四年，拜文淵閣大學士。時上潛心理學，旁闡六藝，御纂《朱子全書》及《周易折中》、《性理精義》諸書，皆命光地校理。日召入便殿研求探討。」（卷二百六十二）

康熙四十五年（丙戌，1706）　二歲

三叔父夏宗洛，年十九，以七藝獲雋。

《宗譜》卷八〈小傳紀事〉夏宗洛：「宗洛字參三，邑庠生，幼聰穎，通五經，年十九，以七藝獲雋，時同堂昆季文譽競起，有難兄難弟之目。」

康熙四十六年（丁亥，1707）　三歲

元配朱氏出生。

《宗譜》卷四〈南街宗世系・第十一世「敬渠」〉：「配朱氏。邑庠增生禹臣公諱作霖長女。貤贈孺人。……康熙四十六年（1707）丁亥正月十六日辰時生。」

康熙四十七年（戊子，1708）　四歲

夏敬渠坐父膝上嬉戲，父教其識字。

《浣玉軒集》卷四〈孤兒行〉：「記得孤兒四歲時，坐父膝上把父鬚。盤中青豆數百粒，兒口流涎心欲食。父啓經笥共兒戲。一粒入口識一字，須臾案上盤已空。將兒橫抱向懷中。抱兒入房語兒母，此兒不愧吾家風。……」

　　按：夏敬渠摘取此段與亡父相處的溫馨記憶，誇大描寫為文素臣天生不凡的資質及欲為聖賢的抱負：

　　　　素臣幼慧，方四歲時，即通四聲之學。文公每置膝上，令其諧聲，以為笑樂。偶問其志，「願富貴否？」曰：「願讀書。」「欲中狀元否？」曰：「欲為聖賢。」文公頗驚異之。❶

---

❶　夏敬渠在學理、思想上，崇程、朱，斥陸、王，但是在《野叟曝言》中，卻大量採用王陽明事跡，作為素材。如據明・錢德洪《王文成公年譜》載：王陽明幼時曾請教塾師：「『何為第一等事？』塾師曰：『唯讀書登第耳！』先生曰：『登第恐未為第一等事，或讀書學聖賢耳！』公（按：王陽明之父王華）聞之笑曰：『汝欲作聖賢耶？』」

曾祖母葉氏卒。祖父夏敦仁哀毀盡禮，得疾。

《宗譜》卷七〈傳略行狀〉楊名時所撰之〈鄉賢夏君傳〉：「……調元春秋五十有七矣！丁內艱，哀毀盡禮，遂得疾。」

《宗譜》卷十〈表章·祠坊「崇祀九世敦仁」〉：「丁母艱時，年五十有七，猶親苫塊，毀瘠盡禮，如居父喪。以年老，悲傷成疾，不二年而即殞。時感其孝行者，咸嘖嘖稱歎，至有泣下者。」

夏敦仁命表弟葉松年、子宗漢，協助官府疏濬斜涇河。

《宗譜》卷十七〈內集·詩詞〉載夏敦仁詩，詩題曰：「……明年（康熙十九年，1680）復繼濬（斜涇）河，遂流通，旱澇有備者二十年。……今淤如故，戊子春（康熙四十七年，1708）復有事茲役，而重罹大故（按：指母喪），不獲身至河，干邀二尹王公主其事，表弟葉松年及宗漢實左右焉，河流深闊更倍於前，王公作詩見詒，步韻以答。詩曰：

　　「單車董戒涉河涯，鼛鼓聲傳傳惡澤賒。佚道使民曾不怨，天工時亮信非誇。直教揚子三春水，遍溉蓉城一縣花。京兆三王應濟美，頌聲知屬使君家。」

《宗譜》卷七〈傳略行狀〉楊名時所撰之〈鄉賢夏君傳〉：「然調元雖不遇，其立功施惠，未嘗不歷歷可稱道。城南有斜涇河，引江潮溉田，可千頃。沙泥淤積，遂至壅塞。調元凡一再浚之，深廣加倍，民賴之至今。」

按：此為夏氏親族第四次疏濬斜涇河。

康熙四十八年（己丑，1709）　五歲

祖父夏敦仁病重，猶讀書不輟。

《宗譜》卷七〈傳略行狀〉楊名時所撰之〈鄉賢夏君傳〉：「（母喪）甫服闋，病益劇，猶披覽不輟。」

康熙四十九年（庚寅，1710）　六歲

祖父夏敦仁卒。

《宗譜》卷四〈南街宗世錄·第九世「敦仁」〉：「康熙四十九年庚寅（1710），閏七月初九日卯時卒，年五十九。」

《宗譜》卷十七〈內集·詩詞〉夏宗瀾〈五十自述寄內〉：「我本鄉賢第五子，掌珠愛惜矜無雙。……年甫十二失吾父，煢煢在疚危巢傾。」

臨歿，作〈臨終吟〉詩。

《宗譜》卷七〈傳略行狀〉楊名時所撰之〈鄉賢夏君傳〉：「臨歿，作歌云：『讀書略觀大意，理學經濟未優』，意欿然也。」

《宗譜》卷十七〈內集詩詞〉夏敦仁〈臨終吟〉：「讀書略觀大意，理學經濟未優。此去性靈不昧，再生取次研求。」

遺命子孫，喪禮不採佛、道儀式；僅須於靈前誦讀五經。

《宗譜》卷十七〈內集詩詞〉夏宗瀾〈家忌〉：「……吾父有遺言，生平富經籍，既無佞佛情，豈有談真癖？他年逢子卯，須把墳典繹。」

《宗譜》卷十五〈內集文辭〉夏宗瀾〈與內祖楊聖翼書〉：「先父命諸子曰：『遇忌日不得做佛事，但就室中設我位，諸子俱朗誦五經一過。死而有知，必欣然聽之。』古人所謂思其嗜好者是，不肖輩至今奉命不敢違。」

親友中有誦五經畢，各經作贊一首，向柩前白之之舉。

《宗譜》卷十五〈內集文辭〉夏宗瀾〈與內祖楊聖翼書〉：「為當日親友當先父新喪，來喪，次誦五經畢；文人技癢，各經作贊一首，向柩前白之，此為多事。然未嘗如釋道所謂跪拜而節以魚鼓者。」

　　按：夏氏親友弔夏敦仁之喪時，「誦五經畢，文人技癢，各經作贊一首向柩前白之」的舉動，後來有心人竟誣指夏家「誦五經作佛經為奉邪教」，以此欲阻止夏敦仁入祀鄉賢祠；且縣府重修《江陰縣志・鄉賢傳》時，又羅織此事，作為夏敦仁不能立傳的理由之一，下文將詳及。

父夏宗泗、母湯氏居喪，哀毀踰恆。

《宗譜》卷七〈傳略行狀・湯孺人傳略〉：「康熙庚寅潤七月，傳一公遘父喪，水漿不入口者三日。既殯後，日惟食糜粥一盂。晝夜哀號，擗踊骨立，孺人無一言諫止，而苫塊號泣，顧一如傳一公。

或謂孺人宜少節哀，勸夫子不宜太過，以傷死者心。孺人泣曰：
『喪致其哀，豈有當大故而可惜其軀命者乎？夫子固不能聽，予也
何忍言也。』」

十二月，將葬。天大寒，夏宗泗臥父墓穴，暖壙兩晝夜，致疾不
起。

《宗譜》卷八〈小傳紀事·第十世「宗泗」〉：「宗泗至性過人，
喪父哀毀。將葬，天大寒，不忍親靈入冷穴，乃身先臥壙中兩日夜
暖之，致疾不起。邑人以為死於孝。」

《宗譜》卷七〈傳略行狀·夏節母傳〉：「江陰夏節母者，傳一先
生之元配也。先生至性過人，喪父哀毀。葬有日矣，先臥窆中兩日
夜。時天寒，不忍父棺入冷穴，特創意以身暖之，竟以是致疾
卒。」

《宗譜》卷七〈傳略行狀·湯孺人傳略〉：「是歲（康熙四十九年，
庚寅，1710）十二月，喪調元公。開壙後，公不忍以父棺入冷穴，臥
穴中暖之。孺人知之，哭謂公曰：『此則恐傷死者心，毀不滅性，
嚴冬大寒，可臥穴中兩日夜乎？』力勸服藥，公哭泣勿暇，因是致
病。」

康熙五十年（辛卯，1711）　七歲

江陰鄉紳初次呈請崇祀夏敦仁於鄉賢祠，有司認為所開列事跡堪膺
崇祀，但尚宜俟年久論定，再行結報。

《宗譜》卷十五〈內集文辭〉所錄夏宗瀾〈與內舅祖楊聖翼書〉，
文末夏祖耀按語云：

> 「祖耀按：……是曾祖父調元府君，於康熙五十年，合邑紳
> 士孔毓璣、楊大輅等五十餘人，開具行實，呈請學使銅仁張
> 公元臣，懇予崇祀鄉賢祠。荷飭由縣府司申詳。隨據儒學縣
> 府遞詳至司。緣藩臺金公雖以所開事跡堪膺崇祀，但尚宜俟
> 年久論定，再行結報。」

　　按：有關呈請有司崇祀夏敦仁於鄉賢祠，所開列夏敦仁事跡，
據《宗譜》卷十〈表章·祠坊「崇祀九世敦仁」〉載如下：

> 「生（指夏敦仁）潛心理學，於關、閩、濂、洛諸書，窮年探
> 討，深切著明，以身體力行為本。靜存動察，至老不倦。至
> 於旁通史籍，淹貫百家，又其餘事。」
> 「生丁母艱時，年五十有七，猶親苫塊，毀瘠盡禮，如居父
> 喪。以年老，悲傷成疾，不二年而即殞，時感其孝行者，咸
> 嘖嘖稱歎，至有泣下者。」
> 「生學術一歸中正，教授裏中；廣集有志之士，相與講貫
> 者，無非儒先奧義、聖賢指歸。重儒宗，闢二氏；先器識，
> 後文藝；一切陰陽術數之說，以及綺詞艷曲，必加禁斥。一
> 時學者識入道之門，屏輕浮之習，大抵倡明之力居多。」

父夏宗泗病危。臨終前，焚貧人所欠債券。

《宗譜》卷七〈傳略行狀·湯孺人傳略〉：「公性慷慨，喜周急。

孺人奮資千餘金，公悉散於窶人，而猶責其券。孺人曰：『此窶人豈得償耶，何券為？』公曰：『不券將無以處人。』孺人韙之。奩已盡，貸者猶踵相接也。公復貸於人以應之。及公易簀時，謂孺人挈篋來，出諸券，皆火之。」

妹出生。

《宗譜》卷四〈南街宗世錄·第十世「宗泗」〉：「女一，適邢泗港胡檟靈輝甫，奉祀生宗秩公諱淵三子。」

《浣玉軒集》卷三〈悼七妹文〉：「粵至辛卯年冬，龍蛇運厄。珠胎孕腹，正先嚴易簀之時；玉蕊辭苞，值家母靡筓之日。麻衣作袿，何來蜀錦吳綾？弔客盈門，詎設餳湯粉餅？載置之地，誰能懷抱以三年？共寢於苫，未得嬉弄於一日。……」

　　按：夏敬渠胞妹在其父夏宗泗過世前出生❷。《浣玉軒集》中，有不少詩文提及胞妹，可知其一生概況、兄妹的互動及對夏敬渠的影響。《野叟曝言》中，文遺珠、未鸞吹、及沈素娥三位角色，皆有部份情節影射其妹。（詳參〈總述〉）

十二月，父夏宗泗卒。年三十二。

---

❷　由《浣玉軒集》卷三〈悼七妹文〉：「珠胎孕腹，正先嚴易簀之時；玉蕊辭苞，值家母靡筓之日」數句，實難以確知夏氏妹是在其父去世前或後出生。今據《宗譜》卷七〈傳略行狀·湯孺人傳略〉得知，夏宗泗死後，湯氏「水漿不入口者三日矣！」且「絕粒者八日矣！」倘當時夏氏妹尚未出生，湯氏應當顧忌己死胎兒必亡，一屍二命，其「誓不欲生」的行為，或許就不會如此決絕激烈。因此推測夏氏妹應在夏宗泗死前出生。

《宗譜》卷四〈南街宗世錄‧第十世「宗泗」〉：「敦仁長子……康熙五十年辛卯十二月十六日巳時卒，年三十二。」

按：《野叟曝言》首回，言文素臣的家世：「忠孝傳家，高曾祖考俱列縉紳」確實是夏敬渠祖考的寫照。而文素臣的父親：「字道昌，名繼洙，敦倫勵行，穎識博學，由進士出身，官至廣東學道。……年止三十，卒於任所。」蓋「宗」者「繼」也；洙、泗合流，「道」學以「昌」，故「文繼洙」即是「夏宗泗」的影射。文繼洙早逝，乃夏敬渠影射其父早逝的事實；至於科名、任官等事，則是為推展小說情節且尊崇其父所虛設。

湯氏以夫死於孝，誓不欲生，絕食八日。姑葉氏二度親諭之，始進食。

《宗譜》卷七〈傳略行狀‧湯孺人傳略〉：「明年辛卯，公遂卒。孺人痛公之死於孝也，誓不欲生，水漿不入口者三日矣。既殯後，仍不進勺水，親串皆勸之，不聽。葉太君聞之，親往諭，始勉承命，進水漿，然猶未食粒米。又數日，葉太君泣諭之，孺人仍進粥。蓋絕粒者八日矣。」

《宗譜》卷七〈傳略行狀‧夏節母傳〉：「……（夏宗泗卒），母時年二十九，有姑在堂，禁之得不死。」

按：今《浣玉軒集》卷三〈孤兒行〉，乃夏敬渠追述七歲喪父之情況及自幼失怙之悲慟：

《浣玉軒集》卷三〈孤兒行〉「……孤兒七歲老父亡，麻衣

如雪過中堂。中堂靈帷閟青火，孤兒一見心悲傷。悲傷兒父惜兒心，天匪高兮淵匪深。兒讀為兒加餐飯，兒嬉為兒罷飲醇。……噫嘻乎！父之愛兒有如此，兒之報父長已矣！噫嘻乎！人皆有父兒獨無，兒欲養父父不起。噫嘻乎！孤兒之長不如幼，孤兒之生不如死。……」

又：《野叟曝言》第十一回有「古風」一首，乃文素臣回憶七歲遭父喪，其母椎心泣血並艱苦持家之情況，可視為夏敬渠初遭父喪時的真實寫照：

「……我生七歲我父亡，音容至今都渺茫。寡母苦塊血已枯，宵來紉績茹苦荼。……」

康熙五十一年（壬辰，1712）　八歲

父死踰月，母承父志，盡焚貧人所欠債券。

《宗譜》卷七〈傳略行狀·湯孺人傳略〉：「……（夏宗泗卒），逾月後，孺人理舊篋，則券猶有存也，尚數百金，復火之，曰：『此夫子之志也』。當是時，人之貸公者皆火矣，而公之貸人者且四五百金固在也。」

按：夏氏家風好義若渴，夏父宗泗生前之樂善好施，前文已詳述。夏母湯氏玉成其夫之善行，功不可沒。當時湯氏「奮資千餘

金」❸，都被夏宗泗「悉散於嫠人」。倘湯氏生性吝嗇，無濟世助人之熱忱，焉能成就其夫好義若渴的行為？且當「奮已盡，貸者猶踵相接也，公復貸於人以應之」的時候，湯氏亦未加阻止。「及公易簀時，謂孺人挈篋來，出諸（債）券，皆火之。」時，湯氏亦玉成其事。甚至在其夫死亡「逾月後，孺人理舊笥，則券猶有存也，尚數百金，復火之，曰：『此夫子之志也』」可見夏宗泗固然樂善好施，然其背後的資源及力量，實來自其妻湯氏無怨無悔的付出。

祖母葉氏析產。母湯氏鬻所分田產償債。雖母家債亦必償之，其弟不敢辭。

《宗譜》卷七〈傳略行狀・湯孺人傳略〉：「公（指夏宗泗）歿後，葉太君始析產。孺人得田五十而分債且數百金。葉太君念孺人貧且寡，特以逋孺人父岵瞻公者分孺人，意可緩於償也。孺人鬻所分田償公債，乃併此償之，曰：『雖兄弟亦債也，不可使夫子有負債之名』蓋是時岵瞻公已歿矣，諸弟欲勿受，憚孺人方嚴，不敢言。而孺人於是貧甚。」

《宗譜》卷七〈傳略行狀・夏節母傳〉：「夏氏之先好施，以是毀其家。傳一先生時，有債半千金。母鬻田以償，曰：『不可使夫子有遺憾』雖所負母家者，亦必償。」

母湯氏償債後愈貧，孝養媌姑葉氏卻豐厚盡力。

---

❸　本段引文全引自《宗譜》卷七〈傳略行狀・湯孺人傳略〉。

《宗譜》卷七〈傳略行狀·湯孺人傳略〉:「而孺人於是貧甚。孺人雖貧,所以養葉太君特甚腆。歲時伏臘,猶羅列珍美,富厚之家勿如,而私所食,則惟脫粟麥飯耳。」

　　按:湯氏刻苦盡孝、及下文夏敦禮恤助夏敬渠母子二事,《宗譜》資料皆未標年月。因其事發生在夏宗泗卒後,且不僅僅限於某年,茲暫置於此。

湯氏堅持分擔建宗祠的費用;又嚴拒「建祠金」、「公田」的救濟。

《宗譜》卷七〈傳略行狀·夏節母傳〉:「族人哀其志,欲分建祠金併公田以瞻母。母堅不受。」

《宗譜》卷七〈傳略行狀·湯孺人傳略〉:「時特有公□(疑「款」字)可千金。若時公遺為建祠費。諸叔祖議實大司成曹峨嵋公「漫園」為之。或念孺人孤苦,欲孺人勿與,分其金以資薪水。孺人慨然曰:『吾子將營宮室,宗廟為先,祠成實居先祖尊章,暨先夫子皆將安侑焉!是何可以不與?』

　　又有老分公田八十畝,亦若時公(夏霈)所置,每歲計所入以周族里之甚貧乏者。小分公田二十畝,調元公(夏敦仁)所置,為掃墓祭祀之用。或謂孺人貧乏,乃更勝於族與里之貧乏者;且打掃祭祀,分年輪值,亦無須二十畝之入。八十畝內,孺人可分五畝;二十畝內,孺人亦可分五畝,佐饘粥費。

　　孺人曰:『此祖宗法度,可自我廢乎?與其悖祖制而生,孰若遵祖制而死乎?』聞者咸嘆服。」

　　按：湯氏不只辭謝「建祠金」的周濟，又堅持分擔建祠的費用。且寧可因貧而死，也不願違悖祖制，接受公田的救濟。其操心甚苦矣！

　　考夏氏宗族擬以「漫園」建祠之事，可能另覓他處，不果行，故《宗譜》中再無相關記載。且夏敬渠《浣玉軒集》卷四有詩〈題漫園〉：

　　　　繁華勘破海天空，巨沼遊麟逐斷虹。漉酒葛巾澆月白，研朱春露點花紅。高吟唐句迎朝籟，低撥餘弦送暮鴻。香細風和成樂事，青山猶識醉時翁。

此詩僅是一般遊園抒情之作，倘夏氏宗祠建於「漫園」，詩旨及詩情必不僅僅如此也。

叔祖夏敦禮周濟夏敬渠母子。湯氏推多受少，寧以十指自贍，宴如也。

《宗譜》卷七〈傳略行狀·湯孺人傳略〉：「調元公弟履中公（夏敦禮），重孺人節孝而憐其貧寠，歲時稍稍周之。孺人念其為傳一公胞叔，義不得辭，則推多受少。曰：『免死而已矣！敢多取以玷夫子清節？』餘則概謝弗受，寧以十指自贍，雖粥不繼，宴如也。」

湯氏嚴以教子，不因孤子而有姑息。

《宗譜》卷七〈傳略行狀·湯孺人傳略〉：「教子以義，方有不率，撻之流血。或謂：『此孤子也，何忍如是？』孺人曰：『惟孤

子乃愈不敢姑息耳！』」

　　按：《野叟曝言》第十一回「古風」，部份內容描述文素臣父亡後，母水夫人辛勤教子識字，又嚴加管教之情景，可與夏敬渠的童年真況相呼應：

　　　　……篝燈教字還勤劬，嗟予少小何所知？惟知逐逐為兒嬉，
　　　　母怒責兒兒叫哭，慈母傷心淚謖謖……

康熙五十二年（癸巳，1713）　九歲

孫嘉淦中進士。

《清史稿》卷三百九十〈孫嘉淦傳〉：「康熙五十二年進士。」

　　邑人以夏宗泗死於孝，請旌。時議以暖壙不經，與割股事相類，駁不准。

《宗譜》卷七〈傳略行狀·夏節母傳〉：「初，邑人以傳一先生死于孝，請旌，時議以暖壙不經，不予旌。」

《宗譜》卷七〈傳略行狀·湯孺人傳略〉：「而知傳一公之死於孝也，有為公請旌者，時議以暖壙不經，與割股事相類，駁不准。」

　　按：邑人為夏宗泗請旌，被駁不准之事，《宗譜》未標明日期。按前例，初次呈請有司崇祀夏敦仁於鄉賢祠，乃在夏敦仁卒後一年餘，故將此次請旌不准之事，暫置夏宗泗卒後一年餘。

　　又：邑人為夏宗泗請旌不准之事，影響極大：㈠是湯氏因丈夫

「不得以孝旌也，故不欲己之以節旌」（〈湯孺人傳略〉）因此，雖守寡四十三年，卻在其有生之年，拒絕上報朝廷，旌表貞節。㈡是精通醫學的夏敬渠，竟然在《野叟曝言》一三一回〈八片香胠脾神大醒〉，大寫割股療親、藉「孝感天地」的故事，為父母申述委屈（詳〈本譜〉乾隆七年條）。

康熙五十三年（甲午，1714）　十歲

從叔兼詩文知己夏宗沂出生。

《宗譜》卷四〈南街宗世錄・第十世「宗沂」〉：「敦禮四子，字躍干，一字藥芊，號蘭台。邑庠生入太學，準貢生。康熙五十三年甲午（1714）五月初二日亥時生，乾隆二十三年戊寅（1758）九月初六日寅時卒，年四十五。著有詩文集《浣花集》，詩詞雜著《猶及編》」

《宗譜》卷十四〈著述〉：「《浣花集詩》三卷，《浣花集詞》一卷，十世宗沂躍干氏著。」

　　按：夏敬渠比堂叔夏宗沂年長十歲，雖是叔姪關係卻是詩文至交，夏宗沂以「浣花」、夏敬渠以「浣玉」（另有表舅「盛金」以「浣香」）各名其詩文集及住所。今《浣玉軒集》卷三，存有夏敬渠為夏宗沂所寫之〈《浣花集》序〉，二人唱和詩作甚多。夏宗沂歿於客途，亦夏敬渠為其料理喪事（詳下文）。

　　《野叟曝言》首回，文素臣「有季叔，名雷，字觀水；族叔名點，字何如，俱與素臣同筆硯。」，文雷（觀水）影射夏宗瀾無

疑；文點或即影射夏宗沂，但其出現的情節甚少。

　　蓋因夏敬渠要突顯主角文素臣（即夏敬渠自己）的天才及博學，故刻意忽略現實生活中，與自己才華相當，並稱為「大小阮」，甚至被贊美為「夏氏之白眉」的夏宗沂（詳〈本譜〉雍正十三年、乾隆四年條），將「文點」設定為極次要的角色，不讓其對文素臣喧賓奪主。

　　且《野叟曝言》在一百三十七回之後，一直重複著天子對文素臣及其親友感恩圖報、敘功賞宴、晉官封爵的內容。此時，連影射夏宗瀾的文觀水也受封領賞了❹；但小說中卻不見「文點」的情節及封賜。可能夏敬渠故意讓文點自然消失，以隱存夏宗沂早逝的事實。

夏敬渠昆仲，繼承樂善好施之家風。

《宗譜》卷七〈傳略行狀·夏節母傳〉：「夏氏之先好施，以是毀其家。」

《宗譜》卷七〈傳略行狀·湯孺人傳略〉：「初，若時公（夏霈）有田千餘畝，至調元公（夏敦仁）只二百，至傳一公（夏宗泗）僅可得數十畝，而好善樂施則如一轍。

　　若時公會一歲所入，以其半為日用，其半則以倡捐建橋、修道、浚河諸公事。冬則施薑水，夏則施涼茶，夜則施燈燭，雨則施草履，寒則施以棉衣，死者施以櫬木，施玉樞救苦諸丹以療時疫，

---

❹　《野叟曝言》第一百四十三回：「文雷頓首謝，天子賜蟒衣一襲，玉帶一圍，諸生徒每人緞二疋。」

施眼藥以療目疾，施回生丹以療產難，施疴積藥以療疴疾，歲費輒千餘金。

　　若時公歿，調元、屨中（夏敦禮）兩公暨傳一公繼之，率一為常。」

自幼即累積尊長所賜零錢，買寒衣以賑貧者。

《宗譜》卷七〈傳略行狀・夏節母傳〉：「二銘與兄慎修，自幼即知好施，積尊長所賜錢以衣寒者，母雖當困乏，不移取以給他用，或問其故，曰：『童子有仁心，不可閼也！』」

《宗譜》卷七〈傳略行狀・湯孺人傳略〉：「慎修、二銘初出就傳。同學生日皆五餐；孺人以貧故，日兩餐。而每晨益二子錢各二文，市糕餅食之。慎修習見其祖、父之勤於施也，則偕二銘私以一木柜，戒其僕勿市糕餅，積其錢，歲得一千四百有奇。孺人母朱孺人，月各給錢六十，慎修、二銘併積之。又得錢一千四百有奇。歲終出之，為棉衣十件，以衣寒者。孺人勿禁，雖日用乏絕，勿之取。或詰之。曰：『童子當有仁心，此方長，不可折也，折之則生意盡矣！』」

　　按：《宗譜》未載明夏敬渠昆仲積尊長所賜錢以衣寒者事在何年。茲據「初出就傳」句，推測約在夏敬渠八至十歲時。茲暫置於此年。

康熙五十四年（乙未，1715）　十一歲

夏敬渠昆仲幼時，曾踐辱五聖廟。母湯氏反迷信，未深責之。

《宗譜》卷七〈傳略行狀·湯孺人傳略〉：「初，慎修昆仲幼時，
輒取鄰家所建五聖廟版，踐穢之、焚溺之。五聖者實淫鬼，而愚人
奉如父母，畏若雷霆者也。或告孺人曰：『是將致禍』。孺人曰：
『無傷也。但非兒等所應為事耳。』呼慎修昆季戒之曰：『徒耗鄰
家財耳，後不得復耳！』」

　　按：夏敬渠昆仲幼時踐辱五聖廟事，《宗譜》未明指何年，茲
暫置於此。

　　夏敬渠昆仲小小年紀，何以敢挑戰成人世界的迷信、陋習？

　　推測其因：夏敬渠祖母葉氏為名儒之後，尊崇理學，「一切善
事，知無不為，惟不肯皈僧佞佛。曰：『此吾所不識，亦夫子所不
信，我不為也。』，其一生「以禮自處，亦以禮處人」（同下），
對於禮儀，不僅恭謹履行；更有反迷信、破陋習，擇善固執的道德
勇氣。〈夏母葉太君傳〉載：

> 習俗有所謂「拔親」者，莫以為非。太君弟某卒，其家適惑
> 於此，已成言矣。太君雖老，聞之，買舟疾歸，力止之。即
> 勸以其婚費，先營喪事；且為之經紀其喪，畢喪乃返。其情
> 理周至，率類此。（《宗譜》卷七〈傳略行狀〉）

按：古禮居喪不婚，或有因時屬艱虞，乘新喪而娶者，謂之「拔
親」，《日知錄·喪娶·集釋》載：「……今人有乘新喪而娶者，
謂之『拔親』，或云『白親』。」

　　向來這種「人莫以為非」的「拔親」習俗，葉氏一介女流，且
已年老，竟敢挺身抗之，務求尊重死者，使入土為安；且為其營辦

喪事，盡禮而返，其見識、才幹確實過人。

　　夏母湯氏「不佞佛，不信鬼神」一向「見祈禱者，每歎曰：
『何不以是周貧乏？』」（〈湯孺人傳略〉），亦是承襲其婆婆葉氏
崇尚理性的作風。因此，當夏敬渠昆仲踐辱五聖廟時，其母湯氏不
以報應、懲罰或降禍之說，嚇阻其行；而是以「徒耗鄰家財耳，後
不得復耳！」戒止之而已。因此，夏敬渠昆仲幼時踐辱五聖廟之
事，實受到祖母重理性的影響及一向嚴以教子的母親「不深責」的
間接鼓勵。

　　再者，歷來毀神像、破迷信者，雖不乏其人。但因夏敬渠曾祖
母、祖父母、父母三代及叔伯們皆推崇程、朱理學，而二程之父，
名珦（1006－1090），知襄州時，曾「投祠具於江」，以遏止神鬼謠
言；徙知漢州時，則「安坐不動」，以綏定「譁言佛光見」而鼓
譟、踐踏的群眾。程顥（1033－1086）亦曾將「民俗嚴奉不懈」的
「茅山飛龍」，「捕而脯之」，以破除妄說之事。此三事具載於
《宋史》中❺。

　　或許夏氏長輩闡論程氏理學以教誨後輩時，曾談及程玨向、程

---

❺　《宋史・道學・程顥》：「父珦……知襄州。時宜獠區希範既誅，鄉人忽
　　傳其神降，言：『當為我南海立祠』於是迎其神以往，至襄，珦使詰之。
　　曰：『比過漵，漵守以為妖，投祠具江中，逆流而上。守懼，乃更致
　　禮。』珦使復投之，順流去，其妄乃息。……又徙漢州，嘗宴客開元神
　　舍，酒方行，人譁言佛光見，觀者相騰踐，不可禁。珦安坐不動，頃之，
　　遂定。」
　　又：「顥舉進士，調鄠、上元主簿，……茅山有池，產龍如蜥蜴而五色。
　　祥符中，嘗取二龍入都，半途失其一，中使云飛空而逝。民俗嚴奉不懈，
　　顥捕而脯之。」（卷四百二十七）

顯父子破迷信、除邪妄之事，遂提供夏敬渠昆仲「踐辱五聖廟」的行為榜樣。

夏敬渠將幼時踐辱五聖廟版事件，納為素材，改編、誇大成為《野叟曝言》七十五、七十九兩回重要情節。小說中，夏敬渠借文素臣之口，述及毀辱五聖廟之往事：

> 五聖妖孽，由於太祖，彼恃有敕封，故敢肆其淫惡，惟江、浙為尤甚。弟（素臣）在家時，遇有此廟，必褫其像。（第七十五回）

按：「五聖」又稱「五通」，其由來頗多異說。清·趙翼《陔餘叢考·五聖祠》言宋已有之：

> ……然王樵謂：起於明祖則未必然。案：《夷堅志》：「林劉舉將赴解，禱於錢塘門外九里溪五聖行祠」。則五聖祠，宋已有之。

明·田藝蘅《留青日札·五聖》則記載：

> 五聖即五通神也。或謂明太祖定天下，封功臣。夢陣亡兵卒千萬，請恤。太祖許。以五人為伍，處處血食，命江南家立尺五小廟，俗稱「五聖堂」。

夏敬渠在《野叟曝言》中，則認為「五聖」是起於明太祖，因朝廷敕封，故盛行於江浙，較接近田藝蘅之說。而夏氏昆仲所踐穢、焚溺的「五聖廟版」也是其來有自，據《通俗編·神鬼·五通神》：「按：今委巷荒墟，多建矮屋，繪版作五神相祀之，謂之五聖。」

是也。

《野叟曝言》七十九回〈為驅邪眾女袒胸求赤字〉，敘述：五聖淫鬼作賤、蹧蹋良家婦女，百姓畏懼不得不建廟祭祀，但五聖猖狂如故。百姓無奈，只得苦求文素臣驅鬼。文素臣敕令五聖「煎洗淫心、蕩滌邪謀」，即刻遠離此村；且以硃砂在諸女胸前書寫「諸邪遠避」或「正」等赤字；又書「素臣在此」硃帖，讓受害村民貼於房門；並會同友人拆毀焚燒五聖神像及大小廟宇。如此大張旗鼓的「五通廟火德驅邪」，果然「從此這一村中，五通邪蹟就滅盡了」。

夏敬渠擴大幼年時期，踐穢、焚溺五聖廟版事，誇張、改寫為以上的小說情節，既存錄了自己的童年往事；又虛編自己是「文曲星下凡」、「火德驅邪」的幻想，用以補償其一生功名無就的缺憾。

縱觀《野叟曝言》的部份情節：第三回中，文曲星投胎的文素臣，可以「隻手扼游龍，暗破賊墳風水」破除權奸的祖庇廕。第七十九回，文曲星的大名又可驅逐五通淫神，讓百姓安居樂業。而依照此路線，繼續誇大其情節發展：到了第一百零八回，文曲星早已是人間「奮武揆文」的「天下無雙正士」。因此，景王之亂時，道士做法，宮中妖魔橫行，此時宮中嬪妃，竟然只能借助文素臣的「大名」來驅惡鬼（回目：〈文白大名驅惡鬼〉）：除了太子正妃是由文素臣醮硃墨，交付太子書寫「邪不勝正」在其胸口、額頭之外；其餘側妃及宮女，個個袒開衣襟，由文素臣用硃筆在其雙乳間書寫「文素臣」三字，以破解魔法的侵害。此是夏敬渠借用「邪不勝正」的傳統觀念，表面上破解民間迷信、道士妖法；實際上則借此

滿足其個人的身心幻想與慾望。

康熙五十五年（丙申，1716）　十二歲

康熙五十六年（丁酉，1717）　十三歲

五叔父夏宗瀾「居家訓兩姪」。

《宗譜》卷十七〈內集‧詩詞〉夏宗瀾〈五十自述寄內〉：「……
十九居家訓兩姪，博奕遊戲偏擅場。」

　　按：兩姪謂夏敬榲、敬渠兄弟。「博奕遊戲偏擅場」的夏宗
瀾，對姪兒敬渠的思想與才藝，有相當大的啟導作用。

康熙五十七年（戊戌，1718）　十四歲

康熙五十八年（己亥，1719）　十五歲

夏敬渠與趙元樞結交文社。深交超過三十餘年。

《宗譜》卷七〈傳略行狀‧湯孺人傳略〉：「元樞與慎修、二銘交
最密。二銘自十五六時，與樞結交文社，朝夕過從，如影附形者垂
三十年。」

　　按：此為夏敬渠一生交遊及參與江南文社的最早記錄。
　　趙元樞因自幼即與夏敬渠相知甚深，故乾隆七年（1742），夏
母湯氏六十大壽時，趙元樞即率同友人，欲替湯氏聞報朝廷以請旌

❻。乾隆十八年（1753），夏母卒，訃聞一至，趙元樾即「設位哭之」❼；且以極恭敬及孺慕之筆，為夏母撰寫〈湯孺人傳略〉❽，此文現存於《宗譜》卷七〈傳略行狀〉中，是了解夏敬渠生平的重要資料。

《浣玉軒集》卷四〈懷人詩〉十首之八：「五老入匡廬，傳經樂有餘。莫思三鱣美，苜蓿味何如？」夏敬渠自註云：「趙遴三元樾，行五，時為廬州府學博。」「廬州府學博」全名為「廬州府儒學訓導」（見〈湯孺人傳略〉文末自署），可略知其經歷。而夏氏詩文中的「趙五」「五老」及「趙遴三」，皆是指趙元樾。

《浣玉軒集》卷四〈結交歌〉，夏敬渠自述結交朋友時，敬慎小心的態度：

> 結交不結高，高山巖峨盤曲難往還。結交不結深，深水波濤倏忽難依倚。結交不結口與舌，口舌翻反真意絕。結交不結衣與裳，衣裳敝予又改空徬徨。……

接著夏氏認定趙元樾、明直心、張天一，三人皆可列為生平知己，其中：「結交只結趙遴三，蘭草無言氣自合」，可見趙元樾應是氣

---

❻ 《宗譜》卷七〈傳略行狀・湯孺人傳略〉：「元樾時為諸生，隨諸親知後登堂，祝孺人畢，欲具呈為孺人請旌……元樾曰：『孺人自二十九歲守節，至今已三十餘年，例得旌，獨奈何勿欲？』」

❼ 《宗譜》卷七〈傳略行狀・湯孺人傳略〉：「孺人卒於乾隆十八年二月二十七日，訃至廬，元樾既設位哭之。」

❽ 《宗譜》卷七〈傳略行狀・湯孺人傳略〉：「計孺人之生平，雖只得其十一，顧無一事不足為世法，宜傳之於後，以為規範。獨自慚無文，不足以傳孺人，因撮其大略，以俟世之君子。」

度高潔、蘊藉內斂之士；而趙氏與張天一、明直心，亦是好友，因夏氏詩中，分別膩稱三人為「趙五」、「明四」、「張二」❾；且言：「一人知己死不恨，三人同心利斷金……別有無窮言外意，我儂惜交如惜命」（同上）。

第二度呈請核准崇祀夏敦仁鄉賢祠。覆勘後，核准明年入祀。

《宗譜》卷十五〈內集文辭〉夏宗瀾〈與內舅祖楊聖翼書〉文末夏祖耀按語云：「祖耀按：……是曾祖父調元府君，故至康熙五十八年（1719），又據通學衿士于肯播、王學琦等十九人，以儒宗歷久論定；再吁學使昆明謝公履厚核准崇祀，仍由縣覆勘，於康熙五十九年（1720）制主入祠。」

康熙五十九年（庚子，1720） 十六歲

楊名時擢為雲南巡撫。

《清史稿·楊名時傳》：「五十九年，擢雲南巡撫。」（卷二百九十）

有異議者欲進阻撓夏敦仁崇祀鄉賢祠之計，楊名世（聖翼）不聽。

《宗譜》卷十五〈內集文辭〉夏宗瀾〈與內舅祖楊聖翼書〉：「先

---

❾ 《浣玉軒集》卷四〈結交歌〉：「……一人知己死不恨，三人同心利斷金。所恨南天與北地，風與羅浮判成二。南望吳山思趙五，北顧燕京憶明四，朝來接得張二書……」

父進鄉賢日，有宵人頗進阻撓之計，舅祖諭之曰：『前事已過而不留，近日新成姻好，此言非所願聞。』瀾聞之即踵門叩謝，今猶感激。」

> 夏祖耀按語云：「祖耀按：乾隆十年，叔祖震軒先生在保定蓮池書院時，與楊聖翼先生書。……聖翼名名世，廩貢生候選訓導，係楊文定公次弟。……書中聖翼先生所謂前事已過而不留者，即指合刻制藝之事歟。」

　　按：楊名時自幼附讀於夏氏家塾，與夏敦仁、敦義兄弟為同學友，感情親厚。但其次弟楊名世（字聖翼）與夏氏兄弟感情齟齬，故夏祖耀云：「雖以文定公弟聖翼先生齟齬於其間，不能有間於世好也。」❿

　　然而，楊名世雖然不能離間於通家世好之情；在夏敦仁死後進鄉賢祠一事，也不聽從「宵人」所進獻的「阻撓之計」。但是，日後（雍正五年，1727），通行審核鄉賢祠時，楊名世受人慫恿，卻主張「不具題不載」，幾乎使得《江陰縣志・鄉賢》不載夏敦仁傳；並認定〈鄉賢夏君傳〉非其兄楊名時為夏敦仁所親撰，故不在楊文定公集中收錄之；又提夏敦仁喪禮忌日，舊聞所謂「誦五經為佛經

---

❿　《宗譜》卷十五〈內集文辭〉夏宗瀾〈與內舅祖楊聖翼書〉文末夏祖耀按語：「文定公幼即負笈吾家書塾，歷多年。曾祖父暨曾叔祖父遵路公皆同學。文定公少曾祖父八歲，長遵路公二齡，故與遵路公年鈞相得而推服曾祖父學業尤至。及為諸生，砥礪切磋，講論無間。通籍後，以制藝與曾祖父制藝合刻行世。雖以文定公弟聖翼先生齟齬於其間，不能有間於世好也。」

為奉邪教」諸事。故乾隆十年（1745）時，夏宗瀾寫此封〈與內舅祖楊聖翼書〉，竭力申辨、直指其非。

夏敦仁入祀鄉賢祠。

《宗譜》卷十五〈內集文辭〉夏宗瀾〈與內舅祖楊聖翼書〉文末夏祖耀按語云：「祖耀按：……是曾祖父調元府君，……仍由縣覆勘，於康熙五十九年（1720）制主入祠。」

康熙六十年（辛丑，1721）　十七歲

江陰知縣葉紹芳題贈夏母湯氏「心堅操苦」額詞。

《宗譜》卷十〈表章、祠坊〉：「『心堅操苦』——康熙辛丑（六十年，1721），知江陰縣事，福建閩縣葉公紹芳，題贈十世宗泗配節母湯氏。」

康熙六十一年（壬寅，1722）　十八歲

春，夏敬渠遊慧山。慧山遊之前、後，則曾二度遊江南名勝。

《浣玉軒集》卷三〈遊虎邱記〉：「嗣後，每逢佳辰令日，與一二親知，遊覽乎春申之巔、大江之濱，……壬寅春，與昆季作慧山遊。

　　……今年孟夏，及抵虎邱，……乃歷遍之……第歸而遊覽乎春申之巔、大江之濱，僕則覺遊志之暢，蓋迥不若前者云！」

　　按：據此推知：夏敬渠在康熙六十一年，十八歲時遊慧山；之
前，首度遊歷過「春申之巔、大江之濱」等江南名勝。之後，則遊
歷「虎邱」並二度遊江南名勝。

　　「少遊江南」是夏敬渠的重要人生經歷，其事載錄於《浣玉軒
集》卷三〈遊虎邱記〉文，及卷四〈西遊辭〉古風中。《野叟曝
言》文素臣亦曾二度遊歷江南。因此，小說前六十四回的部份時空
及內容素材，是夏敬渠取材自其「少遊江南」遊歷路線、地點，及
「壯遊京師」的若干真實生活經歷，綜合而成。（詳〈總述〉）

叔祖父夏敦禮疏濬斜涇河。

《宗譜》卷八〈小傳紀事・第九世「敦禮」〉：「及壬寅（康熙六十
一年，1722）、甲辰（雍正二年，1724）間，累疏斜涇河，胥為通邑永
利。」

　　按：此為夏氏親族第五度疏濬斜涇河。

夏敬渠拒婚富室。

《浣玉軒集》卷三〈悼亡妹文〉中，夏氏自云：「丁年未聘，屢卻
富女於王孫」。

《宗譜》卷七〈傳略行狀・湯孺人傳略〉：「二銘幼有文譽，人爭
欲得之以為婚，皆要以厚資。有富人某，托孺人至戚，許以田五百
為奩資。孺人曰：『安有婚姻而可以貨取者乎？』往返數四，堅卻
之。」

按：《昭明文選》卷四十一〈李少卿答蘇武書〉：「丁年奉使，皓首而歸」。李善《注》：「丁年，謂丁壯之年。」故夏氏所云「丁年」，應指適婚之年，其確切的年齡則已難考。

唯夏敬渠二十歲時（雍正二年，1724）祖母葉氏卒。至親大喪，子孫三年不婚，其娶元配朱氏最遲在雍正元年（1723），十九歲時❶故其拒婚富室之事，推算應在十八歲左右。

又：夏敬渠將其「丁年未聘，屢卻富女於王孫」之經歷寫入《野叟曝言》中。第十四回，水夫人對文素臣道：

> 當初你父親死後，家計日落，富室宋祖太因無子息，必欲招你為婿，承受彼業，是我力辭。……當時親友，見我辭富就貧，頗有以為迂闊的。

再由水夫人所言：「那宋祖太之為人，……以盤折起家。他既無子，其毒不得不流於女，我焉肯以汝為之婿，代受其禍乎！」（同上）或可推知現實中，夏家辭婚於富室的內在緣由。

清世宗‧雍正元年（癸卯，1723）　十九歲

孫嘉淦上疏請親骨肉、停捐納、罷西兵。雍正曰：「翰林院乃容此狂生耶？」

《清史稿》卷三百三〈孫嘉淦傳〉：「世宗初即位，命諸臣皆得上封事。嘉淦上疏陳三事：請親骨肉、停捐納、罷西兵。上召諸大臣

---

❶ 據《宗譜》載雍正三年（乙巳，1725）夏敬渠二十一歲時，其元配已亡。（詳下文）

示之，且曰：『翰林院乃容此狂生耶？』」大學士朱軾侍，徐對曰：『嘉淦誠狂，然臣服其膽。』上良久笑曰：『朕亦且服其膽。』」

　　按：孫嘉淦針對雍正即位時骨肉相殘的流言、攸關朝廷經濟的捐納及帝王炫武耀威的征伐，竟敢上疏倡言「親骨肉、停捐納、罷西兵」三事，無怪乎世宗怒責「翰林院竟容此狂生？」；但上下君臣，卻又不得不「服其膽」。

　　夏敬渠壯遊京師期間，常「草野倨侮，妄有指畫，亦與祖裎者無異。」孫嘉淦「不以為浼，傾耳而聽，容其狂瞽。」（《浣玉軒集》卷二〈《李怡村詩集》序〉，事詳下文）何以孫氏對後生晚輩夏敬渠禮遇有加？由《清史稿》所載此事，可知二人頗是「氣味相投」。

　　而類似孫嘉淦忠心護民，只問是非、不避生死的大膽行逕，屢屢出現在《野叟曝言》中，例如第一回兵部尚書至蘇州，以〈三教同原〉命題試士，文素臣崇正闢邪，見題大怒，立刻「作詩兩首觸之」。其一曰：

　　　　聖道巍巍百世尊，那容牽引入旁門？昔人付會成三教，今日支離論一元。使者經綸從可識，諸生誦法竟何存？迂儒欲叫連天屈，萬里燕京即叩閽。

此詩使得權宦安吉恨之入骨，欲將文素臣「遞其衣頂，羅織其罪，致之死地」。此類文素臣不懼君威、面折廷爭的情節，比比皆是，論其基本精神，都在強調忠心護國愛民、不避生死，可謂與孫嘉淦面折廷爭的行為相接近。

夏敬渠娶元配朱氏。

《宗譜》卷七〈傳略行狀·湯孺人傳略〉：「(夏敬渠)締婚朱氏，雖宦家後，奩不滿百金，孺人且欣然也。……二銘之締姻於朱氏也，朱氏母謝孺人為侶桐、喬升兩公胞姊。侶桐名旻，任江西巡撫，喬升名橞，任湖廣糧道，皆顯貴。于歸時，各遣一掌家婦來守房。婦皆金珠飾、服羅綺，而孺人荊釵布裙，坐受其跪拜無少怍。滿月後，婦語謝孺人曰：『婦等閱貴人多矣，未有端嚴可敬畏如夏太太者。』其嚴憚如此。」

　　按：《宗譜》中未明載夏敬渠何年娶元配朱氏，茲暫置於本年，原因詳見前文。

祖母七十大壽，太后賜吳綾以賀。

《宗譜》卷十七〈內集詩詞〉夏宗瀾〈五十自敘寄內〉：「……歲在癸卯母七袤，恩沾太后賜吳綾。」⓬

　　按：《野叟曝言》第一百三十回，文素臣已「立功」、「立德」、「立言」三并不朽，母以子貴，故水夫人六十壽辰⓭之前幾

⓬　據夏敬渠五叔父夏宗瀾〈五十自敘寄內〉詩所述，葉氏過完生日之後，大病，且江陰發生旱災，故夏氏全家傾力救災（詳下引文）。然而，《宗譜》卷四〈南街宗世錄·第九世「敦仁」〉載葉氏生日為十一月初七，在年末。《江陰縣志》載雍正元年的蝗旱之災，發生在五月至七月（詳下引文）。故推測夏家可能是按照一般「提前暖壽以尊長者」的民間習俗，在康熙六十一年年末或雍正元年年初，即為葉氏慶祝七十大壽。

⓭　拙作〈由《江陰夏氏宗譜》看夏氏先人對夏敬渠與《野叟曝言》的影響

日，天子已下令三品以上官員、外國使節、朝廷命婦等，需往赴鎮
國府向水夫人慶壽。壽辰前一日，天子親臨拜壽；八月初五生日當
天，則由「太皇太后率領皇后、皇妃、長公主、公主、郡主慶
壽。」以上情節的素材，應該是作者取自祖母葉氏七十大壽時「恩
沾太后賜吳綾」的一點點事實，但移轉至小說後，便極力的鋪張、
誇大。表面上強調文素臣的功勳，使得皇室感恩戴德，禮遇褒揚其
母水夫人；實質上卻是夏敬渠藉此情節，一以抒發自己功名無著的
大恨，二以補足自己不能顯親揚名的缺憾。

「癸卯蝗旱」：五月至八月，江陰地區蝗、旱肆虐。

《光緒江陰縣志》卷八〈祥異〉載：「雍正元年五月至七月，不
雨，江潮不至；八月飛蝗四塞成災。勘報：災田八十六萬七千七百
五十畝。……大小饑民二十四萬五千八百三十四口。」

　　按：此次江陰地區嚴重之蝗災、旱災，通稱為「癸卯蝗旱」。

祖母葉氏病重。

《宗譜》卷十七〈內集詩詞〉夏宗瀾〈五十自述寄內〉：「壽宴方
暖秋氣冽，二豎為祟潛膏肓。辭館回家侍湯藥，絕粒刺血呼穹蒼。
泣言兒壯母病危，母命願以兒命償。」

　　——夏敬渠與《野叟曝言》補論之一〉（發表於《明清小說研究》，2003
　　年第 3 期（總第 69 期）。）將水夫人「六十壽慶」，誤寫為「七十」，
　　特此訂正。

群醫束手之際，諸子欲禱。葉氏云：「何不撤其禱于神者，以禱于人？」夏敦禮率子孫輩，鬻產倡捐以救災。有司亦將賑災事委付夏家。

《宗譜》卷七〈傳略行狀·夏母葉太君傳〉：「……未卒之前一歲，嘗病劇。請禱不允，諸子環而泣。則曰：『吾今亦可以禱矣！然非汝等之所為禱也。今歲饑，民貧，嗷嗷望哺，汝等禱資誠厚，何不撤其禱于神者以禱于人耶？』諸子唯唯聽從，合捐二百餘斛以為之倡。上官因即以賑事全委之。設法分廠，全活無算。」

《宗譜》卷十七〈內集詩詞〉夏宗瀾〈五十自述寄內〉：「……醫謝無能乃請禱，母言禱則物命戕。禱亦如醫須對症，我今欲禱汝其聆：方今大旱野如赭，嗷嗷赤子餓且僵。我苦有食不下咽，彼則能食糠秕糠。若使若輩盡得食，我病雖殆其可禳。受命鬻產以為倡，力薄哀籲同志幫。縣官與我師弟契，叔父（夏敦禮）樂善眾所稱。告之縣官及叔父，勸捐出費儲稻粱。」

《宗譜》卷八〈小傳紀事·第九世「敦禮」〉：「癸卯歲歉，捐賑設廠。」

《宗譜》卷八〈小傳紀事·第十世「宗洛」〉：「雍正元年，賑荒。」

　　按：祖母葉氏在七十大壽「恩沾太后賜吳綾」之後，罹患重症，藥石罔效。夏敬渠在《野叟曝言》中將此段事實改寫為：文素臣之母水夫人六十壽慶，備受朝廷榮寵之後，因旱魃為虐，百姓受

難，故〈一心憂旱起迤遭〉：

> 五、六、七三個月，復遇大旱，寸秧不種，眼見是奇荒了，
> 水夫人焦勞愈甚。……每日憂煎，容顏只顧消瘦，飲食只顧
> 減少……水夫人自九月盼起，盼到十月盡邊，點雨俱無，將
> 一身肌肉盡行落去，臥床不起，每日只吃幾口粥湯。……
> （第一百三十回）

《野叟曝言》描述大旱發生於五至七月，時間頗符合《江陰縣志·
祥異》所載的癸卯蝗旱。而水夫人在六十大壽之後，因悲恤災黎，
故督促子孫全力救災；自己則減食斷藥，幾乎「以身殉災」的情
節；內容素材便是取自夏敬渠祖母葉氏，不顧病危、賑災救民的善
行。

夏家設六廠，煮粥賑災，歷時三月，廣惠災民。

《江南通志·人物志·列女傳·敦仁配葉氏》：「粵稽元年（雍正
元年，1723）被旱，本城赤地千村。時蒙藩憲賑荒，每縣白金三百
邑，主議開六廠，派分諸地以均施。饑民動集萬千，賑濟一時而難
繼。（葉）氏心孔迫，竭慮以圖，承憲諭而命子勸輸助糧者，後先
雲集；鬻奩貲而易粟；煮賑效力者，晝夜星馳。自冬季以至來春，
廣開三月，由近城而及僻壤，惠及兆民。」（《宗譜》卷十〈表章·記
載〉轉載）

《宗譜》卷七〈傳略行狀·湯孺人傳略〉：「時邑設廠者六，皆葉
太君與叔屢中公（夏敦禮）倡捐以救荒者。」

《宗譜》卷十七〈內集詩詞〉夏宗瀾〈五十自述寄內〉：「……設廠作糜環四境，主者叔姪眾弟兄。饑民攜妻褫厥子，飽啖饘粥熙穰穰。……」

六廠中，夏敦禮、夏宗瀾主持的「章卿廠」、「北溰廠」，曾發生「鬧廠」事件。因處置得宜，止息之。

《宗譜》卷八〈小傳紀事‧第十世「宗漢」〉：「雍正癸卯，邑民阻飢，設六廠賑之。叔屨中公董『章卿』一廠，有奸人謀貿之以求貰，噪而嘩，乃易公往，賑撫合宜，四閱月乃竣。」

《宗譜》卷十七〈內集詩詞〉夏宗瀾〈五十自敘寄內〉：「……我廠『北溰』獨僻遠，豪右自大殊披猖，謀喉其黨敗乃事，挾梃蝟集思擊搒。我以羽扇揮蚊蚋，還開藥籠收葰苓，朝搆干戈暮玉帛，反為我用惟所令❹。富家巨室胥用勸，車牛負擔輸金篇，民以大和法倍肅，出入以度喧嘩屏，直待天子詔賑貸，此役方竣復北堂。毋言我病終不起，活人無算目可瞑……」

夏敬渠主持水南廠，乃六廠中煮賑最久，捐數最多，食粥者最眾之廠。

《宗譜》卷七〈傳略行狀‧湯孺人傳略〉：「二銘有經濟才，年十九，即奉祖母葉太君命，煮粥賑貧。時邑設廠者六，皆葉太君與叔

---

❹　《宗譜》卷七〈傳略行狀‧監丞夏公傳〉：「公（夏宗瀾）有幹濟才，遇事多排難解紛，使人釋怨修德。」可證夏宗瀾頗有「朝搆干戈暮玉帛，反為我用惟所令」的氣度與才華。

履中公倡捐以救荒者。二銘主『水南廠』。食粥者數千人。晨則點名給放，晝則出勸捐，暮則監舂杵，夜則監煮粥，目不交睫者數月。六場中煮賑之最久，捐數之最多，食粥者之最眾，莫如『水南』。」

案：雍正元年，葉氏協同夏敦禮暨子孫，鬻產、勸輸、並代理官府，設六廠，煮粥賑濟災民之事，是夏家總動員的盛事，亦是夏敬渠人生之大事。故欒括、改編此家族大事，以入《野叟曝言》，乃是極自然之事。

六廠之中，已知「章卿」、「北溆」二廠曾發生「鬧廠」事件，幸因夏宗漢、宗瀾兄弟處置得宜而平息。當時，十九歲的夏敬渠，掌管「水南廠」，必深以鬧廠事為戒，且熟諳夏宗漢、宗瀾二位叔父平息鬧廠的方法。如此重要的救災體驗，夏敬渠將其作為素材，寫入小說中：《野叟曝言》第六十四回，豐城一縣，風災為患，文素臣以「不貪泉」窨內的百萬白銀，作為賑災之費❶⑤；並且詳盡的道出以「民力」救災賑民，所要注意的事項：

㈠若是惡吏當道，雖救民十萬火急，亦不可冒然「先發後聞」（即先發送賑災之物，再奏聞官府。）此是預防栽贓嫁禍、遠訟保身的首要之務。應該「先會縣公，但說明設法公捐，不動絲毫國帑，卻

---

❶⑤　《野叟曝言》許多情節，都是虛實相參的，此處「不貪泉」窨內的百萬白銀屬「虛」，一以展現唯有「真英豪」文素臣，才能夠得天賜、取地財；二以彰顯文素臣臨財毋苟得的節操；三則讓一介寒士，得以賑災濟民、得人心、成大業的小說情節合理化。至於文素臣如何進行賑災一事，則屬「實」，反映並記錄了夏敬渠及其家族實際的救災經驗。

不要他（指官府）派差出票，反致掣肘生事。」

　　㈡選擇可信任、有才幹者，先建立完整的災戶名冊及資料：「在親族賓從中，擇其信慎有才者，分路挨村，查照貧戶生名死口。一面差人買木作棺，買米備賑，多雇人夫，連夜殯埋。」

　　㈢災時做棺、災後蓋屋，需木甚多，防範木材業者哄抬價錢之法為：「木牙遇此風變，木價已漲。當趁此未甚漲時分，遣十人同時入店（按：當地有十家木材店），同時交易，使彼各不及知，各幸其貨早脫，再販漁利。而一店賣完，即十店賣完，無從抬價矣！」

　　㈣「煮賑一事，每事鬧廠，既不能挨村分散，而赴領者多，擁擠必甚，小則倒仆狼藉，大則搶奪鬩鬧。」其消弭預防之道為：

> 「煮賑之法，惟在分而速。查驗之時，即按口給與粥籌，紅綠分記，循環去來，趨廠領粥。各廠須於大寺院中安設，前開一門，令其魚貫而入。內於廂房或廊階，橫設擋木。擋木之內，連排一二十缸，隨空處交籌；即此領粥換籌。粥杓分大口小口，大小均計口而與。領換既畢，即令由後門而出，不使復走前門。如此，則人既分散，事復疾速，無從鬩爭矣！
> 但有一事，最要留心的：是煮粥夫役，最善偷米，不監看下鍋，則乾米必去；但監看下鍋，則濕米必去，粥遂稀清；若再暗用石灰稠粥，以遮蓋偷米之跡，更要壞人。鬧廠之事，亦往往由此。非選擇妥人刻刻監看不可。」

　　《宗譜》載雍正元年，癸卯蝗旱時，夏敬渠主持水南廠。此廠「食粥者數千人。六廠中煮賑之最久，捐數之最多，食粥者之最眾，莫

如『水南』」。

　　但是，《宗譜》除了「晨則點名給放，晝則出勸捐，暮則監舂杵，夜則監煮粥，目不交睫者數月」數句，稍為點到夏敬渠救災的方法及身心勞悴之外，其其主持水南廠時，如何煮賑？如何防備鬧廠？才有如此卓著的功效？卻沒有詳細記錄。今比對《宗譜》及《野叟曝言》二書，可推知夏敬渠癸卯蝗旱時，在江陰所用的賑災經驗，應該就是文素臣在豐城風災時，具體的救災方法。

　　因此，由《宗譜》所載，可探知夏敬渠承繼其先祖好義行善的家風，其救災表現亦可圈可點。而《野叟曝言》的情節，也具有補充、加強《宗譜》內容記載的價值，二者可謂相輔相成。

賑災畢，夏敬渠勞瘁得疾，幾死。

《宗譜》卷七〈傳略行狀·湯孺人傳略〉：「(賑災畢)而二銘則已憊。賑畢歸，形僅骨立，食惟飯半盂，氣促神奪。醫者危之。孺人曰：『是不宜死，安有以活人之道而殺人者乎？天道必不如是！』」

《宗譜》卷七〈傳略行狀·夏節母傳〉：「邑有災，煮粥以食飢者，二銘任其事，勞甚得疾。醫危之，母曰：天道神明，宜無有求活人而先自斃。……已而果然。」

江陰知縣葉紹芳題贈葉氏「族推女宗」匾。

《宗譜》卷十「袠章·詞坊」載「族推女宗」。
註曰：「雍正元年，知江陰縣事福建閩縣葉公紹芳，題贈九世敦仁

配葉氏。」

雍正二年（甲辰，1724）　二十歲

祖母葉氏病危，母湯氏竭力侍奉，焚香籲天，求以身代。

《宗譜》卷七〈傳略行狀·湯孺人傳略〉：「後孺人姑葉太君病，孺人衣不解帶，目不交睫者三月，每夜焚香籲天，求以身代。」

祖母葉氏卒。遺命不作佛事，勿信地師，一以朱子《家禮》從事。

《宗譜》卷四〈南街宗世錄·第九世「敦仁」〉：「配葉氏……雍正二年甲辰四月十七日辰時終，壽七十一。」

《宗譜》卷七〈傳略行狀·夏母葉太君傳〉：「及其卒也，遺命不作佛事，勿信地師，一以朱子《家禮》從事。」

《宗譜》卷十七〈內集詩詞〉夏宗瀾〈五十自敍寄內〉：「（母喪），含殮喪祭必以禮，不用巫覡絕道僧。」

湯氏居喪，盡哀盡禮。

《宗譜》卷七〈傳略行狀·湯孺人傳略〉：「及（姑葉氏）歿，（湯氏）哀毀幾不能生。居喪寢苫塊，百日不茹蔬菜；期年不飲酒，不茹葷，盡哀盡禮，其孝如此。」

七月十九日，江陰颶風作，水災為患。

《光緒江陰縣志》卷八〈祥異〉載：「雍正二年七月十九日，夜颶

風作，海潮溢瀕江及江心，田岸衝坍，廬舍多圮，死者甚眾。勘報：被災沙田七萬三千七百五十一畝，……計大小饑民五十八萬八千九百四十口」。

夏敬渠撰〈苦雨行〉記其事。

《浣玉軒集》卷四〈苦雨行〉：「……去年旱魃肆為虐，縣官赤腳視祈禳。農夫灑出汗如血，滿田禾葉都焦黃。今年田中不要雨，偏教大雨如翻江。小麥漂沒大麥爛，簷頭浮出青參秧。舟聲欸乃過林杪，眾鳥無巢啼高岡。……妻啼子又哭，朝來柴米都無償。一家禍害有如此，家家八口嗟奇荒。更憐雨後告災者，叩頭齊向縣官堂。縣官震怒咨呵斥，呼出皂隸如群狼。欲捉災民重鞭扑。抱頭逃出東西廊。我聞此事發長歎，歎彼鄉愚真聾盲。爾無衣兮爾無食，爾無嗷嗷兮孰爾傷？歸家及早罵兒女，明日有吏來催糧。」

　　按：查《光緒江陰縣志》卷八〈祥異〉，江陰縣連續二年先旱災後水災的，是在雍正元年、二年。因〈苦雨行〉有「去年旱魃肆為虐」、「今年田中不要雨，偏教大雨如翻江」句，故推斷詩作於本年。

叔祖父夏敦禮疏濬斜涇河。

《宗譜》卷八〈小傳紀事·第九世「敦禮」〉：「及壬寅（康熙六十一年，1722）、甲辰（雍正二年，1724）間，累疏斜涇河，胥為通邑永利。」

　　按：此為夏家第六度疏濬斜涇河。

江南布政使鄂爾泰，題贈葉氏「義洽閨闈」額詞。

《宗譜》卷十〈表章·祠坊〉載：「『義洽閨闈』——雍正二年，
保和殿大學士少保一等伯督巡陝甘經略一應軍務前江南布政使司布
政使鄂公爾泰，題贈九世敦仁配葉氏。」

雍正三年（乙巳，1725）　二十一歲

元配朱氏卒，得年十九。無出。

《宗譜》卷四〈南街宗世錄〉第十一世「敬渠」：「配朱氏……雍
正三年乙巳六月十五日酉時卒。年十九。」

《浣玉軒集》卷三〈浣玉軒詩集·自序〉：「……破鸞鏡於早年，
分鳳釵於初服。月明滄海，不見遺珠；日暖藍田，無端瘞玉。絃離
七柱，難留倩女香魂……」

楊名時擢兵部尚書，改授雲貴總督。

《清史稿·楊名時傳》：「三年，擢兵部尚書，改授雲貴總督。仍
管巡撫事。」（卷二百九十）

雍正四年（丙午，1726）　二十二歲

叔父夏宗洛修理廟學。

《宗譜》卷八〈小傳紀事·第十世「宗洛」〉：「（雍正）四年，
修理廟學。」

　　按：江陰地區在北宋時，即「即廟為學」。欽帝建炎（1127）
之後，因戰亂而廢為營屯。紹興三年（1133）知軍崔頌稍加修葺。
五年（1135），王棠以左朝奉郎知江陰軍時，則請於朝更新之❶相
沿至清。因江陰地區，程朱理學為盛，故「即廟為學」以理學為
主。夏宗洛在清初重修江陰廟學，一則接續夏氏「喜行利濟事」及
「宗理學」之家風；一則傳承江陰「即廟為學」的教育傳統，頗值
得注意。

母湯氏教女讀書宜識大義，不以利導之。

《宗譜》卷七〈傳略行狀・湯孺人傳略〉：「孺人有一女，既長。
或謂孺人宜教之積蓄為奩資地。孺人曰：『是教之盜也，讀書欲其
識大義耳，奈何以利導之？』」

　　按：《宗譜》未明載夏母不教女積蓄為奩資是何年，茲暫定於
女十六歲「既長」之時。
　　據夏敬渠〈悼亡妹文〉所述，其妹博學喜讀、品格不俗，且手
足情深，時時慷慨解囊（詳〈本譜〉），可見湯氏教育之功。

夏宗瀾入滇，從楊名時學。

《宗譜》卷十五〈內集文辭〉夏宗瀾〈與內舅祖楊聖翼書〉：「迨

❶　《江陰縣志》卷十五〈名宦・王棠〉：「王棠，紹興五年（1135）以左朝
奉郎知江陰。先是建炎（1127）以前，即廟為學。軍興後，廢為營屯。紹
興三年（1133）知軍崔頌稍加修葺，至棠乃請於朝更新之。拔邑中子弟為
學官弟子員，更以軍閒田充士廩，……」

至壯年，奔走萬里，立文定夫子之門，備蒙教誨栽成，如聾忽聽，如瞽克視，此大有造於身心者一也。」

《宗譜》卷十七〈內集詩詞〉夏宗瀾〈五十自敘寄內〉：「道南先生關西楊（指楊名時），我父之友我舅舅，薪傳獨接李文貞，許我登龍遂入室，細嚌鼎實斟天漿。……《易》、《詩》兩經接受切，條記語錄尤分明。」

　　按：《宗譜》資料未載夏宗瀾入滇從楊名時學的確切時間。今推算雍正二年（1724），夏宗瀾母喪，當於守喪大祥之後，即雍正四年（1726），方入滇。雍正十年（1732），江陰壬子大水災時夏宗瀾已回鄉參與救災工作（見〈五十自敘寄內〉詩），故居滇共七年。

楊名時因「具題本，誤將密諭載入」及「借欠虧空」庫帑倉庫事，上令留雲南待後命。

《清史稿》卷二百九十〈楊名時傳〉：「（雍正）四年，轉吏部尚書，仍以總督管巡撫。名時具題本，誤將密諭載入，上嚴責，命解任。以朱綱代為巡撫。未至，仍令名時暫署。俄，綱上官，核名時在任七載，循私廢弛，庫帑倉庫，借欠虧空。上命名時自陳，綱代名時奏謝罪，上責其巧詐。名時自承沽名邀譽，斷不敢巧詐。讞上，部議以名時始終掩護，朦朧引咎，無人臣事君禮，坐挾詐欺公，當斬。上命寬免。復遣侍郎黃炳會綱按治，炳等欲刑訊，鄂爾泰持不可。乃坐名時得鹽規八萬，除捐補銀廠缺課，應追五萬八千餘兩。上令名時留雲南待後命。……高宗即位，召詣京師。」

《宗譜》卷七〈傳略行狀·監丞夏公傳〉：「同邑楊文定公名時，方撫滇南，於公為父執，遂徑遊其門，親授經義，昕夕講貫。居滇七年而經學益邃。其間，文定以事閒居❶，公猶隨侍左右，歷數寒暑。」

　　按：楊名時自雍正四年（1726）犯事，上命「留雲南待後命」；一直到「高宗即位（1736），召詣京師」，有十一年的時間，是以待罪之身「閒居」雲南。

　　夏宗瀾雍正四年甫入滇，即遇到楊名時風雨飄搖、性命堪虞之際，然而其仍一心一意，從楊名時問學七年，此絕非攀緣富貴者所能比也。

兵部尚書兼都察院右副御史總督雲貴軍務楊名時，題贈夏敦仁、葉氏「天爵自高，坤型無忝」額辭。

《宗譜》卷十〈表章·祠坊〉：「『天爵自高，坤型無忝』——雍正四年，兵部尚書兼都察院右副御史，總督雲貴軍務，同邑楊公名時，聯贈九世敦仁暨配葉氏。」

雍正五年（丁未，1727）　二十三歲

夏敬渠續絃，繼配黃氏。

---

❶　《清史稿·楊名時傳》：「（雍正）四年，轉吏部尚書，仍以總督管巡撫。名時具題本，誤將密諭載入，上嚴責，命解任。……上令名時留雲南待後命。」（卷二百九十）

《宗譜》卷四〈南街宗世錄·第十一世「敬渠」〉：「繼配黃氏，青暘鎮邑庠廩生於岡公長女。」

按：《宗譜》未載明夏敬渠續絃是何年。因元配朱氏卒於雍正三年（1725），而夏敬渠〈合巹夕悼亡〉詩云：「荒墳宿草已三年」（詳下文），可見其續絃黃氏是在雍正五年（1727）。

續絃合巹之夕，爲詩悼前亡妻。

《浣玉軒集》卷四〈合巹夕悼亡〉：「滿眼春光二月天，荒墳宿草已三年。若教有鬼應愁絕，奉倩無言自愴然。事到盡頭真是命，絲重續處豈無緣？獨憐簫鼓燈花裏，別有紅繩足下纏。」

江陰通行查核崇祀鄉賢祠者，案牘稽延，夏敦仁未得核報。

《宗譜》卷十五〈內集文辭〉夏宗瀾〈與內舅祖楊聖翼書〉：「先父崇祀鄉賢，至雍正年間奉旨通行查核。」

> 夏祖耀按語云：「祖耀按：是曾祖父調元府君……於康熙五十九年（1720）制主入祠。雍正五年（1727），通行查核，案牘稽延，概未核報。雍正十年（1732），文定公在滇聞之，用是為立〈鄉賢傳〉。」

按：夏敦仁在康熙五十九年（1720）入祀鄉賢祠。雍正五年（1727）年，通行查核，因案牘稽延，遲遲未能核報。此事牽涉甚廣，關係夏敦仁入祀鄉賢祠的合法性；及日後（乾隆八年，1743）重修《江陰縣志》，其中〈鄉賢傳〉載不載夏敦仁傳略的兩大問題。

　　夏宗瀾〈與內舅祖楊聖翼書〉文末夏祖燿按語云：「吾邑鄉賢之祀起於明成化，至國初尚無『題』、『咨』入祠之制，只據邑人公議論定，請有司主之耳。康熙中始有『題』、『咨』兩項。雍正年乃定例一出於『題』。」

　　夏宗瀾亦云：「鄉賢崇祀在雍正五年以後，未有不具題者，雍正五年以前，本有「題」、「咨」兩項。「題」固奉旨，「咨」亦奉□（按：該字漫漶，疑是憲字），而咨者十居八九，題者十無一二，以『題』難而『咨』易也。迨至五年，通行查核，督撫加看，以允宜從祀覆部彙，題奉旨依議則奉憲者已。」（〈與內舅祖楊聖翼書〉）

　　因明·成化迄清初，只憑「邑人公議論定」「有司主之」，便可入祀鄉賢祠，有草率之嫌；康熙以後又有「咨」、「題」的難、易差別。因此，當按常例進行查核，遂曠日廢時，未能核報。延宕五年後，雍正十年，夏敦仁好友，當時任雲貴總督，頗有政聲的楊名時，遂為夏敦仁撰寫〈鄉賢夏君傳〉，以取重於時議。

雍正六年（戊申，1728）　二十四歲

江陰·何冰姑殉夫，夏敬渠撰〈何烈女論贊〉。

《浣玉軒集》卷二〈何烈女論贊〉：「江邑陳氏有媳曰何冰姑者，幼失父母，畜於陳。事翁姑以孝，家貧，勤女工以佐食。未合巹，夫病卒，姑截髮納棺中，絕粒送葬之。明日遂自縊。此雍正六年八月十七日事也……」

雍正七年（己酉，1729）　二十五歲

夏敬渠讀表母舅盛金（字莒濱）詩，贊其爲「詩之靜者」。受贈蔣湘帆字，贊其爲「字之靜者」。又自言喜歐陽洵之字、〈檀弓〉文及王維詩。

《浣玉軒集》卷二〈《浣香詩》序〉：「予不善作字而喜字，予於字獨嗜歐陽；予不喜作文而喜文，予於文獨嗜〈檀弓〉；予不喜作詩而喜詩，予於詩獨嗜摩詰。予之嗜之，嗜其靜也。然嗜之每太息而傷之。傷夫古之如此而今不然也，則感慨繫之矣！

　　己酉春，讀舅氏莒濱詩。不禁躍起曰：『此詩之靜者也，古人之所難也，乃不意於今而見之！』摩詰之傳，其在斯乎！其在斯乎！……莒濱之詩惟靜，故能一洗其習，此所由入摩詰之室乎。

　　是年之秋，金壇蔣君湘帆來視予，遺予字一帙，則字之靜者也。」

　　按：盛金（莒濱）爲夏敬渠的表母舅，亦是其詩文至交。唯生平及著作，僅零星見載於《宗譜》及《浣玉軒集》，下文將詳及。

　　由此篇〈序〉可知，盛金詩以主「靜」，效法王維之詩風。而夏敬渠自言其「不善作字」、「不喜作文」、「不喜作詩」應該都只是謙詞而已；而喜歐陽洵之字、〈檀弓〉文及王維詩之「靜」，亦只是其「嗜好」之一，並非全部。因若僅僅喜好以「靜」爲主的詩文，則《浣玉軒集》中，雄放豪邁之詩文，必不會比比皆是。更何況其去年（雍正六年，1728），夏氏二十四歲時，所寫之〈何烈女論贊〉已是激昂雄渾之作。

三叔父夏宗洛濬河。

《宗譜》卷八〈小傳紀事·第十世「宗洛」〉：「（雍正）七年濬河」。

　　按：《宗譜》未詳載夏宗洛濬通何河，推測可能仍是斜涇河。夏霈、夏敦仁、夏敦禮、夏宗漢、夏宗洛三代修濬斜涇河，共七次之多。此是第七次。

雍正八年（庚戌，1730）　二十六歲

常州府知府包括，題贈夏母湯氏「苦節可風」額辭。

《宗譜》卷十〈表章、祠坊〉載：「『苦節可風』——雍正八年（1730），常州府知府包公括，題贈十世宗泗配節母湯氏。」

雍正九年（辛亥，1731）　二十七歲

江陰知縣蕭廷瑞，拔夏敬渠爲縣試第一。邑有勢豪，欲結交縣令，厚結夏敬渠。母戒之，勿與通。

《宗譜》卷七〈傳略行狀·湯孺人傳略〉：「辛亥歲，二銘受知於邑侯蕭公，縣試拔第一。蕭公性狷介，絕請謁，獨愛二銘才，常令入見，與論文。邑有勢豪，欲藉二銘以交於令，厚結二銘，孺人戒二銘絕之，勿與通。」

　　按：查《光緒江陰縣志》卷十二〈職官〉表得知，雍正九年的

江陰縣令名蕭廷瑞❶。夏敬渠受知於蕭廷瑞，在其任內，縣考❶得第一。《宗譜》卷八〈小傳紀事·第十一世「敬渠」〉云夏敬渠「以冠軍詠芹」，即指此事。

　　《野叟曝言》第十四回，水夫人對文素臣談及當年家道中落，卻辭婚富室之後，娶田氏為媳之事：「後來你丈人謫降案查司照磨，代本府閱文，取你案首，托人議婚，我訪知媳婦（田氏）德性，一口應允。當時親友，見我辭富就貧，頗有以為迂闊者。」此是將現實中夏敬渠縣考第一的事實，與其婚姻相配合，以加強小說的情節。但現實中，雍正五年（1727），夏敬渠續絃，時年二十三，「繼配黃氏，青暘鎮邑庠廩生於岡公長女。」（《宗譜》卷四〈南街宗世錄·第十一世「敬渠」〉）其岳丈非是江陰知縣蕭廷瑞。

夏敬渠文名已盛，又得縣令青睞，士子爭相結交之。夏母雖戒其謹慎交友，但與趙元櫆、方文翰、侯元經、蔡芳三數人，仍頗有交情。

《宗譜》卷七〈傳略行狀·湯孺人傳略〉：「二銘工詩、古文，天台士侯君元經欲介之文翰方先生，元櫆姊丈蔡君芳三欲介之於六雅儲先生。孺人皆勿許，曰：『士人先立品，而後文藝。』」

---

❶　據《光緒江陰縣志》卷十二〈職官〉表載，雍正九年江陰知縣名「蕭廷瑞」：「山東德州人，舉人」。

❶　「縣考」為縣內所行之考試，通過考試者，方有資格入省城，參加三年一次，由朝廷特派試官，試以四書經義、詩、策、問等的「鄉試」，也才有中式成為舉人的機會。

　按：當時文名鵲起的夏敬渠，即使遵從母命，不隨意交友，亦不可能完全自我排拒於江南藝文圈之外。引文中所述諸人（除了儲六雅之外），當時或日後，都與夏敬渠有交情。如趙元橓早已是夏氏知己之一：「二銘自十五六時，與橓結交文社，朝夕過從，如影附形者垂三十年。」。夏母卒後，趙又撰寫〈湯孺人傳略〉以表誌其懿行。侯元經（即侯嘉繙）是方文輈（即方婺如）的門生，盛贊「夏子之為人，有以異世俗之所為者。」且「為夏子問序」於其師。方文輈不只應允侯元經的請求，為夏敬渠的《學古編》作〈序〉；還「取其深合於古者分注之」。（見《浣玉軒集》書前所附〈《學古編》序〉）

　侯元經本人則為夏敬渠的《浣玉軒文集》撰〈序〉，自云捧讀此本「新觸手」的文集，「左手持所著文，右手執茶盞，且讀且話」；其心意已「數往來於天柱峰之樹影處」。又極言贊美《浣玉軒文集》：「摩刻古人神形，都化紗櫳，乃復在人間耶！」（同上，〈《浣玉軒文集》序〉）

　至於蔡芳三，乾隆元年（1736）夏敬渠在其家中，參加江南文士的聚會，被贊揚同時善長於詩、古文、制義、論詩、論制義及經史諸項，得到「兼備眾人之長」的尊榮（詳參下文乾隆元年條）。

都察院右副御史張公，題贈葉氏「媲美丸熊」額詞。

《宗譜》卷十〈表章·祠坊〉：「『媲美丸熊』——雍正九年，都察院右副御史巡撫雲南等處地方提督軍務張公，題贈九世敦仁配葉氏。」

雍正十年（壬子，1732） 二十八歲

子祖焞之正室朱氏出生。

《宗譜》卷五〈南街宗世錄・第十二世「祖焞」〉：「配朱氏，太學生敬臨公長女，敕贈孺人。雍正十年壬子正月二十八日申時生，乾隆十六年辛未十二月初九日亥時卒，年二十。」

官方查勘江陰崇祀鄉賢事，因併祀諸人，賢否混雜，楊名時遂為夏敦仁撰〈鄉賢夏君傳〉。

《宗譜》卷七〈傳略行狀・鄉賢夏君傳〉文末署曰：「雍正十年壬子仲春，同學弟楊名時撰。」

《宗譜》卷十五〈內集文辭〉夏宗瀾〈與內舅祖楊聖翼書〉文末附夏祖耀按語：「雍正十年，文定公在滇聞之，用是為立〈鄉賢傳〉。」

《宗譜》卷十五〈內集文辭〉夏宗瀾〈與內舅祖楊聖翼書〉：「……當日作傳，出于文定公之意。緣當日奉部文查勘，瀾日夜懍懍。文定公語瀾曰：『此時併祀諸人，賢否混雜，誠得一立言足重之人，論定表章，則以不朽。』語畢而散。瀾竊揣云：『夫子肯作傳矣！』將入請。劉六先生至書室曰：『大人欲為尊翁老先生立傳，先生何不懇求？』於是即隨入叩懇。文定公許之。然猶直至瀾辭歸之前月始屬稿。

稿成猶斟酌再三。彼時有靖太史號誠合者見草稿，欲有所贊助。文定公輒不肯，語瀾曰：『我之用意，誠合未悉也。』其鄭重

如此。今瀾既刻傳於講授後，復與劉中堂、呂司農兩書後合刻，以備〈藝文志〉之采擇。」

夏祖燿按語：「……劉六先生，即文定公內弟字御乘者也。靖太史成合者名道謨，文定公衙居滇南，日客其行館與講學者。劉中堂，武進劉文恪公於義；呂司農，桂林呂公熾，二公皆有書。」

按：今楊名時所撰〈鄉賢夏君傳〉收錄於《宗譜》卷七〈傳略行狀〉中，劉於義、呂熾所撰〈書鄉賢後〉二篇，附之於後。

官方查勘江陰崇祀鄉賢一事，可能因名宦楊名時撰寫〈鄉賢夏君傳〉，具體證明夏敦仁之學行、事功，夏敦仁遂得以繼續崇祀鄉賢祠。

但是，延至乾隆八年（1743），重修《江陰縣志》時，又因夏敦仁「未具題」，且被羅織種種罪名，致使〈鄉賢傳〉中幾乎不載其傳略。乾隆十年（1745）夏宗瀾，遂撰〈與內舅祖楊聖翼書〉，表明「邑志之載不載，瀾性命以之，一息尚存，不肯但己」的嚴正立場，諸事詳下文。

夏敬渠撰〈懷八叔父滇南〉詩。

《浣玉軒集》卷四〈懷八叔父滇南〉：「八年不相見，思與溟海深。百川自朝宗，溟海不加盈。藉以往而復，亦足抒微忱。百恩不一報，溟海胡足云。所期一相見，相見曝吾誠。吾誠不難曝，難在萬里行。堂上有老母，甘旨殊艱辛。下有妻與妹，煢煢守中庭。脫然行萬里，毋乃非人情。妻妹非足重，老母誠難輕。吁嗟孤與矢，

自謂非幗巾。遙望雲中雁，淚滴沾衣襟。」

　　按：《浣玉軒集》中稱夏宗瀾為「八叔父」，應是依夏氏「宗」字輩大排行之稱呼。由此詩首句「八年不相見」，可知應作於夏宗瀾居滇七年後，回江陰之前。詩中可見夏敬渠對叔父的孺慕之情；亦可知夏敬渠對母親之孝思及早年不敢遠行之因。

夏宗瀾自滇歸江陰。

《宗譜》卷七〈傳略行狀·監丞夏公傳〉：「（夏宗瀾）居滇七年而經學益邃。其間，文定以事閒居，公猶隨侍左右，歷數寒暑。比歸，而所學充然矣。

　　……乾嘉以來，士大夫倡為聲音、訓詁、校讎之學，海內士子競騖，時局靡然向風，其有探索經旨，從事義理者，輒詆屬以為不足道。……公嘗游楊文定公之門，因以得李文貞公（即李光地）之墜緒，恪守師訓，沈潛經義以自信於心而傳諸人。」

　　按：雍正四年（1726），夏宗瀾入滇，從楊名時學；十年（1732）歸江陰，居滇共七年。

　　夏宗瀾師事楊名時，故并宗李光地之學，終身奉行之。但《四庫提要》評夏敬渠學說漸趨於「膚闊」，不及楊名時猶有李光地之遺緒也。《四庫提要·周易劄記》云：

　　（楊名時）在宋學之中，可謂明白而篤實矣！名時為雲南巡撫時，夏宗瀾嘗從之問《易》，所作《易說》皆質正於名時，其問答具載宗瀾書中。然宗瀾所說，如漸卦禦寇，證以孤雁

　　打更之類，頗為膚廓，不及名時所論，猶有光地之遺也。
　　（卷六）

因夏宗瀾理學之說漸趨「膚廓」，且反佛斥道，影響至夏敬渠，遂
造成其強烈的崇程、朱，斥陸、王，鏟佛滅道的「崇正闢邪」思
想。

「壬子潮災」：七月十六日，江陰遭受百年未見的水災。

《光緒江陰縣志》卷八〈祥異〉：「（雍正）十年七月十六日，黃
雲蓋天。是晚，颶風大作，江潮泛溢，聲震山谷，拔木毀屋，平地
出水數尺；繼以暴雨不休，南北兩門，水及城板，北外浮橋漂沒，
傍橋里餘，民舍皆壞。瀕江及各沙溺死居民數千人，禾稼連根掃
蕩，為百年未見之災。」

夏敬渠〈七月十六〉詩，記壬子潮災之慘狀。

《浣玉軒集》卷四〈七月十六〉詩：「七月十六夜未央，封姨擅袖
勢若狂。龍宮平倒流璃殿，海水起立十丈長。可憐吾邑沿江者，大
半都入江魚腸。東沙北沙幾千里，兩沙房屋相擊撞。更憐禍起黃昏
後，倉卒不及披衣裳。四垣一聲如拋墮，鋒然水直登其床。遍逃那
得上林木？救援那行行舟航？其間或有漏網人，家業破敗饑無糧。
所爭生死在朝暮，依然填積溝渠旁。我來江邊一弔唁，秋風吹落淚
千行。灘頭白骨千萬具，斯人胡必盡無良！彼蒼不仁亦太甚，其刑
其罪難推詳。天荒地老有日盡，哀哉此恨何時償！」

三叔祖夏敦禮、三叔父夏宗洛、五叔父宗瀾等，率同子姪救災，撈

溺殯埋六百四十具浮屍。

《宗譜》卷八〈小傳紀事·第九世「敦禮」〉：「壬子潮災，撈溺殯埋，無不協同子姪，捐助救濟。」

《宗譜》卷八〈小傳紀事·第十世「宗洛」〉：「為善若不及，如：（雍正）十年，瘞埋潮災浮屍，且賑給衣食。」

《宗譜》卷十七〈內集詩詞〉夏宗瀾〈五十自敘寄內〉：「……風潮大作海沸騰，濱江田廬半漂沒，浮屍纍纍縈溝塍。嗟我桑梓忍恝視？匍匐往救誠芒芒。粟帛銀錢棺與席，不期而集載艓艎。親至各沙賑兼瘞，堤岸衝決無梁杠。赤足涉水且滅頂，沾塗那復笑裸裎？臭不可避狀難看，我亦真成頳尾魴，往來卹助計五次，埋掩六百四十零。」

設「同善會」、「育嬰堂」以救災賑貧。

《宗譜》卷八〈小傳紀事·第十世「宗洛」〉：「（雍正）十年，瘞埋潮災浮屍且賑給衣食。舉『同善會』，施義棺、茶湯、鐙履。……壬子潮災之役，撫軍奉旨訪恤賑貧者，具題議敘列事實第一，辭焉。」

《宗譜》卷十七〈內集詩詞〉夏宗瀾〈五十自敘寄內〉：「……費出公捐力眾舉，尸其事者敢怠遑？民之秉彝誠必動，會舉『同善』、『育嬰』堂。鍊石思補天地缺，旁求螺蠃負螟蛉。始以人謀繼帝貲，官田取給事可恒。」

兄夏敬樞救災勞瘁，幾乎喪命。

《宗譜》卷七〈傳略行狀·湯孺人傳略〉：「雍正壬子，邑大水，江漲漂民居，死者無算。慎修（夏敬樞）偕好義者，募捐榷木載入江，收屍埋之，以千計。暴露風雨中月餘，歸而大病欲死。」

《宗譜》卷七〈傳略行狀·夏節母傳〉：「慎修又嘗因水災募收江中流屍，月餘乃竣，亦得病幾憊。」

官署頒贈夏敬樞「翳桑食德」匾額。

《宗譜》卷十〈表章·額聯〉：「『翳桑食德』——雍正十年，江南布政使司布政使白公鍾山、常州府知府李公震、江陰縣知縣郭公純，緣瘁漂賑饑，題贈十一世敬樞。」

　　按：雍正二年（1724）江陰洪災，夏敬渠寫了〈苦雨行〉詩，既具體記錄「去年旱魃肆為虐」、「今年……大雨如翻江」的接連天災；亦控訴了災民必須「歸家及早鬻兒女，明日有吏來催糧」的人禍。雍正十年（1732），江陰遭遇百年來最大的洪災——「壬子潮災」，夏敬渠作〈七月十六〉詩，悲慟地對上蒼發出：「灘頭白骨千萬具，斯人胡必盡無良！」的質問與抗議。

　　因此，對夏敬渠而言，天災加人禍的「水難」，是其生命歷程中，慘痛又沉重的切身經驗。如此慘痛沉重的生命經歷，遂成為其小說創作的重要素材。例如：

　　《野叟曝言》第二、三回，敘述西湖豪雨發洪。小說中對於突如其來的災難景況，百姓走避無路的驚慌，及水退後創痍滿地的悲

涼，都有入木三分的描繪。

　　且《浣玉軒集》卷四錄有一詩，題目即為〈夜泊奔牛，忽遇大風雨，舟破沉水，得漁船撈救，口占〉❷⓪可見夏敬渠確實有過溺水，幾乎淪為波臣的恐怖經驗。而《野叟曝言》第三回中文素臣游西湖，舟船翻覆溺水；第一百十二回，文素臣落海無蹤，眾人皆以為其溺斃等情節，應是夏敬渠親身經歷的引申、改寫。

　　至於〈苦雨行〉詩：

> 黑雲漫漫日無光，金蛇百道紛奇芒。惡龍吸盡西江水，傾湖倒海歸穹蒼。一聲霹靂震岩谷，千鱗萬甲齊開張。初時漸瀝噴珠沫，到後直瀉聲汪浪。……

以惡龍降水來形容天象驟變、暴雨狂瀉的天災景象。若對照《野叟曝言》西湖暴雨發洪，惡蛟竄出的描寫：

> 陡覺天色婚黑，四面山容全然隱滅，那湖中水勢掀播，直欲接天，與更傾盆而注。（第二回）

> 忽見水面浮出一物，首大如牛，渾身碧氄氄的，毛長有尺許，……兩角矗起，有二尺來長，昂起頭來。只管噴水，那浪頭就更高了。……東穿西撲，隱引望見龍爪飛舞。心疑：「莫非真有神龍取水？你看湖光山色，霎時間變成汪洋大

---

❷⓪　《浣玉軒集》卷四〈夜泊奔牛，忽遇大風雨，舟破沉水，得漁船撈救，口占〉：「管寧自訟為科頭，我亦開襟袒未收。此外豈無干鬼責，於中別有與時愁。文章每嘆千秋秘，氣骨難從百練柔。更念汨羅江上事，便攜詩卷伴離憂。」

海。此龍神力，亦為不小！」（第三回）

〈苦雨行〉中的惡龍降水和《野叟曝言》的惡蛟發洪，何其相像！
只是「惡龍降水」，是寫詩時譬喻水災的修辭方法；「惡蛟發
洪」，則是將自古蛟龍發大水的傳說，具象化地寫入小說情節中。
若細勘其來源，應該都與夏敬渠身處洪災的親身觀察及切身感受有
關。

　　又按：文素臣〈隻手扼游龍，暗破賊墳風水〉（第三回回目）的
情節，乃是夏敬渠一方面滿足自己是「文曲星」下凡的幻想❷；一
方面則以太監靳直代表漁肉百姓的惡吏。文素臣扼殺猛蛟，破壞靳
直祖墳風水，使惡勢力痿頓衰亡，則是夏敬渠借用小說情節，幻想
自己主持正義，替被惡吏所凌虐的百姓們申冤復仇。

翰林院侍讀學士張廷璐，題贈夏敦仁、葉氏「儒宗閫範」額詞。

《宗譜》卷十〈表章·祠坊〉「『儒宗閫範』——雍正十年，詹事
府詹事翰林院侍讀學士提督江蘇學政安徽桐城張公廷璐，題贈崇祀
鄉賢九世敦仁暨配葉氏。」

雍正十一年（癸丑，1733）　二十九歲

三叔父夏宗洛持續救災工作。

---

❷　《野叟曝言》第三回，文素臣扼殺西湖發大水所出的惡蛟之後，路上聽人
　　說起惡蛟的來歷：「是城裡靳公公家祖塋裏出了蛟」，而老者道：「出蛟
　　是不奇的，記得他家葬墳，請遍有名風水，說這穴是真龍潛伏，只怕被文
　　曲星破掉。」

《宗譜》卷八〈小傳紀事·第十世「宗洛」〉：「〈雍正〉十一年，掩埋四城內外曝露屍棺，停棺待舉者助之。……

　　癸丑（雍正十一年 1733）甲寅（雍正十二年 1734）間，聞建育嬰堂，總其務，購基營屋，立規置具，經閱三載，尤為盡瘁。所畫事宜咸重久遠。性耐勞苦，精神心力之運，無處不到；興事就功，始終完密，無留餘憾，而不自居其功。」

　　按：夏宗洛從事王子潮災後續的救災工作，達持續三年之久（雍正十年 1732 至十二年 1734），夏敬渠等子姪輩，都參與其事。此為夏氏宗族造福鄉梓大事之一。

叔祖父夏敦禮卒。

《宗譜》卷四〈南街宗世錄·第九世「敦禮」〉：「雍正十一年癸丑六月二十五日未時終，壽六十八。」

雍正十二年（甲寅，1734）　三十歲

獨子夏祖焞出生。

《宗譜》卷五〈南街宗世錄·第十二世「祖焞」〉：「敬渠子，字尹儒，號誠齋。敕授登仕郎、直隸保安州吏目，考充內閣方略館供事。雍正十二年（1734）甲寅三月二十七日卯時生，乾隆四十六年（1781：夏年 77）辛丑十一月二十五日寅時卒，年四十八。……著有《誠齋遺集》、《聯吟草》。」

三叔父夏宗洛主持「十方菴」賑廠。

《宗譜》卷八〈小傳紀事·第十世「宗洛」〉：「（雍正）十二年，獨董邑城十方菴賑廠。」

四叔父夏宗淮卒。

《宗譜》卷四〈南街宗世錄·第十世「宗淮」〉：「宗淮，敦仁四子……雍正十二年甲寅九月初五日卯時卒。年四十五。」

雍正十三年（乙卯，1735）　三十一歲

夏敬渠舉博學鴻詞科不第。

《浣玉軒集》卷四〈舉鴻詞由縣府司錄送至三院會試被放〉：「定有光芒射斗牛，客途惟解拭吳鉤。蘭陵琥珀空芬馥，虎阜笙歌自唧啁。雷怒欲抽春筍甲，濤驚將起蟄龍頭。誰憐籬落雞聲裏，獨擁星辰徹夜愁。」

《浣玉軒集》卷三〈悼七妹文〉：「僕也文詎昌黎，並落鴻詞之第。」

《宗譜》卷七〈傳略行狀·湯孺人傳略〉：「二銘舉鴻博復下第。當事者屢欲薦舉，輒不果，時有所感慨。孺人每戒之曰：『立品是汝曹第一事，雖不第何害？』」

徐再思《澄江舊話》卷一：「相傳夏二銘慕曹禾得康熙鴻博，名高天下，己獨懷才不遇。」

　按：《宗譜》未載夏敬渠舉博學鴻詞科不第在何年，推算應是

江陰縣令拔爲縣試第一之後，壯遊京師之前。張慧劍《明清江蘇文人年表》將夏敬渠撰〈舉鴻詞由縣府司錄送至三院會試被放〉事，置於雍正十三年，姑從之❷。

三叔父夏宗洛鑄辦學官祭樂各器。

《宗譜》卷八〈小傳紀事·第十世「宗洛」〉：「（雍正）十三年鑄辦學官祭樂各器。」

夏敬渠與從叔夏宗沂，被譽爲「大小阮」，文名噪江陰。

《宗譜》卷十四「鹽城楓亭徐鐸南岡氏」爲夏宗沂《浣花詩集》所撰〈序〉云：「歲甲寅、乙卯（即雍正十二至十三年，1734－1735）間，余官太學，與起八（夏宗瀾）夏君相過從，稔其家之以詩文名者。……而蘭臺（夏宗沂）、二銘，名尤噪澄江，故材藪而言，大小阮者爭推之，其非溢美可知。」

　　按：晉·阮籍及其姪阮咸，同有聲於時，時稱「大小阮」。後世通指叔、姪皆才高且文名盛者。澄江爲江陰舊稱。由上引文，得知雍正十二至十三年間，徐鐸透過夏敬渠五叔父夏宗瀾的引介，認識了三十一歲的夏敬渠與二十一歲的夏宗沂。叔姪二人，文名噪江陰，時人以「大小阮」稱許之。

夏敬渠、夏宗沂、盛金三人爲詩文至友，時常分題聯詠於浣花居、

---

❷　張慧劍《明清江蘇文人年表》，上海古籍出版社出版，1986 年，頁1042。

浣玉軒。

《浣玉軒集》卷四〈懷人詩〉十首之五：「鬥巧花無那，爭先錦不如。夢中何歷歷，猶是浣花居。」

> 夏敬渠自註：「表母舅盛茞濱金、從叔蘭臺與余三人，於浣花軒分題聯詠，每夜輒至三鼓，時或達曉。後每夢及之，儼若夙昔。」

《浣玉軒集・浣玉軒著書目》附錄〈《浣玉軒詩集》跋〉：「甥六雲望斗南氏跋曰：『昔外舅夏二銘先生，偕茞濱盛氏、蘭臺夏氏，常在浣玉軒拈題分韻，輒至午夜不輟。茞濱丰韻悠揚，絕似晚唐；蘭臺氣局稍舒，有似中唐。外舅大氣包舉，竟似盛唐。三人兼三唐之長，誠盛事也。』」

　　按：雍正七年（1729），夏敬渠已讀過盛金之詩[23]，且撰〈《浣香詩》序〉，時夏敬渠二十五歲。夏宗沂小從姪夏敬渠十歲，故年僅十五，但因聰慧早熟之故（「聰慧早熟」見下引文），或許已加入詩文觀摩或唱和之列。

　　因此，夏敬渠與從叔夏宗沂、表舅盛金三人的詩文唱和，有可能起於雍正七年（1729）之前，且必持續數年，至夏敬渠入京前仍不輟。因明年（乾隆元年，1736）夏敬渠便奉母命入京求發展，從此「壯遊京師」，接著「幕遊天涯」，已較少長住於江陰，故將三人

---

[23]　《浣玉軒集》卷二〈浣香詩序〉：「己酉（雍正七年，1729）春讀舅氏茞濱詩。」

唱和事置於本年。

　　三人分別以浣玉、浣花、浣香命名其詩文集或居處：夏敬渠號
浣玉子、浣玉生；居所名「浣玉軒」；著有《浣玉軒詩集》二卷、
《浣玉軒文集》四卷。盛金居所名為「浣香居」；著有《浣香
詩》、《浣香詞》。夏宗沂居所名「浣花軒」；著有《浣花集詩》
三卷，《浣花集詞》一卷❷，統稱為《浣花集》。

　　夏敬渠為夏宗沂撰〈《浣花集》序〉，云：

> 我叔蘭臺，德祖六齡，已辨楊梅於席上；王戎七歲，遂知苦
> 李於道旁。停吏部之軒，齠年作賦；倒中郎之屐，早歲為
> 賓。及夫冠以成人遂爾，文堪驅鱷，詩成八步、賦就八叉。
> 風雨突如其來，毫端歌舞；蛟螭沓然而至，筆底煙雲。……
> 老嫗盡解夫樂天，外夷咸知夫蘇軾。莫不愛同和璧，握類隨
> 珠者矣！（《浣玉軒集》卷三）

〈序〉中盛贊夏宗沂的聰慧早熟、才高筆快；所作詩文既有「和
璧、隨珠」之美質，又兼有能讓「老嫗、外夷」皆能吟誦的通曉。
夏宗沂著作多散佚，僅零星見錄於《宗譜》，而由夏敬渠的〈浣花
集序〉，可略知其文才及風格❷。

　　又《浣玉軒集》卷四存錄〈別蘭臺叔〉詩：

---

❷　《宗譜》卷十四〈著述〉：「《浣花集詩》三卷，《浣花集詞》一卷，十
　　世宗沂躍于氏著。」

❷　又徐鐸曾為《浣花集詩》作〈序〉，文中亦言及夏宗沂的詩風，今存錄於
　　《宗譜》卷十四〈著述〉中，詳見〈本譜〉乾隆四年條。

掀髯攣楮總相宜，獵史研經讀《楚辭》。千古知心成骨肉，一年聚首即分離。茫茫春樹凝愁日，漠漠江雲入夢時，此後相思不堪說，只今何計向天涯？

叔姪二人，既是骨肉至親，又兼詩文知己的情感，在本詩中可知其概況。

盛金住所名為「浣香居」，著有《浣香詩》、《浣香詞》，夏敬渠為撰〈浣香詩序〉，盛贊其詩之特色為「靜」（見前文）；又撰〈浣香詞序〉，言二人有「遇山水之知音，鮑子知予」及「連床抵足，押險韻於清宮」（《浣玉軒集》卷三）的深厚情誼。

此外，《浣玉軒集》卷四錄有〈青樓曲和苣濱〉詩：

錦鞍白馬美少年，春衫斜颭青樓煙。青樓紅顏倚樓望，相逢一笑春風前。春風四面繞樓起，紅顏寫出情如水。黃金用盡少年去，紅顏又向青樓倚。嬌倚青樓年復年，春風不到青樓邊。熒熒一鐙火欲爐，合歡床上人孤眠。孤眠自有良家婦，青樓寂寞為誰守？最憐隔院簫管聲，夜夜春風勸春酒。

由詩題及內容、修辭觀之，此首詩應是夏敬渠年輕時與盛金以青樓為題材，「分題聯詠」唱和之所作。推測夏宗沂應該也有唱和〈青樓曲〉之作，只是如同盛金所作之詩，今皆未見。

又《宗譜》卷十七〈內集詩詞〉錄有夏宗沂〈和二銘歲荒詩〉：

造物恩難遍，三吳俗可憐。村春虛夜月，爨火靜朝煙。辜負聖明代，徒勞長史賢。書生空有淚，辛苦望豐年。

此詩未知作於何時。然「癸卯蝗旱」、「壬子潮災」是江陰大事，救災亦是夏氏宗族大事，夏氏叔姪以「歲荒詩」為題而相互唱和，應是自然之事。估計此詩也可能是三人在浣花居或浣玉軒「分題聯詠」之所作。

清高宗・乾隆元年（丙辰，1736）　三十二歲

堂弟夏敬秀出生。

《宗譜》卷四〈南街宗世錄・第十一世「敬秀」〉：「宗漢三子，字吉修，號虛泉。邑庠生。例贈修職郎，山東東昌府經歷。乾隆元年丙辰正月十六日午時生，嘉慶五年庚申七月初七日子時終，壽六十五。著有《正家本論》、《小學詩癙心齋集》。」

　　按：夏敬秀所著《正家本論》，自印刻本藏於南京圖書館古籍部，為研究夏氏宗族重要輔助資料。

三叔父夏宗洛重修江陰城南九里塘岸。

《宗譜》卷八〈小傳紀事・第十世「宗洛」〉：「乾隆改元，踵祖德，重修城南九里塘岸，罔弗捐貲，執勞倡始。」

夏敬渠與江南名士沈德潛等，集會於蔡芳三㉖家，夏敬渠之才學備

㉖　《光緒江陰縣志》卷十七〈人物・文苑〉：「蔡寅斗，字芳三。乾隆丁卯（十二年，1747）舉人。國子監助教，能詩文。方伯鄂文端檄七郡，士會課春風亭，寅斗冠其曹。丙辰（乾隆元年，1736）舉宏博，不就。著有《九賢堂稿》。」

受贊賞。

《浣玉軒集》書前所附潘永季〈《經史餘論》序〉：「丙辰歲，諸名士集芳三蔡君寓。翁君朗夫、謝君皆人、沈君確士長於詩；王君夢屺、侯君元經長於古文；自朗夫外諸君，皆長於制義。而皆人、確士又善論詩，芳三又善論制義，眾謬推余長於經史；而以二銘為兼備眾人之長。今始知二銘之長，非猶夫眾人之長。眾人之長，皆未必不朽；而二銘之長，則斷斷乎不朽。」

　　案：丙辰歲（乾隆元年，1736），夏敬渠年僅三十二；而詩名已盛的沈德潛（字確士，號歸愚，1673－1769，生平詳《沈歸愚自訂年譜》）已屆六十四歲。但朋儕卻推許夏氏同時善長於詩、古文、制義、論詩、論制義及經、史諸項，「兼備眾人之長」，足見夏氏之才學，備受贊賞。

　　孫楷第《滄州後集》卷三〈夏二銘與《野叟曝言》〉文中指出：「《野叟曝言》第一回謂素臣將遠遊，叔夏何如（筆者按：應是文點，字何如，即影射夏宗沂之角色）約諸友為素臣餞行。其人為申心真、景放亭、元首公、金成之、匡無外、余雙人、景日京，賓主共八人，即席言志。而潘永年（按：應是「潘永季」）〈《經史餘論》序〉所記，丙辰歲諸名士集蔡芳三寓，各推所長者，主客亦八人，其人名與小說有相應者，有不相應者，雖互為品目非言志之謂，而其事實相類。言志一段，即緣此而作，無可疑也。」（頁244）

　　孫氏之說雖乏實據，然可備一說。

高宗召楊名時自滇詣京，賜禮部尚書銜，兼領國子監祭酒。

《清史稿》卷二百九十〈楊名時傳〉：「高宗即位，召詣京師，賜禮部尚書銜，兼領國子監祭酒。」

楊名時薦舉夏宗瀾爲國子監丞。

《宗譜》卷七〈傳略行狀·監丞夏公傳〉：「高宗御極，道起文定於滇，授爲大宗伯，領國子祭酒。九卿各舉經明行修之士任助教，文定特以公薦。詔爲國子監監丞，掌繩愆廳，領六堂。」

《宗譜》卷十七〈內集詩詞〉夏宗瀾〈五十自敘寄內〉：「聖主（指乾隆）御極階泰平，急起楊公掌邦禮。……以人事君君有命，薦章首列不肖名。草茅披褐見天子，師儒之官國子丞。……君恩師誼幸無負，忤權賈禍分所應。」

　　按：楊名時薦舉夏宗瀾任官國子監丞之事，被寫入《野叟曝言》第九回中：

> （僕）文虛傳稟，觀水高陞，報人在外討賞，素臣忙出廳來，只見報單高貼，上寫著「奉旨特授國子監司業」字樣。素臣道：「五老爺散館未滿一年，因何得此超擢？」報人道：「聞說是時太師保舉。」

文素臣所稱的「五老爺——文雷（字觀水）」即是夏敬渠影射其五叔父夏宗瀾，而保舉者「時太師」係影射楊名時。

天子視察太學，夏宗瀾嚴拒喇嘛列席。

《宗譜》卷十七〈內集·詩詞〉夏宗瀾〈五十自敘寄內〉：「天子

右文躬視學……釋奠先師薦德馨……大哉王言口講解，平章位育昭穆清。圜橋觀者以萬計，約束演習推東廳。喇嘛教習求備數，揮斥不使玷簪纓。」

　　按：天子視察太學，時任官國子監丞的夏宗瀾，開放讓數以萬計的民眾圜橋觀看皇帝風采，且聆聽皇帝講學；但卻嚴厲拒絕喇嘛列席的請求，認為即使只是「備數」，也會「玷簪纓」。由此可見，夏宗瀾反佛、道的立場之堅定、信念之強烈，此立場及信念，到了姪兒夏敬渠所撰的小說中，更演變成鏟佛滅道的激烈情節了。

夏宗瀾寫信招夏敬渠入京師。

《宗譜》卷七〈傳略行狀·湯孺人傳略〉：「蓋二銘季叔震軒❷為文定公高第，時文定公奉召兼管國子，震軒以文定公薦為國子監丞，作札召二銘故也。」

夏母趣敬渠入都，遊楊名時門下。

《宗譜》卷七〈傳略行狀·夏節母傳〉：「二銘奉母命一至京師，遊先達楊文定公之門。」

《宗譜》卷七〈傳略行狀·湯孺人傳略〉：「孺人……曰：『士人先立品，而後文藝。』趣二銘入都，遊文定楊公門。」

---

❷　夏敦仁有五子，長子夏宗泗，即夏敬渠之父；次子宗漢過繼為弟敦義嗣子；三子宗洛、四子宗淮；五子宗瀾。故夏敬渠所稱「季叔」或「五叔」，都指夏宗瀾。

《浣玉軒集》卷二〈李怡村詩集序〉：「丙辰歲，識同邑楊文定公於京師。」

　　按：夏宗瀾作札招敬渠，及夏母督促敬渠入京師事，《野叟曝言》第十回改寫為：五叔父文觀水任官國子監司業後，寄家書回鄉，云時太師慕文素臣才學，欲薦舉於朝廷。水夫人遂命令文素臣放下雜事，立即啟程上京：

> 水夫人道：「……但你出門後，五叔即有書來，說時公慕你才學，要薦之於朝，專等你去，就要啟奏哩。我想時公係本縣人物，知己之感，義不容辭。既可顯親揚名，又得展抒抱負，此莫大之事。……我意已決，作速長行可也。」素臣一來不敢違逆母命，二來志在君民，時不可失。……素臣擇日出門……遊學京師。

夏敬渠作〈遠行〉詩懷母。

《浣玉軒集》卷四〈遠行〉：「遠行出門閭，舉足心自量。鄙夫念雞肋，男子志四方。勿作兒女態，徘徊在閨房。閨房詎足道？瞻顧萱草堂。秋風識如雨，秋露色如霜。蕭蕭萱草堂，皇皇遊子裝。遊子為飢驅，貿然適殊鄉。仰頭發長嘯，低頭重徬徨。兒行二千里，母心萬里長。萬里有時極，母心無時忘。母心不能忘，兒行路途旁。路旁無深谷，路旁無高岡，高岡與深谷，乃在慈母腸。遊子動深省，淚下沾衣裳。兒淚有時乾，母心無時忘。母心不能忘，兒行路途旁。兒行路途旁，一步一悲傷。」

　　按：由內容推斷，夏敬渠此詩不可能寫於少遊江南的無憂時期，應是作於身負重責、初次出遠門的赴京途中或抵京之初。

　　〈遠行〉詩錄在《野叟曝言》第十五回〈看法王偽檄文素臣改姓更名〉的內容中。原詩「勿作兒女態，徘徊在閨房。」改為「況值陽九厄，云胡守閨房？」以配合文素臣遭奸人陷害，改名換姓，亡走天涯的情節；刪去「秋風勢如雨，秋露色如霜。蕭蕭萱草堂，皇皇遊子裝。遊子為飢驅，貿然適殊鄉」等不符小說情節的詩句；又將「兒行二千里」之「二」改為「三」，以強調文素臣亡走天涯的艱辛。

楊名時贊賞夏敬渠才學，欲聯合徐元夢，推薦其纂修《八旗通志》。

《浣玉軒集》書前所附潘永季〈《經史餘論》序〉：「余自束髮後，即受業凝齋楊夫子（即楊名時）之門。……凝齋夫子手書二銘姓學行，告前相國蝶園徐公（按：徐元夢字蝶園），擬疏薦二銘纂修《八旗志書》㉘。」

楊名時書夏敬渠名，置小荷包中；戒其童桂生，令至教習館見徐元夢時即言，識勿忘。

《宗譜》卷七〈傳略行狀‧湯孺人傳略〉：「二銘至都，留文定公

㉘　《八旗志書》即《八旗通志》。據《四庫全書總目提要‧史部‧政書類》
　　載：「《八旗通志》初集二百五十卷，雍正五年，世宗憲皇帝敕撰。乾隆
　　四年告成。……故此篇以兵制為經，而一切法令、典章、職官、人物條分
　　而為緯。」（卷八十二）

署。文定公奇其才,欲與徐蝶園相國薦二銘纂修《八旗志書》,命震軒(夏宗瀾)書二銘名置小荷包中,戒其童桂生,令至教習館見蝶園時即言,識勿忘。是時,文定公與蝶園同教習庶常,而蝶園又總裁《八旗志書》館。故約於教習時言之。」

因徐元夢以他事未至。越數日,楊名時病。推薦未果。

《宗譜》卷七〈傳略行狀·湯孺人傳略〉:「會蝶園以他事未至。越數日,而文定公病,遂不果。知者咸為二銘惜。」

《浣玉軒集》書前所附潘永季〈《經史餘論》序〉:「(楊名時)因病,不果(指薦舉夏敬渠纂修《八旗志書》事)。」

按:楊名時欲聯合徐元夢薦舉夏敬渠纂修《八旗志書》的周詳的計畫,卻因為徐元夢「以他事未至」,而缺臨門一腳。且隔年楊名時即病逝。夏敬渠借由薦舉而登仕途的希望,終成泡影。一生遂與仕途絕緣。

王光燮撰〈書鄉賢傳後〉

《宗譜》卷七〈傳略行狀〉楊名時所撰〈鄉賢夏君傳〉文後附王光燮〈書鄉賢傳後〉文:「澄江文定公,理學文章為當代宗仰。歲丙辰,燮應京兆試,公以宗伯,總攝成均,得望見顏色,而未及晉謁。今讀所著《夏公傳》,恍然如見公,且知夏公之見重於公,行誼卓卓,其必傳於後無疑也。起八先生向遊文定公門下,善承師訓,克守家學,桂林夫子作文以載之。俾燮得附名於後,不可謂非厚幸也。晉陵後學王光燮謹識。」

乾隆二年（丁巳，1737）　三十三歲

楊名時卒。

《清史稿》卷二百九十〈楊名時傳〉：「乾隆二年，卒。贈太子少傅，賜祭葬。謚號文定。」

《宗譜》卷十七〈內集詩詞〉夏宗瀾〈五十自敘寄內〉：「天不憖遺哲人萎，龍蛇有識奠兩楹。」

　　按：楊名時的病亡，對夏敬渠的一生有決定性的影響。因此，指日飛鳴的殷切期待，及終成畫餅的落寞無奈，都被夏敬渠改寫進入小說中。《野叟曝言》第十一回：文素臣進京後：

> 當日叔姪相見，說不盡家鄉事體，途路情由。……觀水見素臣已到，指日飛鳴，國計家聲，兩有所賴，更自歡欣。直吃到金吾禁夜、玉漏頻催，方纔就寢。
>
> 次日清晨，觀水領素臣來見時公。只見門前寂靜，問起家人，方知時公有恙。因同進房去問病。那知時公自得一病，即昏然而臥，不省人事。觀水、素臣竟無從與交一談。……
>
> 觀水令素臣診視，卻是不起之症。私向觀水說知，不勝悲感。是晚，就在時公賜第中宿了。隔了幾日，到七月下旬，忽然刮起大風，竟紛紛飄下雪來。寓中諸人，個個駭然……惟有素臣叔姪，知是哲人其萎之兆，相對愴然。到了三更多天，時公已是騎箕而去。觀水大哭一場，素臣亦濕透青襟，不能已矣！

夏敬渠協辦楊名時喪事。

《宗譜》卷七〈傳略行狀·夏節母傳〉：「未幾，公（楊名時）捐館。母命經理其喪必即歸，曰：『大賢既歿，久留無益也』」

《宗譜》卷七〈傳略行狀·湯孺人傳略〉：「後（夏母）聞文定公歿，乃淚下，敕二銘曰：『是雖未及薦，故與舉主無異，宜料理其喪事。畢，當急歸。大賢既歿，久留彼無益也。』」

　　按：楊名時死後，夏敬渠留在楊府，全力協助料理喪事。此事亦寫入《野叟曝言》第十一回中：文素臣叔姪，齊心料理時公喪事。「喪事中，朝廷欽賜祭葬，百官公奠酒宴，門生故吏會葬者，紛紛而來。觀水、素臣同心料理，無不中則。」

夏敬渠以詩八首哭楊名時。

《宗譜》卷七〈傳略行狀·湯孺人傳略〉：「二銘以詩八首哭文定公，得公品學之實。時以為文定公知己。」

　　按：夏敬渠所作「哭文定公詩八首」，因夏敬渠生前詩文皆未付梓；英法聯軍時，又遭兵燹而散佚。故《浣玉軒集》所錄詩文並不齊全㉙，故並未見於集中。

㉙　《浣玉軒集·著書目》附夏子沐識語云：「右從曾祖二銘公所著書均未梓。嘉慶間，從祖庚陽公諱祖燿，復都文集為四卷，詩集為二卷。經庚申兵燹（咸豐十年（1860）英法聯軍之役），諸書無復存者，詩文集亦無完本。今搜括僅得駢散文若干篇，古近體詩若干首，編成四卷，仍題曰《浣玉軒集》。將家譜鈔存各序弁諸首，其自序則隨體編入。爰付手民，聊存十一。倘獲全璧而梓行之，幸甚。光緒庚寅秋，曾姪孫子沐謹識。」

夏敬渠壯遊京師、講學都門。

《宗譜》卷八〈小傳紀事·第十一世「敬渠」〉：「壯遊京師」。

《江上詩鈔·邑志文苑傳》：「壯遊京師」。

《浣玉軒集》書前所附樸山·方婺如〈《學古編》序〉云：「二銘設帳都門，為及門講經、史、詩、賦及今古文。」

《浣玉軒集·浣玉軒著書目·唐詩臆解序》：「二銘雖天份絕高，而年僅三十餘，為饑所驅，衣食於奔走者且垂十年。」（長州惠元點南園氏撰）

《宗譜》卷十五〈內集·文辭〉夏敬秀〈尹儒姪入都詩冊序〉：「吾從兄（指夏敬渠）向遊學，屢至京師。」

　　按：楊名時喪事完畢後，夏敬渠雖欲聽從「大賢既歿，久留無益」之母命，急歸江陰。但可能因為阮囊羞澀，為謀衣食，只好暫留京師，設帳講學。直至湊足經費後方返鄉，故〈湯孺人傳略〉載：「（夏敬渠）司其喪事畢遂歸，遵孺人教也。二銘雖歸，而知二銘且知孺人者遍輦下」（《宗譜》卷七〈傳略行狀〉）。但不久夏敬渠又北上京師講學，如此者數次，故其堂弟夏敬秀方有「吾從兄（指夏敬渠）向遊學，屢至京師」之語；惠南園所言夏敬渠「年僅三十餘，為饑所驅，衣食於奔走者且垂十年。」➂也可為一證。

➂　惠南園所云夏敬渠「年僅三十餘，為饑所驅，衣食於奔走者且垂十年。」詳細而論，應是夏敬渠三十二歲至三十五歲，四年間，屢至京師，講學都門。三十五歲以後數年間，則為人幕僚，輾轉天涯。下文將一一詳及。

　　夏敬渠滯留京師，設帳講學之事，《野叟曝言》亦有描述，第十一回，文素臣料理完時公喪事後，本來欲整裝歸家，但是「囊橐蕭然，出京盤費，尚無所措」。「觀水道：『你們（指文素臣及好友余雙人）俱是空手，如何能作歸計？待我遍託門生，尋一館地，暫且安身，以圖際遇罷了！』因向各門生說知。不數日，……俱有館地。觀水送了兩人赴館。」以上情節，應是夏敬渠「壯遊京師」時，講學為生的實際生活投影。

繼媳丁氏出生。

《宗譜》卷五〈南街宗世錄·第十二世「祖焞」〉：「繼配丁氏，大橋鎮後太學生正學公次女。敕封孺人。乾隆二年生，嘉慶二十年卒。」

夏敦仁獲贈文林郎。

《宗譜》卷八〈小傳紀事·第九世「敦仁」〉：「乾隆二年，贈文林郎。」

夏敬渠作〈都門除夕〉一詩，詩意顯示雖不得薦舉為官，卻仍然意氣風發。

《浣玉軒集》卷四〈都門除夕〉：「千里壯心辭骨肉，三更殘臘對風塵。不須後日催前日，已見今人代昔人。燭淚正憐除夜影，椒花又頌別年春。可能裘馬翩翩地，自覺綈袍隱稱身。」

　　按：此詩錄進《野叟曝言》第十一回中，根據中國社科院文學

所藏光緒四年精鈔本、及光緒辛巳毗陵彙珍樓木刻刊本，在「已見
今人代昔人」句下，評者夾註云：「並含時相之死」。

　　以詩題、內容及夾註觀之，夏敬渠此詩應作於楊名時辭世之
後，其「壯遊京師」期間。當時夏氏年僅三十三，雖然薦舉未成，
但年輕氣盛，功名似乎可期，故發出「可能裘馬翩翩地，自覺綈袍
隱稱身」之豪語。

　　然而，須特別注意者，夏氏晚年遍歷滄桑、功名絕望之後，藉
著創作《野叟曝言》以炫才寄慨。當時已時不我予、壯氣蒿萊，其
心境與三十三歲壯遊京師時天差地別，故《野叟曝言》第十一回，
存錄此首〈都門除夕〉詩時，末聯「可能裘馬翩翩地，自覺綈袍隱
稱身。」兩句已改為「且愁裘馬翩翩地，何計支離著此身。」足見
其心情之巨大轉變。

乾隆三年（戊午，1738）　三十四歲

夏敬渠壯遊京師。

　　按：乾隆元年（丙辰，1736）至乾隆四年（己未，1739），夏敬渠
三十二至三十五歲的四年之間，是其壯遊京師，意氣風發的重要時
期。其間不只遊於楊名時之門，為其經理喪事；亦認識了徐元夢、
孫嘉淦、及某王（「和碩怡親王——弘晈」）；並結交了明直心、張天
一等知己（詳下文）。

夏敬渠結交知己明直心，張天一。

《浣玉軒集》卷二〈李怡村詩集序〉云：「當楊公（名時）既沒，

孫公（嘉淦）未接。於丁、戊之交，得二友焉。一為明君直心，一為張君天一。直心於人無所不愛，而未嘗有比匪之失。天一則無人不親愛之，更無人不嚴憚之，抑可謂和而能介者歟！」

按：「丁、戊之交」，指乾隆二年（丁巳，1737）至三年（戊午，1738）之間，夏敬渠三十三、四歲時。夏敬渠認識了明直心及張天一，極度肯定二友「和而能介」的共同修養。另《浣玉軒集》卷四有夏敬渠所作〈結交歌〉：

　　……結交只結張天一，皎皎精誠貫白日；結交只結明直心，叔度汪汪千深。……

可進一步得知張天一的行事為人、明直心的氣度涵養。二人一爽朗、一醞藉，對其不同的人格特質，夏敬渠都給予崇高的評價。

同卷又有〈別明直心、王敬齋、何梅村、張天一〉五古一首，詩中：「平生愛朋友，所至有班荊。」「商量千載事，蒐採百年英。正好同長被，方期其短檠。」可知夏敬渠與友朋間的重情講義；而「一時宗理學，四海識詩名……更與研心性，相持託死生。」可知夏敬渠與此四友志同道合，是既宗仰理學又雅好作詩的至交。（夏敬渠與王敬齋、何梅村之交情，參見〈總述〉）

明直心生平難考。《浣玉軒集》卷四〈懷人詩十首〉之第九首，乃夏敬渠懷念明直心之作，可略知一二：

　　黃金入冶流，白石當風泐。一寸不磨心，我思趙充國。

詩後夏氏自註：「明直心德，姓趙。時為八溝同知。」可知明直心

姓名及官職。

〈懷人詩十首〉之末首，為夏敬渠懷念張天一之作：

古人重友聲，獻縞復贈紵，性命有深交，乾坤吾與汝。

詩後夏氏自註：「秋官張天一宏渶」。據此，知張氏名宏渶，字天一，曾任職刑部官員❸。夏敬渠又撰有〈懷二兄介庵〉詩（《浣玉軒集》卷四）；《江陰夏氏宗譜》有張天一所撰〈原序〉，文末署名：「賜進士工部郎中，奉天張宏渶天一氏撰」可知張天一一字（或號）介庵，為奉天人，「賜進士」出身，亦曾任工部郎中之職。❷

因夏敬渠與張天一交情忒深，《宗譜》卷十八〈外集·詩詞〉特別存錄二人贈答之詩四首：

　　　　〈贈別二銘二兄〉　　張宏渶
　一自金蘭結契後，曾經四度送勞人。淚痕已共青山舊，客露還從碧草新。楊柳三株愁李白，桃花千尺憶汪倫。與君無限纏綿意，誰信天涯若比鄰。

　衣食驅人未得休，兩年獨上仲宣樓。於今洛下仍為客，何日

---

❸　秋官為周代六官之一，司刑罰。見《周禮·秋官·司寇第五》。又為刑部之一稱。《通典·職官·尚書下·刑部尚書》：「後周有秋官大司寇，卿掌刑邦國，其屬官又有刑部中大夫，掌五刑之法。武太后改刑部為秋官，神龍初復舊。」

❷　因《宗譜》、《浣玉軒集》中，夏敬渠習稱張宏渶為張天一、趙德為明直心，故本《年譜》延用之，避免混淆。

　　江干始繫舟？眼底青春容易老，堂前白髮不禁愁。男兒多少
　關心事，肯道風塵是壯游？

由「眼底青春容易老，堂前白髮不禁愁」及「於今洛下仍為客」、
「肯道風塵是壯游？」句，可推測張天一作此二詩，應在夏敬渠壯
遊京師，二人一見傾心，遂成莫逆交之際。而「一自金蘭結契後，
曾經四度送勞人」，可再度證明夏敬秀所言「吾從兄（指夏敬渠）
向遊學，屢至京師。」（詳前文）之事。

　　針對張天一的二首贈別詩，夏敬渠也答和二首，《宗譜》存錄
在張天一原詩之後：

　　　　　附：答和原韻　夏敬渠

　　歲歲鴻飛留雪爪，時時天外作勞人。青衫濕似當年舊，華髮
　驚從此日新。獨意自將憐李白，深情誰待說汪倫。何當千萬
　從君買，生死燕雲結比鄰。

　　清秋燕子不能休，斜日西飛繞畫樓。北海路賒無六羽。東吳
　門便有孤舟。青春豈識今將老，白髮緣知向作愁。此際傷心
　君未識，勞勞魂夢尚成游。㉝

以上四首詩，文采斐然，且相知相惜之心溢於言表，既可窺得夏、
張之詩才，亦足見證二人之交情。

　　《浣玉軒集》中，夏敬渠思念張天一之詩最多，卷四所錄〈天

㉝　此二首附在《宗譜》卷十八〈外集·詩詞〉張宏漢〈贈別二銘二兄〉詩之
　　後。而《浣玉軒集》卷四也存錄此二首詩，詩題為〈和天一贈別原韻〉。

一館中即和見懷元韻〉，即作於二人結交之初**❸❹**。另有〈懷二兄張
介庵〉絕句四首、〈奉和張二兄天一見懷元韻〉、〈陽羨城望遠有
懷天一〉等詩。皆可見證二人交誼之深厚。

　　再者，《宗譜》卷十八〈外集詩詞〉的〈節母湯孺人六十〉，
乃是張天一慶賀夏敬渠母親六十大壽的祝詞；卷十六〈外集文辭〉
又錄有張天一三篇文章：一是〈徵壽二銘先生德配黃孺人七裘詩公
啟〉，撰於乾隆三十八年（1773），夏敬渠妻黃氏七十歲壽辰前。
二是〈與二銘二兄書〉，撰於乾隆四十一年（1776），時夏敬渠七
十二歲，妻黃氏甫卒，張天一深致悼唁之意。三是為《江陰夏氏宗
譜》寫〈序〉，此文撰寫於「乾隆五十年」（1785），當時夏敬渠
已年高八十一了。足見二人有長達近五十年的情誼（以上諸事詳見下
文引）。故張天一自云與夏敬渠是「性命交」**❸❺**；夏敬渠則言二人
「性命有深交，乾坤吾與汝」皆是出自肺腑之真言。

　　夏敬渠也將張天一、明直心二位好友，寫入小說情節。《野叟
曝言》中，文素臣的知己洪長卿即是暗喻張天一；明直心則化名為
趙日月。三人相識的時間，亦安排在「時公」死後，文素臣講學京
師之時。

---

❸❹　　《浣玉軒集》卷四〈天一館中即和見懷元韻〉：「暗裏年華只是驚，寒更
　　　愁對讀書聲。更無健翮收全樹，賴有新交入半生。十載劍花留白璧，一床
　　　詩影落青鐙。人間樂事知難得，除是鄉間萬里情。」因有「賴有新交入半
　　　生」一句，推測此詩應是夏敬渠初認識張天一時所作。

❸❺　　張天一《江陰夏氏宗譜·序》云：「起八、躍干（案：即夏敬渠的五叔夏
　　　宗瀾及堂叔夏宗沂）皆余友；而懋脩（夏敬渠字）尤性命交」可見其與夏
　　　家極熟稔。

《野叟曝言》中，趙日月「名旦，字日月，籍隸遼陽，現任兵部郎中」是「以朋友為性命，書史作生涯」的人，與文素臣「臭味相投，日近日親，情如膠漆……更視素臣如師保、如父兄，敬愛非常。」（第十一回）

趙日月引介文素臣與洪長卿認識，洪長卿「宛平人」任「太常博士」。文、洪二人初識，即「金蘭結契」，「成了第一等道義之交、性命之友」：

> 素臣初一見長卿，竟像舊曾相識認的一般，心中戀戀，睡夢之中，如有所感。……那知長卿掛念素臣，已至門首。素臣讓進書房，接膝密談，真是同心之言，其臭如蘭。你敬我的才華，我服你的見識。論理學，則周、程同席；談氣節，則李、郭同舟。說不盡的似漆投膠、如魚得水……自此，無日不會，幾如並蒂花、連理木一般，兩人遂成了第一等道義之交、性命之友了。（第十一回）

小說中，強調文素臣雖僅僅是一介白衣，且薦舉不成，屈居於「館地」講學，卻能讓有才有德的在位者傾心若是，而結為知己，足見其不凡。而趙日月和洪長卿的抱負分別為：

> 日月道：「弟願為司徒之官，立限田之制，使富者不得兼并，貧者皆有恆業；廣蠶桑於西北，禁奢華於東南，除鹽鐵之禁，蠲米糧之稅，以惠農通商，俾民皆富足，然後教化可得而行。」
> 長卿道：「弟之志，在退小人，進君子；屏刑法之科，而化

民以德；陋漢唐之治，而責難於君。顧其學甚難，其功非易。不過空懷此願，以沒世而已！」（第十二回）

《野叟曝言》中，趙日月所言的志向，乃是夏敬渠根據明直心所擔任的「同知」之官的職責：「分掌督糧、捕盜、海防、江防、清軍、理事、撫苗、水利諸務」❻加以設計；再配合明直心「於人無所不愛」的個性及「汪汪千頃深」的氣度，推高其理想，使其在小說中成為「謀生民衣食之命」的好官。

而洪長卿所言的志向，乃是夏敬渠根據張天一「無人不親愛之，更無人不嚴憚之」的「和而能介」個性及「皎皎精誠貫白日」的執著，加以設計；並配合張天一早期所擔任的「秋官」——刑部的官職，再向上推高，遂成為「屏刑法之科」而「化民以德」的崇高理想。

現實生活中，明直心、張天一是夏敬渠的性命之交；小說中，趙日月、洪長卿則是文素臣的莫逆知己。《野叟曝言》第三十四至三十八回，主要篇幅是描述三人同生死、共榮辱的情節❼。

---

❻　據《歷代職官表·知府直隸州知州等官·國朝官制》：「同知分掌督糧、捕盜、海防、江防、清軍、理事、撫苗、水利諸務。」

❼　《野叟曝言》第三十四回，朝廷「下詔求直言極諫之士」，文素臣因「名字已經趙日月的保舉」，因此得以「初謁金門」。但是，文素臣直言進得罪權宦，被冠上「非毀聖教、誣謗大臣」的罪名而「押赴市朝，即行處斬。兵部郎中趙旦（即趙日月），所保非人，著革職安置遼東」。第三十五回，由回目〈盡臣職文微君（指文素臣）遷謫遼東，重交情洪太常（即洪長卿）奔馳吳下〉即可知文素臣被貶遼東，洪長卿急往吳江送信，且欲代替好友安置一家老小。第三十六回，洪長卿在途中幾乎得病死亡，病危時尚恨：「素臣之信未寄，受托不終，死難瞑目。」三十七、八回，則述洪長卿尋得文素臣家眷之情景。

　　至於第二十一回〈良朋驚錯信，瞎跑野路三千〉，文素臣乍聞「生平第一好友」洪長卿病已垂危，不計一切，瞎跑野路三千，趕往探望，後方知其健在無恙。此是夏敬渠將現實中〈聞張魯傳死信五年矣！今忽知其健在，喜占二律卻寄〉的真實事件（《浣玉軒集》卷四詩），改編為小說情節，刻意變「張魯」為「洪長卿」，與張天一應無關（詳〈總述〉）。

從叔夏宗沂作〈寄懷二銘姪〉詩。

《宗譜》卷十七〈內集詩詞〉夏宗沂〈寄懷二銘姪〉：「江城五月鶯花落，輕橈遞送詩人去。去去天涯何所之，風騷促膝京華路。我時適在蘭陵城，蘭陵城頭喧競渡。錦帆風滿渡清歌，不及離歌一相訴。買舟歸後問行期，計程約略過瓜步。今君客游夏復秋，秋江蒓膾君應妒。浣花書屋月迢迢，康樂吟殘草塘句。憶君汲古搖雙牙，長江大河共奔赴。二十一史羅心胸，腐遷班范作箋注。憶君乘興揮霜毫，毫端天矯龍蛇怒。杜瓮詩簡年復年，著得乾坤兩窮措。君今冀北我江東，冀北雲深隔烟樹。江東日暮愁少陵，千里談心藉書素。乘流也擬破秋潮，豹姿終戀南山霧。」

　　按：夏敬渠壯遊京師之際，至親堂叔兼詩文知己夏宗沂在江東（可能是故鄉江陰）作此詩以寄之，故有「去去天涯何所之，風騷促膝京華路」及「君今冀北我江東」、「千里談心藉書素」之語。寄詩之確切時日難考，茲暫置於此。

　　本詩盛贊夏敬渠之才高學博、懷念昔日在浣花軒中叔姪分題聯詠之樂，並預料夏敬渠必有「秋風蒓膾」故鄉之思。本詩雖然滿紙

鄉情、親情，但終掩不住二人年輕氣盛、前途可期之熱情。

夏敬渠預擬明年春，奉請母親入都。

《浣玉軒集》卷四〈明歲春正奉請家母入都。此時已屆歲除，不知
家中闔會計否？客邸懸念之甚，聊自述〉：「千里迢迢路，操舟復
駕轅。交情問貧富，家計急饔飧。已值歲將暮，況經兒出門。懸知
期太迫，愁緒結黃昏。」

　　按：此詩乃夏敬渠壯遊京師期間（乾隆元年－乾隆四年）所寫。
因乾隆元年（1736），夏敬渠初至京師，席未暇暖；隔年（1737），
楊名時卒，夏氏協辦喪事，且教學、著書兩忙；五年（1740）春
天，夏氏則已返回江蘇。故推算此詩應作於乾隆三年（1738）歲
末。

　　由詩題得知，夏敬渠預擬明年（乾隆四年，1739）春正奉請母親
入都團聚，但遍尋《宗譜》及《浣玉軒集》等相關資料，皆無湯
氏、黃氏婆媳入都與夏敬渠團圓之記錄。《野叟曝言》前半部，亦
沒有水夫人入都的情節。因此，夏敬渠奉母入都的孝心，可能事與
願違。

乾隆四年（己未，1739）　三十五歲

夏敬渠認識孫嘉淦於上谷。

《浣玉軒集》卷二〈李怡村詩集序〉：「己未，識合河孫文定公於
上谷。」

《浣玉軒集》書前附錄潘永季〈《經史餘論》序〉：「懿齋夫子
（即孫嘉淦），因二銘講君子、中庸章，謂有功於聖人者大。養以大
烹、尊以南面、且設壇四拜以致敬曰：『為後世學者拜夏君惠
也！』」

　　按：乾隆四年（己未，1739），夏氏三十五歲時，仍在河北，且
到過上谷，認識孫嘉淦，備受其禮遇。故夏敬渠自乾隆元年至四年
間（1736－1739），大部份的時間，應該都居留於河北、京師一帶。
　　孫嘉淦在楊名時之後，繼任國子監祭酒，對夏敬渠叔姪兩人都
有識拔之情。《宗譜》卷十七〈內集詩詞〉夏宗瀾〈五十自敘寄
內〉詩：「關西之後合河繼，推心置腹資贊襄」。即云楊名時（人
稱楊關西）死後；孫嘉淦（人稱孫合河）繼之，對夏宗瀾「推心置
腹」，且「贊襄」其所為之事。因此，夏敬渠應是因叔父宗瀾的介
紹而認識孫嘉淦，並受其賞識。
　　《浣玉軒集》卷四〈懷人詩〉之二，乃夏敬渠懷念孫嘉淦之作
（詳下文乾隆八年條），夏敬渠自註云：「宮保孫懿齋嘉淦，總督直
隸時，嘗置酒，延余南面獨坐。諸賓客皆側席另坐以寵余，余心感
之。」可與潘永季〈《經史餘論》序〉所言孫嘉淦禮遇夏敬渠「養
以大烹、尊以南面、且設壇四拜以致敬。曰：『為後世學者拜夏君
惠也！』」之事相映證。
　　孫嘉淦、楊名時對夏敬渠皆青眼有加；潘永季身為孫、楊二人
之及門弟子，做證云：

　　　　余自束髮後，即受業凝齋楊夫子（楊名時）之門。及官國子，
　　　　復師事懿齋孫夫子（孫嘉淦）。兩夫子為當代大儒，著書充

棟，發揮四書、五經之奧義殆盡。讀其書者，心悅誠服，莫
贊一辭。孟子曰：「遊於聖人之門者，難為言。」今知遊於
大儒之門者，亦難為言也。

余友二銘夏君，以晚學後生，獨出其心所得者，輒言於兩夫
子之門。兩夫子輒擊節歎賞之。（《浣玉軒集》書前所附〈《經史
餘論》序〉）

夏敬渠能同時得到兩位名宦的贊賞，著實不易，亦可想見其當年壯
遊京師時的意氣風發。而夏敬渠對楊名時、孫嘉淦二人，亦滿懷欽
仰之情，《浣玉軒集》卷二〈《李怡村詩集》序〉云：

孟子曰：「柳下惠，聖之和者也。」又云：「不以三公易其
介。」介則不和，和則不介。兼之者，惟柳下惠；知之者，
唯孟子。余嘗以是求之，當世匪特不能兼也。其和者，或流
為逐逐之鄙夫；而介者，亦不免為硜硜之小人。古今之不相
及，固若此哉！

丙辰歲（乾隆元年，1736），識同邑楊文定公於京師。己未（乾
隆四年，1739）識合河孫文定公於上谷。古今之慨，於是乎
平。蓋此二公者，真克如孟子所云：『不以三公易其介
者』」……

而余以草野倨侮，妄有指畫，亦與袒裼者無異。二公顧不以
為淺，傾耳而聽，容其狂瞽。亦可謂之和矣！」

夏敬渠以孟子「不以三公易其介」；兼有「和」與「介」，可堪比
之聖之清者「柳下惠」，來贊歎楊名時、孫嘉淦的為人，可謂崇敬

已極。

基於對楊名時、孫嘉淦的崇敬，故《野叟曝言》中，文素臣之言行，頗有以二人真實事跡，作為情節之素材者。例如《國朝先正事略》卷十五載孫嘉淦：

> 會引見教習官不稱旨，公持之堅。上怒曰：「爾能保若曹不以貪庸敗乎？」公曰：「願保」。上執筆令自書狀。公執筆欲下，侍臣呵曰「汝敢動御筆乎？」公悟，捧筆置御榻上。上命鎖交刑部議罪。尋議公大不敬，論斬。上意已解，諭大學士曰：「孫嘉淦太戇，然不愛錢，可銀庫行走。」

《野叟曝言》第三十四回〈文素臣初謁金門〉：朝廷徵求直言極諫之士，文素臣晉謁明憲宗，先闢佛、道之妄，維護孔教；再力陳重臣斬直、繼曉、黨桐、馮時等人，叛國危邦，荼害百姓，當斬之以告天下。皇帝大怒，拂衣退朝。文素臣以忤君大罪被綁赴市曹，即行處決。後皇上心意稍解，寬宥其死罪，但發配遼東服刑。觀察此段小說情節，確實與《清史稿·孫嘉淦傳》所載雍正君臣「服其膽」之事（詳〈本譜〉雍正元年條）及《國朝先正事略》所載孫嘉淦忤君事若合符節❸。

　　蓋夏敬渠與孫嘉淦相交不淺，必熟知其面折廷爭，忤逆君上，

---

❸　學者趙景深認為《國朝先正事略》卷十五所載孫嘉淦此事與「文素臣忤君事略同」（見〈《野叟曝言》作者夏二銘年譜〉，收錄於趙景深《小說戲曲新考》，世界書局，1939年初版，頁56）。

　　按：《野叟曝言》中，文素臣屢屢忤逆昏君明憲宗，趙文並未明指是那一回。今據內容考察，應是指第三十四回〈文素臣初謁金門〉的內容。

幾乎以「大不敬」之罪論斬的始末。因此，櫽括、改寫其事，成為文素臣忠君愛國的情節，又附麗自己「崇正闢邪」的理想在其中，應是極可能之事。

此外，楊名時與徐元夢皆曾入入值上書房教授皇子，其事亦成為夏敬渠創作《野叟曝言》的素材之一，下文論述徐元夢時，一併說明。

結識徐元夢。

按：乾隆元年（1736），徐元夢奉「命值南書房，尋授內閣學士」又「詔輯《八旗滿州氏族通譜》」（《清史稿·徐元夢傳》卷二百八十九），故楊名時有「欲與徐蝶園相國薦二銘纂修《八旗志書》」之計畫。薦舉之事雖然功敗垂成，但是，夏氏設帳講學京師之際，仍另循管道認識了徐元夢。

除了薦舉未成之事外：可能因為徐元夢早歲與李光地相善[39]，李光地與夏氏叔姪學行有淵源（詳前文），且徐元夢素「以講學負聲譽」，故對講學著書、意氣風發，個性亦剛介負氣的夏敬渠青眼有加。

《宗譜》中未明載夏敬渠結識徐元夢的確切時間，茲暫置於夏敬渠離京之前一年。

又按：徐、楊二人都曾入值上書房教授皇子：徐元夢，康熙三

---

[39]　《清史稿·徐元夢傳》卷二百八十九載：「（康熙二十二年，1683）尋遷侍講。徐元夢以講學負聲譽……而掌院學士李光地，亦好講學，賢徐元夢及侍講德格勒，亟稱於上前。」

十二年（1693），以學問優長，精於滿文，入值上書房，教習皇子
讀書。楊名時康熙曾任侍讀之官❹；後雖在滇十八年，高宗即位時
（1736），賜禮部尚書銜，兼領國子監祭酒，後兼值南書房、上書
房等。

「教授儲君」及為「君王師」二者，乃自古以來知識份子的極
高榮耀。夏敬渠既曾遊於楊名時之門；徐元夢又是影響其一生的關
鍵人物，因此，將二人值上書房、南書房事，作為小說創作的靈感
及素材。

《野叟曝言》中，文素臣布衣時，即時常與東宮太子暢談性命
理學、治國平天下之道，儼然已為「太子師」矣！而太子也以事師
之禮，禮敬文素臣。如此，既提昇文素臣的地位，又為其日後受明
孝宗重用，「得君行道」的情節奠下基礎。後來文素臣除奸宦靳
直、殺逆藩景王，輔佐太子登基，登基後天子尊稱文素臣為「素
父」，使完成「崇正闢邪」的理想，建「立功、立德、立言」三不
朽之功業，獲得人臣極至之尊榮。以上種種，應是夏敬渠將楊、徐
二人曾教授皇子之事，採為基本素材；然後加入幻想，誇大為文素
臣治國、平天下的曠古功績，以補償自己一生窮蹇、功名無望的缺
憾。

結識和碩怡親王弘曉，曾直言斥其非，且拒為其館賓。

《宗譜》卷八〈小傳紀事・第十一世「敬渠」〉：「壯游京師，有

---

❹　《清史稿・楊名時傳》：「（康熙）四十一年，督順天學政，用光地薦
　　也。尋遷侍讀。」（卷二百九十）

某王聞而致焉。攝布衣，抗首座。王接席講論，議偶未合，直斥其非，折以正義。席貴皆縮頸。王為動容加禮。越日，托款密者傳意，延為館賓。引古外交戒，力卻之。」

《光緒江陰縣志》卷十七〈文苑傳·夏敬渠〉亦載：「壯游京師，有貴顯聞而致焉。議偶不合，指斥不少避，至為動容加禮，欲延致賓館，敬渠謝弗往。」

《江上詩鈔》卷九十八載夏敬渠：「壯游京師，名動公卿，指斥貴顯不少避。」

　　按：《宗譜》所載之「某王」及《光緒江陰縣志》、《江上詩鈔》所言之某「貴顯」，皆未明載為誰。今據《宗譜》卷八〈小傳紀事·第十一世「敬渠」〉載：

　　　七秩稱慶，怡親王遙祝以額曰：「天驥耆英」。

《宗譜》卷十〈表章額聯〉亦載：

　　　「天驥耆英」——乾隆三十九年，和碩怡親王題祝十一世敬渠七十壽。

　　　註曰：按此匾款式上款「二銘秀才」高半字；下款「和碩怡親王」低半字。旁記年月。正中一章「怡親王寶」四字，非常格也。

蓋天下何其大，壽七十者何其多，怡親王絕不可能對所有年登耄耋者都贈匾祝壽；更何況匾額的題款樣式，顯示出贈匾者的推崇；且

加註者又強調匾額正中有「怡親王寶」的鈐印，屬「非常格也」。故怡親王贈匾為夏敬渠祝壽，應該不是一般虛應的人情而已。

而此贈匾為夏敬渠祝壽的「怡親王」究竟為誰？

據《清史稿》卷二百二十〈列傳七·諸王六·「怡賢親王」〉載：怡賢親王允祥，為康熙第十三子。世宗雍正即位，封為「怡親王」。雍正八年薨。子弘曉，襲。乾隆四十三年薨。故夏敬渠乾隆元年至四年間（1736－1739）壯遊京師期間所認識的「某王」，絕不可能是允祥。而乾隆三十九年，頒贈匾額給夏敬渠的，一定是弘曉。

今考《宗譜·小傳紀事》何以只載夏敬渠曾直斥「某王」事，而不明寫是何王？而《宗譜·表章額聯》載怡親王贈匾之題款樣式又忒詳之緣故：

《宗譜》撰寫者蓋顧慮到：對「某王」而言，被一位布衣秀才「直指其非」；又被其拒絕入幕，實非光彩之事。因此，為了不損「某王」的顏面，《宗譜》刻意隱諱王的名姓以尊之。但夏敬渠以膽識、學問折服王公之事，畢竟是夏氏宗族的榮耀，怎可不詳細記錄？兩全之計，乃採用曲折宛轉之筆法：在〈小傳紀事〉中，先云夏敬渠壯遊京師時，某王對其「動容加禮」；再載七十壽慶時，怡親王贈匾致賀；又在〈表章額聯〉中，詳細標明此匾額的格式、鈐印，屬「非常格」等。讀者細勘之，自然可推知「某王」即是怡親王「弘曉」無疑。

夏敬渠最遲於今年完成《讀經餘論》、《讀史餘論》、《學古篇》、《亦吾吟》、《浣玉軒文集》、《唐詩臆解》諸書。

《浣玉軒集》書前所附潘永季〈《經史餘論》序〉：「二銘設帳都
門，為及門講經、史、詩、賦及今古文。因著有《讀經餘論》、
《讀史餘論》、《學古篇》、《亦吾吟》、《浣玉軒文集》、《唐
詩臆解》諸書。」

　　按：以上諸書乃夏敬渠渠在乾隆元年至四年間（1736－1739）壯
遊京師期間所撰寫、編纂，最遲完成於本年。各書之內容、特色及
編纂修訂狀況。〈總述〉已詳及，茲不贅述。

徐鐸讀夏宗沂《浣花集詩》；並贊美夏敬渠「風標倜儻」。

《宗譜》卷十四〈著述〉附徐鐸為夏宗沂《浣花集詩》三卷所寫之
〈序〉：「鹽城楓亭徐鐸南岡氏，序曰：……己未夏五，余邀邀兼
三盛君於學署，董校閱之事，丹黃餘暇，先生手蘭台夏君詩一冊眎
余，即丐余言以弁其首。把吟數過，見其風流猗旎，悲壯蒼涼，離
奇夭矯，不可方物……至此夫乃歎蘭台之才，信乎夏氏之白眉也。
曩曾晤小阮二銘，風標倜儻，惜未睹吉光片羽耳。比年不見起八，
今諷詠蘭臺詩，輒怦怦有動焉。不審起八見之以為何如也？……」

　　按：〈序〉中所言「兼三盛君」，乃夏敬渠表母舅盛金（莒
濱），「兼三」或其號也。而今所見資料中，少有述及夏敬渠生
平、性情及才學以外者，此文言「曩曾晤小阮二銘，風標倜儻」，
可見夏敬渠之形貌、丰采，確實出眾。因此《野叟曝言》中，夏敬
渠以自己作為人物基型所創造出來的文素臣，便誇大其外貌為臉如
冠玉、玉樹臨風，且風標蓋世，才華無雙了。
　　現存資料中，較少述及盛金與夏宗沂之交情。但由此〈序〉可

知，盛金曾親手鈔錄夏宗沂之《浣花集詩》；且客途之中，不僅親身攜帶；又為此詩集求〈序〉於徐鐸，足見浣花居、浣玉軒分題聯詠之情份，影響深遠。

「風流旖旎，悲壯蒼涼，離奇夭矯，不可方物」「信乎夏氏之白眉」數句，是徐鐸對夏宗沂才華及文采的極高讚美。

乾隆二十三年（戊寅，1758）夏宗沂、夏敬渠皆在和陽「徐公」處擔任幕賓，夏宗沂猝死，夏敬渠為其料理喪事（詳下文）。「徐公」不知為誰？但因徐鐸與夏宗瀾、夏宗沂、夏敬渠及盛金皆有交情，故懷疑此徐姓縣令，有可能即是徐鐸，惜其生平亦不可考。

乾隆五年（庚申，1740）　三十六歲

夏敬渠作〈憶母〉詩，有歸鄉之計。

《浣玉軒集》卷四〈憶母〉：「半月山河隔起居，只餘宵夢到門閭。母心更切分辭日，兒面還如離別初？客路亂拋千點淚，家鄉難寄一行書。東流有箇歸舟便，便欲翻然返故廬。」

按：本詩雖難考確切之創作時間，但不僅有倦遊之意，且有歸鄉之計畫，故置於夏氏離京返鄉前。

徐元夢贈「名聞天下，節冠江南」之聯題向夏母湯氏暖壽。

《宗譜》卷十〈表章・祠坊〉：「『名聞天下，節冠江南』——乾隆五年，大學士徐公元夢聯題贈十世宗泗配節母湯氏。」

《浣玉軒集》卷四〈懷人詩〉第一首：「如椽彰母德，節許冠江

南。積感心何似？春輝寸草含。」

　　夏敬渠自註：「相國徐蝶園元夢，壽余母六十，親書聯曰：『名聞天下，節冠江南』」。

　　按：夏母湯氏康熙二十二年（1683）出生，其六十大壽應在乾隆七年（1742）。但是，夏敬渠於本年（乾隆五年，1740）返回江蘇，故此祝壽聯題，應是夏敬渠離開京師之前，徐元夢親題持贈，以為夏母湯氏暖壽。

夏敬渠南歸前，羅士奇撰〈題夏二銘詩卷即遙送其南歸〉詩贈別。

《宗譜》卷十八〈外集·詩詞〉奉天羅士奇〈題夏二銘詩卷即遙送其南歸〉：「紅杏成塵春未老，春風吹綠春城草。春草春塵日夕多，出門愁被春風惱。委巷晝靜若山村，藥爐詩卷相朝昏。忽驚老怪排柴門，入手如獲千璵璠。海山仙人辭絳闕，曉日扶桑晞素髮。踏鰲北問五陵花，劍光夜動春城月。五陵花月空如烟，草色春袍尚黯然。《七發》□驚枚叔在，《五噫》仍送伯鸞還。划空虹影迴飛電，破的星光穿羽劍。四海徒傾俊傑名，咫尺未識羅浮面。蘭苕翡翠爭鮮妍，摯鷙碧海心相憐。古人詞賦稱小技，要令一語足千年。黃河破天雷出地，玉帛森嚴賓子位。泰岱層雲自蕩胸，匡阜長松青入眥。我持此語和者稀，還君詩卷情依依。天涯芳草隨人遠，思逐春塵點爾衣。」

　　按：羅士奇生平不詳。詩題所言之「夏二銘詩卷」，應是夏敬渠所著之《浣玉軒詩集》。由「五陵花月空如烟，草色春袍尚黯然」二句，可推知夏敬渠在京師期間，雖設帳講學，著書立說、且

意氣風發，頗受重臣青睞；但最後可能感受到良機已逝，「草色春袍」（指「青衿」）黯然褪色，故萌生歸鄉之意。除此之外，老母在堂，妻小無依，應更是夏敬渠離京返鄉的主要原因。

春，夏敬渠離開京師至江蘇義興，結識惠元點，朝夕相處數月。惠元點贊賞《唐詩臆解》，鈔寫之，並爲作〈序〉。

《浣玉軒集·浣玉軒著書目》附惠元點所撰〈《唐詩臆解》序〉：「長洲惠元點南園氏序曰：⋯⋯庚申春，余始識二銘於義興，朝夕者數閱月。⋯⋯二銘所著《唐詩解》，⋯⋯因復爲鈔之，鈔之而復其稿，即書於稿之末。」

　　按：義興，明、清屬常州，在江蘇宜興縣境內。乾隆五年（庚申，1740）春天，夏敬渠已從京城返回江蘇，且與江蘇文人有密切之往來。（惠元點〈《唐詩臆解》序〉詳參〈總述〉）

蔡香谷、吳子京手鈔《唐詩臆解》，津津歡賞。

《浣玉軒集·浣玉軒著書目》附惠元點所撰〈《唐詩臆解》序〉：「適同邑蔡君香谷持一帙造二銘，余時亦至二銘齋中，因就觀之，則二銘所著《唐詩臆解》，蓋香谷鈔畢而歸其原稿也。香谷曰：『此余遍歷天下六十年中，耳之所未得聞，目之所未得睹者，君其究心焉！』余念香谷年已八十，其肆力於詩者甚深，顧猶以二銘所著爲希有，津津然歡賞之，不啻如口澆。其友吳子景，曾於暑日鈔之，恐有一二字訛誤，親自校閱，勿敢懈。」

夏敬渠在無錫縣擔任知縣王熙泰幕僚。有訟者欲行賄賂，夏母湯氏

嚴拒之。

《宗譜》卷七〈傳略行狀·湯孺人傳略〉：「方孺人未六十時，二銘館於宜興。宜令王公名熙泰，與二銘為莫逆交。自錫調宜，……

　　方王公之令無錫也，錫有訟者，本理直而懼負，關二銘歸家，則以米四石，酒四罈，益以魚肉，賄二銘。介之者，至戚且尊輩也。孺人斥之曰：『為尊行者，不導卑幼以正，而反欲污之。他事來，當設飲食下榻留信宿，今不能矣。』介者狼狽歸，遂致怨，孺人不計也。嗚呼！孺人遇事見明識定，而處之當也如此。」

　　按：湯氏六十歲，是乾隆七年（壬戌，1742）；夏敬渠歸返江蘇在乾隆五年春，故乾隆五、六年兩年，應該是夏敬渠擔任王熙泰幕僚的時期。推算乾隆五年，夏敬渠在無錫；隔年，方隨王熙泰「自錫調宜」。且《宗譜》雖未明載夏敬渠在無錫時是否坐館，但以訟者欲行賄賂一事，可證明夏敬渠必然已是縣令王熙泰的得力幕僚。而夏母叱退「至戚且尊」輩，嚴拒不義之財物，誠如趙元樞所贊歎「孺人遇事見明識定，而處之當也如此。」（〈湯孺人傳略〉）

乾隆六年（辛酉，1741）　三十七歲

徐鐸為夏宗沂撰〈《浣花集詩》序〉。

　　按：《宗譜》卷十四〈著述〉：「《浣花集詩》三卷，《浣花集詞》一卷。十世宗沂躍干氏著。」附鹽城楓亭徐鐸南岡氏作〈《浣花集詩》序〉。〈序〉末署撰寫日期為：「乾隆辛酉（六年，1741）孟陬月（陰曆正月）。」（〈序〉文內容見前文引述）

夏敬渠在宜興縣擔任王熙泰幕僚。

《宗譜》卷七〈傳略行狀·湯孺人傳略〉:「方孺人未六十時,二銘館於宜興。宜令王公名熙泰,與二銘為莫逆交,自錫調宜。」

按:據《重刊宜興縣志》卷二〈職官志·守令名宦〉載王熙泰:「乾隆間,攝宜興知縣,勤於其職,操守凜然。」可見王熙泰應是優秀的好官,證明夏敬渠確實有擇良主而事之。**❹**

又:《無錫金匱縣志》卷十五〈職官表〉及《重刊宜興縣志》卷二皆載:王熙泰為「正白旗人,舉人署事」,可略知其出身。

王家遭逢家難,奸人設計驅逐夏敬渠。王熙泰求助於夏母湯氏。湯氏作〈諭次兒敬渠書〉。夏敬渠承母意,幫助王熙泰,使無纖介之患。

《宗譜》卷七〈傳略行狀·湯孺人傳略〉:「宜令王公名熙泰,與二銘為莫逆交。自錫調宜,患病久不癒,諸蒼頭長隨及幕中客,皆

---

❹ 　《無錫金匱縣志》卷十五〈職官表〉載乾隆四年至七年間的知縣為王熙泰及姜順蛟。《重刊宜興縣志》卷二又載「乾隆朝宜興縣知縣」王熙泰「四年任」。二本《縣志》所載任期有重疊。

因夏敬渠乾隆四年尚在河北、京師一帶,五年回江蘇,故推測王熙泰在無錫任知縣應是乾隆四、五年。至少乾隆五年初期才「自錫調宜」。故推算乾隆五年初,夏敬渠在無錫任王熙泰幕僚;後來,隨王熙泰「自錫調宜」。因據《重刊宜興縣志》卷二載乾隆六年時,宜興知縣已由「縣丞陳昌宗攝任」。但未載其幾月到任,有可能在歲末(詳下引文,歲末王熙泰將調陽湖,故由陳昌宗攝任知縣)故將夏敬渠在宜興擔任王熙泰幕僚事,暫置於乾隆六年。

乘間欲為奸利。二銘力持之，不得逞。眾恚甚，計逐二銘。王公家
奴有梁二者，悍人也。眾因嗾之，醉以酒，無故詈二銘，持刀作欲
格狀。二銘怒欲歸，王公病中聞之，急令人收梁下於獄，堅留二
銘。二銘不肯，曰：『已犯眾怒，作亂者詎止一梁二耶？我不以父
母之軀徇朋友也。』王公語塞，遣急足奔告孺人。孺人立時草一
札，諭二銘，略曰：『王君病劇，而奴輩因緣為奸，此正急難時
也。爾與彼素相契，雖局外猶當赴救，況局內耶！古人云：「猝然
臨以大故而不驚，無故加之抗暴而不怒」，爾平日所學安在？奈何
遇蹢躅而色變耶？為人子者固不可好勇鬥狠以危父母，亦不可臨難
苟免以辱父母。爾歸，吾不願見爾也。』二銘乃不敢歸，諸為難者
久已定，王公病尋瘥，無纖患者，孺人力也。」

《宗譜》卷十五〈內集文辭〉十世湯氏〈諭次兒敬渠書〉：「王君
病劇，而奴輩因緣為奸，此正急難時也。爾與彼夙相契，雖局外猶
當赴救，況局內耶？古人云：猝然臨以大故而不驚，無故加之抗暴
而不怒。爾平日所學安在？奈何遇蹢躅而色變耶！為人子者固不可
好勇鬥狠以危父母，亦不可臨難苟免以辱父母。爾歸，吾不願見爾
也。」

　　　　祖耀按：「王君名熙泰，宜興令也。時二銘伯父館其署，奴
　　　　輩趁王病欲為奸，礙二銘不得逞，知其氣剛易動，遂故觸二
　　　　銘怒，冀其去。伯父果怒欲歸，王留不得，遣急告孺人，故
　　　　孺人為此書，嶄嶄數語，平日嚴正之概，從可想見；而教
　　　　孝、教忠、教友大義，即是咸包。蓋從學問中來，不特拔萃
　　　　於巾幗巳也。」

《宗譜》卷七〈傳略行狀·夏節母傳〉：「次子二銘，嘗館宜興令署中。令王君甚重之。王病甚，家人為奸利者，咸弗便二銘，肆妄言。二銘怒，欲辭去，王君堅留不可，則使人聞於母。母乃速止之曰：王君與爾宿相契，今病困，而奴輩因緣為奸，此正急難時也，舍去不義。王病亦尋癒。」

歲暮，王熙泰將轉調陽湖縣令。某生雖善為文，卻欲以百金行賄夏敬渠，以取陽湖縣縣考榜首。夏敬渠聽母命，義辭館職。

《宗譜》卷七〈傳略行狀·湯孺人傳略〉：「歲暮，二銘歸省，而王公有調陽湖之信。陽湖某生善屬文而未得一衿，知宜興縣試卷實二銘一人甲乙之，許以百金為壽，欲得陽湖縣案首。介之者至戚，有素有德於二銘者。二銘惶，以許則喪心，不許則辜恩；且某生實能文，閱卷時因此黜之，於理又不安。請於孺人。孺人曰：『但辭官則兩無礙矣。』王公故與二銘厚，病時又獨賴二銘，德二銘甚，必欲致之陽湖，札往返數四，二銘皆力辭。王公以二銘猶以梁二故，或不欲離孺人膝下，末札因言逐梁二父子，請孺人至署，以百金為供膳，而束脩如故。二銘難於辭復，請於孺人。孺人叱曰：『何首鼠若是？前以彼有急，故不可歸耳；今無事，何難決絕。』辭之，乃終不果往。」

《宗譜》卷七〈傳略行狀·夏節母傳〉：「既而有以試事屬首送者，其人素有德於二銘，難之。母曰：汝唯有辭王君而歸耳。王再三敦請，二銘以告。母曰：前以王君有急，故不可去，今無事，何必往其處？事一斷以義，皆此類。」

按：《浣玉軒集》卷三〈悼亡妹文〉，夏敬渠云：「拒餽金於鄰國，人識仲子之矯廉；而妹則曰：『此吾儒秉節之大防』」應是指拒受重金賄賂，且義辭館職，不隨王熙泰往赴陽湖之事。

由夏敬渠與幕主王熙泰之間的互動，確實證明夏氏母子能嚴守去、留、取、捨之大節，既不愧為知識份子，又無愧於崇禮好義之夏氏家風。

然而，夏敬渠屈居幕僚，寄人籬下的真實歷練，縱然情義昭著、多采多姿，但其在《野叟曝言》中，卻絕筆不提，以免觸及自己潦倒卑屈的舊傷，且損及文素臣「奮文揆武，天下無雙正士」的英雄形象。（詳參〈總述〉）

乾隆七年（壬戌，1742） 三十八歲

夏母湯氏六十大壽。

按：據《宗譜》卷四〈南街宗世錄·第十世「宗泗」〉載，夏母湯氏「康熙二十三年癸亥（1683），五月初八日子時生」，故本年壽六十。夏敬渠義辭館職，不隨王熙泰自宜興轉任陽湖之事，發生在乾隆六年歲暮。本年，夏敬渠應已在家籌備母親六十壽慶大事。

夏敬渠作〈送楚雄太守張禹則之官〉詩，送張鈞赴任楚雄知府。

《浣玉軒集》卷四〈送楚雄太守張禹則之官〉：「萬里不為遠，五馬不為榮。男兒生即設弧矢，簪纓本是鴻毛輕。去去勿復念，所念在蒼生。蒼生不爾棄，詎必為公卿？遠莫遠於階前一片土，榮莫榮於杜母與召父。惜此遠兮慕此榮，為祥麑兮勿為虎。」

《宗譜》卷七〈傳略行狀・湯孺人傳略〉：「歲壬戌，諸公卿以楚雄知府張君名鈞赴任便……」

　　按：根據二條資料，得知：張鈞，字（或號）禹則，赴任雲南楚雄府❷。夏敬渠作詩送之。據《楚雄縣志》卷之七〈職官〉載：「張鈞，乾隆五年任。」知張鈞乾隆五年至九年間在楚雄任職縣令❸。

夏敬渠諸友裒詩文數萬言，向夏母湯氏祝壽。

《宗譜》卷七〈傳略行狀・湯孺人傳略〉：「歲壬戌，諸公卿以楚雄知府張君名鈞赴任便，裒詩文數萬言壽孺人。」

　　按：湯氏一生節孝，遠近知名。因此，夏敬渠諸友人「裒詩文數萬言壽孺人」；且趙元樾等「隨諸親知後，登堂祝孺人畢」，「欲具呈為孺人請旌」（詳下文）等等，皆是對夏母表達無限崇敬之意。而夏氏昆仲為母慶壽，必然竭盡其所能與所有。據此推測，壽慶場面必然盛大又溫馨。

　　現實中，湯氏壽慶的場面已倍足風光；在《野叟曝言》中，夏敬渠更要誇大其事；進一步彌補其不能顯親揚名之恨。因此，在第一百三十回中，水夫人六十壽慶，則由天子、三品以上官、外國使臣、太皇太后、皇后、公主、郡主、命婦等，按日分批至鎮國府祝

---

❷　據《清史・地理志》：「雲南，楚雄府，領州三、縣四。楚雄、廣通、定遠、南安州、鎮南州、姚州、大姚。」

❸　《楚雄縣志》卷之七〈職官〉載：張鈞之後的縣令，是「楊綖，乾隆十年任。」

壽。以此贊頌水夫人教子之功，並突顯文素臣的功業蓋世。現實
中，為人幕僚、為衣食奔走天涯、不能晨昏定省的夏敬渠，以此來
達成其夢想中的孝道。

張天一撰〈節母湯孺人六十〉。

《宗譜》卷十八〈外集詩詞〉錄張天一所撰〈節母湯孺人六十〉：
「懋脩小子之良友，孺人天下之賢母，友中昆季母中師，敢以浮詞
為母壽，期頤耄耋暫時緣，碩德貞心是大年，此言代晉南山酒，庶
幾賢母良友以為然。」

　　按：諸友向夏母湯氏祝壽的「詩文數萬言」，今未見存於相關
資料中。僅存張天一所撰〈節母湯孺人六十〉詩而已。

夏母湯氏守節三十餘年，按例可請旌於朝廷。然湯氏以當年夫夏宗
泗暖父壙得疾死，時議斥其不經，與割股事相類，不得以孝旌，故
己不欲以節旌，堅拒請旌事。

《宗譜》卷七〈傳略行狀・湯孺人傳略〉：「元櫆時為諸生，隨諸
親知後，登堂祝孺人畢；欲具呈為孺人請旌。慎脩兄弟淒然色變，
曰：『非兄言亦早作此計，特吾母堅不欲，奈何！』元櫆曰：『孺
人自二十九歲守節，至今已三十餘年，例得旌，獨奈何勿欲？』因
叩其故，而知傳一公之死於孝也，有為公請旌者，時議以暖壙不
經，與割股事相類，駁不准。孺人以公之不得以孝旌也，故不欲己
之以節旌。且曰：『守節是婦人分內事，安得瀆天子聽耶。』是以
慎脩昆仲雖屢請而孺人堅不許。」

《宗譜》卷七〈傳略行狀·夏節母傳〉：「母年已合旌例，堅不欲。初，邑人以傳一先生死干孝請旌，時議以暖壙不經，不予旌。母心傷之，故不欲其子以節求旌也。」

　　按：夏敬渠父夏宗泗死後，「時議以暖壙不經，與割股事相類」使其「不得以孝旌也」；也因此，夏母湯氏雖然守寡三十餘年「已合旌例」卻堅持「不欲己之以節旌」。對孝順的夏敬渠而言，其父母可謂都深受委屈，必然耿耿於懷。

　　因此，湯氏卒後一年（乾隆十九年，1754），夏敬渠昆仲等即設法將母親守節四十三年之事「聞於朝」，朝廷遂「給帑旌其門」，且「崇祀節孝祠」❹，終於為母親申屈補恨。

　　然而，夏父暖壙死，卻被譏為與「割股事相類」，不得旌表為孝子之事，卻已成定局，無法改變。此類現實中無可挽回的事實，在小說中，卻可以假借情節，以鳴其不平或代為雪恨報屈。因此夏敬渠創作《野叟曝言》中，雖隻字不談其父暖壙而死之事，但對被斥為「不經」的「割股療親」，卻大作文章，表述其意見：

　　《野叟曝言》第一百三十回至一百三十一回，夏敬渠「借題發揮」，敘述文素臣一家割股治癒水夫人重病之事：先是水夫人〈一心憂旱起迍邅〉，因大旱不雨，民不聊生，遂自行斷穀絕藥，欲以身殉災。其病已漸入膏肓，回天無術，子文素臣只能夜夜跪求祖廟救母，但亦不支病倒。

　　長孫龍兒迫於無奈，只好割股療親，偽稱是太皇太后親手調賜

---

❹　《宗譜》卷八〈小傳紀事·第十世「宗泗」〉：「乾隆十九年聞於朝，給帑旌其門，崇祀節孝祠。」

的「鹿脯湯」以進祖母。水夫人吃後，病狀稍稍得以緩解。龍兒又徹夜跪地禱天，最後終於求得大雪三尺，解除旱象。水夫人憂心一解，病即起色。且不只龍兒一人割股，女兒、媳婦、孫兒七人也跟著割。水夫人遂在不知情的情況下，吃了「八片香肱」而「脾神大醒」，恢復了健康。

　　然而，夏敬渠精通醫藥，著有《醫學發蒙》一書，豈能不知「割股療親」事有違醫理？針對此矛盾，夏氏遂刻意安排情節，讓水夫人在發現真相後，對著割臂煮湯的媳婦、孫兒等，進行精神訓話，明示自己病情痊癒，乃是天降瑞雪、憂心遂解所致；又指斥「若臂肉可療疾，則大孝如舜、文、曾、閔，應有割股之事；而古之孝子，亦無先歿之親矣！」

　　以上水夫人的議論，表面上看來，似乎夏敬渠對「割股療親」事是採否定的態度。但是小說中，此事橫跨兩回，將近八千多字的長篇內容；且因子孫輩割股的「孝行」，使老祖宗水夫人得以起死回生的生動情節，雖不致於「諷一勸百」，亦絕非是等閒之筆。推勘夏氏的用意，即是強調至孝之行可感天動地、治癒沉痾。

　　因此，夏敬渠雖不鼓勵「割股療親」，但是也反對將其貶斥為「不經」的愚行，故利用小說情節，拐彎繞道地為割股療親事進行辯駁，此應是夏敬渠針對其父不得「以孝旌」事，所做的消極抗議及申辯。

　　夏敬渠在《野叟曝言》中，大費心思地描述且肯定「割股療親」事，又與下列事件有關：

　　一是夏氏宗族苦孝之風。據《宗譜》可知，夏氏宗族極崇尚孝道。但是，平日怡然養親，盡人子之責，一般人即可為之，並無特

殊之處。故為了突顯異於常人的「孝行」，夏家成員常常不惜折磨肉身，甚至踰越人情禮制來呈現之。在「苦孝」為尚的家風薰陶下，夏敬渠對割股療親之事，當然不會完全否定。

除了受「苦孝」家風影響之外，夏氏家族還真的發生過「割股療親」事，割股者又是受朝廷建坊旌表的節婦「周氏」。據《宗譜》卷七〈傳誌行狀·周孺人傳〉載：

周氏是夏敬渠族叔夏宗魯的未婚妻，夏宗魯二十二歲未娶而亡，周氏「聞訃驚號，誓欲從死。而念舅姑貧且老，請奔喪守貞，以代子職。」未婚之女，自願入夫家守貞，必然艱苦異常：周氏「事舅姑，操酒漿、織紉及浣滌廁牏之事，悉身親之。」使得其舅姑「相喜慰，忘其老而無子之苦也」。不只如此，周氏「在家時，父病篤，常私割臂肉作湯以進，疾得瘳。」歸夏氏後，其舅「疾革，藥罔效……至是，復刲臂以進。」周氏「割股療親」的行為，在宗族中傳為美事，不僅《宗譜》載之；夏敬秀《正本家源》卷上〈事親盡道〉中，亦盛贊其事：

> 吾族叔母貞孝周孺人，在家割臂以療父；及來守貞，又割臂以療舅。

夏敬秀《正本家源》又載：「世姪朱映嘉㊺咸慶，年十五，割臂以療母。」，可見夏家親族割股者不只周氏一人。其事亦載入《光緒

㊺　《宗譜》卷十八〈外集·詩詞〉中，有〈送尹儒（即夏敬渠之子夏祖焞）大兄入都〉五首七絕，即朱咸慶所寫，唯《宗譜》載其字「映葭」與《正本家源》載其字「映嘉」（《光緒江陰縣志》載其字為「薩嘉」詳下註）音近而異字，未詳孰是。

江陰縣志》之中❹。

　　江陰一縣，割股療親疾者人數甚多，朱咸慶之前，已有十四人
❹。其中：

> 趙氏龍，字德公。庠生。母病一月，穀藥不嚐。氏龍割股，
> 紿以鹿肉，進之，頓瘥。（《光緒江陰縣志·人物·孝弟》卷十
> 六）❹

《野叟曝言》中，文素臣兒子龍兒向祖母進割股肉湯時，紿稱為
「鹿脯湯」，夏敬渠創作此情節的靈感，或即是來自於趙氏龍割股
療親時的「紿以鹿肉」。

　　縱觀上列諸事，可推知：「苦孝」為尚的夏氏家風、族叔母周
氏、世侄朱咸慶，及同邑趙氏龍等人真實的割股行為，已提供《野
叟曝言》撰寫〈八片香肱脾神大醒〉情節的豐富素材。再加上江陰
時議認定「暖壙」事，如同「割股」事不經，致使夏父宗泗不得受
朝廷旌表為孝子，夏母湯氏生前遂拒絕奏報朝廷受旌封為節婦。父
母所受之委屈，與「割股」事如此密切，故夏敬渠創作小說時，便
委婉曲折的道出割股雖是孝親之下策，但若出自至誠，非是沽名釣
譽，則真孝可感動天地，故不須對「割股」事過於嚴苛。

---

❹　《光緒江陰縣志》卷十六〈人物·孝弟〉：「朱咸慶，字蔭嘉，增生，篤
　　學工詩。母病，割左臂肉以進。著有《字林正偽》二卷、《小萬卷樓詩文
　　集》八卷。」

❹　筆者據《光緒江陰縣志》卷十六·〈人物·孝弟〉所統計。

❹　趙氏龍事跡，《光緒江陰縣志》載在「夏霈」條之前，故知其生存年代不
　　晚於夏敬渠祖父夏霈。

因此，堂弟夏敬秀在《正家本論》卷上〈事親盡道〉針對割股療親所發的議論，正可代表夏敬渠真正的心聲：

> 割股療親，昔人議其毀傷滅絕，陷於危難；且恐有求名者，故例不請旌。然誠發於至性，唯恐人知此，亦難能而可貴者矣！……變而不失其常者也，豈可輕議哉！

總而言之，由於特殊的家族背景及個人因素，使得夏敬渠雖崇奉儒家孝道，但卻未深省並體現其內在精髓，反而陷入世俗愚孝之中。故《野叟曝言》所呈現的孝道，不免有矯情或扭曲之處。

因此，《野叟曝言》中「割股療親」的情節其來有自；夏敬渠為其父申述委屈之本衷亦情有可憫。但是迂腐的孝道主題及讓水夫人連續吃了子孫「八片香肱」之後才「脾神大醒」的內容，往往令閱讀者感動者少，不安者多，文學藝術性因此大為降低。至於如第五十三回，黃鐵娘受惡姑陷害凌虐至死，臨死仍然為姑辯解，以脫其罪的情節，則更是為了盡愚孝而到了是非不分、善惡不辨的地步，更難引起後代讀者之共鳴。

直隸總督高斌題「金石同堅」匾額贈夏母湯氏。

《宗譜》卷十〈表章·祠坊〉：「『金石同堅』——乾隆七年，太子太保大學士兵部尚書總督江南河務高公斌，題贈十世宗泗配節母湯氏。」

《浣玉軒集》卷四〈懷人詩十首〉之三：「旌旗臨發日，潑墨作雲煙。一片真誠意，千秋梁棟間。」

　　夏敬渠自註：「相國高東軒斌，任直隸總督時，奉旨查勘南

河。於臨發時，為余母親書『金石同堅』匾額」。

乾隆八年（癸亥，1743）　三十九歲

夏敬渠寫〈懷人詩十首〉之二，懷念貶修順義城的孫嘉淦。

《浣玉軒集》卷四〈懷人詩十首〉之二：「小儒無一得，折節與論

文。每念磨礱意，登高望密雲。」

　　　　夏敬渠自註：「宮保孫懿齋嘉淦，總督直隸時，嘗置酒，延

　　　　余南面獨坐，諸賓客皆側席另坐以寵余。余心感之。今以譴

　　　　責修密雲城。」

　　按：「密雲」在河北省順義縣東北。《清史稿・孫嘉淦傳》：

「（乾隆）八年，上責嘉淦徇庇，奪官，責修順義城工。」（卷三百

九十）故夏敬渠此詩應作於乾隆八年，孫嘉淦貶修順義城時。

江陰縣令蔡侯澍奉命重修《縣志》，吳恂、蘇逸濱二人為主筆。

《宗譜》卷十五〈內集文辭〉夏宗瀾〈與內舅祖楊聖翼書〉夏祖耀

按語云：「祖耀按：……乾隆八年（1743），邑令高苑蔡侯澍開局

修邑志，秉筆者始為吳恂若震，繼為蘇逸濱士宏。是二人者素以善

刀筆招搖，而蘇尤兩以訟師拿治，身歷犴狴。」

新修《江陰縣志》別創〈鄉賢〉一門，凡無具題者不入傳。夏敦仁

遂被屏斥，不能入邑志。

《宗譜》卷十五〈內集文辭〉夏宗瀾〈與內舅祖楊聖翼書〉夏祖耀按語云：「邑諸舊志所載崇祀鄉賢諸公，其列傳本散見分類各門，亦從無特立〈鄉賢傳〉一門之體。

　　蔡令修《志》，時志局諸人忽發宇宙內志書所無之新裁，創立〈鄉賢〉一門。凡有位於祠，不論其人之為忠節、為孝義、為政事、為文學，并而傳焉，而因援具題之令，謂非是則不入傳，特摘其近世崇祀者十三人喧騰說。曾祖父不幸羅織其中，而蘇且囂然逞其訟詞，刻之志內。

　　殊不思不憑公論，但具題者，而即入傳，則所有崇祀，自楊文定公係奉旨外，從前諸公具題者誰？將無一之宜傳矣。顧不得不紛紛傳之，非其自矛盾耶？」

趙曦明、嚴學誠欲求入《志》局，且謀別修《邑志》，遂慫恿楊名世（聖翼）以為倡助，且造〈鄉賢夏君傳〉為代作，非楊名時親筆之誣。

《宗譜》卷十五〈內集文辭〉夏宗瀾〈與內舅祖楊聖翼書〉夏祖耀按語云：「時又有趙曦明❹、嚴學誠❺者欲求入志局，亦嘗附和其

---

❹　《光緒江陰縣志》卷十七〈人物・文苑〉：「趙曦明，字敬夫，諸生。幼孤貧力學。刻苦自勵，恆忍饑閉戶讀。性剛直，不從俗，唯阿盧文紹，主暨陽講席，深契之。旋主講鍾山，要與俱圖籍數萬卷，一一為之校讎。手註陶徵士、徐、庾、溫、李、羅昭諫等集。考據淹博精當，稱為善本，著《讀書一得》六十卷，《桑梓見聞錄》八卷，年八十餘，復註《顏氏家訓》，甫脫稿，疾作，卒。」

❺　《光緒江陰縣志》卷十七〈人物・文苑〉：「嚴學誠，字箴三，歲貢生。性行端飭，篤志好學，博通群書。與趙曦明商確古今，討論得失，引繩批根，多所校正。著有《易經會觀》。」

說而終不得入。聖翼先生蓋首志事之人，年復高邁，於是慫恿之，以為倡助。而曾祖父因有文定公著傳，礙其傳信，遂造此傳代作之誣。及志靳成，而又慫恿聖翼先生并號召後進少年目未識前輩之徒，以志事失實，聯名上控，將志銷毀，議復別修，兼申前說（指不具題則〈鄉賢傳〉不載傳之說），以泄其求入志局而不得之憾。」

乾隆九年（甲子，1744）　四十歲

族叔夏宗魯妻周氏，未婚入夫家守貞五十八年，朝廷給帑建坊，崇祀節孝祠。

《宗譜》卷七〈傳誌行狀·周孺人傳〉：「伯母姓周氏，諱素貞，同邑玉文公女，吾族伯定山公諱宗魯（屬「所巷宗」第十世，九世「璋」之子）未婚妻也。幼許學定山公，公年二十二將請期而遘疾不起，儒人聞訃驚號，誓欲從死，而念舅姑貧且老，請奔喪守貞，以代子職。……孺人年二十三守貞……享年八十有正……乾隆九年三院彙題請旨給帑建坊，入節孝祠崇祀。」

　　按：周孺人事略已詳見前文引述。由《宗譜》所錄〈湯孺人傳略〉及〈周孺人傳〉可見夏氏宗族「苦孝」、「苦節」為尚的家風，此家風影響夏敬渠思想及創作頗鉅。

乾隆十年（乙丑，1745）　四十一歲

劉於義、呂熾讀楊名時〈鄉賢夏君傳〉，各撰〈書鄉賢後〉及〈書鄉賢傳後〉。

《宗譜》卷七〈傳略行狀·書鄉賢後〉文末署曰:「……夫時乾隆十年夏四月,賜進士出身光祿大夫經筵講官太子少保協辦大學士事務吏部尚書武進·劉於義記(謚「文恪」)。」

《宗譜》卷七〈傳略行狀·書鄉賢傳後〉文末署:「乾隆十年乙丑五月,賜進士出身通奉大夫戶部右侍郎提督直隸學政,桂林·呂熾書於常山書院。」

夏宗瀾撰〈與內舅祖楊聖翼書〉。

《宗譜》卷十五〈內集文辭〉夏宗瀾〈與內舅祖楊聖翼書〉夏祖耀按語云:「乾隆十年,叔祖震軒先生(夏宗瀾)在保定蓮池書院時,與楊聖翼先生書。」

夏宗瀾〈與內舅祖楊聖翼書〉信中申明數事:
一、力闢〈鄉賢夏君傳〉係代作,非楊名時親筆所撰之謠。

《宗譜》卷十五〈內集文辭〉夏宗瀾〈與內舅祖楊聖翼書〉:「先父崇祀鄉賢,至雍正年間,奉旨通行查核。文定公(楊名時)知之,特許作傳以垂不朽,且為永留崇祀之助,此則生死肉骨,大有造於家門者……

　　近日則又有疑此傳為代作者,不知文定公之親筆現在,謄稿者則有表叔,則用圖書者則劉六先生。天日在上,鬼神難欺!瀾誣其師,則在瀾為不弟,瀾一人之身,既欲陷以不孝,旋又疑其不弟,是可忍孰不可忍!」

　　　文末夏祖耀按語云:「書言『謄稿者有表叔』,即文定公嗣

子，聖翼先生長子，名應詢字蒼毓者也；『用圖書者有劉六先生』，即文定公內弟字御乘者也。」

按：楊名世與夏敦仁、敦義，自少即有嫌隙；又被趙曦明、嚴學誠等人慫恿、利用，竟附和〈鄉賢夏君傳〉非楊名時親筆之誣；日後，編纂其兄楊名時詩文集時，再度罔顧事實，刻意不收錄〈鄉賢夏君傳〉。故夏祖耀在在夏宗瀾〈與內舅祖楊聖翼書〉信後的「按語」中指責：「是書（指〈鄉賢夏君傳〉）寄到之時，聖翼先生即未見文定公親筆傳稿，其子蒼毓及劉御乘現在，宜無不向問，豈不知作傳之真確？乃後編文定公集，竟置是傳不錄，豈猶抱前嫌及是書之或搪突耶？」

二、駁斥夏家被誣「誦五經作佛經為奉邪教」之詆毀。

《宗譜》卷十五〈內集文辭〉夏宗瀾〈與內舅祖楊聖翼書〉：「而疑先父者則曰誦五經作佛經為奉邪教。夫以五經為佛經誠不可也，然此出于諸友之奉行不善，先父之命不爾也！先父之命不爾也？先父命諸子曰：遇忌日不得作佛事，但就室中設我位，諸子俱朗誦五經一過，死而有知，必欣然聽之，古人所謂思其嗜好者是。不肖輩至今奉命不敢違。此奉佛乎，不奉佛乎？為當日親友當先父新喪，來喪次誦五經畢，文人技癢，各經作贊一首向柩前白之，此為多事。然未嘗如釋道所謂跪拜而節以魚鼓者。以此為先父罪，是以死後親友之過舉文致前人也，而可乎？前日文定公為先父作傳時亦嘗詢此事，瀾亦如此答。文定公曰：此可釋然矣，故傳中開端便有愛厚嫌忌等語，且語瀾曰：『予此數語所以釋前之疑，解後之惑

也。』」

三、強調其父夏敦仁整治河防、孝事雙親及立功施惠諸事，其師楊名時知之最深，故〈鄉賢夏君傳〉言之有據。

《宗譜》卷十五〈內集文辭〉夏宗瀾〈與內舅祖楊聖翼書〉：「……迨至壯年，奔走萬里，立文定（楊名時）夫子之門，備蒙教誨裁成，如聾忽聽，如瞽克視，此大有造於身心者一也。

……（楊名時撰寫〈鄉賢夏君傳〉）至敘入宣力河防，省侍嚴慈處，則又語瀾曰：『此余生平最得意事，為他人所不可得者。』致歷敘先父立功施惠等事，則又曰：『此段極關係，作鄉賢要有實事，不可略也。』」

四、說明楊名世主張《江陰縣志·鄉賢》採「不具題不載」之錯誤；並申述《江陰縣志·鄉賢》應載夏敦仁傳之故。

《宗譜》卷十五〈內集文辭〉夏宗瀾〈與內舅祖楊聖翼書〉：「……鄉賢一志，聞舅祖有『不具題不載』之議。先父實未具題者，坐此一言已是屏斥矣！……

鄉賢崇祀在雍正五年以後，未有不具題者，雍正五年以前，本有『題』、『咨』兩項。『題』固奉旨，『咨』亦奉憲，而咨者十居八九，題者十無一二，以題難而咨易也。迨至五年，通行查核，督撫加看，以允宜從祀覆部彙，題奉旨依議則奉憲者已。……

夫《縣志》記載從詳，自《郡志》而上以漸而略，有載於《郡、縣志》，而不列《一統志》、《省志》者矣。未有《一統志》、《省志》既載，反見遺於郡、縣者也。先父雖寒微，荷蒙我

朝闡幽顯微，《一統志》、《省志》具載姓氏列傳，而區區《縣志》，秉筆者必欲與朝廷抗是？」

　　按：此事後來風波平息，蓋因「震軒先生亦自寄書後，又歷數載始歸，……及至家，則別修（《江陰縣志》）之議已久寢，而人（楊名世）亦云亡，蓋遂無從理論云。」（夏祖耀按語）

　　夏敦仁雖然終究得以永久崇祀鄉賢祠，且在《江陰縣志・鄉賢》中立傳。但此事自康熙五十九年（1720），「有異議者欲進阻撓夏敦仁崇祀鄉賢祠之計」開始；迄乾隆十年（1745）夏宗瀾寄〈與內舅祖楊聖翼書〉伸辨父冤為止，前前後後爭議已超過二十六年。

　　其中，欲阻撓夏敦仁崇祀鄉賢祠、誣指夏家「誦五經作佛經為奉邪教」、謠傳〈鄉賢夏君傳〉非楊名時親撰、懷疑夏敦仁未整治河防、孝侍雙親及立功施惠諸事、審核鄉賢事遲不定案及重修《江陰縣志・鄉賢》屏斥不載夏敦仁傳共六事，傷害夏氏家族不可謂不鉅。

　　夏氏宗族自六世祖夏維新殉明開始，崇尚忠、孝、節、義，事蹟卓著；且治河救災、興學賑貧，對鄉梓貢獻良多。但是，僅僅是夏敦仁崇祀鄉賢祠一事，卻已是風濤不斷、倍受誣告詆毀。夏敬渠為夏敦仁之嫡孫，身處是非爭端數十年（從夏敬渠十六歲起至四十一歲以後），內心焉能不悲憤？勢必加重、增強其原本就孤高剛強之個性，因此，撰寫《野叟曝言》時，遂借小說極力地懲奸罰惡、毀佛滅道；兼之替天行道，降福賜祿於善人。用以補償天道之薔薔，大鳴人世之不平。卻也造成本書「用力過猛」的缺失。

乾隆十一年（丙寅，1746）　四十二歲

二叔父夏宗漢卒。

《宗譜》卷四〈南街宗世錄・第十世「宗漢」〉：「宗漢……乾隆
十一年丙寅十二月十八日未時終，壽六十四。」

乾隆十二年（丁卯，1747）　四十三歲

夏敬渠罹患暈眩重疾，妹傾力守護，甚至禱祝上天，求減己壽，以
延兄年。

《浣玉軒集》卷三〈悼亡妹文〉：「歲維丁卯，神訴庚申。二豎膏
肓，十旬瞑眩。妹則連衣宵旦，力疾扶持。既竭吾才，氣如絲而欲
斷；莫延兄命，淚如血以長流。乃告七星，爰書八字，願減大家之
算，續成班固之年。夜夜祈天，朝朝祀灶。積誠既達，厥疾用瘳。
妹既秘而不言，余且安而罔覺，後乃聞之吾母，時亦未以為
悲。……」

　　按：夏氏妹與夏敬渠手足深情，《野叟曝言》中，文遺珠、未
鸞吹、及沈素娥三位角色，皆有部份情節影射其妹。詳見〈總
述〉。

　　《野叟曝言》第十六回，文素臣（時改名為白又李）罹患瘧疾惡
症，幾瀕於死，義妹未鸞吹傾力照顧，婢女素娥更是炙火盆、臥銅
屏，以身相就，減輕素臣寒熱相煎之苦。此段情節雖模仿自《好逑
傳》，強調男知禮、女守貞，雖獨處，不及於亂；但其靈感、素

材，應是來自夏氏病危，其妹「連衣宵旦，力疾扶持」及禱求上天願減己壽以延兄命的事實。

夏敬渠病癒之後，出外謀生，其妹卻與世長辭。

《浣玉軒集》卷四〈哭妹詩〉十首之八：「願將妹算作兄更，夜指秋天北斗盟。我病已痊卿竟死，痛追前事欲無生。」

《浣玉軒集》卷三〈悼亡妹文〉：「……未有此中日夕十二時，皆洗淚之辰；從無寸草風霜三十載，盡傷心之候。……詎知轟政尚存，先枕姊嫛之股；靈均未沒，反招女嬰之魂。有不哀欲摧心，痛將嘔血者乎？然使支床骨立，一為躬劑蕧苓，執手卷然，三日親含珠貝，儘下撫琴之涕，略燎炙艾之鬚，則魂雖駭而未飛，腸即斷而未盡。而乃生毋相見，死毋相哭，迢迢路隔三千，脛不能走，翼不能飛。鬱鬱愁經兩歲，青岱障故鄉而不見，黃河寫流淚以何窮？……」

按：夏敬渠之妹卒年不詳。今由〈哭妹詩〉：「我病已痊卿竟死，痛追前事欲無生。」及〈悼亡妹文〉：「詎知轟政尚存，先枕姊嫛之股；靈均未沒，反招女嬰之魂。」推測乾隆十二年（1747），夏敬渠大病，其妹盡心照料，夏氏痊癒後，其妹卻與世長辭。

又據〈悼亡妹文〉：「……未有此中日夕十二時，皆洗淚之辰；從無寸草風霜三十載，盡傷心之候。」似其妹得年僅三十。然乾隆十二年，其妹猶看護夏敬渠之病，當時夏氏妹年三十七。夏敬渠病癒後，其妹方病故。故「三十載盡傷心之候」之「三十」，疑

是「四十」之誤。

上引〈悼亡妹文〉內容，充滿夏敬渠自責未能親自視病，回報弱妹恩情的遺憾；又流露身在客途，不能見妹妹最後一面，且不能及時奔喪的悲慟。據此推測，夏敬渠大病痊癒之後，可能外出謀生，只是現所見資料中，皆未載明此事。不過，乾隆十五年（1750）二月之前，已確知夏敬渠擔任高斌之幕僚（詳下文），因此，猜測本年，夏敬渠或許已坐館高斌幕下。

夏敬渠與其妹手足情篤，《浣玉軒集》中有多首憶妹之詩文。妹亡後，夏敬渠作有〈哭妹詩〉十首，首首淒愴悱惻，感人肺腑。《野叟曝言》中，文遺珠乃文素臣之胞妹，落盆即死（第一回），但在第一一八回，卻又歷劫重生，全家團圓。夏氏創設此段情節，以補償自己喪妹之遺憾，並隱存其妹早逝之事實❺❶。而文遺珠遍讀經、史，融貫義理，太皇太后遂聘其入宮中教授諸妃及眾公主，此即夏氏影射及妹之博學多通；並藉虛構之情節，頌揚早逝的胞妹實具有班昭一般的才德（詳參〈總述〉）。

乾隆十三年（戊辰，1748）　四十四歲

夏敬渠在外任職。

按：據《浣玉軒集》卷三〈悼亡妹文〉：「然使支床骨立，一

---

❺❶　此種筆法在《野叟曝言》中迭出不窮。較明顯者如明孝宗崩於弘治十八年，夏敬渠在小說中，遂改寫為弘治十八年「天子改元厭哭」事（第一百四十一回），讓孝宗病重，改年號，去不祥，病體漸癒，藉此隱存史實之真相。

為躬劑蕧苓，執手卷然，三日親含珠貝，儘下撫琴之涕，略燎炙艾
之鬚，則魂雖駭而未飛，腸即斷而未盡。」知妹妹病重時，夏敬渠
身在客途，無法親自視病，盡力救治，故深以為恨；且「生毋相
見，死毋相哭」，妹病危時，既不能見妹妹最後一面；妹死後，又
不能及時奔喪。更悲哀的是：妹妹亡故兩年，夏敬渠身不由己，不
能回家：「鬱鬱愁經兩歲，青岱障故鄉而不見」。因此推知本年，
夏敬渠仍在外任職（疑在高斌幕下，詳下文），唯現存資料，皆無法確
定其在何地擔任何職。

夏宗瀾「以試員誤領雙俸事落其職」。

《宗譜》卷七〈傳略行狀·監丞夏公傳〉：「文定（楊名時）特以公
（夏宗瀾）薦，詔為國子監監丞，掌繩愆廳，領六堂。……以試員
領雙俸事落其職。蓋公性亢直，有山嶽之慨，遇事侃侃，不撓於權
貴，用是多取時怨。初文定領太學未逾年卒，合河孫文定公繼之，
旋移撫直，後其任者，多與公不諧，故不得久於其位也。」

　　按：夏宗瀾「以試員誤領雙俸事落其職」之事，《宗譜》未載
在何年，茲由夏宗瀾〈五十自敘寄內〉詩所述：「草茅披褐見天
子，師儒之官國子丞。……君恩師誼幸無負，忤權賈禍分所應。」
（《宗譜》卷十七〈內集詩詞〉）推知落職事必在乾隆十三年（1748），
其五十歲之前。且《宗譜》卷七〈傳略行狀·湯孺人傳略〉載：
「季叔震軒罷官歸，每朔望，必整衣冠向孺人揖。」可證落職後的
夏宗瀾歸鄉居於江陰，故可每逢朔望，即施禮於長嫂湯氏。

夏宗瀾寫〈五十自敘寄內〉。

　　按：據《宗譜》卷四〈南街宗世錄‧第十世「宗瀾」〉載，夏宗瀾生於康熙三十八年（1699），至乾隆十三年（1748）正值五十歲。故其〈五十自敘寄內〉詩作於此年。本詩記錄夏宗瀾個人及夏氏家族諸多事跡，為研究夏敬渠及《野叟曝言》之重要資料。

乾隆十四年（己巳，1749）　　四十五歲

夏敬渠擔任高斌之幕僚，代撰〈節婦王蔡氏祠堂記〉。

《浣玉軒集》卷三〈節婦王蔡氏祠堂記〉代：「合肥城城西四十里為西口村，有巍然於村之東南，朱楹碧瓦，崇簷峻牆，巍煥而嚴翼者，祠堂也，祠堂何為而設？祠其村之婦蔡氏也。曷為而祠其村之婦氏？蔡氏蓋節婦也。村之戶且數百家，振古於茲為節婦者多矣，曷為讀祠蔡婦？曰蔡氏之為節婦，非村之凡為節婦者比也。非村之凡為節婦找比，故祠之非村之凡為節婦比而祠之。……❷節婦生於康熙四十六年（1707），十二月十五日；卒於乾隆十三年（1748）十一月二十三日。是祠興工於乾隆十四年（1749）正月；落成於乾隆十四年三月。……」

　　按：節婦王蔡氏祠堂座落於「合肥城城西四十里的西口村」；落成於乾隆十四年三月；且此文在題目〈節婦王蔡氏祠堂記〉句下，偏右小寫一個「代」字。由以上三事，可證明此文乃乾隆十四年，夏敬渠坐館為人幕僚，替幕主代筆所撰。而幕主應是合肥之知

---

❷　按：刪節之文為敘述蔡婦如何殉夫事，〈總述〉已略引，茲不贅述。

縣或與安徽、合肥有重要地緣關係之官員。

　　查《合肥縣志》卷十六〈職官表〉，乾隆九年至十四年（1744－1749），合肥縣令名為「郅廷鑣」，在現存所有夏敬渠的相關資料中，皆無任何的接觸記錄，故推測夏敬渠不可能擔任「郅廷鑣」的幕僚。

　　然而，據《清史稿·高斌傳》卷三百十載：高斌自雍正十一年（1733）即「署江南河道總督」，一生以治河為職事，主治黃河、淮水、洪澤湖、運河等諸湖泊河道及漕運之水患。高斌主張「黃水宜合不宜分，清水宜蓄不宜洩，唯規度湖河水勢，視其盈縮以定蓄洩，方不致泛溢阻礙為民害。」因為其「諸所籌畫，皆可循守」。因此，「（乾隆）十二年三月，授文淵閣大學士。四月，命往江南同河道總督周學健督理防汛。」爾後至乾隆二十年（1755）「卒於（防汛）工次」。

　　乾隆七年（1742），高斌任職直隸總督時，奉旨查勘南河，於臨發時，即頒贈「金石同堅」匾額給夏母湯氏（詳前文），知夏敬渠與高斌早有深交。十四年（1749），因高斌以文淵閣大學士的身份兼任治河大臣，故為安徽合肥節婦撰「祠堂記」，而秉筆代撰〈節婦王蔡氏祠堂記〉者，即是幕僚夏敬渠。此文亦錄進《宗譜》卷十五〈內集文辭〉中，足見雖是代筆之作，但托作之人必是位高權重且禮遇夏敬渠之館主，故此文必是夏氏為高斌代作無疑。

　　另有一證：《浣玉軒集》書前附〈浣玉軒著書目〉潘永季所撰之〈《經史餘論》序〉云：

　　　　相國東軒高公，開府南河。禮聘二銘，講論性理。高公粹於

　　　　經學，與二銘必水乳。……乾隆十五年（1750），歲次庚午

　　　　二月朔日，義興潘永季撰。

潘〈序〉寫於乾隆十五年（1750）二月初一，更可證明在此之前，
即乾隆十四年（1749），高斌應已「禮聘二銘，講論性理」。因
此，〈節婦王蔡氏祠堂記〉應是夏敬渠為高斌執筆代寫。

　　由此再向前推，乾隆十二年（1747）夏敬渠罹患暈眩重疾，妹
傾力守護，甚至禱祝上天，求減己壽，以延兄年。夏敬渠病癒之
後，出外謀生，其妹卻與世長辭（詳前文）。猜測此年，夏敬渠或
許已坐館高斌幕下。

　　因為夏敬渠與幕主高斌之間，有多年的情誼累積、彼此信任及
能力考驗❸，故乾隆十六年，夏敬渠又轉任高斌子高恆幕賓。日
後，兄夏敬樞得為高恆子高樸之業師。乾隆二十年（1755），高斌
卒後，夏敬渠親謁其墓，賦〈中峪賜地謁高東軒相國墓〉一詩；且
乾隆二十三年（1758），朝廷賜高斌諡號「文定」，夏敬渠則「欣
聞集廷議，喜極淚漣洏」。（以上諸事詳下文）

　　此篇〈節婦王蔡氏祠堂記〉，很明顯模仿自歐陽修〈醉翁亭
記〉的寫法。然而其問答文句過度冗長，不免欠缺明快，有夾雜糾
纏之失。

---

❸　　更大膽的假設是：夏敬渠自乾隆七年，為母親慶祝完六十大壽後，《宗
　　　譜》及《浣玉軒集》中就無其任職的資料，夏氏家貧，夏敬渠不可能不謀
　　　職養家，且因乾隆五年高斌已為夏母暖壽，故七年起，夏敬渠即入高賓幕
　　　下。故兩家有深厚情誼。

夏敬渠作〈悼亡妹文〉，有意返鄉安葬其妹。

《浣玉軒集》卷三〈悼亡妹文〉：「……而乃生毋相見，死毋相哭，迢迢路隔三千，脛不能走，翼不能飛。鬱鬱愁經兩歲，青岱障故鄉而不見，黃河寫流淚以何窮？石是沃焦，終無與於溟海；鳥名精衛，空齎恨於穹窿而已！嗚呼！無日不秋，有天如夢，停棺未葬，何處松楸？遺縠無巢，誰為卵翼？書猶在目，諾豈忘心？但聚千里之糧，即命一日之駕，長號盡慟，哭爾於宙合齋頭；執紼投書，慰爾於北邙山下。」

　　按：夏敬渠妹約死於乾隆十二年（1747）。本文因有「鬱鬱愁經兩歲」及「停棺未葬，何處松楸？」句，推知直至乾隆十四年（1749），夏敬渠尚離鄉在外，客途謀生；其妹亦未入土安葬。此篇〈悼亡妹文〉應作於本年，文中透露渴望歸鄉為妹經辦喪事及撫慰遺孤之心意。

乾隆十五年（庚午，1750）　　四十六歲

夏敬渠擔任高斌幕僚。

《浣玉軒集》書前附〈浣玉軒著書目〉潘永季所撰之〈《經史餘論》序〉「相國東軒高公，開府南河。禮聘二銘，講論性理。高公粹於經學，與二銘必水乳。……乾隆十五年（1750），歲次庚午二月朔日，義興潘永季撰。」

　　按：由潘〈序〉確知，最遲今年二月一日之前，夏敬渠已擔任高斌之幕僚。

潘永季撰〈《經史餘論》序〉，盛贊夏敬渠才學將不朽。

《浣玉軒集》書前附〈浣玉軒著書目〉潘永季所撰之〈《經史餘論》序〉：「丙辰歲，諸名士集芳三蔡君寓。翁君朗夫、謝君皆人、沈君碻士長於詩；王君夢屺、侯君元經長於古文；自朗夫外諸君，皆長於制義。而皆人、碻士又善論詩，芳三又善論制義，眾謬推余長於經史；而以二銘為兼備眾人之長。今始知二銘之長，非猶夫眾人之長。眾人之長，皆未必不朽；而二銘之長，則斷斷乎不朽。余時亦以為然。今始知二銘之長，猶非服眾人之長也。眾人之長，猶非知二銘者也。……乾隆十五年（1750），歲次庚午二月朔日，義興潘永季撰。」

　　按：乾隆元年（丙辰，1736），夏敬渠年僅三十二；沈德潛（1673-1769）已六十四歲。朋儕卻推許夏氏兼備沈德潛等眾人之長（詳〈本譜〉乾隆元年條）。又乾隆十四年（1749），沈致仕回籍，聲名更隆；隔年，潘永季作此〈序〉，猶言沈德潛等「眾人之長，皆未必不朽」；但是「二銘之長，則斷斷乎不朽」。足見博學多通的夏敬渠在眾友朋之間，確實備受肯定、推崇。

潘永季鈔寫《讀經餘論》、《讀史餘論》，合為《經史餘論》，並撰〈序〉。

《浣玉軒集》書前附〈浣玉軒著書目〉潘永季所撰之〈《經史餘論》序〉：「……故獨鈔其兩《餘論》，合為一編，名曰《經史餘論》。謀付之梓人，以惠來學。而首藂寒氈，徒懷虛願。幸相國東軒高公，開府南河。禮聘二銘，講論性理。高公粹於經學，與二銘

必水乳。則斯編之刻，旦晚間事耳。爰歸其原稿，而跋數語於簡
末，作附驥之想焉！……乾隆十五年（1750），歲次庚午二月朔
日，義興潘永季撰。」

　　按：因夏敬渠女婿六雲望斗南氏在〈《浣玉軒詩集》跋〉云：
「外舅著作等身，如《讀經餘論》、《綱目舉正》，皆堪不朽，惜
不能梓以行世。」；曾姪孫夏子沐按語曰：「右從曾祖二銘公所著
書，均未梓。」（《浣玉軒集》書前附〈浣玉軒著書目〉）確知夏敬渠
所有著作，在其生前皆未得刊刻，故推知高斌（東軒）亦未資助夏
氏刊刻《經史餘論》。

乾隆十六年（辛未，1751）　　四十七歲

夏敬渠擔任高恆幕僚。

　　按：據《清史稿》卷三三九〈高恆列傳〉略載：高恆，字立
齋。滿州鑲黃旗人，大學士高斌子。乾隆初，以蔭生授戶部主事，
再遷郎中。出監山海關、淮安、張家口権稅，署長蘆鹽政、天津總
兵。二十二年（1757），授兩淮鹽政。乾隆三十三年（1768），坐收
鹽商金，誅。

　　《浣玉軒集》卷四存錄〈留別高立齋先生四首〉。四首之一
云：「不為故園多未了，肯辭昔雨向長安？三年淮浦慚知己，一月
邊城愧素餐」句。四首之三云：「先人辛苦恩難極，往事思量淚欲
傾。」「不向天涯逢鮑叔，那知巾幗有程嬰，〈蓼莪〉讀到無聲
處，直可捐軀報友生。」由詩意推知，應是夏敬渠任高恆幕僚三年
後，乾隆十八年（1753）二月，母親湯氏辭世，欲返家奔母喪前，

辭別高恆時所作。由此推算，乾隆十六年（1751），夏敬渠已從高斌處，轉任其子高恒之幕僚。

夏敬渠與高恆賓主之間情義亦深厚：《宗譜》卷十六〈外集·文辭〉載高恆〈致二銘先生書〉：「念弟質本粗拙，未嘗學問，與先生萍水初逢，遂成金蘭之契。」《浣玉軒集》卷四〈壽高立齋先生四十〉詩：「……渠也羈雌士，曾叨末座賓。論交時切切，講學每津津。獨許狂為直，還矜石是珉。……」。同卷〈留別高立齋先生四首〉之二：「潦倒風塵二十年，無端一見即相憐。常將皦皦推吾腹，每以汪汪恕我癲。」可知夏敬渠任高恆幕僚時，高恆對夏敬渠之禮遇、推重。

乾隆第一次南巡，從叔夏宗沂首度迎鑾獻詩頌。蒙恩獎勵，賜綵緞。

《宗譜》卷七〈傳略行狀·藥芊公傳〉載：「乾隆辛未（十六年，1751）及丁丑（二十二年，1757），今上南巡，諸生迎獻詩頌者九十餘人。御選二十七人。君（夏宗沂）在前列，蒙恩獎勵，賜綵緞。」

按：乾隆十六年、二十二年，高宗第一、二次南巡時，夏敬渠的從叔兼詩文知己夏宗沂，已有「迎鑾獻詩頌」之舉。夏氏宗族中，夏敦仁、夏宗瀾、夏宗沂皆曾有迎鑾獻詩文。故夏敬渠在乾隆五十一年（1786），年高八十時，仍欲赴蘇迎鑾，擬躬進獻《綱目舉正》一書。

正媳朱氏卒。

《宗譜》卷五〈南街宗世錄・第十二世「祖煒」〉：「配朱氏，……
乾隆十六年辛未十二月初九日亥時卒，年二十。」

乾隆十七年（壬申，1752） 四十八歲

夏母湯氏年七十，夏家未大舉慶壽。

按：夏母湯氏本年七十大壽，可能因為子夏敬渠幕遊在外，孫
媳朱氏甫過世，且湯氏健康或已不佳，因此夏家並未大舉慶壽。湯
氏七十不慶壽之事，亦寫入《野叟曝言》中，第一百三十八回：

> 九月初。水夫人七十正壽，子孫遵諭，至期但祭祖先，不許
> 拜壽，故府中一無應酬。

雖然，文素臣家中不慶祝水夫人七十大壽，但是仍讓文素臣在前一
回已立下〈古佛今佛兩窟俱空，君圍臣圍四靈咸集〉（第一三七回回
目）的不朽功業，以報答母親守節撫孤、教子成立之大恩。夏敬渠
潛意識中，大概要假借文素臣立功盡孝的情節，彌補自己幕遊天
涯，未能為母親慶七十大壽；以及隔年喪母，不能見最後一面的哀
慟。

從姪夏祖耀出生。

《宗譜》卷四〈南街宗世錄・第十二世「祖耀」〉：「敬模（夏敬
渠三叔父夏宗洛第五子）長子，字純甫，一字羽揚，號庚陽，……乾隆
十七年壬申十月二十七日酉時生，嘉慶二十三年戊寅九月三十日未
時終，壽六十。」

《宗譜》卷八〈小傳紀事·第十二世「祖燿」〉:「祖燿,字羽揚,邑庠廩生,嘉慶丙辰歲(元年,1796)貢就職訓導贈中議大夫。闊幹豐軀,岸然道貌。摛文訂古,與弟困學山人相頡頏,而書法過之。幹才論斷,尤為同邑欽服。陳墅、陳吉甫先生柄德知旌德縣,聘修邑志,絕聲氣請託,去取不苟,體例秩然,志成旌德,人咸服其公允。晚年薈萃《宗譜》,斟酌盡善,〈小傳〉咸出其手,無溢美諛詞,各如其分量而止。……」

按:《江陰夏氏宗譜》之纂修及《浣玉軒詩文集》之編訂,保存夏氏宗族、夏敬渠及《野叟曝言》諸多重要資料,夏祖燿實有大功焉!

乾隆十八年(癸酉,1753)　四十九歲

夏母湯氏卒,壽七十一。守節四十三年。

《宗譜》卷四〈南街宗世錄·第十世「宗泗」〉:「配湯氏,……康熙二十二年(1683)癸亥五月初八日子時生。乾隆十八年癸酉二月二十七日戌時終。壽七十一。」

《宗譜》卷七〈傳略行狀·湯孺人傳略〉:「孺人以乾隆十八年三月初九日葬於由里山陽,與傳一公合兆,去公(夏宗泗)歿四十三年。」

夏敬渠辭館奔母喪,臨行,作〈留別高立齋先生四首〉。

　　　　《浣玉軒集》卷四〈留別高立齋先生四首〉:

眾山深處朔風寒，此日應知行路難。不為故園多未了，肯辭
昔雨向長安？三年淮浦慚知己，一月邊城愧素餐。臨別那堪
頻握手，愁心入夜欲汜瀾。

潦倒風塵二十年，無端一見即相憐。常將皦皦推吾腹，每以
汪汪恕我癲。自覺生平曾繾綣，君如宿昔我纏綿。幾回欲識
論交意，徹夜深思未了然。

綽楔峨峨江上城，夢餘追憶若為情。先人辛苦恩難極，往事
思量淚欲傾。不向天涯逢鮑叔，那知巾幗有程嬰，〈蓼莪〉
讀到無聲處，直可捐軀報友生。

幾載看山謝掾狂，眾中小異亦尋常。寸心乍可同完璧，梯米
何能補太倉？千里月明人影瘦，三春音好雁痕長。七襄未就
天孫錦，留待他時作報章。

按：四首詩乃夏敬渠表達自己辭館之不得已、對高恆知遇之情的感
恩、並期許他日報答之意。

夏敬渠在江陰守制，高恆撰〈致二銘先生書〉。

《宗譜》卷十六〈外集·文辭〉奉天高恆固德所撰〈致二銘先生
書〉：「世兄❺到淮，接續来書，復面談。念弟質本粗拙，未嘗學
問，與先生萍水初逢，遂成金蘭之契。當此之際（指夏氏母喪），猶

---

❺　高恆稱夏敬渠為「先生」，「世兄」應指夏敬渠之子夏祖焯。故信末有
「世兄少年聰秀」「舉子之業，斷不可棄」的勉勵之語。

殷殷在念，若非情不容已，愛我至深，豈暇及哉？

惟聞守制不出，是雖理之當然，其實近今罕覯。所謂造次顛沛，處義而不違者是也。但喪致哀、祭致禮，薪水之貴（疑「資」字之誤）必不可少，小祥之後，行權可乎？如其不然，三歲之間，弟量力為之，是乃友以輔仁之事，亦無失禮之愆。至於世兄少年聰秀，讀書明理，已承家訓，舉子之業，斷不可棄。若必以習幕而後可受脩儀，致荒學業，則我輩交情，反覺與世俗同矣！望高明察之。

再，令堂太夫人苦節，誠足以贊裏名教，千古不朽。但恐德薄言輕，難揚閫範。叼在致好，豈敢固辭！謹如來命。余悉。盛先生札并面囑世兄轉達。

更啟者：聞疾不服藥，此則非弟以相好關情，而失愛人以德之訓。在先生所繫者大，當念太夫人撫孤督教，亦無非顯親揚名之意。且父母無不愛其子，若病廢不治，不獨無以慰太夫人之靈，抑何能顯揚家訓，死垂青史乎？故以鄙陋無文之言，敢瀆孝意，願即加藥餌，上慰太夫人之靈。是望是懇，至囑切囑。臨書依切之至。」

按：此信未署日期，因內容言及夏敬渠居喪毀疾，不進藥餌之事；又有期待夏敬渠守制一年，「小祥」（即喪期滿周年）過後即復出任職之語，故推測應是夏母辭世後不久，高恆即致此札弔唁也。

據高恆〈致二銘先生書〉可知數事：

　1.夏敬渠返鄉奔喪後，遣子祖焞親往高恆處呈送信札並致意。

　2.高恆懇勸夏敬渠節哀，並希望其在「小祥」之後，即繼續擔

　　任其幕賓。

　　3.若夏敬渠守制不出，則三年喪期內，高恆願致薪俸。

　　4.高恆答應為夏母寫傳略。

　　5.勉勵夏祖焞不可放棄科舉，且惠贈脩儀。

　　6.力勸夏敬渠不可哀毀致疾，不進藥餌等等。

縱觀高恆此文，雪中送炭之情，躍然紙上。

孫嘉淦卒，諡文定，壽七十一。

《清史稿》卷三百三〈孫嘉淦傳〉載：「乾隆十八年十二月，卒，年七十一，諡文定。」

乾隆十九年（甲戌，1754）　五十歲

夏敬渠在江陰守制。

朝廷旌表夏母湯氏節孝。崇祀節孝祠。

《宗譜》卷七〈傳略行狀・夏節母傳〉：「母年七十一而歿。逾年為乾隆十有九年，乃始聞於朝，得旌云。」

《宗譜》卷八〈小傳紀事・第十世「宗泗」〉：「湯氏乾隆十九年聞於朝，給帑旌其門。太史餘姚盧文弨抱經先生為作《節母傳》，崇祀節孝祠。」

盧文弨撰〈夏節母傳〉。

《宗譜》卷七〈傳略行狀・夏節母傳〉：「母湯氏，其孫祖焞來學

於余，乃備知其事如此。……賜進士及第日講起居注官翰林院侍讀
餘姚盧文紹撰。」

趙元樞撰〈湯孺人傳略〉。

《宗譜》卷七〈傳略行狀·湯孺人傳略〉：「孺人卒於乾隆十八年
二月二十七日，訃至盧，元樞既設位哭之，而計孺人之生平，雖只
得其十一，顧無一事不足為世法，宜傳之於後，以為規範。獨自慚
無文，不足以傳孺人，因撮其大略，以俟世之君子。……盧州府儒
學訓導同邑趙元樞麟山氏傳略。」

　　按：據〈致二銘先生書〉，高恆已允諾夏敬渠為其母湯氏立
傳，但今遍查《宗譜》，只得盧文紹與趙元樞為夏母所撰之傳略。
推測原委，光緒十二年，夏子沐等人編寫《宗譜》時，考慮到高
恆、高樸父子皆因貪污被誅，為不損夏氏節母湯氏之令名，故刻意
刪去高恆為夏母所撰之傳略不錄。

乾隆二十年（乙亥，1755）　　五十一歲

夏敬渠守制期滿，續任高恆之幕僚。

　　按：以夏氏宗族崇尚孝道之家風，及夏敬渠個人之孝思，不可
能在「小祥」後即外出任職。故必是乾隆二十年三月之後，滿二十
五月「大祥」❺❺之後，夏敬渠才回到高恆幕下。

---

❺❺　　《儀禮·士虞禮》：「期而小祥，曰薦此常事；又期而大祥，曰薦此祥
事。」《疏》：「自祔以後，至十三月小祥；此謂二十五月大祥祭，故云
復期也。」（卷第四十三）

高斌卒。壽七十三。

《清史稿》卷三百十〈高斌傳〉：「二十年三月，卒於工次，予內
大臣銜，發內庫銀一千治喪。」

　　按：高斌生於康熙二十二年（1683），故卒時年七十三。

夏敬渠親謁高斌墓，賦〈中峪賜地謁高東軒相國墓〉詩。

《浣玉軒集》卷四〈中峪賜地謁高東軒相國墓〉：「萬壑中開萬頃
平，層沙拱護自天成。四山合抱黃金穴，二水迴環白玉城。衰繡畢
生欣有託，箕裘亦祀喜無更。最憐列祖龍鬐近，每夜趨朝想珮
聲。」

乾隆二十一年（丙子，1756）　　五十二歲

夏敬渠繼任高恆幕賓。

兄夏敬樞擔任高恆子高樸業師。

《宗譜》卷八〈小傳紀事·第十一世「敬樞」〉：「嘗館高司農恆
家。其子兵部侍郎樸，……受業生也。」

　　按：夏敬樞何以擔任高樸業師？筆者推測：一者因夏敬渠與高
恆賓主之間甚相得；二者夏母湯氏已過世，夏敬樞不必留在江陰，
代弟侍母盡孝。因此，在守制期滿之後，夏敬渠遂推薦兄長至高家
坐館，教授高樸。唯《宗譜》未載其確切時間，茲暫置於此年。

乾隆二十二年（丁丑，1757） 五十三歲

夏敬渠撰〈壽高立齋（高恆）先生四十〉詩。

《浣玉軒集》卷四〈壽高立齋先生四十〉詩：「師保勳名重，儒宗理學真。克家稱令子，致主見賢臣。郎署蜚聲速，關郵奉使頻。南薰歌解阜，北鑰請煙塵。帝念元卿老，誰扶萬石輪。移官資事父，受祿不遠親。萊綵當衙戲，民依視膳陳。

　　箕裘方燕喜，風木忽悲辛。彌月連衣侍，終宵向斗申。喪中惟泣血，葬畢遂長貧。獎孝聞天語，旌廉得眾論。虎符分塞下，龍節復涯濱。更寄調梅任，先儲和鼎珍。雙旌出巡按，七省和陶甄，月到中秋候，公當宴嶽辰。鹿車同肅肅，麟趾共振振。拜舞闓華閣，珠襦滿繡茵。百僚欣介嘏，萬姓慶長春。

　　渠也羈雌士，曾叨末座賓。論交時切切，講學每津津。獨許狂為直，還矜石是珉。仁嘗推昔雨，惠且及先人。疑有嗜痂癖，慚無獻曝因。相思常徹旦，圖報欲忘身。願以荇與菲，而供爨作薪。操心期欲密，存理務加純。秦鑑無私照，湯盤又日新。深思周部屋，積念達楓宸。似海流何盡？如江澤不湮，允惟仁者壽，壽國壽斯民。」

　　按：《清史稿》中不載高恆生年，故不知其四十歲是乾隆幾年？但夏敬渠〈壽高立齋先生四十〉詩中描述高恆：「箕裘方燕喜，風木忽悲辛……喪中惟泣血，葬畢遂長貧。」可推知此詩必作於乾隆二十年，高恆父斌過世之後。且據習俗，親喪三年守制期間，不宜慶壽。故高恆四十歲壽慶，最快也是在乾隆二十二年

（1757）大祥之後。

　　此詩可再次證明夏敬渠與高恆賓主之間相得之情。而「獨許狂
為直，還矜石是珉」句，可知夏敬渠桀驁不馴的個性始終如一，而
高恆有禮賢下士之風；「仁嘗推昔雨，惠且及先人」句，可推知夏
敬渠守制期間，高恆信守其在〈致二銘先生書〉中的承諾，對夏家
關照有加，量力為薪水之供；且應該有為夏母生平行誼寫傳記，只
是後來被刪而已（詳前文）。

**乾隆第二次南巡，從叔夏宗沂再次迎鑾獻詩頌。蒙恩獎勵，賜綵
緞。**

《宗譜》卷七〈傳略行狀・藥芊公傳〉載：「乾隆辛未（十六年，
1751）及丁丑（二十二年，1757），今上南巡，諸生迎獻詩頌者九十餘
人。御選二十七人。君（夏宗沂）在前列，蒙恩獎勵，賜綵緞。」

乾隆二十三年（戊寅，1758）　　五十四歲

朝廷賜高斌諡號「文定」，夏敬渠喜而賦詩。

《清史稿》卷三百十〈高斌傳〉：「（乾隆）二十三年，賜諡『文
定』。御製懷舊詩，列五督臣中，命祀賢良祠。」

《浣玉軒集》卷四〈高東軒相國奉有議諡恩旨喜賦二律〉：
　　　「神禹成功後，元臣實繼之。清黃銖兩稱，沙水淪排宜。廟
　　貌千秋肅，君恩一字遲。欣聞集廷議，喜極淚漣洏。」
　　　「錫名皆覈實，懿行數難終。清白楊夫子，寬和陳仲弓。學

　　知宗百聖，介不易三公。至性全忠孝，誰能悉此衷？」

　　按：高斌卒後四年，朝廷方「賜諡『文定』」，故夏敬渠詩中有「君恩一字遲」句，為高斌抱屈；而夏氏「欣聞集廷議」的驚喜，及「喜極淚漣洏」的激動，可見高斌對夏氏確實有知遇之情。

九月前，夏敬渠辭高恆館，轉任和陽徐姓知縣幕僚。

　　按：夏宗沂乾隆二十三年（1758）九月初六卒於和陽時，夏敬渠「在署代事，含殮訃聞」（資料見下文），可証最遲九月初，夏敬渠已辭高恆館，轉任和陽徐君的幕僚。

　　細查現存所有資料，雖不得夏敬渠辭高恆館的原因（按理兄夏敬樞亦應同進退），但可確知並推論以下數事：

　　1.十一年後（乾隆三十三年，1768），高恆坐收鹽商賄賂被誅（《清史稿·高恆傳》卷三百三十九），因夏敬渠早已離去，無任何牽連。

　　2.夏、高二家關係依舊良好。因為乾隆四十一年（1776）二月，夏敬渠年高七十二，離開高恆幕下也已十九年。夏妻黃氏卒，子夏祖焞任職保安吏目僅三個月。高楸兄弟「念舊交，敦古誼」，義助夏祖焞貲財，使返鄉奔喪；且承諾「代為日後之謀」❺❻。

---

❺❻　乾隆四十一年，夏敬渠繼配黃氏卒，子夏祖焞辭官奔喪。張天一寫〈與二銘二兄書〉，囑夏祖焞轉呈夏敬渠。曰：「尹儒奔喪南返，弟力綿不能多為飲助，深歉余懷。所可幸者，尹儒遭雖屬不幸，而其遇尚未甚窮。高公兄弟念舊交，敦古誼，既濟其目前之急，又代為日後之謀。不獨身受者銜其恩，即局外者亦感其義也。」

3.乾隆四十三年（1778），高恆子高樸因「役回民採玉，婪索金寶，並盜鬻官玉」諸罪，被誅（《清史稿·高樸傳》卷三百三十九）。其事與夏敬樞無關，且夏敬樞已於乾隆四十年（1775）去世。

4.按：夏敬渠為何辭高恆館賓雖不得而知，但必是重大且不可告人之因由；況且離去之後，詩文集無任何怨懟文字，《宗譜》中亦無隻字片言敘及。其中原委，耐人尋味：

據《清史稿》卷二百十四〈后妃·慧賢皇貴妃〉載：「慧賢皇貴妃，高佳氏，大學士高斌女。事高宗潛邸，為側室福晉。乾隆初，封貴妃。」高恆既有祖蔭，父又任職高官，姊妹又封貴妃，高氏一家可謂顯貴異常。然顯貴之家，易流於驕縱奢侈，亦較容易蹈法犯律，故高恆、高樸父子先後皆因「貪婪無忌，罔顧法紀」被誅。❺❼

再據《清史稿·高恆傳》卷三百三十九載：自乾隆二十二年（1757）起，高恆任職兩淮鹽政，掌管鹽商、鹽價及鉅額鹽稅。推測當時，或許夏敬渠已嗅聞出高恆若干「不法前兆」或「不義之端倪」，以其「氣剛易動」、「性絕孤高，情偏狷介」「鋒頑似鐵、性拙如鳩」的個性❺❽，想必很難容忍其事。因此，就在隔年（乾隆

---

❺❼　《清史稿·高樸傳》卷三百三十九：「上方誅高恆，大學士傅恆從容言乞推慧賢皇貴妃恩，貸其死。上曰：『如皇后兄弟犯法，當奈何？』傅恆戰慄不敢言。至是，諭曰：『高樸貪婪無忌，罔顧法紀，較其父高恆尤甚，不能念慧賢皇貴妃姪而稍矜宥也！』」

❺❽　「氣剛易動」一句，見《宗譜》卷十五〈諭次兒敬渠書〉後夏祖燿的「按語」。

二十三年，1758），與其兄敬樞藉故求去。但基於昔日深厚情誼，遂杜口不提離去之因。

從叔夏宗沂在和陽卒，夏敬渠為其含殮訃聞。

《宗譜》卷四〈南街宗世錄·第十世「宗沂」〉：「敦禮四子，……乾隆二十三年戊寅九月初六日寅時卒，年四十五。」

《宗譜》卷七〈傳略行狀·藥芊公傳〉載：「戊寅秋，和陽刺史徐公，慕君才品，延閱州卷。君應聘到署，感寒疾，猶晝夜點閱，不以抱病少徹，奄忽遂至大漸。易簀時，姪懋修，甥養泉徐君，在署代事，含殮訃聞。子敬聲奔赴，扶櫬歸里。……君生於康熙甲午（五十三年，1714）五月初二日，卒於乾隆戊寅九月初六日，享年四十有五。所著有《浣花集詩》三卷，詞一卷。」

《浣玉軒集·浣玉軒著書目》附錄〈《浣玉軒詩集》跋〉：「甥六雲望斗南氏跋曰：『昔外舅夏二銘先生，偕苣濱盛氏（盛金）、蘭臺夏氏（夏宗沂），常在浣玉軒拈題分韻，輒至午夜不輟。……不數年，蘭臺卒於旅邸。』」

　　按：《宗譜》及《浣玉軒集》詩文，皆無任何「和陽刺史徐公」的相關資料；且「和陽」一地又缺地方志，不能由〈職官表〉

《浣玉軒集》卷三〈悼七妹文〉夏敬渠論及自己的個性：「性絕孤高，情偏狷介」。在《浣玉軒詩集·自序》中夏敬渠亦自云：「僕也，江左小儒，芙城末士，鋒頑似鐵、性拙如鳩。」（《浣玉軒集》卷三）

所載乾隆二十三年（1758）的縣令是誰❺❾，但懷疑有可能是徐鐸。
（詳〈本譜〉乾隆四年條）

沈德潛撰〈輓藥芊詞兄〉。

《宗譜》卷十八〈外集詩詞〉存錄沈德潛〈輓藥芊詞兄〉：「昔應諸生試，常來江上游。高門鍾譽髦，新句最清遒，才富一何促？身屯名自留，彭殤原一致，不用歎蜉蝣。」

　　按：沈德潛早在乾隆元年（1736），即與夏敬渠一起參加江南文士的聚會。夏宗沂應該也在當時與沈德潛熟稔。

　　此首〈輓藥芊詞兄〉詩頗足珍貴，沈德潛道出自己應試之不順遂、對夏氏「高門」的推崇、對才盛詞新的夏宗沂贊賞有加；並以「身屯名自留」深致安慰之意。

　　夏宗沂客死旅邸，得年僅四十五。從叔兼詩文知己的猝死，對夏敬渠必有沉重的打擊。惜《浣玉軒集》未能收錄夏敬渠所有詩文，故未見夏敬渠任何弔念夏宗沂之作。

乾隆二十四年（己卯，1759）　五十五歲

　　按：自乾隆二十四年（1759）至乾隆三十一年（1766），八年之間，《浣玉軒集》、《宗譜》及所有相關資料，都缺乏夏敬渠的確實行蹤。

---

❺❾　據《江南通志》卷三十〈輿地志·古蹟〉所載，和陽似在安徽當塗附近。但查《當塗縣志·民政志·職官表》乾隆二十三年（1758）的縣令名「秦廷堃」非徐姓。

　　因夏敬渠曾自道：「余嘗歷齊、魯、燕、趙、宋、魏、陳、楚、蔡、吳、越之地。」（《浣玉軒集》卷一〈萬乘千乘百乘考〉），筆者亦考得夏敬渠曾到過今江蘇、浙江、安徽、江西、山東、河北、陝西、湖南、河南、福建等十省（詳〈總述〉）。似乎其未親自到過廣西、貴州及雲南苗疆。但因《浣玉軒集》因兵燹之災，所錄夏氏著作已不全，因此，不敢遽下定論。

　　由《宗譜》及《浣玉軒集》等資料，可比對《野叟曝言》，探討小說創作的主旨內容、情節素材及人物原型。而相對的，由《野叟曝言》的內容情節，角色描述，亦可用來推測、補充現實中夏敬渠生平經歷的缺漏或不足。

　　因此，觀察《野叟曝言》第八十九回，述文素臣：「在京師起馬……至臨洮……由鞏入川……復從四川至雲南永寧，從雲南至貴州之黎平，從貴州至廣西的思恩。」

　　接著，以「廣西的思恩」開始，作為小說的地理背景，從第八十九回至一百零四回，長達十六回的主要內容，都以文素臣在雲南、廣西、貴州等一帶苗疆的活動為主。其所描述的苗疆各峒之中，有毒龍害民、披髮神虎、饒舌神猿、石女發身、少女變馬、……等，充滿對遠方異域的奇幻想像。但是十六回中，對於苗疆的地理山川、風俗人情，也有不差的描寫。

　　小說中又以明代史事，作為故事情節的發展主線：如第一百零一至一百零四回，文素臣擊破大藤峽、擒叛猺大狗，並弭平廣西土司岑濬之變；第一百十六回，文素臣率部下潛襲紅鹽池，虜胡婦，逼降滿都魯。第一百二十三回，文素臣奏言招撫雲南孟密土婦纛罕弄，而攻討貴州普安州土婦米魯。以上小說情節的素材，皆來自明

代史事。精通史論又博知史事的夏敬渠，取前朝獻策或出擊苗疆的大臣、名將，如：韓雍、廷瓚、歐磐、武清、王越、許寧、周玉、萬安、王軾等人的功勞，歸并於文素臣一身。⑥

現有資料中，確知與夏敬渠關係深厚的楊名時，待罪雲南十一年⑥；五叔父夏宗瀾從楊名時學，居滇七年（雍正四年至十年，1726－1732）。又夏氏好友張鈞任雲南楚雄知縣⑥、何梅村任廣西思恩知縣⑥，其任官之地皆是邊陬苗疆。再加上《野叟曝言》是以明朝作小說的時代背景。基於以上諸因素，故引發了夏敬渠寫出近將二十回「文素臣苗疆奇遇與事功」的內容。

且值得注意的是，夏敬渠自乾隆二十四年（1759）至乾隆三十一年（1766），長達八年的時間，《浣玉軒集》、《宗譜》及所有相關資料，都缺乏其確實行蹤。雖然，疑者闕疑，以待來日。但筆者私下懷疑這八年中，夏敬渠或許曾經入廣西、貴州、雲南遊歷或

---

⑥　詳參拙作《野叟曝言研究》第二章第二節〈講史小說──野叟曝言與正史關合處探討〉，臺北·學海出版社初版，1988年。

⑥　楊名時自雍正四年（1726）犯事，上命「留雲南待後命」；一直到「高宗即位（1736），召詣京師」，有十一年的時間，是以待罪之身「閒居」雲南。（詳〈本譜〉雍正四年條）

⑥　乾隆七年，夏敬渠撰〈送楚雄太守張禹則（張鈞）之官〉詩：「萬里不為遠，五馬不為榮。男兒生即設弧矢，簪纓本是鴻毛輕。去去勿復念，所念在蒼生。蒼生不爾棄，詎必為公卿？遠莫遠於階前一片土，榮莫榮於杜母與召父。惜此遠兮慕此榮，為祥麛兮勿為虎。」（《浣玉軒集》卷四）

⑥　《浣玉軒集》卷四〈懷人詩〉第六首為懷念何梅村之作：「五馬出都門，黔中萬里行。丁寧他日語，蠻貊亦吾民。」
夏敬渠自註云：「何梅村赴思恩太守任，曾作札以愛民告之。思恩府半屬苗民故也。」

坐館，也不是全無可能。

因此毗陵彙珍樓刊本知不足齋主人〈序〉云《野叟曝言》作者：「幕遊滇、黔，足跡半天下。」排印本、石印本的西岷山樵〈序〉亦云：

> 先生以名諸生貢於成均，既不得志，乃應大人先生之聘，輒祭酒帷幕中，遍歷燕、晉、秦、隴。暇則登臨山水，曠覽中原之形勢，繼而假道黔、蜀，自湘浮漢，泝江而歸。

以上二篇〈序〉所言，也可提供作為夏敬渠有無親履雲南、廣西、貴州等地區的參考。

乾隆二十五年（庚辰，1760）　五十六歲

乾隆二十六年（辛巳，1761）　五十七歲

乾隆二十七年（壬午，1762）　五十八歲

乾隆第三次南巡，五叔父夏宗瀾因事落職，因迎鑾恩復之，然不及用。

《宗譜》卷七〈傳略行狀·監丞夏公傳〉：「文定（楊名時）特以公（夏宗瀾）薦，詔為國子監監丞，掌繩愆廳，領六堂。……以試員誤領雙俸事落其職。迨後，聖駕南巡，始以迎鑾恩復之，而不及用矣！」

　　按：夏宗瀾「以試員誤領雙俸事落其職」事必在乾隆十三年（1748），其五十歲之前（詳〈本譜〉乾隆十三年條）。

　　而夏宗瀾卒於乾隆二十九年（1764，詳下文），故推知其迎鑾之事，必在乾隆二十七年，高宗第三次南巡時。然而當時夏宗瀾已年高六十四，遂「不及用矣！」。

乾隆二十八年（癸未，1763）　五十九歲

夏敬渠嗣孫翼陛出生。

《宗譜》卷五〈南街宗世錄·第十二世「祖煇」〉：「敬渠子，……子二，翼垣，嫡氏出，殤。次，側室出，殤。以從弟祖燾長子翼陛嗣。」

《宗譜》卷五〈南街宗世錄·第十三世「翼陛」〉：「祖煇嗣子，字升階。乾隆二十八年（1763）癸未十月初七日子時生，道光十年（1830）庚寅閏四月巳時終，壽六十八。」

　　按：夏翼陛生父為夏祖燾，乃夏敬渠兄敬樞之第三子。夏翼陛出生於本年；其正式出嗣為夏敬渠嗣孫，應在乾隆四十六年（1781）夏祖煇卒後（詳下文）。

乾隆二十九年（甲申，1764）　六十歲

五叔父夏宗瀾卒。

《宗譜》卷四〈南街宗世錄·第十世「宗瀾」〉：「敦仁五子。……乾隆二十九年甲申九月二十七日巳時終，壽六十六。」

　　按：夏宗瀾過世，其一生亦留有不少遺憾。據《宗譜》卷七

〈傳略行狀·監丞夏公傳〉載：

> 文定（楊名時）特以公（夏宗瀾）薦，詔為國子監監丞，掌繩愆
> 廳，領六堂。……以試員誤領雙俸事落其職。蓋公性亢直，
> 有山嶽之慨，遇事侃侃，不撓於權貴，用是多取時怨。初文
> 定領太學未逾年卒，合河孫文定公繼之，旋移撫直，後其任
> 者，多與公不諧，故不得久於其位也。

又《宗譜》卷十七〈內集詩詞〉夏宗瀾〈五十自敘寄內〉詩末夏祖
耀按語云：

> 叔祖父幼韞多材，及遊楊文定公門，理學既深，聞見益擴，
> 故其材極大。當時如浙西杭世駿，浙東齊召南，名高鴻博，
> 然視之無不及，而卒不能如諸人之遇者，蓋以字體奇崛，詩
> 文俱學昌黎、少陵，非時所好耳。

可知夏宗瀾雖先後得楊名時、孫嘉淦的拔擢，卻因個性「不撓於權
貴，用是多取時怨」，遂與其他長官不合，「不得久於其位也」；
又因「字體奇崛，詩文俱學昌黎、少陵，非時所好」故不遇於當
時，自乾隆十三年落職，至二十九年過世，抑鬱近十七年之久。

　　夏宗瀾落職抑鬱十七年之憾恨，其姪夏敬渠在《野叟曝言》
中，為其申屈補恨：

> 素臣率子孫至滸墅迎駕，隨幸虎阜。虎阜佛寺已改紫陽書
> 院。山長即致仕禮部尚書文雷（文素臣五叔文觀水），領百生徒
> 迎接。天子見文雷精神矍鑠，道貌巍然，各生徒皆雍容蹌

濟，滿面詩書之氣……天子賜蟒衣一襲、玉帶一圍，諸生徒
每人緞二疋。（第一四三回）

小說中，既提高夏宗瀾「國子監丞」之職，使變成「禮部尚書」；
又使「以試員誤領雙俸事落其職」之憾事，變成「致仕」的榮耀；
且「致仕」後擔任「紫陽書院」的「山長」，繼續其熱愛的教育事
業。

　　夏宗瀾與夏敬渠，叔姪情深，且其學行、思想及經歷，影響夏
敬渠一生至鉅，故夏宗瀾所有現實人生中的缺憾，夏敬渠在《野叟
曝言》中，全數為其補全。

　　又按：夏敬渠一生，迭遭喪親之痛，如：

1. 四歲時（康熙四十七年，1708）曾祖母葉氏卒。

2. 六歲時（康熙四十九年，1710），祖父夏敦仁卒。

3. 事隔半年多，七歲時（康熙五十年，1711），父夏宗泗又以三
十二歲的壯齡病逝。

4. 二十歲時（雍正二年，1724）祖母葉氏卒。

5. 二十一歲時（雍正三年，1725），年僅十九歲的元配朱氏早
逝。

6. 四十三歲（乾隆十二年，1747）之後，曾禱祝上天，求減己壽
以延兄年的胞妹也撒手人寰。

7. 四十七歲時（乾隆十六年，1751），媳婦朱氏死，得年僅二
十。

8.長孫及次孫相繼夭折❻。

9.四十九歲時（乾隆十八年，1753），苦節一生的寡母逝世。

10.五十三歲時（乾隆二十二年，1757），從叔兼詩文知己夏宗沂
　　驟亡於客邸，得年僅四十五。

11.六十歲時（乾隆二十九年，1764），五叔父夏宗瀾過世。

共十二位至親，過世於《野叟曝言》成書之前❻。至親的一一殞
亡，對夏敬渠必有深重的影響。面對人命危淺、壽夭難測的現象，
夏敬渠無可如何之際，只好創設小說情節，奮力掙脫命運的掌控、
打破生死的局限，以彌補其迭遭親喪又子嗣單薄的缺憾。

　　於是，在《野叟曝言》書末，夏氏讓文素臣享盡人間富貴壽考
之極至：位極人臣，功勳蓋世；生子二十四，子孫多達五百一十二
人（第一五三回）；六世同堂，親朋俱登耆耆。水夫人壽逾百歲，仍
步健目明。雖是自古以來人人稱羨的郭子儀家族，亦難望其項背。
故《野叟曝言》第一百四十三回，天子云：

> 成化六年，朕在青宮，為素父（指文素臣）演〈滿床笏〉，以
> 素父子孫必多於汾陽（郭子儀）……然彼時，亦不能料其盛之
> 至於此極也！……至百歲，何難於千丁耶？

---

❻　夏敬渠長孫及次孫何時夭折，《宗譜》未載，唯乾隆四十七年（1781），
　　夏祖燁病卒。為了傳續香火，只得以兄夏敬樞三子祖熹的長子翼陞為嗣
　　孫。

❻　夏敬渠七十一歲（乾隆四十年，1775）時，唯一的胞兄夏敬樞也過世。七
　　十二歲時（乾隆四十一年，1776）繼配黃氏卒。七十七歲時（乾隆四十六
　　年，1781）子夏祖燁病逝京師。兄、妻、獨子三位至親的死亡，對夏敬渠
　　必是沉重的打擊。但其事已在《野叟曝言》成書之後，故此處不論述。

然而憑著一枝彩筆，即可在小說中，輕易描畫出來的夢想，卻隱藏著真實人生中，夏敬渠永遠且深沉的喪親之慟。

從叔夏宗泰重加編訂《江陰夏氏宗譜》，撰〈原序〉。

《江陰夏氏宗譜》附夏宗泰〈原序〉：「……我夏氏始祖厚菴公於有明前葉，由會稽遷居江陰之布政坊。……嗣候有復遷維揚滇南者，地隔世遠，未易稽考，姑以闕略。而在本籍丁日益蕃，居日益敬甚或，彼此不相謀面。先君（即夏敦禮，夏敬渠之三叔祖父）懼合族之文不備，則敦睦之意寖衰，嘗著手自輯錄，以公私事繁，未卒業而中壽謝世。泰懼有忝先德，重加編訂，屢閱寒暑於茲矣！——乾隆二十九年甲申仲夏十世孫宗泰謹誌。」

　　按：《江陰夏氏宗譜》為夏氏宗親所纂修，歷經六世，記錄四百六十八年之宗族事跡（1422－1890），於光緒十六年（1890）完成。

　　夏敬渠曾姪孫夏子沐在〈《江陰夏氏宗譜》跋〉中，記述夏氏先人對《宗譜》之貢獻及編纂之過程，詳〈後譜〉光緒十二年（1886）及十六年（1890）條。

乾隆三十年（乙酉，1765）　六十一歲

乾隆三十一年（丙戌，1766）　六十二歲

乾隆三十二年（丁亥，1767）　六十三歲

夏敬渠遊淮南，應李鞏之請，為其先祖父李怡村之詩集，寫

〈序〉。

《浣玉軒集》卷二〈《李怡村詩集》序〉云：「丁戊之交……三十年後，遊淮南，讀蔚州孝廉李怡村先生詩集。讀之，竊擬其人於和介之間，以其詩如玉之溫潤而栗然。溫潤者和，栗然者介。言為心聲，誦其詩則其人可知也。

……先生一切不顧，獨於風簷寸晷，嘔心血以求闇合。臨試時，知司文衡者，為其家之門生故吏，遂決然捨去，屏弗入場屋。以故自為諸生十五年，始一領鄉薦；而困於禮部者，又二十餘年。文日高、詩日進，而年亦日老。有竊先生稱譽及詩文以掇巍科、居要津者，只不勝屈，而先生終以不第，歸卒於家。……或謂先生髮白齒衰，猶俯首為應世之文，從而傷之。此未知先生者也。本朝監明代之制，以帖括取士，捨此則無進身之階。先生既負經世之才，欲見用以展其學，而不俯首為應世之文，是出不由戶也。

……天一雖不獲交先生，而先生嗣孫漢儀獲從天一遊。漢儀視乃祖與師，得毋有志相同道相合，有可為余言之券者乎？先生少先君子一歲，家君適與余同庚。先生於余為父執，何敢論先生之詩？序先生者且數十人，朝貴居大半，亦世之知名士也，更何庸余之濫竽其列？而漢儀則曰：唯吾師知先生最深，非先生不足弁吾祖之詩。今且盡庋諸序，而獨刊先生之序以問世耳。余以感漢儀之意，又重以天一之言，遂不敢辭。爰以不和不介之人，靦顏而為和且介者之詩之序。」

按：「丁、戊之交」，指乾隆二年（丁巳，1737）至三年（戊午，1738）之間。三十年後，夏敬渠讀《李怡村詩集》並為其作

〈序〉，則應是乾隆三十二年（1767）。

此篇〈序〉是研究夏敬渠生平的重要資料，文中詳載夏氏結交名宦楊名時、孫嘉淦，知己明直心、張天一的時間、地點及狀況（詳參前文引述）。

〈序〉文中，夏敬渠盛贊李怡村一生和且介，其詩溫潤而栗然。李怡村少夏敬渠父宗泗一歲，故知生於康熙二十年（1681），卒年則不詳。另：《宗譜》卷十六〈外集文辭〉載一署「蔚州，李翬漢儀」所寄給夏敬渠的信（詳下文），可知李漢儀名「翬」。因李漢儀是夏氏知己張天一的及門弟子，故成就這段寫〈序〉的因緣。

《野叟曝言》中曾描述文素臣：「文老先生，優蹇諸生，小考必至江陰，大考必至留都」（第三十六回），此正是現實中夏敬渠真實的人生寫照。針對自己一生困於場屋的難堪，夏氏在〈李怡村詩集序〉中，借他人之酒杯，大澆自己胸中之塊壘：「……或謂先生髮白齒衰，猶俯首為應世之文，從而傷之。此未知先生者也。本朝監明代之制，以帖括取士，捨此則無進身之階。先生既負經世之才，欲見用以展其學，而不俯首為應世之文，是出不由戶也。」所言不只是李怡村皓首求功名的苦衷；亦是夏敬渠雖「頻年下第」，卻又不得不一再屈就於科考制度，「為應世之文」的心聲；也正是自從以科舉取士後，士子捨此而無由的悲哀。故李漢儀認為夏氏知其祖最深，「非先生不足弁吾祖之詩」，因此，盡棄朝貴所寫諸序，而獨刊夏敬渠之〈序〉。

夏敬渠居家養老，著書自娛；命子祖焯遊京師，訪故友。

《宗譜》卷八〈小傳紀事·第十二世「祖焞」〉：「少勤於學，工詩善屬文。試不售，遊京師。」

《宗譜》卷十五〈內集文詞〉夏敬秀〈尹儒侄入都詩冊序〉：「丁亥初冬，予從兄二銘之子焞，將遊都門。……則今日之行若可已而不可已者何哉？蓋有父命之重焉。吾從兄向遊學，屢至京師。當代之達尊長者，咸慕其才，而重其有孝德也，樂以與為布衣交；從兄亦以道相助而忘其位與富。今老矣！倦於行，仰屋梁而著書，泊如也。而每一念及生平之好，未嘗不慨然神往。爰命焞為我北行，問諸故人之在京師者，必固請之，其必有以教我。弗為我老而棄我也。既卒事，其遄歸，焞謹受命。」

　　按：由夏敬秀〈尹儒侄入都詩冊序〉可知，乾隆三十二年（1767），夏敬渠六十三歲之前，已歸鄉養老，著書自娛。且命子夏祖焞入京都，代父造訪昔日故友。因夏祖焞生於雍正十二年（1734），奉父命入京時，年已三十四。故知其代父訪故友只是表相，真正目的，應是「試不售」，故「遊京師」，冀求老父故友能有所提拔。也因此眾親友紛紛撰詩送別，編成所謂的「送尹儒入都詩冊」，從叔夏敬秀又鄭重其事的為其寫〈序〉，目的無非是在「壯」夏祖焞之「行色」。今《宗譜》卷十八〈外集·詩詞〉所錄朱咸慶〈送尹儒大兄入都〉絕句五首**⑯**，及李穎〈送尹儒〉五律一

---

⑯　《宗譜》卷十八〈外集·詩詞〉所錄朱咸慶〈送尹儒大兄入都〉絕句五首：「走馬金台憶舊遊，輕裝重上潞河舟。丈夫不洒臨歧淚，豪氣深情到處投。」「送秋兼得送人愁，黃葉秋風道理悠。塞雁向南君向北，可知不為稻粱謀。」「銅琶鐵板唱江東，酒向揚州復一中。休過木蘭舊時院，題

首❻，以內容觀之，應該都是送夏祖焞「入都詩冊」的作品。

《野叟曝言》之創作，殆始於此時（乾隆三十二年，1767，六十三歲）。乾隆三十七年（1772，六十八歲）完成。最遲乾隆四十一年（1776，七十二歲）前，知己張天一已粗覽一遍。

　　按：《野叟曝言》開始創作暨成書時間，一向眾說紛紜。以小說內容觀之，此書必是夏敬渠晚年絕意仕進後，以其個人生平經歷及夏氏宗族諸多事蹟，作為創作的基本素材；再旁取博採各類小說內容、史事題材，並揉合其一生理想、夢想、幻想進小說中，遂成為此部一百五十四回的龐然鉅著。而其百萬餘言的篇幅，絕非短期時間可完成。

　　而夏敬渠「壯遊京師」時期，所完成的著作雖多（詳前文），但《野叟曝言》不在其列。為衣食「幕遊天涯」，擔任他人幕僚之際，按理亦無暇靜心創作小說。故乾隆三十二年（1767），六十三歲時，「倦於行」而歸鄉養老，遂「仰屋梁而著書」。《野叟曝言》的撰寫，應該始於此時。

　　而《野叟曝言》的完成，推測應該在乾隆三十八年（1773）前。因為此年乾隆皇帝下詔開館修《四庫全書》，年屆六十九歲的

詩尚未碧紗籠。」「莫向青衫動不平，狐裘反衣總恒情。此行倘入司農幕，作賦還應薦馬卿。」「唱罷尊前五首詩，江乾落日去多時。薊門風雪蘆溝月，併入吳雲一片思。」

❻　《宗譜》卷十八〈外集·詩詞〉所錄李穎〈送尹儒〉：「壯游豪士志，尊酒漫遲留。送子適千里，嗟予戀一邱。寒燕市月，楓落大江秋。□立斜陽岸，西風吹去舟。」

夏敬渠，已有時間及精力加緊整理昔日「未彙成編」的舊稿，以成
《綱目舉正》一書❻❽。因此，《野叟曝言》在此之前必已殺青完
稿。

　　而乾隆四十一年（1776）二月，夏敬渠七十二歲時，繼配黃氏
卒，子夏祖焞返鄉奔母喪時，張天一（宏渶）托其轉呈〈與二銘二
兄書〉給夏敬渠❻❾，信中已明言讀過《野叟曝言》❼〇。

乾隆三十三年（戊子，1768）　六十四歲

夏敬渠居家養老，著書自娛。

　　按：乾隆三十三年起（1768）至三十七年（1772），所有資料
中，皆缺乏夏敬渠事跡之記錄，推測其應是居家養老，著書自娛。

子夏祖焞，考充內閣供事，入方略館書局。

《宗譜》卷八〈小傳紀事·第十二世「祖焞」〉：「試不售，遊京
師，考充內閣供事，入方略館書局。」

---

❻❽　《浣玉軒集》卷二及《綱目舉正》書前附〈自擬進《綱目舉正》表〉：
　　　「恭逢　聖主右文，特命儒臣纂修《四庫全書》。伏念五經皆有御纂，而
　　　全史未賜折衷；《綱目》雖蒙御批，諸說尚仍舊本。……用是焚膏繼晷，
　　　竭蹶成書，名曰：《綱目舉正》。」

❻❾　張宏渶〈與二銘二兄書〉信中云：「尹儒奔喪南返……尹儒（夏祖焞）南
　　　旋之便，專此恭候起居。縷縷之情，筆不能罄，統其為斯文自愛以慰遠
　　　懷。」

❼〇　《宗譜》卷十六〈外集文辭〉張天一〈與二銘二兄書〉：「《曝言》一
　　　書，乃神工鬼斧之筆，弟雖粗得其梗概，而尚未細擷其精華。寤寐牽懷，
　　　不能自己。然卷帙繁重，攜帶維艱，自揣此生不獲再見矣！」

　　按：「方略館」，清置，編纂開國以來歷代武功及政治大事之
所。每有軍功告蕆及遇有政事之大者，奉旨纂輯成書，紀其始末。
或曰「方略」，或曰「紀略」，皆由館承辦，此方略館書局之主要
職事。

　　《宗譜》未載夏祖焞「考充內閣供事，入方略館書局」之確切
時間。但由其〈五古贈劉克諧〉詩所云：「憶昔聚首時，五年同館
閣。……壬辰書告成，歸省家庭樂。」（《宗譜》卷十七〈內集詩
詞〉）壬辰是乾隆三十七年（1772），夏祖焞在「館閣」（方略館書
局）已五年，故推算得知其在乾隆三十三年（1768），進京之隔
年，即入「方略館書局」任職。且在館的生活狀況，則是詩中所言
的「下館每戴星，入朝恒秉燭。風雨及晦明，無時不往復。」頗見
夏祖焞的盡責與辛勞。

夏祖焞撰〈都門送昆啓弟之河南〉詩。

《宗譜》卷十七〈內集詩詞〉夏祖焞〈都門送昆啟弟之河南〉：
「與予去歲今朝到，今歲今朝送汝行。一載關山空作客，卅年兄弟
有同情。怒濤半是離人恨，夢草多因夜月明。千里慈親頻悵望，好
將書信寄江城。」

　　按：由首二句「與予去歲今朝到，今歲今朝送汝行」可知此詩
作於夏祖焞入京周年時。由「卅年兄弟有同情」句，知其必作於第
一次奉父命入京，三十四、五歲時；非是乾隆四十三年（1778），
母喪後入京謁選時，因當時夏祖焞已四十五歲矣。

高恆坐收鹽商賄賂被誅。

《清史稿》卷三百三十九〈高恆傳〉：「高恆為鹽政，陳請欲提綱引歲二十萬至四十萬，得旨允行。復令諸商每引輸銀三兩為公使錢，因以自私，事皆未報。三十三年，兩淮鹽政尤拔世發其弊，上奪高恆官，命江蘇巡撫彰寶會尤拔世按治。諸鹽商具言頻歲上貢及備南巡差共用銀四百六十七萬餘。諸鹽政雖在官久，尚無寄商生息事。上責其未詳盡，下刑部鞫實，高恆嘗受鹽商金，坐誅。」

　　按：乾隆二十三年（1758）九月前，夏敬渠已辭高恆館，轉任和陽徐姓知縣幕僚。故十一年後（乾隆三十三年，1768），高恆坐收鹽商賄賂被誅時，因夏敬渠早已辭館離去，無任何牽連。

乾隆三十四年（己丑，1769）　六十五歲

夏敬渠居家養老，著書自娛。

乾隆三十五年（庚寅，1770）　六十六歲

夏敬渠居家養老，著書自娛。

乾隆三十六年（辛卯，1771）　六十七歲

夏敬渠居家養老，著書自娛。

乾隆三十七年（壬辰，1772）　六十八歲

《野叟曝言》最遲於本年完稿。

　　按：明年（乾隆三十八年，1773）乾隆下詔開館修《四庫全書》，夏敬渠盡全力整理昔日「未彙成編」的舊稿，以成《綱目舉正》一書。故推論《野叟曝言》最遲應於今年完稿。

夏敬渠以「扶桑曉日圖」、「春風曉日圖」，作爲《野叟曝言》代稱。並在〈漫題扶桑曉日圖〉詩中，自道《野叟曝言》的創作意旨及主要內容。

黃申（茱坡）的〈題二銘先生扶桑曉日圖〉、楊肩吾（大受）的〈題旭臺先生扶桑曉日圖〉；何瓖的〈奉題旭台夫子扶桑曉日圖〉，乃三人在閱讀《野叟曝言》之後，題詩歌詠夏敬渠心志、經歷及《野叟曝言》的主旨內容。

　　按：「扶桑曉日圖」又名「春風曉日圖」，乃首妾劉璇姑所裁繡、贈予文素臣為定情物——一方白綾汗巾手帕。此帕在整部《野叟曝言》中，是極重要的「表記」。「上面繡著曉日瞳矓，楊柳披拂之勢。題著一行小字曰：春風曉日圖」。劉璇姑將此帕「繫在素臣褲上。垂淚道：『見巾如見奴也』」（第八回）。此圖的象徵意義，延至第九回，夏敬渠借角色「梁公」口中道出：「這春風曉日，尤與表兄（指文素臣）相稱。表兄志在攘斥異端，正如日出扶桑，陰邪悉滅，陽光普照，萬物皆春。他時功業兆於此圖矣！」（第九回）。

　　後來好友景日京代替文素臣尋找璇姑，因失此帕（第十三回）而令璇姑流離失所，歷盡劫難（第二十六至三十三回）；第八十八回，東宮太子命側妃鸞音，按璇姑原「春風曉日圖」圖樣，繡製另

一方手帕。東宮以之持贈文素臣時，特別強調：「願先生佩之，如旭日一升，諸邪皆滅，陽和普被，萬彙昌明也。」並賦詩曰：

> 大德臨行報一毫，紗冠寶帶鴈翎刀。威宣北地乾坤轉。功蓋南天泰、華高。海上神鷹方作勢，穴中社鼠豈能逃？太平無事歸來日，弟與先生換紫袍。

後來奸人設計將詩末聯「太平無事歸來日，弟與先生換紫袍」的「弟」字改為「朕」字，使得明憲宗大為震怒，太子、文素臣並蒙冤受難。後來文素臣終於排除萬難，救駕除奸；繼而鏟佛滅道，達內聖外王之境。故此「春風曉日圖」實貫串《野叟曝言》的所有重要情節。

正因如此，北京大學圖書館所藏《野叟曝言》道光（疑同治）鈔本第八回回末〈總評〉云：

> 「春風曉日圖」為全書名目，不應至此回始出。曰：此非外人可知。而書以曉日為名，本取旭日一升，諸陰皆滅之義，而必云「春風曉日」者，重乎東宮之賜，并重乎東宮之言也。東宮之賜為「春風曉日」，東宮之言并及煦陽之意，此書所由命名也。黃河之水始於濫觴；此回之「春風曉日圖」即濫殤之原，與東宮所賜是一非一，是是非非，如鏡花水月，分拆不開，執著不得。厥後此圖失而復得，仍歸璇姑，其事若畢。迨東宮特命真妃繡帕，轉賜素臣。名書之意，至八十七回（按：應是八十八回）始出，而讀者於此回，即只鏡花為實花，水月為真月，且嚣然議其遲出。唯其遲出，而有先

出者為其蒿矢，使讀者目亂神迷，無復於風雨中辨其何者是
羅？何者是浮？乃愈見高手，寧可以得詩之多寡定馬之高下
也哉！**❼**

光緒四年精鈔本《野叟曝言》第九回回末〈總評〉，針對第八、九
回兩回有關「春風曉日圖」的內容，提出重要說明：

> 書之命名，至八十七回（筆者按應是八十八回）始出。八回之
> 「春風曉日圖」其蒿矢也。故以繫在褲帶，隱示輕褻，不足
> 當命名之意，俾明眼者思而得之。然使明眼者一思而即得，
> 或深思而得之，猶非至文也。文家有一翕一闢、一陰一陽之
> 法，前回之隱示輕褻，「闢」字也。此回於梁公口中提出，
> 攘斥異端正義，而云他日功業兆於此圖，是有明以此圖為名
> 書之故，乃「翕」字訣也。一闢而陽氣外洩，端倪可窺；一
> 翕而陰氣內藏，徵兆無跡。雖使明眼人深思十日，亦徬徨而
> 莫測矣。法至此而疑漁神，文至此乃至於化。

兩則總評一再強調「『春風曉日圖』為全書名目」，「書之命
名……『春風曉日圖』其蒿矢也。」可證明「春風曉日圖」與書名
《野叟曝言》的密切關係。也可推論同義的「扶桑曉日圖」與《野
叟曝言》密不可分。因此以「春風曉日圖」、「扶桑曉日圖」來代
稱《野叟曝言》，是極合理之事。

今考《浣玉軒集》卷四所錄的〈漫題扶桑曉日圖〉詩，即是夏

---

❼　筆者印象中，光緒四年精鈔本，亦有此條〈總評〉，存疑待考。

敬渠題詠《野叟曝言》一書：

> 一輪曉日透扶桑，盥漱初鳴領眾芳。泉滴靈珠來活水，石懸
> 嫩乳作匡床。靜看女史分弧角，漫聽嬌娥說扁倉；紅線青萍
> 方斂鍔班姬彤管欲流香。先天悟出陰陽妙，太極參餘佛老
> 荒。魚躍鳶飛真造化，雲行川逝大文章。科頭豈為儒冠誤，
> 坦腹難容異學猖。赤烏元公應入夢，春風曾點擬同裳。蒠蘢
> 園圃探生意，寂寞滄溟泛野航。四美圖成烏有傳，任他千古
> 捉迷藏。

詩中「四美」即是小說中分別善長算、醫、兵、詩的璇姑、素娥、
木難兒及湘靈「四妾」（詳〈總述〉）。文素臣與四妾的姻緣及聚離
分合，正是《野叟曝言》前半部的情節主線；而「得四位慧姬，以
傳自己算、醫、兵、詩四項絕學」，正是文素臣之大願（第八
回）。因此詩末夏氏發出「四美圖成烏有傳，任他千古捉迷藏」的
俏皮語。

詩中「科頭豈為儒冠誤，坦腹難容異學猖」應應指文素臣一生
雖科場失意，但終不容佛道異端猖狂。「先天悟出陰陽妙，太極參
餘佛老荒」應是強調文素臣秉持儒學，完成鏟佛滅老之理想。而排
佛滅道，實踐內聖外王之儒家理想，則是《野叟曝言》後半部的主
要情節。

故此首〈漫題扶桑曉日圖〉詩，實切合夏氏創作《野叟曝言》
之主旨精神及內容情節。

又《宗譜》卷十八〈外集·詩詞〉載楊肩吾（大受）的〈題旭
臺先生扶桑曉日圖〉：

澄江浩淼素濤起，君山崒嵂青屏峙。江山淑氣鍾名區，中有
幽人浣玉子。昔我入蓉城，籍籍傳鴻名。聞名不相識，景慕
常含情。倏遇東淘慰結想，道貌岩岩胸蕩蕩。壯氣揮殘罍十
瓶，高風掃盡塵千丈。磊落還深沉，雄談通古今。賦詩即天
性，名醫亦道心。六韜辨晰兵機熟，三角精研算術足。靜參
造化分陰陽，環願蒼生共慢樂。昔哉賢才偏厄窮，功名何日
銘鼎鐘？范茫四海誰知己，悠悠寓意圖畫里。披圖命我坐題
詩，暗捉迷藏若得之。曉日春風狂士志，美人香草楚臣辭。
我亦識真趣，有懷托毫素。春申山麓大江濱，青鞋布襪從君
去。

同卷，黃申（菜坡）〈題二銘先生扶桑曉日圖〉：

紅欄綠樹清且都，中有髯翁軒而盱。靜觀物志皆故吾，疑是
變相三生圖。書劍韶年氣未除，即今風雨散廬居。活人利國
猶有書，不數管氏兼淳于。那識醉翁不在壺，擲米狡獪如麻
姑，心事漫從筆墨摹，華胥之蝶天為徒。吁嗟乎，眼前佳麗
無時無，但少達者心目舒。髯翁髯翁夫何如？獨榻展卷神蘧
蘧。

同卷，何瓊〈奉題旭台夫子扶桑曉日圖〉：

夫子今濂洛，心源洙泗通。雄文過賈誼，至孝薄王戎。讀史
犀然渚，研經繭辟叢。廉常嚴四畏，介不易三公。友愛從天
性，甄陶見化工。安貧惟飲水，尋藥只吟風。道合三文定，
形忘兩仲弓。高陽推小學，和郡仰純忠。小子依融帳，私夸

· 357 ·

在狄籠。末隨時雨化，幸髮出泉蒙。憶昔叨初命，馳書戒匪躬，言言伐鐘鼓，字字醒昏夢。自愧材如櫟，難期玉在礜。一官猶素食，同學總高□。有客開青矀，添毫寫紫瞳。雙圖歸掌握，四美列崆峒。旭日邪具散，春風氣正雄。傳觀知至教，瀏覽得深衷。二氏根株拔，千秋雨露中。何當傳絕學，百年意難窮。

以上三首詩，乃是楊肩吾、黃申、何瓖三人，在閱讀《野叟曝言》後，撰詩題詠夏敬渠心志、經歷及《野叟曝言》的主旨內容。更可證夏敬渠以「春風曉日圖」「扶桑曉日圖」作為《野叟曝言》之代稱。雖三詩無法確定撰寫年月，但必在《野叟曝言》完成之後，姑暫置於此。

夏祖焞自京師返鄉省親

《宗譜》卷十七〈內集詩詞〉夏祖焞〈五古贈劉克諧〉：「……壬辰書告成，歸省家庭樂。」

乾隆三十八年（癸巳，1773）　六十九歲。

乾隆下詔開館修《四庫全書》，夏敬渠整理昔日「未彙成編」的史論舊稿，以成《綱目舉正》一書。但因家貧身老，不克入京獻書。

《浣玉軒集》卷二及《綱目舉正》書前附〈自擬進《綱目舉正》表〉：「臣於史事，略有會心，深慨《綱目》一書，為諸說所充塞

❼，欲一舉而擴清之。嘗以所見，質諸耆宿，旁及同志，下與門人講解，而未彙成編。

　　恭逢　聖主右文，特命儒臣纂修《四庫全書》。伏念五經皆有御纂，而全史未賜折衷；《綱目》雖蒙御批，諸說尚仍舊本。……用是焚膏繼晷，竭蹙成書，名曰：《綱目舉正》。蓋欲舉《綱目》中不正之論而悉正之也。而家貧身老，不克匍匐入都。置篋有年，獻芹無路。」

　　按：乾隆三十八年（1773）二月，下詔編定《四庫全書》，故夏敬渠以自己的史學舊著，改寫編纂成《綱目舉正》，必在此時。

　　至於夏敬渠如何改寫舊有經史論著，以編纂成《綱目舉正》一事；及其「舊著」與《綱目舉正》及《野叟曝言》三者間相關內容的差別，則詳參〈總述〉。

　　又：《浣玉軒集》卷四，錄有夏敬渠〈夜夢感賦〉詩：

　　　近歸忽動遠歸情，華髮星星暗自驚。秦嶺無雲家萬里，潼關有夢月三更。曝言容易千金購，史論精專百日營。吾道肯因衰老廢？歸心又比一毛輕。

蕭相愷先生在《江上詩鈔》卷九十八，發現此首〈夜夢感賦〉有二

---

❼　夏氏〈自擬進《綱目舉正》文中指出有關《通鑑綱目》之著作如：「金履祥《通鑑前編》，陳桱節《通鑑外紀》，南軒《訂正通鑑前編》，商輅《續通鑑綱目》，《通鑑綱目》所引胡寅之說，尹起莘《通鑑綱目發明》，劉友益《通鑑綱目書法》，周禮《續通鑑綱目發明》，張時泰《續通鑑綱目廣義》」等。

註：一在「《曝言》容易千金購」下，註云：「著《野叟曝言》二十卷，刻資約需千金。」另一在「《史論》精專百日營」下，註云：「史論為輦下諸公慫恿，分任刻資，而著尚未就。」蕭先生推斷：「這兩條註，從語氣看，殆為作者自註無疑。」（見蕭相愷先生讀《野叟曝言》手扎）。其推斷精確合理。

又按：詩中所指《曝言》，自然是《野叟曝言》無疑；《史論》一書，則應指《綱目舉正》。可見《野叟曝言》之成書時間，確定早在《綱目舉正》之前；而《綱目舉正》的編纂時間，夏敬渠自言僅需「百日營」。因此，乾隆三十八年（1773）二月，下詔編定《四庫全書》時，夏敬渠開始「焚膏繼晷」編纂《綱目舉正》；而三個多月之後，已經「竭蹷成書」殺青完稿了。

「輦下諸公」必是夏敬渠昔日故友，當時雖有心「分任刻資」以刊行《綱目舉正》，但卻本書卻尚未完稿，後來完稿後，未知何故，又一直未付手民出版。

至於《野叟曝言》，則因為「刻資約需千金」，故無力付梓。因此遲至光緒十六年，夏敬渠曾從姪夏子沐編《浣玉軒集》時仍云：「右從曾祖二銘公所著書，均未梓」。

《野叟曝言》及《綱目舉正》雖未付梓，卻以鈔本流傳，故道光十八年（戊戌，1838）江蘇按察使裕謙頒布「禁毀淫詞小說」令，並開列〈計毀淫書目單〉，其中已收《野叟曝言》，可見其已有流傳。光緒閒，夏敬渠之族裔孫夏明經亦從書肆中鈔錄《綱目舉正》，但遲至民國二十三年（甲戌，1934），謝鼎鎔才交付「陶社校刊」出版。

夏敬渠繼配黃氏七十壽慶，張天一撰〈徵壽二銘先生德配黃孺人七
秩詩公啓〉。

《宗譜》卷十六〈外集‧文辭〉張天一（宏溪）撰〈徵壽二銘先生
德配黃孺人七秩詩公啟〉：「……兹當七十大慶之辰，洽值十月小
春之候，用揮彤管，載頌芳型。

恭惟二銘先生德配黃孺人，族著蓉江，望齊鄂渚。敦詩習禮，
幼誇季女之風；結帨施衿，長奉大家之範。十年待字，素擬閫宗；
百兩于歸，便稱家督。奉匜饋食，承堂上之歡容；弋雁鳴琴，奏房
中之雅韻。

況我二銘先生，人品高華，家聲通顯。旌忠表節，清門望重衣
冠；削素含毫，才子名標翰墨。兩京賦就，群推日下鴻儒；三篋書
成，偏作林間之高士。斑衣舞彩，版輿娛春晝之間；染佩投交，舉
案協齊眉之禮。既著相夫之道，還聞鬻子之勞。幼學課功五車，爭
誇腹富；壯行有兆百里，儜見長才。教晦固本之嚴君，恩勤亦由乎
慈母。而且立德以存孤為大，外則澤披於甥；人倫以授室為先，內
則恩施於侄。寬能逮下，童約無苛；儉以持家，格言可守。揚其懿
嫩，擬刑尹以無慚；溯厥清輝，較郝鍾而何設？早信百年之瑞應，
還徵五世之昌符。

我等凤附通門，新承把袂。屏開錦繡，揚葩澡以摛詞；酒泛葡
萄，進兕觥而介壽。伏祈洛陽名士，制就鴻篇；閨閣賢媛，錫之佳
詠。懸諸座上，化為一樹珊瑚；歌向風前，散作三宵珠玉。　謹
啟。」

按：據《宗譜》卷四〈南街宗世錄‧第十一世「敬渠」〉載：

「繼配黃氏，……康熙四十三年（1704）甲申十月二十五日生。」
故其七十壽慶應在本年（1773）。

此時，夏敬渠年六十九，夫妻結褵四十七年，俱登耄耋，已是
不易；其子夏祖焞也在京師謀得「考充內閣供事，入方略館書局」
編纂朝廷要籍之職；《野叟曝言》最遲也已在去年完稿（乾隆三十
七年，1772，詳後文），而今年又新編纂完成的《綱目舉正》一書，
雖然有「家貧身老，不克匍匐入都。置篋有年，獻芹無路」的遺
憾。但基本上，夏敬渠困蹇多時，今年是較順遂的一年；又值茶苦
一生的妻子七十大壽，於情於理皆該慶祝一番。

張天一撰寫此篇〈徵壽二銘先生德配黃孺人七秩詩公啟〉的目
的，是向故舊、文友徵求祝壽之詩，故內容多贊頌夏氏祖德、夏敬
渠才學及黃氏持家育子之辛勞。細勘內文可推論以下諸事：

1. 《宗譜》及《浣玉軒集》中，夏敬渠繼配黃氏的資料存錄不
   多，故此篇〈公啟〉有其重要性。撰寫者又是夏敬渠的「性
   命交」張天一，二人相識相知已三十七年，故此文性質雖屬
   應酬文字，但不宜等閒視之。

2. 由〈公啟〉內容，可窺見黃氏溫婉賢淑之性格。對照《野叟
   曝言》中以黃氏為人物基型所創造的角色「田氏」（文素臣
   正妻），二者之間，頗為相近。

3. 本〈公啟〉的目的，在於公告諸文壇好友，徵求祝壽之詩，
   可見夏敬渠歸鄉養老後，不只「仰屋梁而著書，泊如也」而
   已，其與藝文界文士，應該仍有不少來往及聯繫。

4. 張天一既然撰寫此文，很有可能也親至江陰參加壽慶。推測
   知己見面，夏敬渠必然出示近年來的心血結晶《野叟曝

言》，而張天一匆忙之際也粗覽一遍。

因此三年多後（乾隆四十一年二月）張天一在〈與二銘二兄書〉中云：「《曝言》一書，乃神工鬼斧之筆，弟雖粗得其梗概，而尚未細擷其精華。寤寐牽懷，不能自已。然卷帙繁重，攜帶維艱，自揣此生不獲再見矣！」（《宗譜》卷十六〈外集文辭〉）。故猜測張天一「粗得」《野叟曝言》的「梗概」，應在此時，惜無實證，只敢確定乾隆四十一年二月前，張天一已讀過《野叟曝言》而已。

乾隆三十九年（甲午，1774）　七十歲

夏敬渠未能入京獻書，故《綱目舉正》「置篋有年，獻芹無路」。

《浣玉軒集》卷二及《綱目舉正》書前附〈自擬進《綱目舉正》表〉：「……用是焚膏繼晷，竭蹙成書，名曰：《綱目舉正》。……而家貧身老，不克匍匐入都。置篋有年，獻芹無路。」

　　按：夏敬渠因「身老家貧」，不克入京獻書。故自乾隆三十八年（1773），完成《綱目舉正》之後，「置篋有年，獻芹無路」，故五年後（乾隆四十一年，1778），張天一在〈與二銘二兄書〉中，猶語重心長地勸慰老友，先謀刊刻，再圖獻書，以廣流傳❼❸。

　　乾隆四十四年五月至四十六年五月之間（1779-1781），夏氏入

---

❼❸　《宗譜》卷十六〈外集文辭〉張天一〈與二銘二兄書〉：「《舉正》書乃千秋特筆必傳之書也，但恐進呈之後，藏之內府，不能廣布，尚須再謀刊刻耳！」

閩求富綱代呈《綱目舉正》御覽不果❼❹，時夏敬渠已高齡七十六左右了。

但是，乾隆四十八年（1783）八月十七日，夏敬渠讀到「上諭」，又重燃迎鑾獻《綱目舉正》入朝的希望。乾隆四十九年（1784），乾隆第六次南巡時。夏敬渠撰寫〈自擬進《綱目舉正》表〉，且欲赴蘇迎鑾，擬親自進獻《綱目舉正》，被阻不果行，時夏敬渠年高八十矣（以上四事詳下文）！

夏敬渠七十歲壽慶，和碩怡親王弘曉贈「天駔耆英」匾額賀壽。

《宗譜》卷八〈小傳紀事·第十一世「敬渠」〉載：「七秩稱慶，怡親王遙祝以額曰：『天駔耆英』。」

《宗譜》卷十〈表章額聯〉：「『天駔耆英』——乾隆三十九年，和碩怡親王題祝十一世敬渠七十壽。」

> 註曰：按此匾款式上款「二銘秀才」高半字；下款「和碩怡親王」低半字。旁記年月。正中一章「怡親王寶」四字，非常格也。

按：夏敬渠與和碩怡親王弘曉交往之考訂，詳〈本譜〉乾隆四年條。

---

❼❹　《浣玉軒集》書前附錄〈浣玉軒著書目〉夏祖燿在《綱目舉正》條下按語云：「是書既成，攜入閩中，祈故友福建撫軍富公綱奏呈，未果。歸。」（詳下文）

乾隆四十年（乙未，1775） 七十一歲

兄夏敬樞卒。壽七十五。

《宗譜》卷四〈南街宗世錄・第十一世「敬樞」〉：「宗泗長子，……康熙四十年辛巳十一月初九日辰時生；乾隆四十年乙未正月初六寅時終。壽七十五。」

李顒（漢儀）致函，勸慰夏敬渠未能入京獻書，以呈御覽的遺憾。

《宗譜》卷十六〈外集・文辭〉載錄蔚州・李顒漢儀致夏敬渠書信：「江天間遠，晤教無由，迴思昔日依光，倏忽已經數載。……夏月，令郎大哥自晉來秦，詢悉老先生起居迪吉，百事罄宜，可勝慰藉。

前者釐訂二書，係老先生聚精會神闡發前賢，津梁後學，正可懸學校，昭示來茲，乃至今未得呈御覽，可知文章顯晦，自有定時，但得闡明正道，自可垂之不朽，原不待有心表著也。倘得刊刻成編，一批精蘊，快何如之！幸何如之！

……素承老先生愛切，忘年自荷，始終弗外，不識何以教我也？茲乘大哥南回，肅此，敬請邇安。附上袍掛料兩件，聊以伴函，惟悉心照。」

按：李顒（漢儀）致夏敬渠之信函，存錄於《宗譜》卷十六〈外集・文辭〉，僅記「蔚州，李顒漢儀」，無題目。此信未署明時間，但由內容考之，必在夏敬渠完成《綱目舉正》後，因未能入京獻書，故「置篋有年，獻芹無路」。李顒寄此信予夏敬渠，既勸慰、又鼓勵之。

李翬為夏敬渠「性命交」張天一的及門弟子；夏敬渠曾應李翬之請，為其先祖父李怡村之詩集寫〈序〉（詳前文）；李翬與夏祖焞亦有來往。由此信可映證三家四代之深厚情誼。

李翬所云：「前者釐訂二書……乃至今未得呈御覽」需特別注意。「二書」其中之一必為《綱目舉正》無疑；但另一本則未詳何書？然自始至終，夏氏自言其欲呈御覽之書，僅有《綱目舉正》一書而已，故疑李翬聽聞有誤。

推測李翬聽聞有誤之因，可能是夏敬渠在六十三歲至六十八歲期間（乾隆三十二年至三十七年，1767－1772），致力於創作小說《野叟曝言》；六十九歲時（乾隆三十八年，1773），則彙集舊著，編訂成《綱目舉正》。二書皆是夏敬渠晚年的心血結晶。李翬遂誤會夏敬渠欲將此二書皆恭呈御覽。

李翬聽聞有誤一事雖小，但是，在夏敬渠尚健在之當時，就有欲獻「二書」御覽的誤傳；無怪乎其身後，以訛傳訛，演變成是夏敬渠要以《野叟曝言》迎鑾獻書，妻、女各設巧計以阻撓之，種種奇聞怪說，不一而足。

子夏祖焞任職保安州吏目，授登仕郎。

《宗譜》卷五〈南街宗世錄・第十二世「祖焞」〉：「敬渠子，……敕授登仕郎、直隸保安州吏目。」

《宗譜》卷八〈小傳紀事・第十二世「祖焞」〉：「祖焞，……議敘保安州吏目。授登仕郎。」

《宗譜》卷十七〈內集・詩詞〉夏祖焞〈五古贈劉克諧〉：「……

緬懷乙未冬，捧檄奔涿鹿❼。折腰亦可喜，養親有微祿。」

　　按：據《宗譜》卷八〈小傳紀事·第十二世「祖焞」〉載夏祖焞：「試不售，遊京師」後，得以「考充內閣供事，入方略館書局。」後來又「議敘保安州吏目，授登仕郎。」

　　但是，夏祖焞任官保安州吏目之前，有一番波折。據《宗譜》卷十六〈外集文辭〉張天一撰〈與二銘二兄書〉云：

> 前聞尹儒賢姪選受涿州❼吏目，吾兄隨任北來，一時欣喜若狂，自以為平生如意之事，未有過於斯者矣！無何，聞此缺已另題人，尹儒得而復失，而喜忽變為戚。未幾，又得保安之信，而戚仍轉為喜。

可見原先夏祖焞有可能任職涿州吏目，後因另有人選，遂改任直隸宣化府保安吏目。

乾隆四十一年（丙申，1776）　七十二歲

繼配黃氏卒，壽七十三。

《宗譜》卷四〈南街宗世錄·第十一世「敬渠」〉：「繼配黃氏，……康熙四十三年（1704）甲申十月二十五日生，乾隆四十一年（1776）丙申二月初十日巳時終，壽七十三。」

---

❼　保安又稱涿鹿，清屬直隸宣化府。詳《讀史方輿紀要·直隸·保安州》及《清史稿·地理志》。

❼　《讀史方輿紀要·順天府·涿州》及《清史稿·地理志》載：涿州，明清屬順天府，在今河北省。

子夏祖焞辭官奔喪。

《宗譜》卷十七〈內集·詩詞〉夏祖焞〈五古贈劉克諧〉：「……緬懷乙未冬，捧檄奔涿鹿。折腰亦可喜，養親有微祿。嗟余命坎坷，母氏臥床褥。坐席尚未暖，哀音轉簡牘。中道無常聲，狂奔水與陸。撫棺發長號，日夜悲風木。丙申十月望，靈輀葬平陸。仰事復心傷，每食無酒肉。家貧難讀禮，中心如轉軸。……」

《宗譜》卷八〈小傳紀事·第十二世「祖焞」〉：「議敘保安州吏目。授登仕郎。履任三月，幹練有為，通達政體。遽丁母艱歸。」

張天一撰〈與二銘二兄書〉，囑夏祖焞轉呈夏敬渠。

《宗譜》卷十六〈外集文辭〉張天一（宏渶）〈與二銘二兄書〉：「二兄大人足下：前聞尹儒賢侄選受涿州吏目，吾兄隨任北來，一時欣喜欲狂，自以為平生如意之事未有過於斯者矣。無何，聞此缺已另題人，尹儒得而復失，而喜忽變為戚。

　　未幾，又得保安之信，而戚仍轉為喜。冬底見尹儒，知吾兄與嫂夫人定于春初北上，於是心目懸懸，計日以待，所與妻子計議者，為迎賓設榻之謀，一切皆不復置念矣。嗚呼，孰知喜者終仍戚耶！

　　嫂夫人溫恭淑慎，荼苦一生，今幸有子為官，可伸孝養，而遂止於此，此誠可傷可悼之事。而又念白首兄弟，幾幾相見而竟不獲見，且恐此身遂不復相見，悒怏之懷，累月不釋，而所無繫念者，吾兄以遲暮之歲，抱炊臼之悲，恐以哀傷，致損眠食，私心戚戚，時切隱慢。乃昨接吾兄手書，則見崢嶸之氣，老而不衰；磊落之

懷，窮而彌壯。展讀未竟，心開目明。讀書學道之人，不當是如耶？

尹儒奔喪南返，弟力綿不能多為飲助，深歎余懷。所可幸者，尹儒遭雖屬不幸，而其遇尚未甚窮。高公兄弟念舊交，敦古誼，既濟其目前之急，又代為日後之謀。不獨身受者銜其恩，即局外者亦感其義也。弟迂疏之性，兼衰老之年，久玷朝班，深慚非分。惟是官可休，債不可賴；罷官之後，還債益難，現在極力籌畫，稍有頭緒，即行告休。

將來家居之日，除書籍外，更無可以自娛之物，而吾兄著作，尤弟所日縈於懷者：《曝言》一書，乃神工鬼斧之筆，弟雖粗得其梗概，而尚未細擷其精華，寤寐牽懷，不能自己。然卷帙繁重，攜帶維艱，自揣此生不獲再見矣。至於《綱目舉正》及他著作，如《所見錄》等書，卷帙減於《曝言》，秋間尹儒尚擬北來，倘能攜以示我，則照乘之珠，連城之璧不足道也。思吾兄而不獲見，見吾兄之鴻文巨筆，如見吾兄焉，而況拓我心胸，益我神智，又有出於尋常萬萬者乎？尹儒南旋之便，專此恭候起居。縷縷之情，筆不能罄，統祈為斯文自愛以慰遠懷。《舉正》書乃千秋特筆必傳之書也，但恐進呈之後，藏之內府，不能廣布，尚須再謀刊刻耳。奏疏極佳。」

按：夏敬渠白首喪偶，夏祖焞返鄉奔母喪之際，張天一囑其代呈此信給夏敬渠，其情真意誠，句句出自肺腑；且確知此信必撰於乾隆四十一年（1776）二月。而由其內容可推知下列數事：

1.夏祖焞任官保安州吏目之前，有一番波折。（詳前文「乾隆四

十年」條）

2.夏敬渠雖遭喪妻之慟，但張天一讀其「手書」時，但覺「崢
嶸之氣，老而不衰；磊落之懷，窮而彌壯」。以此對照夏敬
渠女婿六雲望斗南氏在〈《浣玉軒詩集》跋〉所云：夏敬渠
之詩「大氣包舉，竟似盛唐」；晚年時「外舅覺鑠，年登太
耄」，其詩猶「聲大而遠，貌厚氣完」。蓋夏敬渠一生之個
性、詩風、文格始終如此，至老不變。

　　有此個性，難怪乾隆四十五年（1780），夏敬渠以七十
六歲的高齡，還親自入閩，求故友富綱代呈《綱目舉正》御
覽；乾隆四十九年（1784）八十歲，尚撰寫〈自擬進《綱目
舉正》表〉，擬赴蘇迎鑾，擬躬自進獻。其事雖不成，但其
毅力、體力皆是驚人。

3.夏祖焞南返奔喪之際，張天一無力多提供財資之助，因其罷
官後，困於債務也。由信中「官可休，債不可賴；罷官之
後，還債益難」數語，可推知張天一居官清廉、兩袖清風。
夏敬渠曾贊美「天一則無人不親愛之，更無人不嚴憚之，抑
可謂和而能介者歟！」（《浣玉軒集》卷二〈李怡村詩集序〉）
洵非虛言。

4.乾隆三十三年（1768）高恆坐收鹽商賄賂被誅，其家並未被
查抄。其「子高樸，初授武備院員外郎。累遷給事中，巡山
東漕政。三十七年（1772），超擢都查院左副都御史。……
遷兵部右侍郎。」（《清史稿·高樸傳》卷三百三十九）故夏祖
焞返鄉奔喪時，高樸兄弟得以「念舊交，敦古誼，既濟其目
前之急，又代為日後之謀。」可見高、夏兩家之情誼，並未

中斷。

　　唯夏祖焞於乾隆四十三年（1778）守母喪結束後，再謀
官職時，高樸卻已因「役回民三千採玉，婪索金寶，並盜鬻
官玉」等罪「坐誅」（《清史稿・高樸傳》卷三百三十九），故
高樸承諾代為夏祖焞「日後之謀」一事，又成泡影。

5. 由此信可確知，最遲在乾隆四十一年二月之前，張天一已讀
　過《野叟曝言》。

6. 夏敬渠彙集舊編，完成《綱目舉正》之後，一直「置篋有
　年，獻芹無路」，故張天一以「恐進呈之後，藏之內府，不
　能廣布，尚須再謀刊刻耳。」勸慰老友。

　　由「奏疏極佳」一句，得知夏敬渠原擬獻書時，即撰有
　「奏疏」。且此「奏疏」絕非〈自擬進《綱目舉正》表〉。
　因〈表〉有：「恭遇皇上南巡，謹呈　御覽」故知其撰於乾
　隆四十九年（1784），第六度南巡之前。張天一不可能在乾
　隆四十一年（1776）預見之也。

7. 張天一希望夏祖焞北上帶來的《所見錄》一書，在記錄夏敬
　渠著作的所有資料中，都未著錄。可能是張宏漢個人聽聞之
　誤。

高祖父夏維新欽定入祀忠義祠。

《宗譜》卷八〈小傳紀事・第七世「維新」〉：「維新，……順治
乙酉殉節，乾隆四十一年（1776），欽定入祀忠義祠。」

乾隆四十二年（丁酉，1777）　七十三歲

因子夏祖焞仕直隸宣化府保安州吏目，朝廷貤封夏敬渠為「登仕郎」「保安州吏目」。獲贈詞：「稟心醇樸，飭行端方」。贈元配朱氏、繼配黃氏敕命一軸。

《宗譜》卷九〈誥敕〉：〈十一世封登仕郎敬渠，贈孺人朱氏、黃氏敕命一軸〉

> 制曰：設官分職詔器，使之無遺；錫類施仁，喜蒙恩於伊始。爾夏敬渠，乃原任直隸宣化府保安州吏目夏祖焞之父，秉心醇樸，飭行端方，教誨懷式穀之勤，政事本治謀之善。茲以覃恩，貤封爾為登仕郎，原仕直隸宣化府保安州吏目，錫之敕命，於戲一命，得以逮親逮膚。曠典政事，期於稱職，篤迓休光。……乾隆四十二年五月初二日。」

《宗譜》卷八〈小傳紀事·第十一世「敬渠」〉載此事：「丁酉，恩綸有云：『稟心醇樸，飭行端方』。人謂雖屬通詞，其當此無愧者，唯公庶幾。」

《光緒江陰縣志》卷十四〈選舉·封贈〉：「夏敬渠以子祖焞，貤封登仕佐郎，保安州吏目。」

　　按：乾隆四十二年（丁酉，1777），因子夏祖焞任官「直隸宣化府保安州吏目」，所以受朝廷敕封夏敬渠為「登仕郎」、「保安州吏目」。並且得到「稟心醇樸，飭行端方」的贈詞。其元配朱氏、繼配黃氏，雖已云亡，亦得到敕命一軸。以上二事對困蹇終身，功名無著；且為人幕僚，為衣食奔波一生的夏敬渠，雖得之甚遲（當

時夏敬渠已年高七十三），且僅是虛銜，但實在別具意義，可稍慰其
晚年。

乾隆四十三年（戊戌，1778）　七十四歲

高樸因「役回民三千採玉，婪索金寶，並盜鬻官玉」等罪，「坐
誅」。

《清史稿・高樸傳》卷三百三十九：「（乾隆）四十一年，命往葉
爾羌辦事。距葉爾羌四百餘里，有密爾岱山，產玉，舊封禁。高樸
疏請開採，歲一次。四十三年，阿奇木伯克色提巴勒底，訴高樸役
回民三千採玉，婪索金寶，並盜鬻官玉。烏什辦事大臣永貴以聞，
上命奪官嚴鞫，籍其家，得寄還金玉。永貴又言葉爾羌存銀一萬六
千餘、金五百餘。高樸坐誅。

上方誅高恆，大學士傅恆從容言乞推慧賢皇貴妃恩，貸其死。
上曰：『如皇后兄弟犯法，當奈何？』傅恆戰慄不敢言。至是，諭
曰：『高樸貪婪無忌，罔顧法紀，較其父高恆尤甚，不能念慧賢皇
貴妃姪而稍矜宥也！』」

夏祖焞守制畢，已不得高樸薦舉。入都謁選，候補官職。

《宗譜》卷八〈小傳紀事・第十二世「祖焞」〉：「……議敍保安
州吏目。授登仕郎。履任三月，……遽丁母艱歸。……以嚴親在
堂，為祿養計，復赴都謁選。」

《宗譜》卷十七〈內集・詩詞〉夏祖焞〈五古贈劉克諧〉：「……
服闋應補官，文牘日催促。客歲抵長安，米貴真如玉。裘敝黃金

盡，終日雙眉蹙。」

《宗譜》卷十七〈內集詩詞〉夏祖焞〈客窗寫懷〉：「一腔心事向誰論，無計支離著此身。豈有文章堪壽世，更何功業足酬親。三千里外常為客，十二時中只剩貧。幸得高堂能強飯，盡教風雨逐行塵。」

　　按：夏祖焞母喪時，夏敬渠昔日幕主高樸兄弟「念舊交，敦古誼」，義助貲財，夏祖焞返鄉奔喪；且承諾「代為日後之謀」。但是，乾隆四十三年（1778）三月，大祥之後，夏祖焞「為祿養計，復赴都謁選」，高樸卻已「坐誅」**❼**；故代謀官職一事，已成泡影。夏祖焞為養親計，只能繼續留在京都，等候補官。

　　由〈客窗寫懷〉一詩，知夏祖焞慶幸七十四歲的老父，尚能「強飯」；且為了求些許「功業」以「酬親」；故即使貧苦異常，也只好千里為客、風雨行塵，期能以俸祿稍奉甘旨。此詩正可映證《宗譜》所載「以嚴親在堂，為祿養計，復赴都謁選」事。而由〈五古贈劉克諧〉可見夏祖焞在京候補，時日既久，「京城居，大不易」：米貴、裘敝、金盡，處境頗是艱困。

乾隆四十四年（己亥，1779）　七十五歲

乾隆四十五年（庚子，1780）　七十六歲

夏敬渠入閩，求故友富綱代呈《綱目舉正》御覽，不果。

---

❼　高樸「坐誅」與夏祖焞入京謁選二事在同年，難定其先後。然而，縱使高
　　樸未誅死，但必已犯案受查，故不可能守承諾，代替夏祖焞謀官職。

《浣玉軒集》書前附錄〈浣玉軒著書目・綱目舉正〉夏祖耀按語：
「是書既成，攜入閩中，祈故友福建撫軍富公綱奏呈，未果。
歸。」

　　按：《宗譜》及《浣玉軒集》中，皆未載夏敬渠與富綱的交往
資料。推測可能是夏敬渠在「壯遊京師」期間，所認識的朋友。晚
年夏敬渠興托故友代呈《綱目舉正》御覽之念頭，似乎二人交情不
淺。

　　又據《清史稿・疆臣年表六》所載，富綱巡撫福建，是在乾隆
四十四年五月至四十六年五月間（1779－1781）。夏氏入閩求富綱代
呈《綱目舉正》御覽不果，當在是時。茲暫置於此年，時夏敬渠已
高齡七十六左右了。

乾隆四十六年（辛丑，1781）　七十七歲

夏祖焞病卒於京師。年四十八。

《宗譜》卷五〈南街宗世錄・第十二世「祖焞」〉：「敬渠子……
雍正十二年（1734）甲寅三月二十七日卯時生，乾隆四十六年，辛
丑十一月二十五日寅時卒，年四十八。」

《宗譜》卷八〈小傳紀事・第十二世「祖焞」〉：「……議敘保安
州吏目。授登仕郎。履任三月，……遽丁母艱歸，……以嚴親在
堂，為祿養計，復赴都謁選。遘疾，歿於京邸。」

　　按：此年，夏敬渠年高七十七。老年喪獨子，對夏敬渠必是沉
重的打擊。

乾隆四十七年（壬寅，1782） 七十八歲

夏敬渠因子死又無孫，故以兄夏敬樞三子祖薰的長子翼陞為嗣孫。

《宗譜》卷四〈南街宗世錄·第十二世「祖煒」〉：「敬渠子，……子二：翼垣，嫡氏出，殤；次，側室出，殤。以從弟祖薰長子翼陞嗣。」

《宗譜》卷五〈南街宗世錄·第十三世「翼陞」〉：「祖煒嗣子，字升階。乾隆二十八年（1763）癸未十月初七日子時生，道光十年（1830）庚寅閏四月巳時終，壽六十八。」

《宗譜》卷十五〈內集文辭〉夏祖薰〈船室說〉：「吾叔二銘公，少聰慧，及壯，懷才莫試，且為養親計，出遊當代名公卿幕下，北越幽燕，南逾閩粵，西至川陝，東湖淮徐，屐履幾半天下。老而家居作『船室』，題其額曰：『艤舟亭』，其亦元人樂水之意乎！

今予子升階（夏翼陞字），繼二銘公為嗣孫矣！……《易》云：『利有攸往』；《禮》云『四達不悖』，斯庶幾矣！質諸斗南六君，以為何如也？」

按：夏敬渠子死孫夭，為延香續火，遂以兄夏敬樞第三子祖薰的長子翼陞為嗣孫。時夏翼陞已二十歲。

夏祖薰〈船室說〉，除了再次證明夏敬渠生平「屐履幾半天下」外，尚可推知二事：

1. 夏敬渠晚年閒居，名其家為「船室」，題其額為「艤舟亭」。

2. 夏敬渠以翼陞為嗣孫時，夏祖煒已病逝（若還健在，則還可能

生育，亦無須立嗣子），否則，夏祖熹文章末句謙語，不可能
是「質諸斗南六君」。按：《宗譜》卷四〈南街宗世錄〉
載：夏敬渠有一女「適虹橋太學生六雲望斗南。」六斗南
（字雲望）是夏敬渠女婿。必是夏敬渠子死，故夏祖熹謙虛
的敬問其婿。

乾隆下令，刪潤周禮《續通鑑綱目發明》、張時泰《續通鑑綱目廣義》二書。

《浣玉軒集》卷二及《綱目舉正》書前附〈自擬進《綱目舉正》
表〉：「嗣於乾隆四十八年八月十七日，伏讀軍機處補交乾隆四十
七年十一月初七日　上諭。以周禮《發明》、張時泰《廣義》，於
遼、金、元事，多有議論偏僻及肆行詆毀者，特命量為刪潤。」

乾隆四十八年（癸卯，1783）　七十九歲

夏敬渠於乾隆四十八年（1783）八月十七日，讀到「上諭」。認為
《綱目舉正》可以擴清周禮、張時泰之說，扶世教而正人心，遂重
燃獻書希望。

《浣玉軒集》卷二及《綱目舉正》書前附〈自擬進《綱目舉正》
表〉：「嗣於乾隆四十八年八月十七日，伏讀軍機處補交乾隆四十
七年十一月初七日　上諭。……臣竊謂周禮、張時泰之說，流傳日
久，非實指其謬而明辨之，無以豁讀史者之迷。則與其刪潤而曲存
其說，不若辭而闢之，足以擴清其邪說，扶世教而正人心。臣所著
《舉正》一書，雖兼正諸說，不止專攻周禮《發明》、張時泰《廣

義》；而於《發明》、《廣義》之偏僻而肆行詆毀者，皆已明著其
謬妄而痛斥之，實足使讀者豁然心開，而燭其狂肆之罪。」

乾隆四十九年（甲辰，1784）　八十歲

夏敬渠撰寫〈自擬進《綱目舉正》表〉，擬赴蘇迎鑾，擬躬進獻，
然又有所阻。

《浣玉軒集》卷二及《綱目舉正》書前附〈自擬進《綱目舉正》
表〉：「恭遇　皇上南巡，謹呈　御覽，倘芻蕘之見，稍有一得。
伏乞勒付史館，考校議覆；或刊入《綱目》，以正諸說之謬；或特
命儒臣纂脩《通鑑》，準臣所論，刪去諸說，以成一完善之《綱
目》。統祈　皇上睿鑑訓示施行。」

《浣玉軒集·浣玉軒著書目·綱目舉正四卷》夏祖耀按語：「祖耀
按：遇乾隆丙午（五十一年，1786）南巡，赴蘇迎鑾，擬躬進獻，又
有所阻。獨惜以是古人今人所未及之論，不昌於時，而尚沉塵篋，
為可歎也。」

　　按：《宗譜》所載乾隆南巡，夏氏赴蘇迎鑾之日期有誤。蓋清
高宗六度南巡，分別在乾隆十六、二十二、二十七、三十、四十五
及四十九年。「丙午」年為乾隆五十一年（1786），乾隆未南巡；
而乾隆四十五，夏敬渠入閩見故友富綱。故夏氏欲赴蘇迎鑾，擬親
自進獻《綱目舉正》，被阻，必在乾隆四十九年（甲辰，1784），乾
隆第六次南巡時。「丙午」應是「甲辰」之誤。時夏敬渠已年高八
十，真乃「老驥伏櫪，志在千里」矣！

　　夏敬渠何以有「迎鑾獻書」的念頭？除了清初士子有此風氣之外；應該是受到父祖輩的影響。因為其祖父夏敦仁、胞叔夏宗瀾、堂叔夏宗沂，都過有「迎鑾」之舉：

　　康熙四十四年（1705）南巡，夏敦仁「獻文行在，賦詩表頌而外；復進〈乞修二十一史策〉。」康熙降旨隨班擢用。夏敦仁卻以養親辭。然詣行在歸之後，文名藉甚。（詳前文康熙四十四年條）

　　乾隆十六年（1751）及二十二年（1757），乾隆第一、二次南巡時，夏宗沂兩度迎鑾獻詩頌，因諸生迎獻詩頌者九十餘人。御選二十七人。夏宗沂在前列，故「蒙恩獎勵，賜綵緞」。（詳前文乾隆十六、二十二年條）

　　乾隆二十七年（1762）乾隆第三次南巡，夏宗瀾先前本因為「試員誤領雙俸事」，被罷「國子監監丞」官職，此時也因為「迎鑾恩」而復其職。（詳前文乾隆二十七年條）

　　故綜合以上三事，「迎鑾」對夏敦仁、夏宗沂、夏宗瀾三人，都獲有實際的益處。此對姪、孫晚輩夏敬渠而言，絕對有極大的鼓勵作用。尤其是夏敦仁對嫡孫夏敬渠，又有極具體的「示範」作用：

　　蓋夏敦仁認為：歷來史書「繁略不一，重複不倫；或體製殊而記載謬」。因此，康熙四十四年（1705）躬自迎鑾獻詩文、及「進〈乞修二十一史策〉」，建議朝廷將「二十一史」簡化「約為七」。且撰寫《十七史論要》作為理論基礎。

　　其孫夏敬渠則因「深慨《綱目》一書，為諸說所充塞，欲一舉而擴清之。」，故將昔日史論舊作，彙編成《綱目舉正》，且撰寫〈自擬進《綱目舉正》表〉。在乾隆四十九年（1784），皇帝第六

次南巡時，欲赴蘇迎鑾、呈表並獻書。

當年，夏敦仁得到「奉旨隨班候擢用」的殊榮及良機，卻「以親老，不果行」而放棄。此次夏敬渠既無此顧慮，甚至可以一償其祖父未竟之志。

然而夏敬渠晚年「焚膏繼晷」，完成《綱目舉正》一書，卻因為「家貧身老，不克匍匐入都」無可如何之際，其在高齡七十六歲時，尚且親自入閩，期求故友富綱代呈御覽。卻又不果，頹然而歸。《綱目舉正》「置篋有年，獻芹無路」，確實是夏敬渠最大的遺憾與負擔。

因此，乾隆四十九年（甲辰，1784），第六次南巡時，夏敬渠已年高八十，胸中應當了然，錯過此次良機，必定杳茫無望。於是，奮其餘力，效法祖、叔輩，迎鑾獻書，以求最後一用，其苦心及執著，可敬亦可憫。

可是夏敬渠「擬躬進獻」《綱目舉正》一書，「又有所阻」，推測其原因，可能是至親（如：女兒、女婿六斗南、嗣孫夏翼陞，姪兒：祖勳、祖烈、祖燾等。）覺得夏氏已年高八十，不忍其以老邁之軀，奔波涉險，故「有所阻」。

此事以訛傳訛，遂有多項揣測及誤說出現。《花朝生筆記》載：

> 《野叟曝言》一書，相傳為康熙時江陰繆某所撰。繆某有才學，頗自負，而終身不得志，晚乃為此書以抒憤。……會純廟南巡，繆乃繕寫一部，裝潢精美，外加以袱。將於迎鑾時進呈，冀博宸賞。繆之女頗通文墨，且明慧曉事。知此書進

呈，必釀巨禍；又度其父性堅持，不可勸止，乃與父門人某
謀。密用白紙裝訂一部，式與原書等，即置諸袟中，而匿原
書於他處。迨繆將迎駕，啟袟出書，重加檢閱，則書猶是，
而已無一字矣！繆哭失聲，以為是殆見忌於造物，故書遽羽
化而去也。……繆無如何，鬱鬱而罷。繆卒，女以此為乃父
一生心力所在，不當遂令淹沒。將其書潤飾一過，穢褻之
語，刪除略盡，始付諸手民，即近日流傳之本也。⓲

《清稗類鈔·著述類·野叟曝言》所載亦相同；惟將「純廟」清高
宗乾隆⓳南巡，改為「聖祖南巡」。

錢靜方《小說叢考》則云：

相傳是書（《野叟曝言》）成時，適值聖祖南巡。乃裝潢成
冊，欲呈御覽。諸親友以書多穢語，恐觸上怒致不測，力阻
其獻，不聽。乃以危言動其妻，使陰阻之。其妻乃於每冊毀
去四、五紙。迨將獻，故驚曰：「汝欲上呈御覽耶？嚮小兒
女不知，已毀去多紙矣！」夏君怒甚，急為補綴齊全。而駕
已沿江東下，不及獻矣！⓴

案：以上三書所載，都有錯誤。《花朝生筆記》和《清稗類鈔》云

⓲　據蔣瑞藻《小說考證·附續篇拾遺》卷八轉錄。（上海古籍出版社 1984
　　年 7 月，頁 239）。

⓳　《清史稿·高宗本紀》載高宗崩後，「上尊諡曰：『法天隆運、至誠先
　　覺、體元立極、敷文奮武、孝慈神聖、純皇帝』」。

⓴　錢靜方《小說叢考·野叟曝言考》（台北·長安出版社，1979 年 10 月，
　　頁 162）。

《野叟曝言》作者為「繆某」，是一錯誤。《清稗類鈔》和《小說叢考》將獻書年代記為清聖祖康熙時代，亦是一誤；且夏敬渠欲迎鑾獻書時，其妻黃氏早已過世。綜合以上諸說，其共同的最大錯誤是：夏敬渠要迎鑾上呈御覽的書，不是《野叟曝言》，而是《綱目舉正》。

以上三書所載獻書事，并載於《澄江舊話》卷二何聽松的〈《野叟曝言》補聞〉。又許指嚴《南巡秘記·野叟曝言全稿》所載則與《花朝生筆記》略同，指「繆某」之女名為「衡孃」與其表兄「金冠玉」共謀，阻撓其父獻書㉛。另周越然《書·書·書》亦載獻書事，其說多沿自《南巡秘記》㉜。

乾隆五十年（乙巳，1785）　八十一歲

從弟夏敬顏重新編輯《江陰夏氏宗譜》，撰〈跋〉。

《宗譜》夏敬顏〈原跋〉：「先大父屨中公（指夏敦禮）修葺宗祠後，將有事於宗譜之役，而卒卒未間，遽捐館舍。先君子（夏宗沂）擬繼先志，亦以南北奔馳，不幸齎志以歿。數百年來之族姓日既繁衍，而斯典缺如，此小子顏所為閔閔望歲，而深懼不克負荷也。……甲辰（乾隆四十九年，1784）春季，有山左之行，得先世父維四公（夏宗淮）譜稿，略草錄一通，……乃裒集南北數分，手錄一編，……乾隆歲次乙巳（乾隆五十年，1785）十月十一世孫敬，顏謹識

㉛　許指嚴《南巡秘記》上海書店出版社出版，1997 年 1 月初版。頁 38－51。

㉜　香港·漢學圖書供應社，1966 年版，頁 118。

於燕台客舍。」

按：夏敬渠曾姪孫夏子沐〈《江陰夏氏宗譜》跋〉中，記述夏敬顏對《宗譜》編纂之貢獻：「十一世悶威公（夏敬顏）重為編輯」，其事成於此年。

張天一應夏敬渠之請，為《江陰夏氏宗譜》寫〈序〉。

〈序〉：「……論其不朽者三，文江公（即夏嘉祐，字文江，明鄉飲大賓大世）以盛德，兩為鄉飲介賓。秀之公以明庠生，乙酉殉難。彩邦公以明孝廉，殉甲申之難，事載《明史》《邑志》，崇祀忠義祠。若時公以孝義載《一統志》。調元公以理學崇祀鄉賢祠，名儒楊文定公特為立傳。朱孺人、王安人、周孺人、湯孺人以貞節建坊旌表宗祀節孝祠。此德之不朽者也。

若時、調元、履中公，先後開溶邑之斜涇河，事載《江南通志》，履中（宗禮）、參三公（宗洛）助修廟學，倡建育嬰堂，捐米賑災事載《邑乘》。壬子歲，沙民被水災，與慎修公收瘞浮屍千數，蘇藩鄂公給區一褒獎。此功之不朽者也。

侶筠公著《四書詩經講義》。調元公著《十七史論要》、《愛日編》、《鳴陰集》。維贊公著《塵譚集》，宏啟公著《禮記啟蒙》。起八公注《易解》，《詩說》，躍干公著《浣花集》。懋修公著《綱目舉正》、《全史約論》、《經史餘論》、《唐詩臆解》，皆足發千秋之祕，開百世之蒙，此言之不朽者也。嗚乎！魯叔孫氏所謂三不朽者，《譜》既全具之而大備之。

……起八（即夏宗瀾），躍干（即夏宗沂）皆余友，而懋修（即夏敬

渠）尤性命交。咫戚（夏敬顏）躍干公之仲子也，為邑諸生，有文名
篤於宗族，亦足致三不朽者。既成此譜，以懇修札問〈序〉於余，
余誼不容辭，且夙知夏氏立德、立功、立言，全具而大備也。……
乾隆五十年，歲次乙巳，賜進士工部郎中奉天張宏溪天一氏撰。」
（《宗譜》錄）

　　按：此篇由夏敬渠「姓命交」張天一所寫的《江陰夏氏宗譜·
序》，可見證二人近五十年的交情。

　　〈序〉中以「三不朽」贊誦夏氏宗族，其所舉的人、事例證皆
見諸於《宗譜》、《光緒江陰縣志》或《明史》《江南通志》等文
獻之載錄，自有其可信度。

　　夏氏宗族崇尚忠、孝、節、義，又勤於著作，由此文，可再一
次映證其人其事；亦可管窺夏敬渠寫《野叟曝言》時，何以利用多
位先人作為小說的「人物原型」；又何以採用先人事跡作為小說的
情節素材之因。且夏氏寫作時，雖一再頌揚其先人之善行；潛意識
中又為「積善之家」「無餘慶」抱不平之心，也可推知一二。

乾隆五十一年（丙午，1786）　八十二歲

乾隆五十二年（丁未，1787）　八十三歲

夏敬渠卒。壽八十三。

《宗譜》卷四〈南街宗世錄·第十一世「敬渠」〉：「……康熙四
十四年（1705）乙酉五月初九日亥時生，乾隆五十二年（1787）丁未
三月二十二日亥時終，壽八十三。葬留龍崗莊後父塋昭穴丁山癸向

兼午子。」

　　按：夏敬渠真實的人生旅途，在其八十三歲高齡時，走到終
點。但是，夏氏生前不能刊刻的《野叟曝言》，卻從「餘波」蔚為
「汪洋」。

　　蓋夏敬渠生前因刻資龐大，而不能付梓的《野叟曝言》，以手
鈔本的行式，廣為流傳。道光年間，竟盛行到被列入官方禁書書單
中；光緒初年，上海《申報》社，煞費苦心的蒐集《野叟曝言》鈔
本；《滬報》（《字林滬報》）社，因連載《野叟曝言》而大為暢
銷。光緒二十八年（1902），相傳蘇州科考，某生以《野叟曝言》
中〈主代帝、殁代崩，暗尊昭烈〉的史論而獲第一。乃至以後陸士
諤創作《新野叟曝言》；京戲、各地方戲曲、電影的大量改編小說
文字，成為舞臺、螢幕的演出，且都造成極大的轟動，在在顯示夏
敬渠所創作的《野叟曝言》，其崇尚忠、孝、節、義的內容，豐
富、緊湊又多變的情節，刻意塑造的「天下無雙正士」──文素臣
英雄形像，都能引起讀者及觀眾的強烈共鳴，以上諸事，參見〈後
譜〉。

後　譜[1]

嘉慶元年（丙辰，1796）

從姪夏祖耀任職訓導，贈中議大夫。

《宗譜》卷八〈小傳紀事·第十二世「祖耀」：「祖耀，字羽揚，邑庠廩生，嘉慶丙辰歲（元年，1796）貢就職訓導，贈中議大夫。」

　　按：《江陰夏氏宗譜》、《浣玉軒詩文集》之編訂；夏氏宗族、夏敬渠及《野叟曝言》諸多重要資料的保存，夏祖耀貢獻極多。生平參見〈本譜〉乾隆十七年條。

嘉慶五年（庚申，1800）

堂弟夏敬秀卒。

《宗譜》卷四〈南街宗世錄·第十一世「敬秀」〉：「宗漢三子……嘉慶五年庚申七月初七日子時終，壽六十五。」

---

[1]　〈後譜〉內容所論述，乃乾隆五十二年（1787），夏敬渠卒後，夏氏宗族重要成員之大事，及與夏敬渠、《宗譜》編修、《浣玉軒集》、《綱目舉正》之梓行有關之人或事；另《野叟曝言》鈔本之流傳、刻本之刊刻狀況，及戲曲、電影改編自《野叟曝言》之概況，一并在此概述之。

嘉慶十年（乙丑，1805）

夏祖耀輯成《浣玉軒文集》四卷、《浣玉軒詩集》二卷。

《浣玉軒集·著書目》附夏子沐識語云：「右從曾祖二銘公所著書均未梓。嘉慶閒，從祖庚陽公諱祖耀，復都《文集》為四卷，《詩集》為二卷。」

《浣玉軒集·浣玉軒著書目·浣玉軒文集四卷》：「第一《讀經餘論》、第二《讀史餘論》、第三序傳雜文、第四雜著」。

> 祖耀按：「《集》舊分三目，一為《經史餘論》、一為《學古篇》、一為《文集》。今史論之文，已入《綱目舉正》者不贅錄。因並三目擇而輯之為一集，成四卷云。嘉慶十年乙丑元夕。」

《浣玉軒集·浣玉軒集著書目》著錄「《浣玉軒詩集》二卷」。

> 祖耀按：「《詩集》舊分〈亦吾吟〉、〈向日吟〉、〈五都吟〉、〈鼠肝吟〉、〈吳歈吟〉、〈韓轑吟〉、〈瓠㰖吟〉等篇，茲并是題而輯作兩卷，仍以〈自序〉弁之。」

嘉慶二十三年（戊寅，1818）

從姪夏祖耀卒。壽六十。

《宗譜》卷四〈南街宗世錄·第十二世「祖耀」〉：「乾隆十七年壬申十月二十七日酉時生，嘉慶二十三年戊寅九月三十日未時終，

壽六十。」

道光七年（丁亥，1827）

六世高高叔祖夏嘉祚、七世高族叔父夏永光，順治乙酉年（1645）殉明，本年得以從祀三公祠。

《宗譜》卷八〈小傳紀事·第六世「嘉祚」〉：「嘉祚字文溪。順治乙酉（1645）六月，大清兵南下。江邑未降，圍之。⋯⋯城陷死之。⋯⋯道光七年（1827）從祀三公祠。」

《宗譜》卷八〈小傳紀事·第七世「永光」〉：「永光字元采。乙酉歲，江陰城破。將書作甲以衛其身，戰死于文昌巷，屍首不知何在？⋯⋯一門十一口同殉難。⋯⋯道光七年從祀三公祠。」

道光八年（戊子，1828）

高祖父夏維新，乙酉年（1645）殉明，本年得以從祀三公祠。

《宗譜》卷八〈小傳紀事·第七世「維新」〉：「順治乙酉殉節，乾隆四十一年（1776），欽定入祀忠義祠。道光八年（1828）從祀三公祠。」

道光十年（庚寅，1830）

夏敬渠嗣孫夏翼陞卒，壽六十八。

《宗譜》卷五〈南街宗世錄·第十三世「翼陞」〉：「祖焞嗣子，字升階。乾隆二十八年（1763）癸未十月初七日子時生，道光十年（1830）庚寅閏四月巳時終，壽六十八。」

道光十八年（戊戌，1838）

《野叟曝言》著成之後，以鈔本流傳。道光十八年（1838），江蘇按察使裕謙頒布〈憲示〉，設局收毀淫書，《野叟曝言》已名列其所開列的〈計毀淫書目單〉中。

清余治《得一錄》載江蘇按察使裕謙〈憲示〉：「江蘇按察使司按察使裕，為嚴禁淫書淫畫，以正風俗事。照得淫詞小說，壞人心術，是以例載造作刻印者，杖一百，流三千里；市售租賃者，杖一百，徒三年；買書者，杖一百。……

乃自到任以來，訪聞蘇城坊肆，每將各種淫書翻刻市賣，並與外來書賈，私行兌換銷售，及鈔傳出賃，希圖射利，炫人心目，褻及閨房，長惡導淫，莫此為甚。……

經此示喻之後，凡一應淫詞小說，永遠不許刊刻販賣出賃，及與外來書賈，私行兌換銷售，淫畫亦不不准繪畫作賣……道光十八年五月日示。」（卷十一之一）❷

按：根據江蘇按察使裕謙的〈憲示〉，蘇郡設局收燬淫書，其

---

❷　轉引自王小傳輯錄《元、明、清三代禁毀小說戲曲史料》北京·作家出版社，1958 年，頁 108，下文《得一錄》卷十一之一資料，同引自本書頁116。

〈公啟〉曰：「是用設局而廣聯眾志，燬板而務事銷除。」並開列〈計燬淫書目單〉：

> 本局奉憲設立收燬淫書，業經收得一百餘種，並板片二十餘
> 種，照估給價燬訖……茲特將收過各種書目開後，如藏有此
> 等板本者，務勸盡數交出……（清余治《得一錄》卷十一之一）

此段說明之後，開列一張書單，書單中條列一百一十六種已「收過且銷燬」的書目，最後一本即是《野叟曝言》。

《野叟曝言》自著成之後，僅以鈔本形式流傳於世，然鈔寫一百多萬字的小說正文，及近十五萬字的評注，是耗時費力的龐大工程。

然而，鈔寫不易的《野叟曝言》，怎會引起蘇郡當局的側目？且真的被沒收、銷燬並查禁？名列收燬淫書的書單中？由此，可確知在道光十八年之前，《野叟曝言》已有一定的知名度及普及度了。至於道光年間，有無刻本？因諸書未載錄，且從未親見，故存疑❸。

同治十一年（壬申，1872）

現知最早的手鈔本《野叟曝言》被發現。

　　按：北京大學圖書館鑑定此手鈔本為道光年間鈔本。

---

❸　據潘建國先生告知，2002 年，其在「舊書訊息報」中，見刊登欲販售道光刻本《野叟曝言》，潘先生緊急聯絡後，書商卻云已售出，不能考訂其事之真偽。故道光間是否真的已有刻本，只得存疑。

　　此鈔本書末附有「古澄半園客」所寫的〈附註〉，云：「此書吾鄉夏二銘先生所著，當時極為膾炙人口，然因篇幅過長，傳鈔不易，以致流傳鮮少。洪逆（道光三十年，庚戌，1850）亂後，更為稀見。此乃客臘以五金，得之姑蘇書肆。同治壬申（十一年，1872）暮春，古澄半園客註。」

　　此鈔本：小型本，三函、二十卷、二十三冊，一百五十四回，有評註。內容部份殘闕（如：第 3 至 4 回，78 回至 85 回，134 回至 136 回，正文全缺；另多數回中之正文或評註不全）。藏於北京大學圖書館，為現知最早之手鈔本。因無任何牌記證明其為道光年間鈔錄，故潘建國認為其應只是同治間鈔本❹。

　　筆者於 1998 年，曾親赴北京大學閱讀此鈔本，因其殘闕處與光緒辛巳（七年，1881）毗陵彙珍樓木刻活字刊本頗相似，故筆者懷疑二者很可能是根據相同的底本，一鈔寫、一刊刻而成。存疑待考。

光緒三年（丁丑，1877）

六月八日，《申報》館刊登署名「尊聞閣主」之〈搜《野叟檐曝記》、原本《紅樓夢》二書啓〉，首度公開徵集《野叟曝言》鈔本。

光緒三年（1877）六月八日，《申報》刊登「尊聞閣主」的〈搜《野叟檐曝記》、原本《紅樓夢》二書啟〉：「頃者，辱荷藤花館

---

❹　詳潘建國〈新發現《野叟曝言》同治抄本考述〉，發表於《文學遺產》2005 年第三期。

主人遠道損箋，備承獎譽，盍薇雖誦，慚愧交并。承云《野叟檐曝記》，未經付梓；原本《紅樓夢》與坊間所刻者，迥不相同云云。此二書名，不佞昔時早耳之，特苦無從購覓。今蒙函稔，江陰某氏及涇縣茱氏有此二種，用特附啟瀆陳，倘肯見示，欣幸何極！或海內藏書家，亦有此本種，便祈覓妥寄下，若可付之繫剞劂，本館不吝報瓊。如其本已叢殘，本館亦即奉璧。無任鵠俟，乞勿金玉爾音也！」

　　按：此是申報館第一次刊登尋找《野叟曝言》的啟事。學者潘建國云：「第一次公開徵集《野叟曝言》抄本者，乃《申報》館主人——英商美查。……儘管此時美查連小說的書名，也都誤為《野叟檐曝記》，但他對該小說的興趣，卻十分濃厚。」❺

九月二十三日，《申報》館刊登〈乞寄《野叟曝言》稿本書〉啟事。

光緒三年（1877）九月二十三日，《申報》刊登〈乞寄《野叟曝言》稿本書〉：「啟者，昨由蘇垣接奉手教，知夏二銘先生手著之《野叟曝言》一書，貴友處有底本，可付本館排印問世，以廣流傳。此誠高誼，若云，感佩無似。祈將此書全部由信局寄來，先擴眼界為幸為盼。此覆，順頌近祺不盡。」

---

❺　見潘建國著〈晚清上海的報館與《野叟曝言》小說〉，發表於 2004 年北京香山所舉辦的「小說文獻與小說史國際研討會」。其引述之資料極為重要、見解又精闢。拙作〈後譜〉，多參考引述之，特此說明。

　　按：此是《申報》館第二次刊登尋找《野叟曝言》的啟事，距離第一次雖僅一百餘天。但是，不只更正小說名稱的錯誤；連作者的「號」（夏敬渠字懋脩號二銘）也明確標出了。可見其徵書啟事，必然引起鉅大的迴響，使得原本模糊處得以清晰化、錯誤處得以改正。

光緒四年（戊寅，1878）

「光緒四年精鈔本《野叟曝言》」四月開始鈔寫，迄光緒五年春夏間完成。現藏於北京中國社會科學研究院文學研究所圖書館善本室。

　　按：筆者於 1995 年，根據北京·中國社會科學研究院文學研究所藏的「光緒四年精鈔本《野叟曝言》」及相關資料，撰寫了〈《野叟曝言》光緒四年精鈔本析論──兼論《野叟曝言》版本問題〉❻茲撮要論述於下：

　　光緒四年精鈔本《野叟曝言》約十六開，線裝，六函，函套題《野叟曝言》四字，四十冊，無作者、鈔者、評註者姓名。正文每半葉九行，行約二十五字，有夾評夾注，為雙行小字。回末總評，低二格鈔寫，每行約二十三字。字體則行楷，工整而勁秀。又以紅筆（少部份用黑筆）圈點斷句，並圈點出其所認為精采的文句；凡有

---

❻　　〈《野叟曝言》光緒四年精鈔本析論──兼論《野叟曝言》版本問題〉，發表於《東吳中文學報》第一期，頁 121－150；並收錄於拙作《清代四大才學小說研究》之甲篇〈《野叟曝言》研究〉第貳章，頁 81－115（臺灣商務印書館 1997 年初版）。

錯字，多用紅筆訂正。第二十八冊（第一百零五至一百零八回）冊面右邊裝釘處，有一行極小字寫：「？（此字被塗去模糊）回已校對批點」，此行文字復以黑筆圈塗抹，可證明鈔者一面鈔書，一面進行校對批點，用心可謂良苦。四十本鈔冊中，筆跡一致，行款、紙質（包括正冊與散頁）亦相同。全書二十卷，以「奮武揆文，天下無雙正士；鎔經鑄史，人間第一奇書」二十字，分繫卷首，作為卷名、並按序排卷次。每卷又分上、下，唯「奮字卷之一」只四回，故只稱「奮字卷上」，卻無「奮字卷下」。其餘「武字卷之二」至「奇字卷之十九」，每卷八回，中分四回為上、下卷。如：第五回至第八回屬「武字卷上」，第九回至第十二回屬「武字卷下」，其餘類推。「書字卷之二十」僅六回，故以三回中分上、下卷。首冊為總目錄，詳列一百五十四回的卷名、卷次及回目，唯第三、四回缺回目。奮字卷四回亦自成一冊；其餘十九卷，每卷之上、下合為一冊，故全書共計四十。大部份冊首扉頁題錄該冊所鈔內容的四或三回的回目，少部份則無。

　　最重要的是，鈔者明確地記錄鈔寫的時間和地點，如：第二函第七冊的封面題：「光緒歲次戊寅余月上浣錄於澄江書館」。按：光緒戊寅年為光緒四年（1878）；余月為陰曆四月；上浣指上旬；澄江乃江陰的別名❼，故可知第七冊第二十一至二十四回，乃鈔者於光緒四年四月上旬在江陰「書館」處所鈔寫完成。

---

❼　光緒《江陰縣志·宋俞巨源〈序〉》：「大江自京口委折而南數百里，聚為澄江之區」。故世以澄江為江蘇省江陰縣之別稱，宋、元時皆在縣城內置澄江驛；北門外有澄江河；北門又稱澄江門，有橋名曰澄江橋。

　　第八冊封面題：「光緒四年戊寅孟夏中浣錄於勤讀軒」，案：孟夏亦為陰曆四月；中浣為中旬；「勤讀軒」自係書齋名，可知第八冊第二十五至二十八回，是鈔者於光緒四年四月中旬在勤讀軒鈔寫完成。第九冊（二十九回至三十二回）封面題：「光緒戊寅孟夏月下旬錄於澄江草舍」。第十一冊（三十七回至四十四回）封面題：「光緒戊寅仲夏初旬錄於澄江草舍」。第二十六冊（九十七回至一百回）封面題：「光緒戊寅冬仲下浣錄於勤讀軒」。第二十七冊（一百零一回至一百零四回）封面題：「光緒歲次戊寅涂月上浣錄……（按：此處撕毀）」，推知是鈔者於光緒四年十二月上旬在某處鈔錄完成❽。第二十八冊（一百零五回至一百零八回）封面題：「光緒歲次戊寅十又二月望後錄於勤讀軒之南窗」，是鈔者最後一次註明鈔寫的時間、地點。

　　細勘鈔者所標寫的時間，可推測出鈔寫的進度在正常情況下，大約是十天一冊四回。而初次記錄的時間是第七冊的光緒四年四月，則鈔書可能始於光緒四年初春；最末記錄的時間是第二十八冊的光緒四年十二月十五日後，則剩餘十二冊三十二回的內容，勢必要延至光緒五年春夏間或更晚才完成。因主要鈔錄時期是在光緒四年；且鈔者標寫的日期也都在光緒四年歲次戊寅，故稱此鈔本為「光緒四年」精鈔本應較為合適。

　　既然此精鈔本的主要鈔寫時間是光緒四年，完成時間是在光緒五年。早於光緒七年的毗陵彙珍樓木刻活字刊本、光緒八年的序石印本、排印本等，其價值不言而喻。根據此精鈔本，歷來《野叟曝

---

❽　涂月即陰曆十二月。《爾雅·釋天》：「十二月為涂」。

言》懸而未解的眾多疑點，大致可獲得解決。

再者，鈔寫地點在江陰。「書館」、「勤讀軒」、「草舍」等，依名稱推測，似乎是鈔者的書齋或寓所。故鈔者應是與《野叟曝言》作者夏敬渠同鄉的江陰人氏；否則，應也是長寓江陰者。其基於地利之便，遂有機會覽讀並比勘數種《野叟曝言》手鈔本；且可能是因為對小說的喜愛、對鄉先輩的崇敬，方將這一百多萬言的最長古典小說逐卷鈔寫，又細加圈點校對。

《野叟曝言》精鈔本的鈔寫形式如上。至於其殘缺狀況、散頁之復原詳參拙作〈《野叟曝言》光緒四年精鈔本析論——兼論《野叟曝言》版本問題〉，此處不贅錄。

綜合光緒四年精鈔本與各刊本間的比較，獲致以下結論：

一、光緒四年精鈔本《野叟曝言》第三、四回內容完整無闕，證明了夏敬渠原著即一百五十四回，非一百五十二回。

二、排印本、石印本、毗陵彙珍樓刊本等，卷回編字的雜亂、回目文句的錯誤，皆可據精鈔本訂正。

三、精鈔本鈔者一面進行鈔寫工作，一面蒐補缺文，故在所有鈔本中，其殘闕度是最輕的。

四、《野叟曝言》所有殘本缺文之因，無關夏氏妻孕阻撓獻書的傳說；亦非避文禍、懼洋人，或刻意刪除、漏鈔所致。❾

光緒五年（己卯，1879）

---

❾　為免重複及省篇幅，以上四條結論的論證過程不贅列，詳參閱拙作〈《野叟曝言》光緒四年精鈔本析論——兼論《野叟曝言》版本問題〉。

「光緒四年精鈔本《野叟曝言》」去年四月開始鈔寫，今年春夏間
完成。

十一月九日，《申報》館刊登〈搜訪《野叟曝言》〉啓事。

光緒五年十一月九日，《申報》刊登〈搜訪《野叟曝言》〉：
「《野叟曝言》一書，本館搜訪已有年所，去年承友人寄示一部，
惜中多殘闕，未便排印。今特再出告白，遍行搜采。如有家藏此
書，祈將全帙一并寄下，本館印出收條，或作價洋，或送新本，本
館皆不吝重酬也。此布。」

光緒六年（庚辰，1880）

二月十三日，《申報》館刊登〈搜訪《野叟曝言》〉啓事。

《申報》光緒六年二月十三日刊登〈搜訪《野叟曝言》〉：「《野
叟曝言》一書，本館搜訪有年，迄無全本。茲接友人來書，謂泰興
縣習家鋪趙君應谷家有此一部，最為全備；又江陰縣中亦有兩部。
為此再行奉告，務祈不吝惠示，俾宇宙間流傳一絕妙文章，不使秘
枕中，日就湮沒，天下人士日望之矣！至元本或恐損壞，本館不惜
重酬，或酌減酌數，由本館延人抄寫。一一遵示而行可也。此
布。」

光緒七年（辛巳，1881）

冬月，知不足齋主人出版「毗陵彙珍樓刊本」《野叟曝言》，內容

有殘闕。

《野叟曝言》光緒七年毗陵彙珍樓刊本附「知不足齋主人」〈序〉
云：「《野叟曝言》一書，吾鄉夏先生所著也。先生邑之名宿，康
熙間，幕遊滇黔，足跡半天下。抱奇負異，鬱鬱不得志，乃發之於
是書。……惜原本殘闕，有名太史某公，才名溢海內，擬爲補之。
終以才力不及而止。此書之奇可知已。近有某先生者，邃於宋學，
謂此書足資觀感，欲爲付梓，集資甫成，遭亂而輟。兵燹後，傳本
愈尠，殘失愈多。予自維才譾，何敢續貂？姑搜輯舊本之最完者，
繕付剞劂。普天下才人，倘有能續而完之者乎？予將瓣香祝之矣！
光緒歲次辛巳季秋之月，知不足齋主人書於蘭陵旅次。

　　〈凡例〉：

　　一、作是書者，報負不凡，未得黻黼皇朝，至老經猷莫展，
　　　　故成此一百五十餘回，洋洋灑灑文字。題名曰《野叟曝
　　　　言》。亦自謂野老無事，曝日清談耳。

　　一、原本編次，以「奮武揆文，天下無雙正士；鎔經鑄史，
　　　　人間第一奇書。」二十字，分爲二十卷。是作者意匠經
　　　　營，渾括全書大旨。今編字分卷，概仍其舊。

　　一、是書之敘事說理、談經論史、教孝勸忠、運籌決策；藝
　　　　之兵、詩、醫算；情之喜、怒、哀、懼；講道學，闢邪
　　　　說，描春態，縱諧謔，無一不臻頂壁一層；至文法之設
　　　　想布局，映伏鉤綰，猶其餘事。爲古今說部所不能彷
　　　　彿。誠不愧第一奇書之目。

　　一、書中間有穢褻，似非立言垂教之道，然統前後以觀，而

穢褻之中，仍歸勸戒，故亦存而不論。

一、此書因有缺失，從未刊刻。兵燹後，抄本又多遺闕，恐
滅沒無傳，有負作者苦心。故特覓舊本，集腋成裘，勉
力付梓。……

一、缺處仍依原本注明下缺，不敢妄增一字，貽笑大方，乃
閱者不免以未睹全書為憾，然終無可搜羅，姑為刊出，
以俟高才補續。

按：「毗陵彙珍樓刊本」《野叟曝言》書末版權頁標「光緒辛
巳冬月」，故知出版時間為光緒七年（1881）的冬季。此版未標出
作者確實名字，〈序〉中僅云「吾鄉夏先生所著也」，故「知不足
齋主人」似乎不能確定小說作者即是夏敬渠；也因此誤將此部小說
當成是「康熙間」人士所作，而「康熙」應是「乾隆」之誤❿。

但除了年代有錯之外，其所言「吾鄉夏先生」的言行、才學，
及著書之由，則大抵與夏敬渠無悖。〈序〉文及〈凡例〉皆一再強
調刊印此書時，極力搜輯舊本，不敢妄增一字；至於殘闕部份，則
期待高才續補之。

今所見《野叟曝言》的最早刻本，確實是光緒七年（辛巳，

❿　按：夏敬渠生於康熙四十四年（1705），至康熙六十一年（1722）僅十八
歲。首先對知不足齋主人〈序〉中所云夏敬渠年齡提出質疑的是孫楷第的
〈夏二銘與野叟曝言〉；蕭相愷〈光緒辛巳和壬午刊野叟曝言〉則沿其
說。唯孫氏云康熙六十一年，夏敬渠年十九。誤，年滿十七耳，若虛歲亦
十八而已。
筆者考證《野叟曝言》的創作時間，應是乾隆三十二年（1767），夏敬渠
六十三歲時。乾隆三十七年（1772，六十八歲）時完成。詳參〈本譜〉。

1881）的毗陵彙珍樓刊本。茲概述如下：

　　《野叟曝言》光緒七年毗陵彙珍樓刊本：木刻活字。二十卷，
二十冊。首冊次頁有篆體分四行署「奮武揆文，天下無雙正士；鎔
經鑄史，人間第一奇書」二十字，並用以分繫卷首，作為卷名，並
按序排卷次。一百五十二回。無圖，半葉十行，行二十八字。有雙
行小字夾評夾注及回末總評。四週單欄。小黑口，單魚尾。板心題
「第一奇書」，並刻卷名、卷次、回次、頁碼等。附光緒辛巳季秋
「知不足齋主人」所撰之〈序〉，及〈凡例〉六條。內容有殘闕頗
多。

　　此本：「北京師範大學圖書館」、「哈佛燕京學社」、「旅大
市圖書館」、「天理圖書館」、「東京大學東洋文化研究所雙紅堂
文庫」等皆見收藏。周越然、胡適、王方宇先生亦有家藏本❶。今
臺北・天一出版社有景印本刊行。

　　再者，《野叟曝言》光緒七年毗陵彙珍樓刊本，雖署名刊印及
作〈序〉者皆是「知不足齋主人」，有疑即鮑廷博本人或其子孫
者。按：鮑廷博，清乾嘉・歙縣人，流寓嘉興之鄔鎮。家富藏書，

---

❶　藏書處所引自大塚秀高《中國通俗小說書目改訂稿》所錄。（東京・汲古
　　書院，昭和 59 年。頁 88）另《中國通俗小說總目提要・野叟曝言條》載
　　「南京圖書館」亦藏有此木刻本。但所述：「有繡像十六幅」，恐誤。
　　（江蘇社科院明清小說研究中心編，中國文聯出版公司，1990 年，頁
　　501）
　　又：據王方宇〈關於《野叟曝言》的兩篇文章——兼及《品花寶鑑》〉文
　　中所附胡適信件及札記，得知胡適與王方宇家中，都藏有木刻本。（台北
　　《國立中央圖書館館刊》新 27 卷第 1 期，1994 年 7 月。同文亦發表於大
　　陸《文獻》1994 年第 3 期）

題所居曰「知不足齋」。乾隆間，四庫館開，獻書六百餘種，多
宋、元舊版，為天下獻書之冠。嘉慶初，刻「知不足齋叢書」，多
善版。與其子先後奉賜為舉人。木刻本〈序〉文中稱作者為「吾鄉
夏先生」。故知光緒七年刻印《野叟曝言》的「知不足齋主人」，
乃是與夏敬渠同鄉的江陰人氏，非鮑廷博或鮑氏後人。而據楊正祿
《清人實名別稱字號索引》所載，號「知不足齋」者有十人之多，
但其中並無江陰人。故此人為誰，已難究其詳。

十一月一日，《申報》刊登毗陵彙珍樓刊本《野叟曝言》的新書廣
告。

光緒七年（1881）十一月一日，《申報》廣告版，登載〈新印《野
叟曝言》出售〉：「《野叟曝言》一書，體雖小說，文極瑰奇，向
只傳抄，現經排印。前此，固有列諸報章購求數年而迄未得窺全帙
者，寶可知矣，至字畫明秀，紙印工雅，特餘餘事耳！計每部廿
本，白紙者價洋七元五角；竹紙者價洋六元正。此啟。蘇州千頃
堂，上海讀未樓啟。」

　　按：根據此則廣告，潘建國〈晚清上海的報館與《野叟曝言》
小說〉云：「可見知不足齋主人的市場意識何等強烈。他巧妙利用
了因《申報》館歷年搜求不得而在讀者中產生的對該小說的好奇心
理，及時推出《野叟曝言》，并在社會影響最大的《申報》上登載
廣告，由此不難想見當時毗陵彙珍樓本的受歡迎程度。至於廣告由
『蘇州千頃堂』、『上海讀未樓』聯合登載，則表明他們乃是彙珍
樓本的銷售代理商。」（發表於 2004 年，北京香山「小說文獻與小說史

國際研討會」，論文集出版中。）

光緒八年（壬午，1882）

四月二十五日（1882 年 6 月 10 日）《滬報》載〈刊印奇書告白〉，預告將連載《野叟曝言》。

四月二十七日（1882 年 6 月 12 日）起，《滬報》開始連載《野叟曝言》，1882 年 8 月 10 日《滬報》改名爲《字林滬報》，但《野叟曝言》的連載依然照舊。至 1884 年 12 月 15 日，整部小說連載完畢。前後歷時 2 年 6 個月零 3 天。

四月二十五日（1882 年 6 月 10 日）《滬報》第 21 號載〈刊印奇書告白〉：「《野叟曝言》一書，海內皆知其名，惜無從購取其本。近見坊間所刻，每部定價六元。其中缺誤，指不勝曲；且有指爲原缺者，自三四行至二三回不等。本館今特購求善本，其中略有脫誤之處，延請名手一一補足，務使毫無缺憾而後已。自下禮拜一爲始，每日於本報後增加兩頁，將此書排目分登。且篇幅較寬，合之可作新聞，分之可成卷帙，而取價仍不加增，不過一年可窺全豹。統計價值，既較坊間售賣不全書本爲廉，而更得閱各處新聞，實屬一舉兩得，諸君請即來預定，以便多印。倘日後追買前報，本報雖多印若干紙，深恐不能遍給也。」

潘建國〈晚清上海的報館與《野叟曝言》小說〉：「光緒八年四月二十七日（1882 年 6 月 12 日）星期一，《滬報》第 22 號，正式開始連載《野叟曝言》小說。第 22 號至 25 號連續四天，登載目錄，第

26 號（1882 年 6 月 16 日）登載〈凡例〉和小說正文第一回。以後基本上，以每二至三天登載一回的速度，間或亦有停載。《滬報》自第 73 號（1882 年 8 月 10 日）改名為《字林滬報》。但《野叟曝言》的連載依然照舊。直至《字林滬報》第 833 號（1884 年 12 月 15 日）整部小說悉數登完。前後歷時 2 年 6 個月零 3 天。……《野叟曝言》因此又增加一個版本，我們稱之為《字林滬報》連載本（簡稱《滬報》本）。」

　　按：《字林滬報》連載本《野叟曝言》，據潘氏統計共約 1009800 字，二十卷，一百五十四回，今上海圖書館藏有裝訂本共十七冊。其存、缺狀況詳參潘建國〈晚清上海的報館與《野叟曝言》小說〉。

　　又：連載《野叟曝言》，對於《字林滬報》的銷售產生了非常積極的影響。其銷售量逐日攀升，卻仍供不應求，其連載的盛況及與《申報》兩大報間的摩擦，潘文亦有詳述。

　　筆者按：因《字林滬報》連載《野叟曝言》時，針對其所購求的「善本」，其中「脫誤之處」，「延請名手一一補足」。因此，並非全是夏敬渠原作的本貌；也可能因此導致後來學者有懷疑《野叟曝言》的全本是後人所補足之說。❶❷

---

❶❷　魯迅《中國小說史略》：「印行時（按：指光緒七年毗陵彙珍樓刊本），已小有缺失。一本獨全，疑他人補足。」今確知《字林滬報》連載本，確實非全部是夏敬渠原著，因其「脫誤之處」，是報館「延請名手一一補足」。但是其餘全本，是否「他人補足」之問題，筆者由用字、語氣、情節推展、人物性情及才學呈現等各方面考訂，認為巾箱本、排印本、石全本等「全本」，不應是後人所補足。（詳參拙作《野叟曝言研究》第一章

光緒八年九月，西岷山樵撰《野叟曝言·序》。

西岷山樵〈序〉：「康熙中，先五世祖韜叟，宦游江浙間，獲交江陰夏先生。先生以名諸生貢於成均，既不得志，乃應大人先生之聘，輒祭酒帷幕中。遍歷燕、晉、秦、隴。暇則登臨山水，曠覽中原之形勢；繼則假道黔蜀，自湘浮漢泝江而歸。則所歷既富，於是發為文章，亦有奇氣。先生亦見負不凡，然首已斑矣！

　　先五世祖以官事過禾中，邂逅水次，一見傾倒。旋吳之後，文讌過從，殆無虛日。先生亦幸訂交於先祖。屏絕進取，壹意著書。閱數載，出《野叟曝言》二十卷以示。先祖始識先生之底蘊，於學無所不精。亟請付梓。先生辭曰：『士生盛世，不得以文章經濟顯於時，猶將以經濟家之言，上鳴國家之盛，以與得志行道諸公相印證。是書託於有明，窮極宦官、權相、妖僧道之禍，言多不祥，非所以鳴盛也。』先祖頷之，因請為之評注，先生許可。乃乘便繕副本藏諸篋中，先生不知也。

　　先生既沒，先祖解組歸蜀。風雨之夕，出卷展讀，如對七友。嘗謂曾祖光祿公曰：『爾曹識之，承夏先生之志，慎勿刊也。』自是什襲者，又百餘年矣！

　　乃今夏六月，余友程子自海上購得，以余好讀奇書，特以相贈。不覺大詫！余友為述刊刻之由，始知是書出於吳中書賈。而出

第二節〈版本析說〉臺北·學海出版社，1988）。

又：筆者懷疑《野叟曝言》中，豔情內容高達五六萬字左右，光緒初年，上海民雖開放，是否能在報紙中，公然以增頁的方式連載全文？而不刪削其豔情內容？存疑待考。

書者，夏先生之後人也。然已缺失十一，不若吾家副本之全。

　　余惟夏先生之為人，著述震海內，傳世之文，當非一種。是書抒寫憤懣，寄託深遠，誠不得志於時者之言。故深自秘靳，而不欲問世。今則去先生之世已遠，無所忌諱。其後世既出書矣！徒以兵燹剝蝕，使海內才人，皆有抱殘守缺之憾。則將以是書知先生，而不足以盡知先生；并無以知余祖與先生之交，及當日慎重勿刊之意矣！夫後世不以是知先生；先生亦不以是書見知，均之已矣！既以是知而仍無異乎勿知，則亦非吾祖之所樂也。

　　爰出全書，以附余友，達諸海上之刊是書者，亟謀開雕，俾讀者快睹其全書；并述藏書之由，以告夏先生之後人，証二百年前之交契云。光緒八年歲次壬午九月，西岷山樵謹識。」

　　按：西岷山樵〈序〉有幾點值得注意：一是敘作者年代有誤，夏敬渠康熙六十一年（1722）僅十八歲，〈序〉卻云其「首已斑矣」、「屏絕進取、一意著書」等，此是重大錯誤❸。

　　其次，是〈凡例〉重複的問題❹，筆者所見所有附西岷山樵〈序〉之刊本，皆有六條〈凡例〉。前四條與毗陵彙珍樓刊本一字不差（見前引文）。此應是直接鈔錄所致。蓋西岷山樵〈序〉中已自云見過《野叟曝言》近期出版、內容不全的刊本，此刊本應是毗

---

❸　此一錯誤，孫楷第認為有可能是「年遠失實」所致。詳孫楷第〈夏二銘與《野叟曝言》〉，發表於《大公報·文學附刊》第一六五期，1931 年 3 月 9 日；後收錄於孫著：《滄州後集》卷三，北京·中華書局，1985 年 8 月。

❹　此〈凡例〉之作者，以西岷山樵之可能性為大，但也有可能是出版商所撰。

陵彙珍樓刊本無疑。因此，刊刻全本時，將毗陵彙珍樓刊本中簡介
作者心志、編字分卷大旨、內容特色，及保存穢褻文字原因的四條
〈凡例〉，全數鈔錄；對於毗陵彙珍樓本所述搜覓舊本付梓，注明
殘闕處不敢妄增的第五、六條〈凡例〉，因已不合其版本情況，故
捨棄不錄，改寫成說明作者變易正史年分之用心，及己本刪夾注存
總評原因的二條凡例補填之，亦湊足六條之數。此新增的二條〈凡
例〉為：

> 一、稗官野史本非紀事之體，間與正史相合，亦有不合者。
> 此書截成化十年以後為太子監國之年，而下移武宗之年
> 歸并宏治，而終於三十三年。蓋不如是，不足以暢作者
> 之心。而有宏治十八年天子病癒改元厭哭一事，隱存正
> 史之實。自可按合，閱者勿以為虛而無徵也。

> 一、此書原本評注俱全，其關合正史處一一指明。如景王之
> 為宸濠；安吉之為萬安、劉吉；法王之為妖僧繼曉，皆
> 一望而知。熟於有明掌故者，自可印證，不以無注為嫌
> 也。

《野叟曝言》評注者究竟為誰？因所有手鈔本及眾刊本皆未說明；
所評註之文字中，又無撰者生平事跡可考，故西岷山樵〈序〉所言
其五世祖「韜叟」為《野叟曝言》評注之說，只能存疑。

　　又歷來小說作者常匿名而自為評注，金聖歎自刪自批《水
滸》、煙水散人諸小說多自作評注、才子佳人小說更是大行此風。

但可確定的是評注《野叟曝言》者，必非作者夏敬渠本人❺。

　　且有一事需特別注意：倘出「全本」《野叟曝言》以謀付梓的西岷山樵，真的是為評注《野叟曝言》「韜叟」的五世孫，則全本《野叟曝言》印行時，怎忍刪除其祖先心血的「注」呢？知不足齋主人與評注者雖無血緣關係，但所刊行的毗陵彙珍樓刊本，尚且「評」、「注」俱存！怎有西岷山樵身為後世子孫，明知「注」將小說「關合正史處一一指明」是何等重要之事，但仍執意刪除先人手澤、心血？若書賈為商業理由欲刪之，西岷山樵手握「奇書」全本，又怎能不據理力爭呢？

　　故西岷山樵〈序〉，既未標出《野叟曝言》作者的全名？又將自己五世祖「韜叟」與作者，全誤認為是「康熙」時人（錯認作者的年代，尚情有可原；錯認自己「當過官」的「五世祖」的年代，則不可思議）；又主動或被動地刪除其「先祖」的「注」，就此三事，西岷山樵是「《野叟曝言》評注者後裔」的身份；及「韜叟」評注《野

---

❺　歷來撰小說者常自為評注，《野叟曝言》的評注者有無可能是夏敬渠本人？今查精鈔本第十三回，文素臣在太監靳直後門，見到一位具「大貴之相」的少女，其「生得神如秋水，面似芙蓉，雙眉畫黛，兩合含霜。見素臣來，目不轉睛的細看。」評注者在此處文句下注云：「讀者試掩卷深思，的是何故？慧心人必猜向素臣談兵之妾。」是暗示讀者此女未來即是文素臣嫻熟兵法，能征善戰之四妾「木難兒」。但是第八十八回中，文素臣為東宮側妃治病，「素臣方知那年在靳監後門，見一垂髫女子，有大貴之相者，即現在側妃鸞音。」倘是夏敬渠自為《野叟曝言》撰寫評注，應不致於產生把「東宮側妃鸞音」當成「文素臣四妾木難兒」的重大錯誤。又第八回〈總評〉云：「名書之意，至八十七回始出」第九回〈總評〉：「書之命名，至八十七回始出」，八十七回皆是八十八回之誤（詳參〈本譜〉乾隆三十七年條），故評注《野叟曝言》者絕非夏氏本人。

嫂曝言》時「乘便繕副本」以傳於家的說法，都不可全信。

另：潘建國〈晚清上海的報館與《野嫂曝言》小說〉指出：

> 光緒八年（1882）九月，西崏山樵撰寫此〈序〉時，足本
> 《野嫂曝言》應尚未「開雕」，所以才會有「亟謀開雕，俾
> 讀者快睹其全」之類的話語。
>
> 西崏山樵將家藏副本交予「程子」，請他尋找「海上」書坊
> 「開雕」，但未明確交待書坊的具體名稱，（譬如說是《申
> 報》館）換言之，西崏山樵撰寫此〈序〉時，《野嫂曝言》
> 不僅尚未開雕，就連交由那家書坊出版，也未確定。（同
> 上）

潘氏所言「西崏山樵撰寫此〈序〉時，《野嫂曝言》不僅尚未開
雕，就連交由那家書坊出版，也未確定」甚是。因此，所有號稱
「足本」的《野嫂曝言》版本——巾箱本、申報排印本、多種石印
本等等，書前皆附有西崏山樵〈序〉及〈凡例〉，孰先？孰後？孰
盜版？遂混亂不已。

十二月十六日（1883 年 1 月 24 日）「瀛海閒人」於《申報》刊登
〈寄售《野嫂曝言》小引〉廣告。訂十二月二十一日（1 月 29
日）開始發售鉛印十冊小型本的《野嫂曝言》，為首次出版的足本
《野嫂曝言》。

光緒八年十二月十六日（1883 年 1 月 24 日）「瀛海詞人」於《申報》
刊登〈寄售《野嫂曝言》小引〉廣告：「《野嫂曝言》者，江陰夏
先生所著也。先生當康熙之中，抱堯舜君民之志，苦無藉手，乃假

住書以抒寫文章經濟。是書托世於前明，以崇正闢邪為旨。蓋有明妖僧道之禍，與宦官權相相表裏，當時朝政紛紜，正士喪氣，泄沓成風，相忍百餘年，遂釀啟正之亂。誠如作者所言，補就於成宏之世，則唐虞郅隆，古今不相遠矣！

至其講道學、論治功、敦人倫、察物理，以及文藝之事、雜技之末，無一不臻絕頂。讀者身體力行，處則希軌孔孟，出則比治三五，君相師儒之道，咸備於斯，誠有裨世道人心，不愧第一奇書之目。

惜書成未梓，其後人狃於習俗，凡篇中誚二氏、誅佛老，以為口孽罪過，刪而去之，以故吳下傳鈔不下十餘家，皆非完稿。慕其書者即得之猶有遺憾。二百年來，無人謀及剞劂，豈知全書轉在蜀中西岷山樵家，緣其五世祖宦吳，與先生交厚。是書既成，為之評注，因繕複本以歸，世守勿失。

往年有毗陵書賈，取闕本以活字印行，列售海上。廣平程君購之以貽西岷山樵。山樵色然驚，急取所藏證之，則闕失者十之一。因念先生生平之學與乃祖之交，不敢終秘。亟郵示程君，屬印是書者謀之，而程君方于役山左 ❶❻ 未遑終事，轉商于余，余亦心喜其書之出世，為集鉛字活板縮成小帙，而仍分其原編之字為二十卷，合訂十冊，挽申昌主人售焉，并請於各外埠代銷，蓋至是而向之慕書者，可以無遺憾矣。

---

❶❻　據潘建國〈晚清上海的報館與《野叟曝言》小說〉註 1，據王清原等編《小說書坊錄》云：「此山左或即晚清書局『山左書林』」。（發表於 2004 年北京香山所舉辦的「小說文獻與小說史國際研討會」（論文集出版中）。）

　　卷繁帙重，省便舟車，鳩工選楮，其費不貲，每部收回實價洋
銀一元。洵廉之又廉矣！現准於十二月十一日發兌。」

　　按：此項重要資料由潘建國所發現。潘氏在〈晚清上海的報館
與《野叟曝言》小說〉中指出幾項重點：

1. 「瀛海詞人鉛印小本」與《申報》館本《野叟曝言》型制不
　同，二者非同一版本。

2. 「瀛海詞人」所刊登之售書廣告，自光緒八年十二月十六日
　（1883 年 1 月 24 日）起，至光緒九年四月二十日（1883 年 5 月
　26 日）仍在刊登，故「該則廣告的真實性是毋庸置疑的」。

3. 因此得到的結論是：「『瀛海詞人』是第一個將西岷山樵家
　藏副本刊行於世的人 ❼。換言之，足本《野叟曝言》（單行
　本）的首次刊行者，是瀛海詞人，而不是我們原來認為的
　《申報》館。《申報》館本《野叟曝言》，只是「瀛海詞
　人」刊本的一個『翻印本』。」

4. 潘氏所謂「翻印本」意謂：「從上引『瀛海詞人』的廣告來
　看，其與《申報》館似存在一定的關係；他出版《野叟曝
　言》後，不僅在《申報》登載數月的廣告，而且還托《申
　報》館的下屬機構──「申昌書室」，代為銷售。因此《申

---

❼　潘建國〈晚清上海的報館與《野叟曝言》小說〉指出：「按照瀛海的說
　法，廣平程君將西岷山樵所藏《野叟曝言》副本，首先交由他出版。而他
　則以鉛字將小說縮印成小本，凡二十卷，合訂為十冊。延請《申報》館下
　屬『申昌書室』代售，確定於光緒八年十二月二十一日（1883 年 1 月 29
　日）發兌。如此，《野叟曝言》的出版歷史上，多出了『瀛海詞人』鉛印
　小本。」（同前註）

報》館如果想據此翻印的話,當非難事。

 5.此「瀛海詞人」刊本,未見。潘氏引用拙作〈清代四大才學
  小說·《野叟曝言》版本綜論〉,懷疑此版「瀛海詞人鉛印
  小本」,即是拙作所論述的「巾箱排印本」⓲。

以上潘氏之說,誠是《野叟曝言》版本流傳史的重大發現。

 在此,補充一事:「瀛海詞人」的廣告詞云:《野叟曝言》:
「惜書成未梓,其後人狃於習俗,凡篇中誚二氏、誅佛老,以為口
孽罪過,刪而去之,以故吳下傳鈔不下十餘家,皆非完稿。」實則
所有手鈔本及毗陵彙珍樓刊本的殘闕處,非是「誚二氏、誅佛老」
的內容情節,絕對不是後人刻意「以為口孽罪過,刪而去之」的。

光緒九年(癸未,1882)

光緒八年十二月五日(1883 年 1 月 13 日)至光緒九年一月二十七
日(1883 年 3 月 6 日)之間,《申報》館出版《野叟曝言》排印
本。

 按:潘建國〈晚清上海的報館與《野叟曝言》小說〉,根據
《申報》館光緒八年十二月五日(1883 年 1 月 13 日)所刊登之「新
印各種書籍出售價目」廣告,其中並無《野叟曝言》。但光緒九年
一月二十七日(1883 年 3 月 6 日)所刊登之「新印各種書籍出售價

⓲ 巾箱排印本。十冊,一函,一百五十四回。刪評注,有總評。附光緒壬午
  (八年·1882)九月西岷山樵〈序〉,自稱內容無闕。周越然、「中國人
  民大學圖書館」、「東北大學圖書館」「北京大學圖書館」、「上海圖書
  館」及臺北·中央研究院·傅斯年圖書館等藏。

目」廣告，則首次出現《野叟曝言》：且「價洋一元」。故推斷
《申報》館本《野叟曝言》的出版時間，必在「1883 年 1 月 13 日
至 3 月 6 日之間」。

　　坊間大量發售《野叟曝言》石印本，皆附西岷山樵之〈序〉及
〈凡例〉。

　　按：石印本，諸小說書目鮮有著錄。筆者所知有數種，皆自稱
全本，且皆附光緒壬午（八年，1882）九月西岷山樵所撰的〈序〉及
〈凡例〉。其一：四冊，線裝，小字。卷數、回數、卷名、卷次、
回目同鉛印本。無夾評夾註，有總評。首冊扉頁刻「興替寶鑑」四
大隸字，次頁有「鎔經鑄史齋題，第一奇書正本」牌記。未標年
月。圖像十六幅。校讐不精，錯字極多。日本「東京大學東洋研究
所」暨筆者收藏。其二：廣東書局刊印，未標出版時間。一函二十
冊，線裝。評註、序文，卷回、凡例、版心等，與前述石印本相
同；圖像十六幅則異。筆者有藏本。又「南京圖書館」所藏石印
本，與廣東書局石印本行款相同，唯缺出版書局名。周越然所見之
石印本，與此本類似，所不同者：「又繡像八葉。每回有精圖半
葉，兩回合一葉，插入單回之前。」（詳見周越然《書、書、書·野叟
曝言》香港·漢學圖書供應社，1966 年，頁 116）南京·蕭相愷先生所見
亦類似，但無圖像。（詳見蕭相愷《增本禁毀小說大觀——稗海訪書錄》
中〈光緒辛巳和壬午刊野叟曝言〉一文。中州古籍出版社，1992 年 2 月，頁
17）

光緒十二年（丙戌，1886）

夏子沐根據先人所修的宗譜爲基礎，重新編纂源遠堂《江陰夏氏宗

譜》。

夏敬渠曾姪孫夏子沐〈江陰夏氏宗譜·跋〉記述修纂經過：「九世
祖履中公（即夏敬渠之三叔祖夏敦禮），以舊譜燬於明季，手纂譜稿未
竟。十世祖維四公、知十公、躍干公（即夏敬渠的四叔父夏宗淮、堂叔父
夏宗泰及夏宗沂）踵其事；起八公（即夏敬渠五叔父夏宗瀾）復考訂規議，
稿成。十一世咫威公（即夏敬渠堂弟夏敬顏）重為編輯；十二世庚陽公
（夏敬渠姪兒夏祖燿）擇有學行者，各繫小傳嗣稿；十三世孝旂公
（夏敬渠姪孫夏翼琳）。重鈔，因增補小傳……議刻，未成。……乃經
始於光緒丙戌（光緒十二年，1886），告成於庚寅（光緒十六年，1890），
採輯參訂凡五年。」

光緒十六年（庚寅，1890）

源遠堂《江陰夏氏宗譜》編修完成。歷經夏氏宗親六世纂修，記錄
四百六十八年之宗族事跡（1422－1890）。

夏子沐〈江陰夏氏宗譜·跋〉「乃經始於光緒丙戌（光緒十二年，
1886），告成於庚寅（光緒十六年，1890），採輯參訂凡五年。」

　　按：源遠堂《江陰夏氏宗譜》：為夏氏宗親所編修，歷經六
世，記錄四百六十八年之宗族事跡（1422－1890），於光緒十二年
（1886）開始編修，十六年（1890）完成。私印本，二十卷，線裝十
大冊。江陰夏氏後人、南京圖書館、上海圖書館等藏。

夏子沐重新編訂《浣玉軒集》四卷梓行。

《浣玉軒集·浣玉軒著書目》附夏子沐「識」語：「右從曾祖二銘
公所著書均未梓。嘉慶間，從祖庚陽公諱祖耀，復都《文集》為四
卷，《詩集》為二卷。經庚申兵燹（咸豐十年，1860），諸書無復存
者，詩文集亦無完本。今搜括僅得駢散文若干篇，古近體詩若干
首，編成四卷，仍題曰《浣玉軒集》。將家譜鈔存各序弁諸首，其
自序則隨體編入。爰付手民，聊存十一。倘獲全璧而梓行之，幸
甚。光緒庚寅秋，曾姪孫子沐謹識。」

　　按：夏敬渠著作極富，生前均未能付梓。嘉慶間，夏敬渠堂姪
夏祖耀蒐集整理其駢、散文，集為《浣玉軒文集》四卷；古體、近
體詩作，集為《浣玉軒詩集》二卷。咸豐十年（庚申，1860）太平天
國及英法聯軍之亂後，諸書無復存者，詩文集亦無完本。光緒十六
年（庚寅，1890）秋，夏敬渠之曾姪孫夏子沐，蒐羅其詩文殘篇及各
書序文，編為《浣玉軒集》梓行。共四卷，線裝一冊。今藏於南京
圖書館古籍部。

　　《宗譜》及《浣玉軒集》一為夏氏宗族之實錄，一為夏敬渠的
詩文著作，對於研究夏敬渠身世、思想、生平、交遊、著作及《野
叟曝言》的創作動機、內容素材、人物原型、思想根源等，都是最
重要的憑借。二書最後的編定、付梓，都完成於光緒十六年，夏祖
耀、夏子沐實為兩大功臣。

光緒二十八年（壬寅，1902）

相傳蘇州科考，以〈陳壽《志》三國不帝蜀論〉為題，某生以《野
叟曝言》中〈主代帝、歿代崩，暗尊昭烈〉一回論之，獲第一，是

歲即貢成均。

民國十六年（1927）范煙橋《中國小說史》：「光緒壬寅（二十八年，1902）蘇州科考，主試者李殿林，古學題為〈陳壽志三國不帝蜀論〉，有某生者，即以書中〈主代帝、歿代崩，暗尊昭烈〉一回論之，獲第一，是歲即貢成均。」⑲

　　按：此說未見他書記載，地方志亦無載。存疑。

宣統元年（己酉，1909）

陸士諤（1878－1944）撰《新野叟曝言》，二卷二十回。改良小說社刊行。⑳

民國二十三年（1934）

江陰·謝鼎鎔出版《綱目舉正》。今收錄於《叢書集成·續編·史地類》。

謝鼎鎔〈綱目舉正·跋〉：「吾鄉之身於史學者，首推沙定峰、夏二銘二先生。定峰先生《讀史大略》一再附梓，幾於家有其書。二銘先生所著《綱目舉正》，當時擬進呈未果；先生沒後，此書遂不知散佚何所，識者惜之。

---

⑲　范煙橋《中國小說史》第五章〈小說全盛時期〉第一節〈清·野叟曝言之傳說〉（漢京文化事業有限公司印行，1983年9月初版，頁188）。
⑳　有關陸士諤《新野叟曝言》與夏敬渠《野叟曝言》正書、續書之諸問題，筆者將另撰專文探討之。

　　清光緒閒，其族裔孫彥保明經……。一日，獲睹是書於逆旅
中，狂喜。明經固素以網羅散佚自任者，況其為族尊之著作乎！遂
假而鈔之。書凡四卷，竭數十日之力始竟。既竟，郵賜其族弟滌初
（即夏子沐）姑丈，謀繼《浣玉軒集》付之梓。事未果，書存姑丈
家，此四十年前事也。

　　今則姑丈與明經先後俱歸道山；艇齋表兄宦遊雖倦，尚滯燕
平，是書迄無有過而問焉者。余為陶社刊印先哲遺書，每憶是書，
則為耿耿……及親往檢點，乃祇有上二卷，其自宋以下二卷，俱付
缺如。此則令人欣然之下，不能無爽然者。……

　　使他日復能得下半部而刊之，俾如平津神物之離而復合，則尤
私心之所竊禱者耳！閱者幸勿以其為殘本而少之。甲戌（1934）盛
夏冶盫謝鼎鎔識。」

　　按：《綱目舉正》原書四卷，存「前編」「正編」二卷。為
「軥錄齋藏本」，由「陶社」校刊、出版。由謝鼎鎔〈跋〉，可知
其內容存佚及付梓始末，今收錄於《叢書集成‧續編‧史地類》。
臺北市‧新文豐書局，1989 年出版。

　　《綱目舉正》為夏敬渠最後之著作，薈萃其一生史論之精華，
夏氏晚年生活與此書密不可分，詳參〈總述〉及〈本譜〉。

民國二十五年（1936）

謝鼎鎔整理修補《浣玉軒集》舊版，重新刊行。今南京圖書館藏。

謝鼎鎔〈浣玉軒集‧跋〉：「吾邑夏二銘先生，所著書曰《綱目舉
正》、曰《全史約論》、曰《醫學發蒙》、曰《唐詩臆解》、曰

《浣玉軒詩文集》，書成未梓。嗣經咸豐庚申（十年，1860）之亂，散佚過半；即詩文集亦無完本。其姪曾孫滌初（按：即夏子沐）姑丈，引以為憾，搜輯叢殘，得詩文若干首，編為四卷，旋於光緒庚寅（六年，1880）秋刊行。即今所傳《浣玉軒集》本是也。

　　嗣後，姑丈秉鐸震澤。哲嗣挺齋表兄，持節巴西。數十年來，板藏於家，未遑過問。客歲春，挺齋招予為舊京之遊。一夕偶與予談及是編，囑為續印若干部，以彰先德而廣流傳。予唯唯。泊旋里後，往檢是書版片，則鄴架所藏，半已剝蝕。予乃偕其從兄，厥謀茂才，為之剔蠹去蟫，力加拂拭；並雇手民，整其漫漶，補其缺失。其首二、三卷中所佚各簡，更覓寫官寫定。乃以復於挺齋，而大加殺青焉。……民國二十五年四月，同里姻後學謝鼎鎔識。」

民國二十七年（1938）至二十八年（1939）

民國二十七年十二月九日，**麒麟童**（周信芳 1895－1975）主演京劇《文素臣》連臺本戲，在上海卡爾登戲院首演，連演兩年，共四集，盛極一時，有「不看文素臣，不算上海人」之諺。**㉑**

《中國戲劇志·上海卷》：「〈文素臣〉：京劇連臺本戲。共六本。根據清代夏敬渠《野叟曝言》第二至第二十四回改編。劇情圍繞文素臣行俠仗義，扶危濟困，結交江湖，締結婚姻，以及斬蟒除逆，救駕受封等一系列奇遇巧合的情節編敷演而成。民國二十七

㉑　按：凡《野叟曝言》被改編為戲曲、電影等問題，筆者將另外撰寫專文討論。

年（1938）12 月 9 日首演於卡爾登戲院。周信芳編劇❷並主演；王
熙春、金素雯、高百歲、王蘭芳、張慧聰等參加演出。該劇劇情曲
折、纏綿悱惻，故上演近兩年，連演連滿，盛極一時，當時有『不
看文素臣，不算上海人』之說。」❷

《麒麟童年譜》（又名《周信芳先生年譜》）：「一九三八年（民國二十
七年），四十三歲。……年末，演出朱石麟編寫的《文素臣》，與
王熙春合演。公演之夕，有『萬人空巷來觀』之說，連滿三個月，
被稱為獨標風格的新型平劇。」

「一九三九年（民國二十八年），四十四歲。續排《文素臣》二、
三、四集，觀者愈眾。電影曲、彈詞紛紛仿演。時人稱為『文素臣
年』。」❷

李萬春 1938 年創辦「鳴春社」後，常演連臺本戲《文素臣》。❷

黃梅戲在上海演出，受京劇影響，亦有劇目《文素臣》。❷

---

❷　編劇為朱石麟（1899－1967），此處誤。

❷　《中國戲劇志·上海卷》，中國戲劇志編輯委員會編輯，中國 ISBN 中心
　　出版，新華書局北京發行所經銷，北京通縣華隆印刷廠印刷，1996 年 12
　　月第一版，頁 178。

❷　《麒麟樂府》之《周信芳先生年譜》資料來自 http://www.qilintong.com/
　　qlyf/np.htm。

❷　資料來自：〈梨園軼事〉http://www.google.com.tw/search?q=cache:yMO3
　　wySwsawJ:www.dongdongiang.com/lyys…。

❷　《中國戲劇·黃梅戲》資料來自：http://www.chian-play.com/news/
　　ShowArticle.asp?ArticleID=174。

民國二十八年（1939）

首部《文素臣》電影拍攝。由張漢臣擔任美術師。

按：張漢臣在民國二十七年（1938）起，擔任「新華」、「合眾」等影片公司的美術師，1939 年完成《文素臣》影片❷。

民國二十九年（1940）至三十三年（1944）

越劇中之「標準劇團」曾演出連臺本戲《文素臣》。

按：「標準劇團」成立於民國二十九年（1940）九月，是原「水雲劇團」的班底，由老生商芳臣兼演小生領銜。1940 年 9 月 15 日起，演於上海民樂劇場，民國三十一年（1942），轉到九星戲院演出，直至民國三十三年（1944）劇團結束。約請了樊籬、喬陵、陶賢、芳菲、李小樓等編導人員排演新戲。演出以新戲與連臺本戲為主。其中演出的連臺本戲劇目有《文素臣》。❷

民國三十八年（1944）後

演員「危鳴」在湖北省漢劇團，曾演出《文素臣》。

按：「危鳴」1930 年 11 月生，女，湖北武漢人，二級演員。1949 年 11 月參加工作。後調到湖北省漢劇團從事演員工作。在幾

---

❷　〈導演‧張漢臣〉，資料來自：http://www.sfs-cn.com/xinguangcanlan/RENWU/meishu/18.htm。

❷　《上海越劇》之〈班社、劇團〉。資料來自：http://www.yueju.net/page/index134.htm。

十年的藝術生涯中，曾在各種劇目中扮演角色，如《太平春》飾楊波，《文素臣》飾文素臣……㉙

民國三十九年至四十七年之間（1950－1958）

潮劇六大班之一的「賽寶潮劇團」曾演出《文素臣》。馬飛（1923－1989）為潮劇《文素臣》編導作曲。

　　按：潮劇六大班指「三正潮劇團」、「正順潮劇團」、「源正潮劇團」、「怡梨潮劇團」、「玉梨潮劇團」、「賽寶潮劇團」、「廣東省潮劇團」。其中「賽寶潮劇團」在 1950－1958 年曾演出《文素臣》戲劇。㉚

　　馬飛（1923－1989）為潮劇《文素臣》編導作曲。㉛

民國五十五年（1966）

香港邵氏電影公司拍攝發行「文素臣」影片。

　　按：香港邵氏電影公司拍攝發行「文素臣」國語影片，為武俠動作片，片長 88 分鐘。字幕有繁體中文、英文兩種。導演：薛群。主要演員有：喬莊、何莉莉、李菁、唐迪、李影。

　　劇情大概：

㉙　《世界優秀專家人才名典》網絡版第六版。

㉚　《潮劇史料》之〈潮劇院建院前六大班上演劇目錄〉，資料來自 http://www.chaoju.com/shiliao/c-j-yjianyuanqian6dabanjumu.htm。

㉛　「潮汕海內外名人網──名人傳記──馬飛傳」，資料來自 http://www.chaoren.org/crzj/mafei/mfz。

「龍門七俠」之六俠，夜探「昭慶寺」，調查不法，中埋伏，全數被殺。

七俠之首文素臣（喬莊扮演）決心報仇，假扮書生，進住「昭慶寺」中，發現重重機關、奸人假伴和尚、姦淫囚禁婦女及圖謀造反等諸多不法情事。

主持空明和尚（唐迪扮演）作惡多端，調戲木匠妹妹琴兒（李菁扮演），幸被文素臣搭救，並放出所有囚禁婦女。

空明又與奸臣勾結，合謀在「觀日亭」殺害巡按林惕庵（李影扮演）。林一家誤中機關墮海，幸文素臣暗中保護，免於難。文素臣在海中搭救林惕庵女兒紅玉（何莉莉扮演），躲至古廟中。孤男寡女，烘衣絮語，但謹守禮法，不及於亂。

文素臣協助巡按林惕庵，進攻「昭慶寺」，取得「謀反名單」。最後，文素臣與空明在機關重重的「藏經閣」作殊死戰。邪不勝正，文素臣大獲全勝。

九月十八日，「文素臣」電影在馬來西亞檳城、怡保上演。佛教界認定其為「辱佛影片」，九月十九日引發抗議活動、佛教長老向「影片上訴局」聲請禁演活動。上演八天（二十五日）後，下片。九月十三日，馬來西亞佛教總會在隆加召開佛教大會，近一百二十單位、團體參加，爭取永久禁絕「辱佛影片」的上映。❷

星加坡亦禁演「文素臣」電影。

---

❷ 資料來自馬來西亞佛教總會 Malaysian Buddhist Association 慧海法師所撰〈馬來西亞佛教總會·平息《文素臣》影片風波經過略記〉。

民國五十九年（1970）三月

臺灣電視公司推出「五洲園掌中戲團」由黃俊雄擔綱演出的布袋戲
《雲州大儒俠──史豔文》，連演五百八十三集。此劇由《野叟曝
言》改編。收視率高達百分之九十七，造成「百業怠工」的情
況。㉝

民國九十二年（2003）

香港電臺・網上廣播站「戲曲天地」，在 2003 年 9 月 23 日，由招
菉墀主持的「解心粵曲」節目中，播放由新馬師曾、小燕飛主唱的
「文素臣」粵曲。㉞

民國九十四年（2005）

「國立傳統藝術中心」與「統一蘭陽藝文股份有限公司」合辦「布
袋戲百年風華」。

　7 月 26 日暨 8 月 25 日播放「『黃俊雄』與『史豔文』」記錄
片。

　8 月 26 日舉辦「大師現身──黃俊雄&史豔文」活動，黃俊雄
現場演出布袋戲《雲州大儒俠──史豔文》的精華片斷。

㉝　資料來自：林安寧主編《史豔文》中的〈編集手記〉，臺北・遠流出版社
　　印行，1999 年 8 月初版。

㉞　「香港電臺・網上廣播站『戲曲天地』」。資料來自：http://www.rthk.org.hk/
　　rthk/radio5/tco/20030907.html。

國家圖書館出版品預行編目資料

野叟曝言作者夏敬渠年譜

王瓊玲著. – 初版. – 臺北市：臺灣學生，
2005[民 94]
面；公分

ISBN 957-15-1279-6 (精裝)
ISBN 957-15-1280-X(平裝)

1.（清）夏敬渠 – 年表

782.974   94020279

野叟曝言作者夏敬渠年譜 （全一冊）

著　作　者：王　　　　瓊　　　　玲

出　版　者：臺 灣 學 生 書 局 有 限 公 司

發　行　人：盧　　　　保　　　　宏

發　行　所：臺 灣 學 生 書 局 有 限 公 司
　　　　　　臺 北 市 和 平 東 路 一 段 一 九 八 號
　　　　　　郵 政 劃 撥 帳 號：00024668
　　　　　　電　話：(02)23634156
　　　　　　傳　眞：(02)23636334
　　　　　　E-mail：student.book@msa.hinet.net
　　　　　　http://www.studentbooks.com.tw

本書局登
記證字號　：行政院新聞局局版北市業字第玖捌壹號

印　刷　所：長 欣 彩 色 印 刷 公 司
　　　　　　中 和 市 永 和 路 三 六 三 巷 四 二 號
　　　　　　電　話：(02)22268853

定價：精裝新臺幣五二○元
　　　平裝新臺幣四四○元

西 元 二 ○ ○ 五 年 十 一 月 初 版

臺灣 學生書局 出版

史學叢刊（叢書）